债券实操指南

交易、研究与量化投资

何羿——著

U0525334

中国铁道出版社有限公司
CHINA RAILWAY PUBLISHING HOUSE CO., LTD.

图书在版编目(CIP)数据

债券实操指南：交易、研究与量化投资/何羿著．—北京：中国铁道出版社有限公司，2022.1（2022.9 重印）
ISBN 978-7-113-28400-8

Ⅰ.①债… Ⅱ.①何… Ⅲ.①债券市场-中国-指南 Ⅳ.①F832.51-62

中国版本图书馆 CIP 数据核字（2021）第 189685 号

书　　名：债券实操指南：交易、研究与量化投资
ZHAIQUAN SHICAO ZHINAN：JIAOYI、YANJIU YU LIANGHUA TOUZI
作　　者：何　羿

策划编辑：马真真
责任编辑：陈　胚　　**编辑部电话：**（010）51873459　　**投稿邮箱：**jane_m805@163.com
封面设计：宿　萌
责任校对：苗　丹
责任印制：赵星辰

出版发行：中国铁道出版社有限公司（100054，北京市西城区右安门西街 8 号）
网　　址：http://www.tdpress.com
印　　刷：国铁印务有限公司
版　　次：2022 年 1 月第 1 版　2022 年 9 月第 2 次印刷
开　　本：787 mm×1 092 mm 1/16　**印张：**22.5　**字数：**465 千
书　　号：ISBN 978-7-113-28400-8
定　　价：98.00 元

版权所有　侵权必究
凡购买铁道版图书，如有印制质量问题，请与本社读者服务部联系调换。电话：（010）51873174
打击盗版举报电话：（010）63549461

序 言

在漫长的历史长河中，债券一直伴随着人类文明的发展。最早的债券，可以追溯到公元前2400年美索不达米亚的尼普尔古城遗址中出土的一块石碑，这块石碑载明了玉米(当时的货币)的借贷关系：数量、期限、利率以及担保人。至1100年左右，威尼斯政府开始发行公债，以为其战争活动融资。在数千年后的当代社会，债券融资仍然是经济发展、产业发展和地区发展的重要动力。不论是美国、日本，或是其他主要发达国家，债券市场存量的总市值均超过了股票市场。

对于我国而言，经历了改革开放40多年的快速发展，目前的国民经济进入了稳中求进的新常态阶段。新历史时期的经济发展着眼于提质保量，依赖科技进步、产业升级和产品创新对宏观经济提供可持续的动力。这些发展的新方向都呼唤着更宽广、更多元的资本投入，以完善从股票到债券、从机构投资者到个人投资者、从分散的民间融资渠道到标准化的融资环境。

我国债券市场的发展，历经了交易所市场一银行间市场一银行间/交易所共同发展的阶段，可谓一波三折。诸如宏观杠杆率上升过快、地方政府债务负担沉重、金融市场融资资金空转现象，以及我国经济近年来遇到的诸多问题都与债券市场的健康程度有莫大关系。此外，美国方兴未艾的信用债市场，在我国更是还在起步阶段，自2015年第一笔债券违约出现以来，市场信用风险频发，刚兑的迷思、国企的信仰等不断被打破，闭着眼睛投资的时代已成为过去。

目前，我国的债券市场以场外银行间市场为主，交易所和柜台市场中面向普通个人投资者的交易品种并不活跃，故大众对债券实操情况普遍比较陌生。而且，大多数学生在走上债券相关的工作岗位之前，存在明显的实操经验匮乏的问题。甚至对于一些专业的投资机构或投资经理而言，债券类资产也常处在被轻视、忽视的地位。比如，在信用类债券的领域，民营主体及个别地域和行业的发债主体被不少投资人简单粗暴地打上了“投资者绕行”的标签，而从未得到合理定价的机会；在利率债领域，也存在投资者类型单一、市场割裂、与其他资产联动程度不高及活跃品种有限等问题。

在这样的背景下，激发大众对于债券投资的兴趣，打破债券投资的专业壁垒，为债券市场培养准专业化人才，提升从业人员的业务能力与水平，已经成为当下非常急迫而无法回避的问题。同时，投资多元化、各类要素参与分配也已成趋势，普通投资者接触债券的机会也越来越多。向大众普及债券知识，对投资者进行必要的引导，也更有利于债券市场行稳致远。有鉴于此，本书，可谓恰逢其时。

该书作者何羿先生是美国常青藤名校毕业归国的年轻才俊，且在人民币债券市场研究多年，既有国际视野，也有国内实务操作经验，对债券投资的各个方面更是如数家珍。同时，他学养丰富、文笔优美、思想精练，使得本书兼具专业性与可读性。此外，他还在本书中加入了量化分析和机器学习相关内容，代表眼下这个领域最新颖的投资思路和最领先的分析手段。相信不论是对债券市场感兴趣的一般投资者、在校学生，还是已投身债券相关岗位的专业人士，在读完本书后都一定能有所收获、有所提升、有所感悟。

是为序。

李清娟

复旦大学泛海国际金融学院智库中心主任

上海华夏经济发展研究院院长

自 序

2018年秋的一天，我在出租车上刷知乎的时候收到一条陌生的私信，自报家门是法询金融学院的老师，看了之前我在知乎Live上的课程，觉得很不错，想邀请我制作一套与债券有关的系列课程。谁又能想到，在敲下手机号码，让对方后续进一步联系我的时候，我接下来两年多的生活竟然会被一种奇妙的方式完全改变。

在这两年多时间里，我的覆盖面从最初开展知乎讲座时的债券和国债期货交易逐步铺开，延伸到宏观和信用研究。之后，在平安科技的工作中，又拓展到基于定量分析的投资策略研究和投资组合管理，并最后转到现在的公募基金领域。原本一个小时的课程内容也逐步扩展，不断加入我在工作和社交中学到、领悟到的知识。这种模式运作久了就形成了习惯：白天在工作中思考，晚上回家就把精华内容记录下来，形成文字，并按照债券系列课程的章节顺序汇总、反刍。尤其是在最近的一年里，因为工作需要，我陆陆续续调研了百余位债券基金经理。与他们的大量交流，不但解答了我之前在求知过程中遇到的诸多难点，而且也让我充分领略了目前债券投资中不同观点、不同风格和不同流派的特点，进而不断加深对资本市场本原的理解。

就这样，近千个日日夜夜过去了，我目睹了："新周期"之争的硝起与尘落，民营企业的铁索连环及荣辱与共，"贸易战"开始时的草木皆兵与后来的坦然应对，以及2020年的价格波涛与社会百态。在让人眼花缭乱的新闻和叹为观止的故事之后，无法忽视的是这个市场快速发展壮大的主线背景：在过往的5年里，中国债券市场的规模扩大了1.4倍，债券成交量扩大了1.8倍，且定价的市场化程度、市场行为的规范程度均有着天翻地覆的变化。

能亲历这些变革，实属幸运；能记录这些历程，更令人十分欣喜；要是再能从其中有所领悟，结合自身所学，加以创造，获得更开阔高远的视野，则真要感谢命运，赐予这可遇不可求的极大机缘。

另一方面，这一快速变化的市场也对从业人员提出了更高的要求。驱动市场运行的内生和外生经济环境均在发生斗转星移的变化；纠正市场运行轨道的监管政策和交易规则也在不断规范、整合与完善；数据科学和金融科技普及的进程，不断改变着我们的工作方式，也不断重构着我们的思维方式。在这样的背景下，本书应运而生。

在本书的前半部分，全面解析了债券的基本概念以及市场最新的运作模式；书的后半部分则系统介绍了更为进阶的债券研究方法和投资策略，以及目前最前沿的定量分析模型、组合管理和风险控制工具。这一套完整的、由浅入深的投研框架，既能够帮助读者在交易、研究和投资的每一个环节都学到全面而系统的知识，也能够看清债券市场运作上、中、下游的全貌。我想，不论是对债券市场感兴趣的在校学生，还是和债券业务有关联的金融从业人员，乃至拥有1～5年工作经验的债券交易、研究和投资岗位的人员，甚至对债券感兴趣的普通读者，阅读本书，都将大有裨益。

本书内容，仅为个人研究成果，不代表任何相关机构观点。本书选取了过往的一些真实数据和样例，仅仅是为了解释和论证有关理论或观点，并不针对某个特定主体，不是对某些主体当下情况的评判，更不是对投资者的建议或推荐，特此声明。

书稿付梓之际，特别感谢国泰君安证券的谢婧娴，参与了本书1～4章的讲稿整理工作；感谢德邦证券的陈佳利，在国债期货和宏观经济分析部分参与了原课程讲稿阶段的构建；感谢光大保德信基金的江舟吟，在投资策略部分提供了部分资料和过往经验分享。此外，在创作过程中，我还曾就部分问题咨询过原宁波银行金市部的吴刚、华南理工大学的吴小坤教授，我在平安和易方达基金的多位同事和实习生也曾阅读过本书原稿的部分章节并提出过宝贵意见，在此一并向他们表示感谢。

更要感谢本书的编辑，是她鼓励我不断完善书稿，努力呈现债券市场的新动态。

最后，感谢每一位选择本书的读者，曾经参与过我讲座和在线课程的听众。你们一如既往的支持，是我不断前行的动力。由衷欢迎你们拨冗提供宝贵意见或者建议，以便本书再版时日臻完善。

编者

目　录

01

第 1 章 债务和债券的本质透析

精通债券交易的前提是，要对债务的实质具有深刻的理解。本章从债权的本质及债权的标准化产品——“债券”的角度出发，强化对债权的理解，从而提升债券交易水平，帮助读者在市场中占据先机，相对交易对手建立关键的交易优势。

1.1 债务漫谈

债务是指债权人向债务人提供资金，以获得利息，以及债务人承诺在未来某一约定日期偿还这些资金。债务的标准化产品，也就是债券，对于其持有人来说是一种资产，对于其发行人来说是一种负债。精通债券交易的前提是，要对债务的实质有一个很高的理解，这也是在交易市场占据先机，相比你的交易对手能够建立起优势的关键。

1.1.1 资产负债表中的债务

这里，我们从资产负债表入手了解债务。如图 1-1 所示，为某上市公司的资产负债表，左边是资产项，而资产分为流动资产和非流动资产。流动资产主要为金融性的货币基金经营性流动资产，而经营性流动资产主要用于存货，应收账款为公司营收产生的资产。非流动性资产则一部分为长期投资为主的金融性非流动资产，另一部分为经营性非流动性资产，如工厂厂房、机器、知识产权等。

项目	期末余额	期初余额
流动资产：		
货币资金	7 220 165 115.01	4 226 548 687.69
以公允价值计量且其变动计入当期损益的金融资产		
衍生金融资产		
应收票据及应收账款	34 393 431.71	22 689 490.71
其中：应收票据		
应收账款	34 393 431.71	22 689 490.71
预付账款		
其他应收款	2 952 259 056.71	5 857 852 320.00
存货		
持有待售资产		
一年内到期的非流动资产		
其他流动资产		646 035.97
流动资产合计	10 206 817 603.43	10 107 736 534.37
非流动资产：		
可供出售金融资产	2 481 803 344.18	2 481 803 344.18
持有至到期投资		
长期应收款		
长期股权投资	8 539 470 274.92	8 534 383 898.11
投资性房地产	39 894 863.30	41 218 992.24
固定资产	11 559 309.97	12 213 326.90
在建工程		
生产性生物资产		
油气资产		
无形资产	12 406 767.92	14 026 146.69
开发支出	979 293.43	
商誉	695 314.40	
长期待摊费用		
递延所得税资产		
其他非流动资产	4 523 108.61	229 608.61
非流动资产合计	11 091 332 276.73	11 083 875 316.73
资产总计	21 298 149 880.16	21 191 611 851.10

流动负债：		
短期借款		
以公允价值计量且其变动计入当期损益的金融负债		
衍生金融负债		
应付票据及应付账款	77 747.40	56 979.00
预收款项		
应付职工薪酬	244 748.25	
应交税费	2 190 683.01	209 679.06
其他应付款	143 211 681.71	135 320 193.85
持有待售负债		
一年内到期的非流动负债		598 952 146.67
其他流动负债	1 498 693 238.99	2 496 219 258.86
流动负债合计	1 644 418 099.36	3 230 758 257.44
非流动负债：		
长期借款		
应付债券	1 998 906 079.70	1 995 174 569.43
非流动负债合计	1 998 906 079.70	1 995 174 569.43
负债合计	3 643 324 179.06	5 225 932 826.87
所有者权益：		
股本	3 540 900 282.00	3 538 598 582.00
其他权益工具		
资本公积	7 145 631 984.19	7 132 770 538.25
减：库存股		
其他综合收益		
专项储备		
盈余公积	962 382 584.38	599 533 446.82
未分配利润	6 005 910 850.53	4 694 776 457.16
所有者权益合计	17 654 825 701.10	15 965 679 024.23
负债和所有者权益总计	21 298 149 880.16	21 191 611 851.10

图 1-1　某上市公司的资产负债表

经营性流动资产和经营性非流动资产的差别在于，前者是公司生产经营中的消耗品，对公司的产能不会造成影响；而后者是公司生产能力的体现，会影响未来超过一年的产能。

负债项包括：经营性流动负债、金融性流动负债及非流动性负债，如图 1-2 所示。经营性流动负债大多是不需要支付利息的，而其他的负债往往需要支付利息。从时间期限来看，流动性负债时间最短，在 1 年以内；非流动性负债则为 1 年以上，大多在 10 年以内。

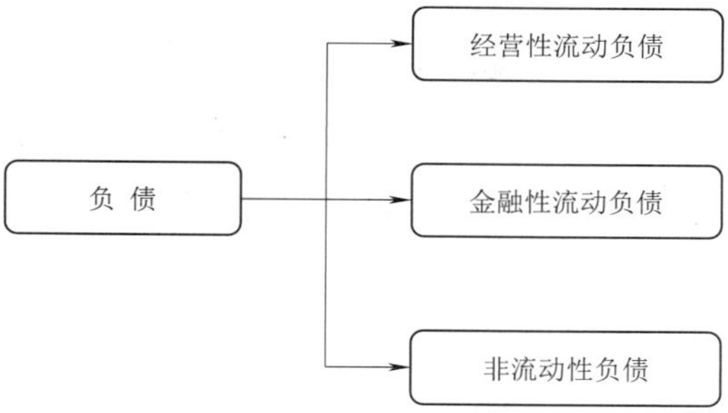

图 1-2 负债组成图

而所有者权益（主要是股本和资本公积）的期限是无限长，直到公司停止经营。如图 1-3所示，较为简洁地勾勒了资产、负债与所有者权益之间的组成关系。

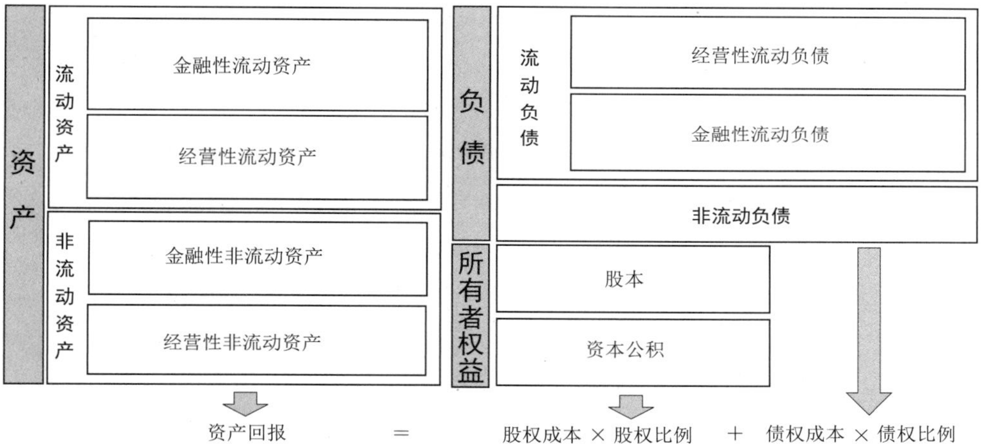

图 1-3 资产、负债、所有者权益组成分析图

在资产负债表中，“债券”主要居于非流动负债的应付债券栏目。但如果是一年内到期的债券（比如短期融资券），或者原本为一年以上期限，随着时间流逝而转变为一年以下期限的债券，也可被归到金融性流动负债的“一年内到期的非流动负债”或者“其他流动负债”等流动负债的科目，如图 1-1 所示。

一般来说，流动负债主要用于补充营运资金；而长期限的非流动负债则大多用于投资，购置生产性资产等。当然，现实中，我们往往会看到通过融入短期资金购置长期资产的行为，但这并非健康的财务规划，因为期限的错配会产生额外的利率和信用风险。

1.1.2 负债经营的利与弊

已知会计学的基本公式“资产＝负债＋所有者权益”；当企业有计划扩大资产、扩张经营的时候，都面临着一个很基础的选择题：是通过增发股权，还是通过举债来融资。前者直接增加股本；后者一般通过贷款、债券或是商业票据来融资，相较于前者更加复杂，成本更高。此外，企业债务的清偿顺序在股权之前，企业资产产生收益后，按比例优先分配给债主，再分配给股东。那么负债经营的意义在何处呢？

1. 负债经营的意义解析

对经营性企业而言，除了股东的股权投资和经营产生的现金流外，通过对外举债获取资金，具有以下四个优势。

（1）财务杠杆提高了所有者回报率

企业是盈利性机构，对其所有者而言，提升回报是维持经营的主要目标。公司所有者回报模型如下：

$$\text{公司所有者回报率}=\frac{\text{净利润}}{\text{所有者权益}}=\frac{\text{净利润}}{\text{总资产}}\times\frac{(\text{负债}+\text{所有者权益})}{\text{所有者权益}}$$

$$=\text{资产收益率}\times\text{公司财务杠杆}$$

从上述公式可知，所有者回报率、资产收益率、公司财务杠杆，变换拆成后[①]可得出杜邦三要素分析公式（即所有者回报率＝销售净利率×资产周转率×公司财务杠杆）。在资产生息能力不变的前提下，资产收益率大于负债成本的部分将全部成为所有者的收益，如图 1-4所示，增加负债提升了财务杠杆率，可以几何倍数地提高公司所有者的回报率。

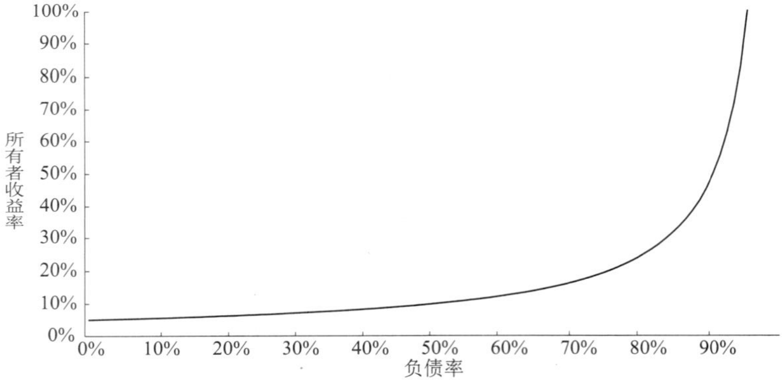

图 1-4　所有者收益随负债率增加的变化

（2）负债成本有抵税作用

对于企业而言，营业利润扣除各种成本和支出后的部分是企业的盈余，也是企业价值增长的部分。企业价值增速公式为：

企业价值的增速＝（营业利润－负债利息－折旧－摊销）×（1－企业所得税税率）－股息和回购股票支出

① 公司所有者回报率＝资产收益率×公司财务杠杆，而资产收益率＝销售净利率×资产周转率，故所有者回报率＝销售净利率×资产周转率×公司财务杠杆。

根据莫迪利亚尼—米勒理论(MM 理论),在其他项不变的情况下,提高负债比例,减小所有者权益占比,增加负债利息支出,并相应地减少用于支付给股东的股息和回购支出,可以利用利息支出的减税效应,形成税盾,将企业的收益最大化。

在公司营业收入变成资本公积而增加企业价值的过程中,企业所得税只对企业的净利润征收。所以,在营业利润减去负债利息时,不是减全部利息,而是减去了“负债利息×(1－企业所得税税率)”。作为对比,股息和股票回购的支出不存在免税效应。所以,对于企业来说,与其交等金额的股息,不如交等金额的负债利息。企业价值增长率与公司负债率的关系如图 1-5 所示。可见,企业价值随着负债率提升而增大。

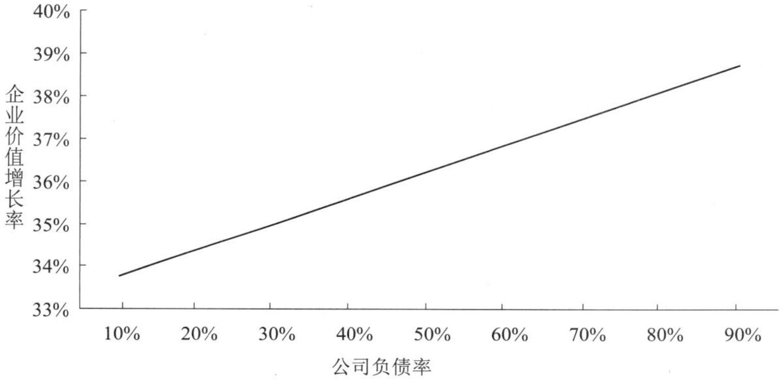

图 1-5 企业价值增长率与公司负债率的关系

一些中小企业常用此方法进行税务筹划:企业实际控制人以个人或者亲友的名义,借给企业一笔钱,然后记录一笔利息费用,来达到税收减免的作用。但是,在实际操作中,可减免税收的利息费用一般不能超过企业在银行借款的利率,且给个人的利息应征收相应所得税。即便如此,个人借款给企业的方式和个人直接向企业注资的方式相比,仍然额外享受了企业所得税的减免。

值得一提的是,对于上市公司来说,增加负债以实现减税是得不偿失的:过高的财务费用将影响财务报表上的净利润率,进而反映在股价上;同时,我国股市付息、回购比率相对较低,债权的实际成本往往高于股权。所以,综合来看,为了免税而提高负债率,是不符合股东利益的。因此,上市公司等大公司一般不会通过提高利息费用做税盾的方式来减税。

(3)负债和扩张满足了管理者心态的膨胀

公司大股东或者实际控制人以自己出资的股本为限为公司承担有限责任,而没有股权的职业经理人,并不直接承担公司破产的损失。由于提供负债资金的债权人对企业经营几乎没有话语权,所以当企业大幅举债时,大股东和管理层近乎毫无风险地获得了额外财产以及资源的支配权。例如,一个总经理管理着 1 000 个员工,相较管理 100 个员工时可以获得更大的满足感,即便他需要借钱为多出来的那 900 个人发工资。这在心理学上被称为人性的天然的自我膨胀（Self—aggrandizing）[1]。更何况遇到公司经营行情良好的时期，快速扩张负债能利用财务杠杆放大收益，企业可能收益颇丰。

在膨胀的心态、赌徒心理的诱惑和小得多的边际风险的共同作用下，企业管理者的行为是充满道德风险的。

读者参考

违约潮：2017 年开始，国内大量从事装饰品、食品、服装等非周期性、传统行业的民营企业贸然进军煤炭、房地产等周期性行业，由于遭遇周期性不景气，许多企业破产。同时，部分如房地产等周期性行业的企业，贸然进军制造业或者新兴产业，由于新产业投入大量发展资金，原本紧张的现金流骤然断裂，企业只能屡屡违约。

导致这些现象出现的重要原因之一就在于，这些企业的决策者为债务的风险收益不对称所迷惑，盲目举债扩张，渴望实现产业链或者多元化经营，沉醉在发展成一个集团的塔尖管理者的心理满足感中，最后迷失了自己。

（4）股权和债权提供了不同的风险回报

股权和债权对应着不同的风险偏好和对未来的预期，如图 1-6 所示。

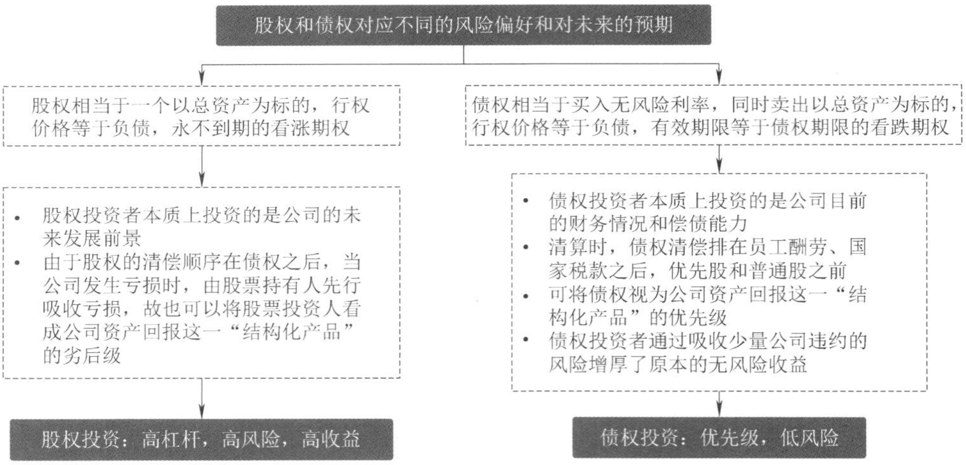

图 1-6　股权和债权对应不同的风险偏好和对未来的预期

1）股权和债权的搭配，分别迎合了“激进”和“保守”两种投资者的不同需求。“激进”投资者较为看重企业未来的成长，适合成为企业的股东。而“保守”投资者喜欢稳健投资，用无风险收益作为基准去衡量自己的投资收益，不喜欢不确定性，这类投资者适合成为企业的债主。

---

[1] Self—aggrandizing 在企业管理中的体现可以参考奥利弗·威廉姆森的管理权限理论——《管理权限和企业行为》，主要论述了企业经理人利用其对股东的信息优势，通过雇员开支、酬金开支和可支配的投资开支，来最大化效用函数，最大化权力和声望。

2)经营中由于投资者获取信息的不对称性,使企业出现股权和债权的搭配。如外来资本的持有人,因为没有足够的经历、知识技能或没有有效的途径去了解并参与公司的治理,导致这部分投资者适合成为拿固定回报的债权人。

综合来看,债权成为投资者投资的新选项,是股权的有效补充,扩大了公司融资来源的宽度。

2. 负债经营的风险

上文介绍了企业负债经营的四点动因,但万事均有两面性,企业提升负债率可能会带来以下四项风险。

(1)负债所需的利息支出,占用了可用现金流

负债的利息往往需要用现金偿还,而公司的营业收入和净利润往往并不能完全以现金的形式收取,而是形成应收账款或流动性较差的资产。当利息支出过大时,收支现金流的不匹配往往会给公司的运营造成较大的压力,挤压收入现金流和公司正常的收支计划。相反,股息和股票的升值并不是公司强制的固定支出,当公司经营遇到困难的时候,可以推迟或者停发股息。所以,负债的利息支出对现金的刚性需求是负债企业的重要隐患之一。

(2)财务杠杆过高,降低了公司对不良环境的抵抗能力

只有在负债的边际成本低于边际收益的时候,通过负债加杠杆经营对企业才是有益的。而经济本身具有周期性和波动性,当遭遇年成不好时,资产的收益率急剧下降。此时,如果资产收益率低于负债成本,那么通过负债提高财务杠杆的行为只会造成亏损。另外,股本通常可以被看作公司经营的安全垫。当遭遇年成不好时,由于债务的偿还顺序在股本之前,公司整体的亏损会先被股本全部吸收。所以,负债率越高,资产规模越大,在较差的年份,股本亏损越多。而股本是公司经营的安全垫,负债率和杠杆的不断提高导致股本"安全垫"越薄,在刚性利息支出的双重挤压下,很小比例的资产亏损可能会引发破产的风险。经营恶化和财务杠杆过高,不仅降低了公司对不良环境的抵抗能力,而且还影响到公司的信用评级。信用评级与平均负债率的关系如图 1-7 所示。

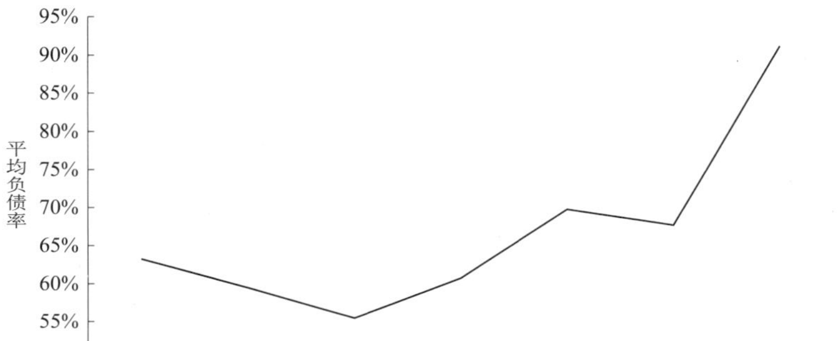

图 1-7 信用评级与平均负债率的关系

(3)负债率的提升，增加了企业的融资难度

为降低贷款回收风险，银行往往对贷款对象的负债率有所约束。对于高负债率的企业，银行加以更高的利率，甚至会因为其杠杆过高，无法放款。同时，高负债率的企业也很难获得评级公司的优质信用评级，从而导致其发行债券的利息成本随评级的下降而增高。

(4)负债的支出，加大了公司的利率风险敞口

当资金来源全部为股票时，企业支付股东红利是基于股票市场整体行情、同类企业分红情况和公司自身的经营情况而定的。无风险利率的波动对股息的支付不造成影响，即此时经营不会面临利率风险。而负债成本却受到无风险利率的较大影响，当无风险利率升高，一般企业的融资利率同时升高，放贷银行可能会提高利息。同时，无风险利率升高时，债券持有人往往会回售，或者导致债券票息的调升。此时，公司发行新债券去偿还旧债券，就不得不按照新的更高的利率发行，从而导致公司的经营成本暴露在利率风险的影响之下，加重了公司经营的脆弱性。

1.2 从债务到债券

企业负债经营的方式有很多种，包括延长日常往来款付款期、发行票据、对外借款、向银行贷款和发行债券等多种形式。

1.2.1 债券融资与其他融资方式的区别

发行债券进行融资与其他融资方式(尤其是资本性负债融资方式)有以下四点区别。

1. 债券是标准化的融资品种

与一对一商定的债务不同，债券是标准化债权。一张债券的票面价值一般为100元，上交所债券交易以手为单位，即一手10张，其他场所交易以张为单位。在银行间市场中，由于买卖双方都是体量庞大的机构，批发交易往往会以百万元为最小单位。

2. 债券是在成熟市场交易的产品

债券的发行、付息、到期偿还等行为均受到监管部门和登记托管结算机构的约束和规范。当公司发债时，若发行的是公司债，需要到证监会核准；若发行的是企业债，则需要到发改委核准。在银行间市场交易的短融中票，需到交易商协会进行注册，发行以后，债券所有权的登记均在统一的机构进行。例如，利率债和企业债在中央结算公司进行登记结算，而超短期融资券(SCP)、短期融资券(CP)、中期票据(MTN)和非公开定向债务融资工具(PPN)这类债券则在上海清算所登记结算。只有规范化的运作模式，才能让债券的市场化交易成为可能；也只有市场化的交易，才能为债券提供流动性强这个优势，来吸引投资者，最终达到降低发债人负债成本，提高市场运行效率和公司营运水平的目的。

3. 债券的规范化和流通性，降低了债务人和债权人关系的紧密性

债权人在购买债券之前，作为成百上千个潜在买家的一员，往往无法得到融资方足够

的重视。债权人只能在主承销商的指导下,对发债主体进行有限的调查。在购买债券的过程中,债权人无法一对一地与债务人商定诸如利息水平、还款时间、债券条款等的具体细节。购买债券之后,债权持有人只能通过主承销商和持有人会议对债务人进行有限的监督和约束。债券的持有人在融资企业的所有债权人中,处于相对弱势的地位。

4. 债券是成本较低的直接融资品种

债券作为流动性较好的直接融资品种,资金直接从提供方流入债券发行人,没有中间机构赚取差价,融资成本比贷款和股票质押这两种融资方式都要低。但目前,企业融资仍以贷款占多数,主要是因为企业发行债券需要经过证监会或者发改委等机构审批,在审批时对企业的要求较严格,而且公开发行的债务有额度的限制,同时需第三方机构入驻公司进行全面调查,开展主体评级,流程相对烦琐。表1-1列出了债券与其他融资性负债的对比,从中可以较为直观地看出彼此间的差异。

表1-1　债券与其他融资性负债的对比

选　项	债　券	银行/信托贷款	股票质押
发行登记结算	在集中的交易市场发行;在特定机构统一登记结算	一对一发放,贷款记录保存在放贷机构,信托贷款在中国信托登记有限责任公司(简称中信登)备案	一对一发放,质押股票在中国证券登记结算有限责任公司(简称中证登)统一登记
偿还期限	有固定的偿还期限,除非有延期条款,否则延期支付将视为违约。企业可以通过在市场上回购债券,实现事实上的提前偿付	根据公司和银行等金融机构的关系,贷款可以展期,也可以提前偿付	质押到期后可以延期,但质押期间有被平仓的风险
流动性	流动性较好,持有人可以在公开市场中将债券转让给他人	除个别房/车贷和消费贷可通过ABS的形式转让外,信贷资产只能通过有限的场外途径转让	债权人无法在质押期内转让债权资产,流动性较差
利息水平	债券的融资成本往往比贷款低	在这三者中成本最高,但是低于企业的社会融资成本	根据质押品资质而定,一般股票质押的成本比债券略高,比贷款略低

除了表1-1中的三种融资方式外,企业还可通过拉长付款周期、增加应付账款、减少应收账款、发行商业票据等方式融资。但是,这几种方式是否可行,取决于企业的市场地位和上下游议价能力,而且这些短期融资更适用于补充营收资本,而不适宜长期融资。此处不再深入对比。

1.2.2　当前的债券市场与收益

债券以其稳健的收益性、较好的流动性、更高的规范性,成为专业机构投资者青睐的主流的投资品种。截至 2020 年 11 月，中国的债券市场总规模达到 114 万亿元，接近股票市场的 150％，如图 1-8 所示。而图 1-9 是将 2002 年 1 月到 2021 年 1 月初的中债与上证指数历史收益进行了对比：中债指数所代表的债券市场整体年化收益率达到了 3.75％，且整体波动率较低，相比之下，上证指数所代表的股市在相同的时间段内的年化收益仅为稍高的 3.93％，而其波动性要大得多。可见，我国债券具有非常显著的投资优越性。

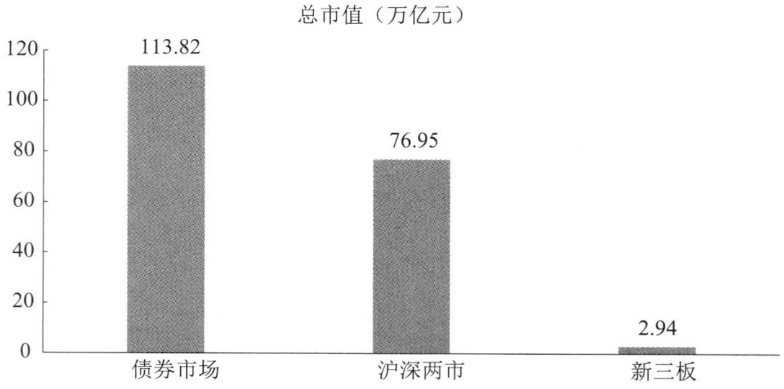

图 1-8　债市与股市市值对比

图 1-9　债券与股票指数历史收益对比

本章小结

我们从债务开始，阐述了债权和债务的基础知识。债券只是债务的一种外在形式，要了解债券就必须了解债务的内在逻辑，这就是本章我们对负债和公司经营本质进行剖析的原因。接下来的章节中，我们会对债券和债券交易的方方面面进行详细讲解，希望大家能够享受这段奇妙的债券之旅。

02

第 2 章 债券的种类与市场

通晓并掌握债券的详细特点和属性是从业人员非常重要的基本功。本章将详细介绍不同种类的债券及主要的债券市场,以提升读者对“债券”的理解,帮助读者轻松应对各类债券交易和固定收益相关的投资及研究。

2.1 债券大类及细分品种

我国的债券市场体量非常庞大。截至2020年11月底，广义上的债券存量共有56 995只，市值合计114万亿元，位居世界第二。相比之下，对于股票市场，上交所和深交所所有的上市公司总市值加起来也只有77万亿元。债券市场的体量逼近股票市场的150%。

综合来看，债券可以分为三类：利率债、信用债、同业存单。这三类债券的存量规模以及占比，如图2-1所示。

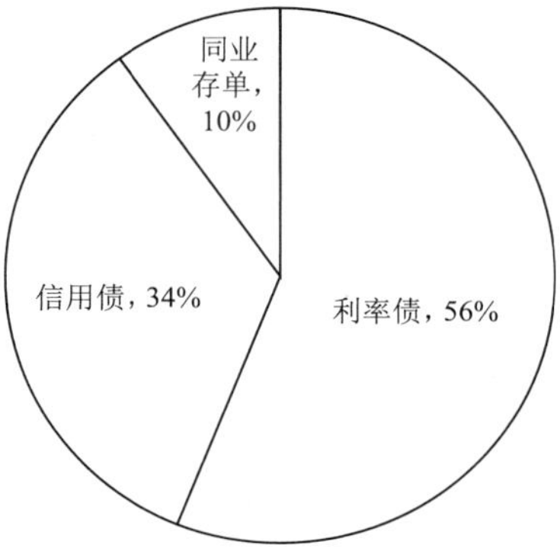

图2-1 各类型债券占比

数据来源：WIND。

利率债的借债一方往往为中央政府或与政府密切相关的机构，体现了国家或接近国家的信用资质，常可以视为无风险利率的体现，故称为利率债。

信用债由国内经营性的公司、金融机构等发行，是发行企业以自身信用对外借债产生的凭证，可视为“标准化的借条”，且因其存在无法偿债的信用风险，故称为信用债。

同业存单则由银行发行，是银行在货币市场吸储的工具。同业存单在交易和兑付形式上与一般的短期债券相似，但本质上它是债券市场上金融同业进行资金交流和资金管理的工具，在用途上与一般债券不同，故单独分为一类。

各类型债券的收益、风险、流动性及特点，见表2-1的简明解析。

表2-1 各类型债券对比分析表

债券分类	收益	风险	流动性	特点
利率债	低	无	较好	由政府、政策性银行或者中国人民银行发行的国债、地方债、政金债或者央票。不存在信用风险，彼此收益率的差别完全来源于税收待遇或者流动性差异
信用债	高	三类中最大	一般较差	由企业、SPV等机构发行的债券，由于以上机构的信用风险程度均大于理论上无风险的中央政府，因此得名
同业存单	低	极低	较好	由商业银行发行，向银行间市场交易对手吸储的工具，发行量大，期限短

2.1.1 利率债

目前，我国利率债存量规模总计约 64 万亿元，大体分为：中央政府—财政部发行的国债，国务院下属的国家开发银行、中国农业发展银行、中国进出口银行三个政策性银行发行的政策性金融债，地方政府发行的地方政府债，以及中国人民银行发行的央行票据这四类。其中，地方政府债的发行规则历经变化，2014 年以后由省、直辖市和计划单列市的政府发行，但发行总量受到中央政府的控制。而央行票据与国债、政策性金融债、地方政府债的作用不同，前者是为调节市场的流动性而由中国人民银行发行，通常作为公开市场操作的工具，如市场资金过多，即通过发行央票收回资金；后者往往因缺少资金而对外发行债券筹集资金。但是，近年，中国人民银行通过公开市场逆回购和 MLF[①] 等货币操作手段，也可较好地调节资金流动性。因此，2016 年以后，中国人民银行不再发行境内央票，而在境外持续发放央票，主要目的是管理海外市场人民币的供给量，最终实现对汇率的有效调节。因此，本节将略去央票，主要介绍其余三种利率债。国债、政策性金融债、地方政府债的发行规模、形式以及交易兑取的要求，如图 2-2 所示。

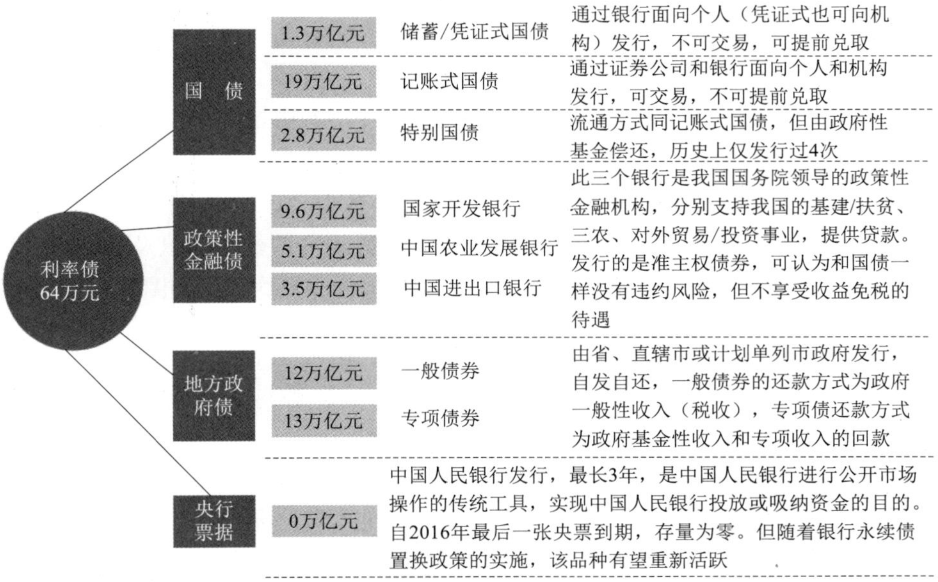
利率债
64万元
国 债
1.3万亿元
储蓄/凭证式国债
通过银行面向个人（凭证式也可向机构）发行，不可交易，可提前兑取
19万亿元
记账式国债
通过证券公司和银行面向个人和机构发行，可交易，不可提前兑取
2.8万亿元
特别国债
流通方式同记账式国债，但由政府性基金偿还，历史上仅发行过4次
政策性金融债
9.6万亿元
国家开发银行
5.1万亿元
中国农业发展银行
3.5万亿元
中国进出口银行
此三个银行是我国国务院领导的政策性金融机构，分别支持我国的基建/扶贫、三农、对外贸易/投资事业，提供贷款。发行的是准主权债券，可认为和国债一样没有违约风险，但不享受收益免税的待遇
地方政府债
12万亿元
一般债券
13万亿元
专项债券
由省、直辖市或计划单列市政府发行，自发自还，一般债券的还款方式为政府一般性收入（税收），专项债还款方式为政府基金性收入和专项收入的回款
央行票据
0万亿元
中国人民银行发行，最长3年，是中国人民银行进行公开市场操作的传统工具，实现中国人民银行投放或吸纳资金的目的。自2016年最后一张央票到期，存量为零。但随着银行永续债置换政策的实施，该品种有望重新活跃

图 2-2 利率债大类概览

数据来源：WIND。

① MLF(Medium－term Lending Facility)指中期借贷便利，是中国人民银行进行流动性投放的货币政策工具，对象为符合宏观审慎管理要求的商业银行、政策性银行，目前主要期限为 1 年。后面章节会详细介绍中国人民银行目前使用的各类货币政策工具。

1. 国债

我国的国债由财政部统一发行，发行期限从 3 个月到 30 年不等，用于国家资本性开支、补充财政赤字或者接续到期债务。人民币国债代表国家信誉，对内，可认为是无风险的债券品种；对外，信用评级和我国的主权评级相同，为 A1（穆迪），代表我国境内机构所有发行债券的信用评级上限。

从图 2-2 可以看到，我国国债有三种：储蓄式国债、记账式国债、特别国债。

储蓄式国债只对个人或者企业发行，不可上市流通。

特别国债历史上仅 1998 年、2007 年、2017 年（滚动 2007 年到期部分）发行过，用于补充银行资本金和购买外汇，目前基本没有流通。为应对新冠肺炎疫情影响，财政部统一发行了特别国债——2020 年抗疫特别国债。该国债不计入财政赤字，新增资金全部转给地方，建立特殊转移支付机制，资金直达市县基层，直接惠企利民，主要用于保就业、保基本民生、保市场主体，包括支持减税降费、减租降息、扩大消费和投资等。

记账式国债是所有国债中唯一可上市交易的品种，目前存量为 18.7 万亿元左右，在银行间市场、银行柜台市场以及交易所市场交易。本节将对记账式国债做重点介绍。

（1）记账式国债的特点

1）无风险品种。记账式国债由财政部发行，其利息所得不需要缴纳所得税。因此，记账式国债的利率可表述为免征所得税的无风险利率，为所有债券收益率的基石。

2）交易以银行为主体。记账式国债交易以银行为主，证券、基金、保险等金融机构之间也可以买卖；普通个人投资者则可通过交易所或者银行柜台市场购买。

（2）记账式国债的交易结算

记账式国债是为数不多的几种能在银行间市场、银行柜台市场以及交易所市场这三个市场交易的债券品种之一，而地方政府债、以国开债为首的政策性金融债以及 2006 年发行的极少量的企业债也可在这三个市场进行交易。以上几类国债交易均适用如图 2-3 所示的关系。

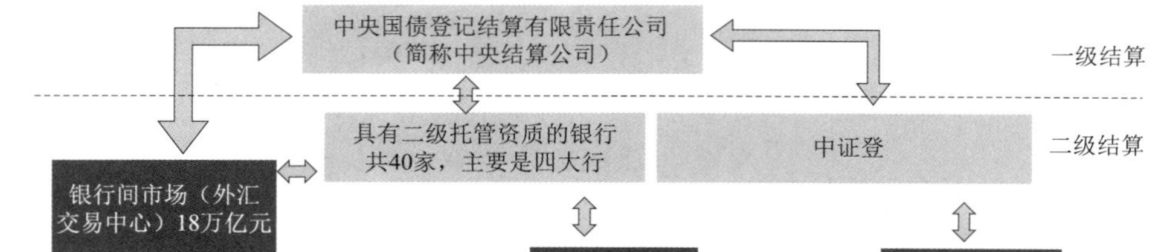

	持有量占比	交易量占比
全国/政策性银行	69%	12%
其他商业银行	20%	48%
证券及其产品	1%	16%
保险及其产品	3%	0%
基金及其产品	7%	1%
境外机构	9%	11%

个人/非金融企业	100%	100%

个人	1%	41%
非金融性企业	21%	21%
非银金融机构	41%	12%
非法人产品户	21%	20%
QFII	16%	5%

图 2-3　记账式国债的交易市场与结构

数据来源：WIND。

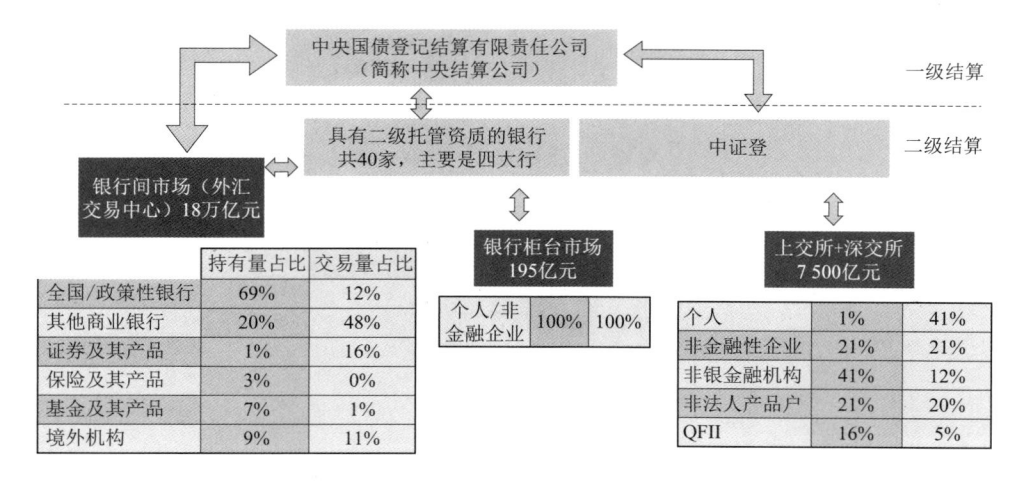

所有的记账式国债都是无纸化的，中央结算公司负责这些债券的登记结算。中央结算公司可视为交易信息汇集的“数据库”，“数据库”为所有的市场参与者提供记录账户，记录投资者持有国债的名称、期限以及付息节点等信息。交易信息最终在中央结算公司汇集，中央结算公司会按照交易情况为每个账户更新信息，最终形成记账式国债的无纸化交易。

中央结算公司的结算可分为两类：一级结算与二级结算。前者指直接在中央结算公司开设的甲类、乙类账户之间所适用的结算形式；后者则是特定机构在中央结算公司开设的甲类账户与其客户之间所适用的结算形式。具有二级托管资格的大型银行形成银行柜台市场、个人以及一般企业可在该市场买卖国债。这些市场参与者需首先与大型银行结算，再由银行通过银行间市场进一步交易以实现国债仓位运营管理。这些银行间市场的交易数据最后汇总到中央结算公司，再进行一级结算。

除中央结算公司外，中证登也能进行二级结算。所有在上交所和深交所内的记账式国债交易可首先在中证登进行二级结算，然后再由中证登与中央结算公司进行一级结算。当然，上述记账式国债也可以转到银行间或者柜台进行交易（债券转托管）、转托管的债券投资策略将在后续章节中详述。

（3）记账式国债的存量与交易现状

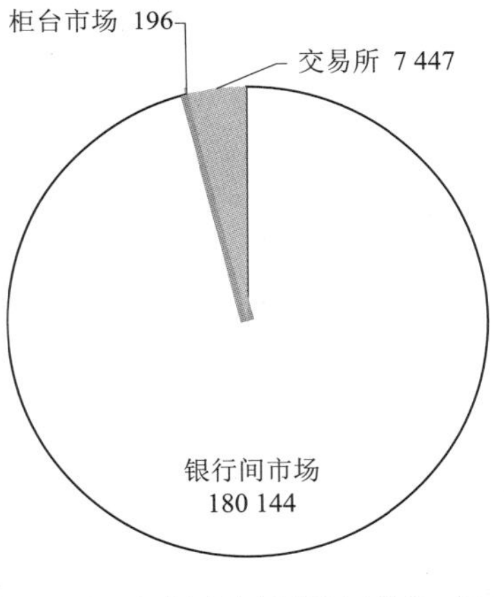

图 2-4　记账式国债托管量（单位：亿元）

数据来源：WIND。

由于银行资金量庞大、配置需求量多、资金成本较低，国债往往成为银行的主要配置资产。18.8 万亿元记账式国债中，银行间市场占据规模达 18.014 4 万亿元，如图 2-4 所示。而银行间市场 89％的记账式国债均为银行所有，且交易量占比只有 60％。可见，大量的配置型国债，被银行买入后将会持有直至到期。相比之下，交易比较活跃的是证券公司及证券资管的产品户，以 1％的持有量占用了 16％的交易量，这与证券公司中比较流行的利率债波段交易策略是密切相关的。

与银行间市场相比，比较活跃的是交易所的国债品种，由于交易所范围内国债均为竞价交易，其形式与股票交易相似，普通投资者均可参与，受个人投资者的欢迎。

2. 政策性金融债

政策性金融债是由国家开发银行、中国进出口银行和中国农业发展银行这三大政策性银行发行的债券，属于金融债的一种。

(1)政策性金融债的特点

1)无风险品种。根据我国银行风险资本管理办法，配置政策性金融债的风险资本占用为零，与国债同属无风险债券。但是，由于政策性金融债不享受利息的所得税减免，所以收益率一般比国债要高。

2)流动性强。由于政策性金融债收益率较高，除了银行外，非银金融机构也大量配置和交易，即政策性金融债的流动性要比国债好。

如图 2-5 所示，展示了政策性金融债交易场所的分布情况。

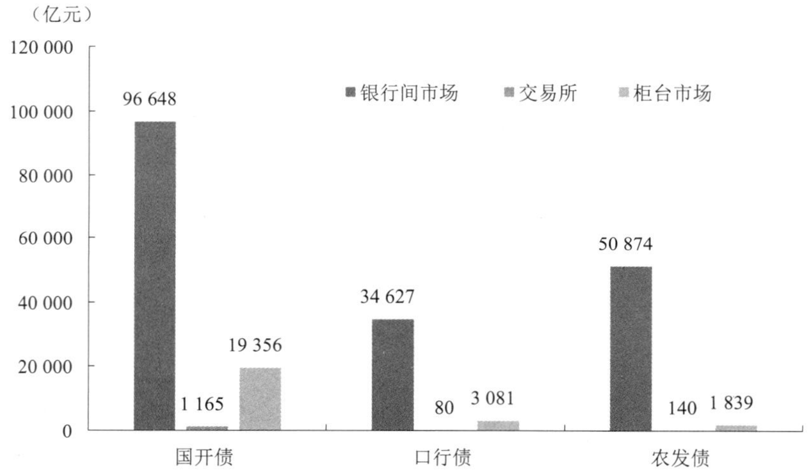

图 2-5　政策性金融债交易场所分布

注：跨市场债券未合并。

数据来源：WIND。

(2)政策性金融债的发行机构

政策性金融债是由我国的三大政策性银行发行的。政策性银行经营不以营利为目的，目的在于支持国家特定领域的发展。

国家开发银行由财政部和中央汇金控股，主要通过发放贷款，支持我国基础设施、基础行业和支柱性产业建设，扶贫脱困，棚改助学，产业升级和“一带一路”工程项目。

中国进出口银行由外汇管理局控股，通过进出口信贷等业务，包括对外工程/投资贷款，结售汇，保函/信用证/福费廷等贸易融资业务，保证我国进出口行业的活力。

中国农业发展银行由国务院直接控股，负责重要农产品收购/储备贷款、农业科技开发贷款、农民集中房建设贷款，以及农村基建和扶贫搬迁贷款。

(3)政策性金融债与国债的区别

政策性银行由国务院领导,信用资质与国家信用相同,可以视作准国债。根据我国银行风险资本管理办法,配置政策性金融债的风险资本占用为零,从事实上肯定了政策性金融债作为无风险债券的地位。

从收益上看,虽然和国债一样都是无风险债券,但政策性金融债不像国债般享受 25% 企业所得税的减免。所以,收益率一般比国债要高。

从流动性上看,国债的发行量虽然大于政策性金融债,但是由于政策性金融债收益率较高,除了银行外,其他非银金融机构也大量配置和交易。所以,政策性金融债总体的流动性要比国债好。具体来说,一般每年新发的债券称为新券,新券的流动性比老券高。新券中,3 年、5 年、10 年这几个关键期限会各有一到两只债券作为载体被各大机构用于做波段交易,称为活跃券。单从整体成交比率(年成交量/存量)看,国开(4.5)>农发(2.6)>口行(2.4)>国债(1.1);从活跃券的流动性来看,国开>国债>农发>口行。所有利率债活跃券中,国家开发银行发行的 10 年期政策性金融债券体量最大,交易最为活跃,是无风险利率变动的标杆。国债与三种政策性金融债收益率对比如图 2-6 所示。

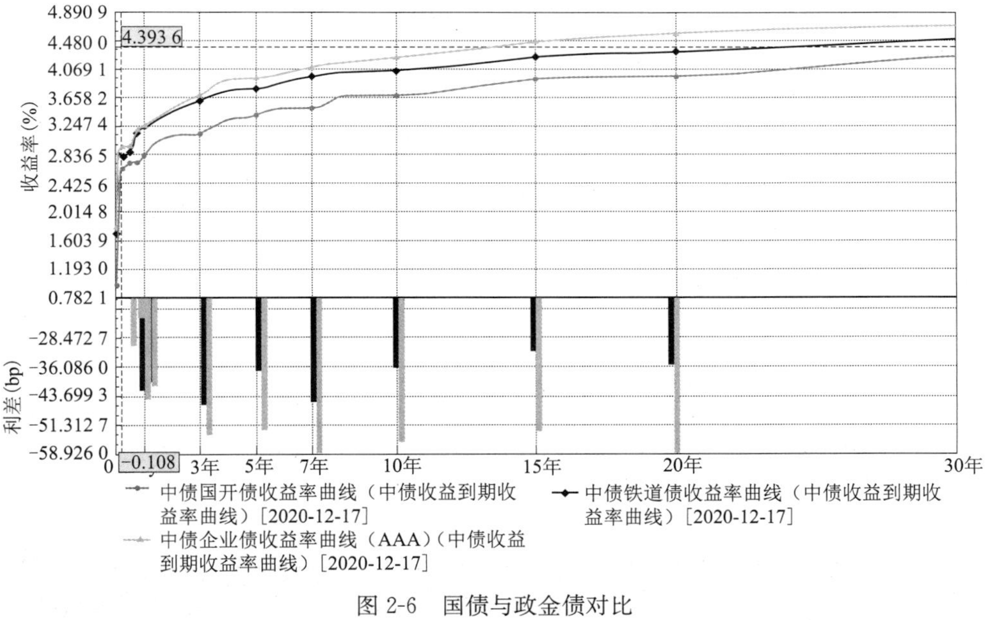

图 2-6 国债与政金债对比

数据来源:WIND。

3. 地方政府债券

地方政府债券最早发行于 2009 年,初期采用"代发代还"的模式,发放债券需要经中央审批,而且额度不高。2011 年,地方政府债券发放模式改为"自发代还",并于 2014 年逐步转变为"自发自还"。2015 年,地方政府债券承接了置换地方政府的其他隐性债务的作用,发行量大大提升。截至 2020 年底,地方政府债券的存量有 6 200 多只,规模为 25.4 万亿元，并以每年 1 万多亿元的数量上升，已经超越了国债，成为占比最大的利率债品种。

（1）地方政府债券

1）一般分类法。地方政府债由于几乎没有实际违约风险而被归为利率债。

2）外汇交易中心分类法。以资产的银行风险占比为参照，只有风险占比为 0 的才算利率债。而根据商业银行管理办法，只有国债、政策性金融债和央票算银行的一级资产与优质流动性资产，其风险占比为 0。地方政府债券虽然也享受免税，免受银行大额风险暴露约束等优惠，但是只能算作银行的二级资产，风险占比为 20%。此外，地方政府债券的发行利率也比国债更高，因此外汇交易中心把地方政府债券算作信用债。

3）未来可能被划分为信用债。2014 年以前，地方政府债券由财政部代为偿还，信用完全等于国债。2014 年后，地方政府债券自发自还，引入信用评级（目前所有地方债的外部评级均为 AAA。从中债隐含评级来看，目前贵州省、内蒙古自治区和云南省三个地区为 AAA－，其他均为 AAA）。地方政府债券虽然没有违约先例，但从理论上来说，仍存在违约风险。另外，地方政府债券中，一般债券的偿债来源于地方政府的税收，专项债的偿债来源于地方政府基金性收入或者对应开发项目的回款。虽然国务院在重大危机发生时会调剂资金，但是这种资金来源的可靠度和中央政府本身的信用还是有明显差异的。所以，综合来看，未来地方政府债券可能也会被划为信用债。如图 2-7 所示，解释了地方政府债两种被归类的逻辑及其依据。

4）地方政府债与国债都是国库现金定存认可的质押物，银行在购买某一省份的地方政府债后，往往能在该省内的国库现金定存招标中获得加分优势，从而低息吸纳大量存款。另外，地方政府债券的收益率往往也高于国债 25 BP① 以上。因此，近年来，地方政府债券受到以银行为首的金融机构的追捧。

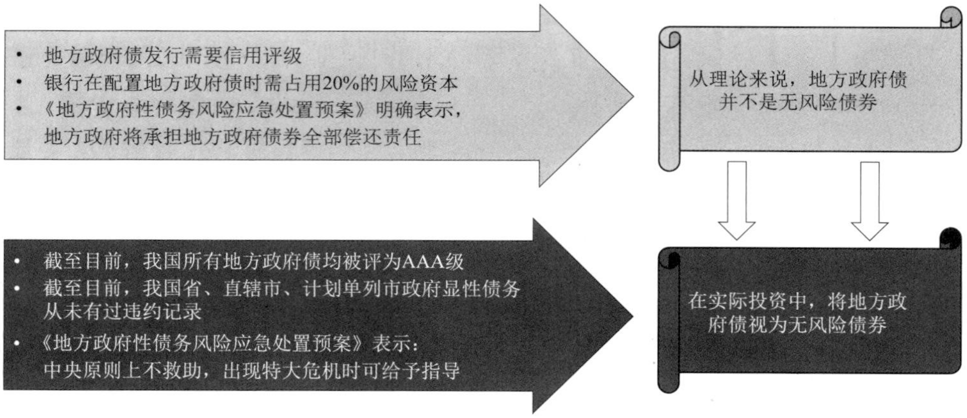

图 2-7　地方政府债的归类逻辑及依据

① BP，英文全名为 Basis Point，翻译成中文是基点的意思。该术语在债券市场被广泛使用。1 BP 为0.01%。

(2)地方政府债券的分类

从类别上来看,地方政府债券可以分为地方政府一般债券和地方政府专项债券两类。前者以地方政府的一般财政收入偿还,也可以用来填补一般财政的赤字;后者依靠政府性基金收入偿还,比如地方政府教育附加,可用来偿还教育相关的专项债券。

地方政府专项债券又可以细分为一般专项债券和项目收益专项债券。一般专项债主要用于一些"自我造血能力弱",无法带来稳定收益的项目,且项目的范围比较模糊;项目收益专项债一般用于能带来稳定现金流的项目,比如土地整理、收费公路等,项目范围明确,募集到的钱专款专用,还需要充分披露年度融资计划、风险评估等,更加严格、细致、透明。

地方政府债券的分类及用途如图 2-8 所示。

截至 2020 年 11 月底,专项债总共 12.8 万亿元。其中,项目收益专项债券仅 6.2 万亿元,金额较小,但其占比还在持续提高。所有项目收益专项债券中,土地储备债占比最大,有 1.5 亿元,这和我国土地财政的现状密切相关。其他占比较大的项目用途包括基础设施建设(1 万亿元)、棚改(8 900 亿元)、收费公路(4 600 亿元)等。

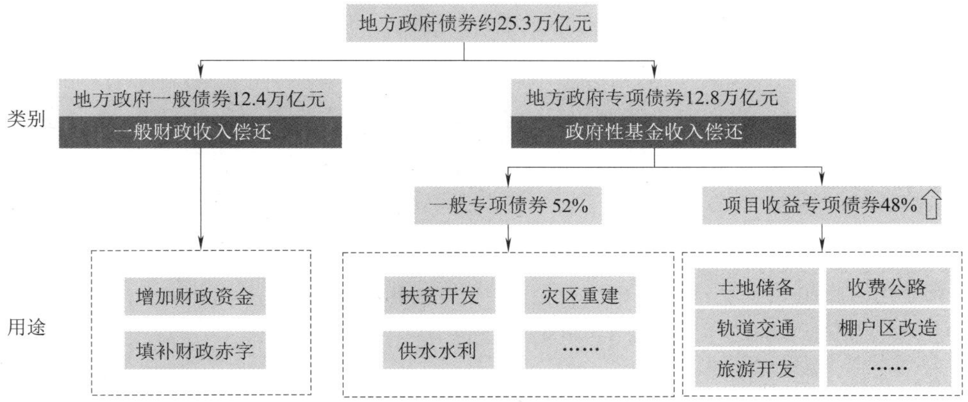

图 2-8　地方政府债券的两种分类

数据来源:WIND。

(3)地方政府债券的用途

地方政府发债主要有三种用途,如图 2-9 所示,包括开发投资(新增负债)、置换存量(非债券型)债务以及存量(债券型)债务再融资。

每年发行的大量地方政府债券中,只有一小部分用于新的项目建设,其他大部分都用于地方政府过去一些隐性债务的置换,或者用于已到期地方政府债券的再融资。2019 年,全年总共发行地方政府债券 6.3 万亿元。其中,新增的部分为 4.2 万亿元,包括用于投资的新融资和将原有非标准化的地方政府债务置换为地方政府债券的部分,其余的 2.1 万亿元都是发新债还旧债的部分。

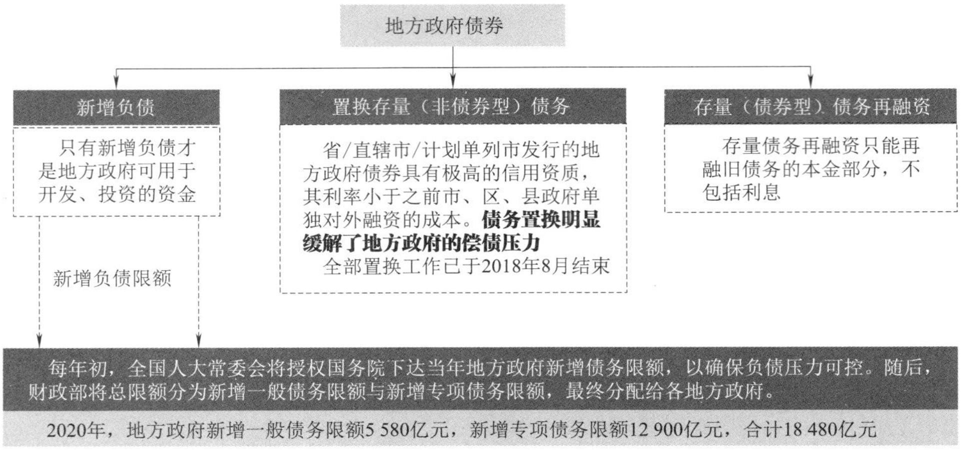

图 2-9　地方政府债券的三种用途

地方政府债务置换最早可以追溯到1994年的分税制改革。改革后，地方政府资金来源有限。因此，地方政府通过城投平台对外用城投债、信托计划、PPP项目等各种形式融资，形成隐性的政府性负债。从前五花八门的政府性债务很大一部分是区县级政府的借款，往往利息高且金额巨大，这为地方政府带来了非常大的偿债压力。2014年43号文[①]以后，地方政府举债开始要求“开正门，堵偏门”，把之前市、区、县级政府通过城投融资平台，以PPP或者信托项目名义融资的含有地方政府担保色彩的债务都置换为以省政府名义发行的地方政府债券。将这些高息债务置换为低息的地方政府债券，能明显缓解地方政府的偿债压力。

截至2018年8月，地方政府隐性债务的置换取得了初步进展。地方政府的隐性债务的置换于2018年8月已全部结束。因此，2019年国务院下达的新增地方政府债券的限额仅为1.4万亿元，2020年的限额提升至1.8万亿元，已经超过了国债的净融资增速。地方政府债券的体量将持续扩大，成为整个债券市场中非常重要的品种。

4. 各类利率债收益情况对比

国债和地方政府债都为免税品种，国债的收益率最低。地方政府债因为对主要的银行投资者来说需要占用20%的风险资本，所以收益率比国债高20～30 BP左右。政策性金融债虽然不需要占用风险资本，但是需要额外缴纳25%的利息所得税，所以其收益率比地方政府债略高。这些收益率差异的顺序一般不会改变，但其利差的绝对值可能随着市场的变化而变化。政策性金融债(以国开为例)、地方政府债、国债三者收益率比较如图2-10所示。

① 2014年10月2日发布的《国务院关于加强地方政府性债务管理的意见》，发文字号为国发〔2014〕43号。债券市场的政策研究人员常将其简称为“43号”。

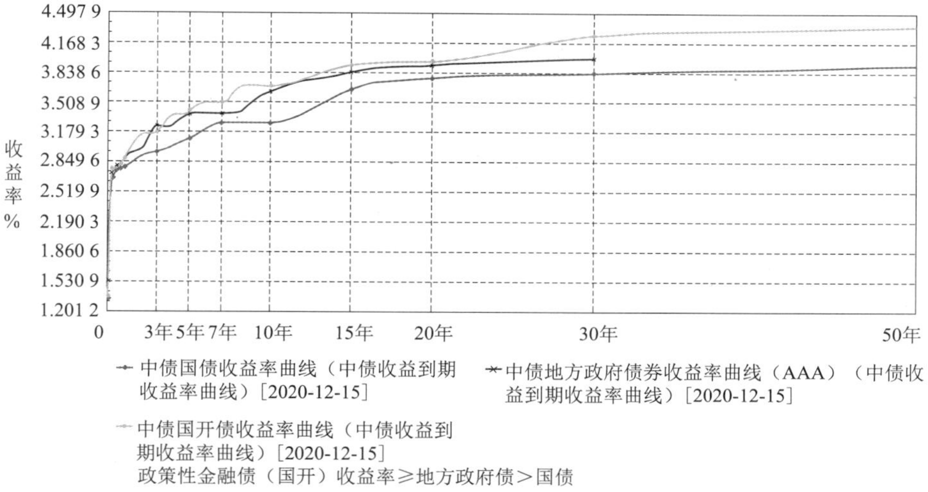

图 2-10　利率债收益率水平比较

数据来源：WIND。

2.1.2　信用债

截至 2020 年 11 月底，我国信用债总量为 38.75 万亿元。根据发行人的种类可分为：城投平台发行的城投债券，非金融、非城投公司发行的产业债券，金融公司在银行间市场发行的金融债券，可以交换上市公司股权的可交可转换债券，以信贷资产为底层还款来源的资产支持证券(即 ABS，Asset-Backed Securities)，以及由中国铁路总公司和中央汇金公司发行的政府支持机构债券，如图 2-11 所示。

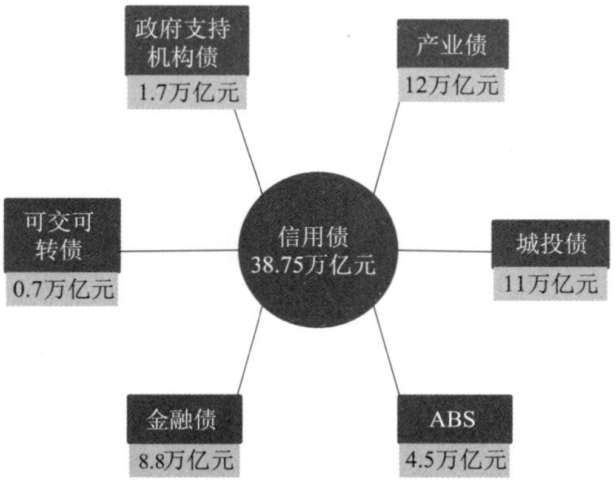

图 2-11　信用债大类概览

数据来源：WIND。

具体来说，城投债发行人为省级及以下政府控股的城投融资平台，主要负责对外融资和基建，自我造血能力弱，运营需政府输血，不适合传统的财务分析。城投债多为企业债，平台级别越高，所处地区经济越发达，其偿债能力越好。

产业债由金融和城投以外各行各业中的公司发行，其偿债能力既受到公司自身财务情况的影响，也受到行业整体波动和政府支持力度的影响，需要根据行业单独分析。

金融债由银行、证券公司、保险公司、财务公司、信托公司和租赁公司发行，其中以银行债券、银行次级债和证券公司债比重最大（次级债常用于补充二级资本）。

可交可转债的发行人为上市公司大股东，可交可转债的发行人为上市公司。可交可转债往往票息较低，收益主要依靠转股预期，上市公司常发行转股价较低的（私募）可转换债实现变相（定向）增发股份的目的。

ABS由银行作为发起机构，将SPV中的信贷资产标准化后形成。目前底层资产有信用卡借款、消费贷款、汽车贷款、设施收费权等，分为优先级（通常AAA）和劣后级（收益较高）。

政府支持机构债除1 000亿元左右中央汇金债券外，主要为铁道债，期限最短为3年，大多在7年以上，其还款受到国家信用的担保，收益还享有所得税减免一半的优惠。

1. 城投债

城投债是整个信用债市场中最重要的债券品种。全市场所有的发行人中，大约有三分之一都是各级大大小小的城投公司。

（1）城投公司的运营模式

城投公司又叫城投平台，实质上是地方政府融资和投资的中介，往往由地方政府以土地或其他资产出资成立。地方政府，尤其是省级以下的市、区、县级政府无法以自己的名义对外融资。同时，2014年以前，地方债的发行需要经过中央，由中央代为偿还。地方政府因此组建城投公司代替地方政府融资，以建设、运营城市，城投公司的债务往往隐性地由地方政府信用背书（被中央称为“走偏门”）。

一方面，城投公司承担着以公司名义代替地方政府从债券市场与金融机构融资的职能。地方政府从债券市场与金融机构融资，既可以和银行或者信托合作，以土地等自有资产作为抵押向银行或者信托寻求贷款；也可以以具体的土地开发项目，成立一个名义上的信托或者理财计划，供银行购买以实现事实上的贷款。城投债是上述融资的另一种重要方式：城投平台以自身的名义向银行间或者交易所市场发行债券以达到融资的目的。

另一方面，城投公司承担着当地基建开发与城市运营的职能。城投公司利用地方政府给予的地区专营的权利进行基础设施建设、公用设施建设和产业扶持，或者运营诸如污水厂、公交公司等公用机构。但不论是开发，还是公用事业运营，都不能为城投公司带来可观利润。因此，其收入来源很大程度上依赖当地政府的财政补贴。

城投公司的大致运营模式如图2-12所示。

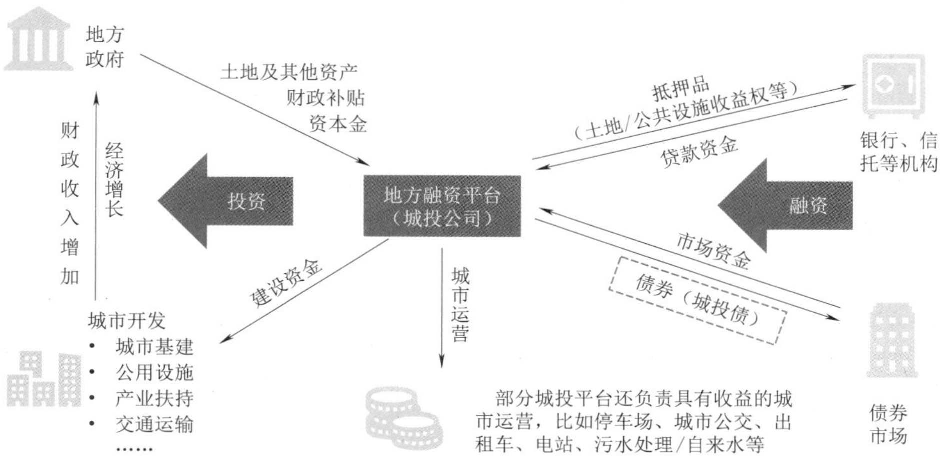

图 2-12　城投公司的运营模式

城投债这种“走偏门”的形式并非一直都违法违规。事实上,2009 年监管部门还发过文,鼓励有条件的地方政府成立平台对外融资。直到 2014 年,中央才对地方政府这些隐性的债务开始约束和规范,对存量债务进行归类与清理。这些债务一部分被置换为地方政府债券,另一部分则被坚决划清界限(撇清地方政府的偿还责任)。这导致了 2016 年以后城投债发行增速明显放缓,如图 2-13 所示。

事实上,已经被划清界限,不属于政府偿还的城投债务,即便城投公司自身根本没有造血能力,到目前为止,市面上也还没有一家“真”城投债实质违约①。因此,目前债券市场中,仍有相当多的投资者还抱着政府将为城投债兜底的信念。这种情况以后会发生什么样的变化,还有待观察。

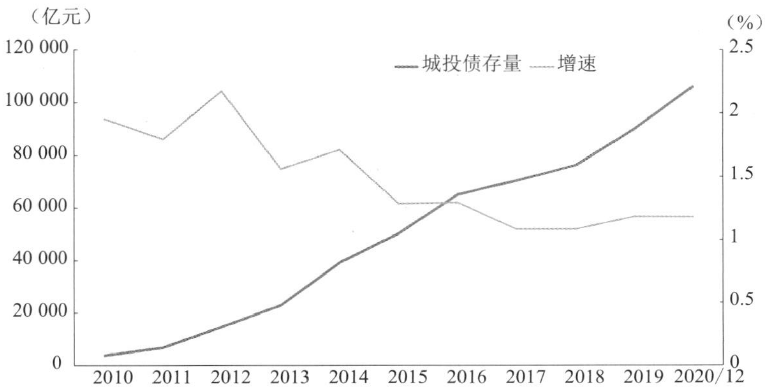

图 2-13　城投债增速放缓

数据来源:WIND。

① 一般市场中将仅从事公用事业和代替政府融资的城投平台称为“真”城投,与既有城投职能,又从事部分经营类盈利业务的类城投公司进行区分。

(2)城投公司与地方政府的行政级别关系

作为地方融资平台的城投公司，多由地方政府、地方国资委/国资办公室直接或间接控制，是政府出资、具有投融资功能的企业法人，其信用资质以及融资成本直接与相关的政府级别和其所在的地区密切相关。通常而言，城投公司背后政府的级别越高、所在地区经济越发达、城投公司和政府的关系越密切，对应城投债的信用评级往往也越高，利率也就越低。如图 2-14 所示，现存城投公司中，绝大多数获得 AAA、AA＋信用评级的均为省、省会或单列市级平台，地级市平台大多获得 AA 评级，而县级或以下平台主要为 AA 或 AA－评级。城投平台级别越低，其融资成本(城投债收益率)越高，县级平台债务所需利率往往高于省级平台 1.5%以上。因此，虽然城投债的背后都是政府，但高级别政府、经济发达地区的城投债在市面上会受到追捧；相反，一些经济欠发达的县级，乃至省级的城投债，投资者通常会避而远之。

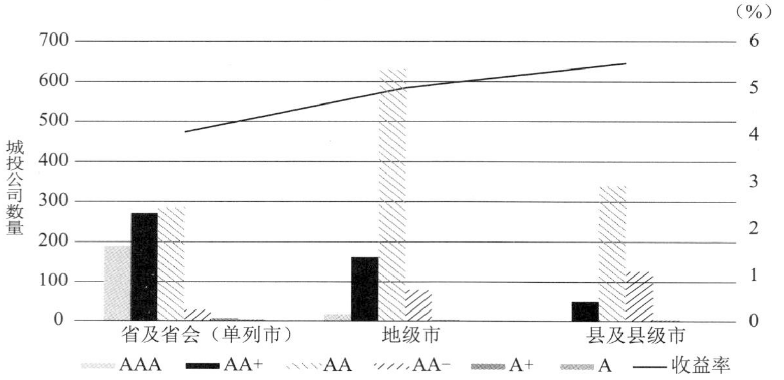

图 2-14　城投公司行政级别、信用评级与融资成本分布

数据来源：WIND。

(3)城投债利率与地区经济发达程度的关系

从城投债的发行地区来看，如图 2-15 所示，经济发达的北京、广东、上海等地的城投债利率都比较低；宁夏、西藏等政府存量债务本来就很少的区域，资质也显得较好，收益率也很低；而像黑龙江、贵州、辽宁等地的城投债，利率水平较高。这也基本反映了地区经济越好，现有的负债水平越低，其发行的城投债资质越好的规律。

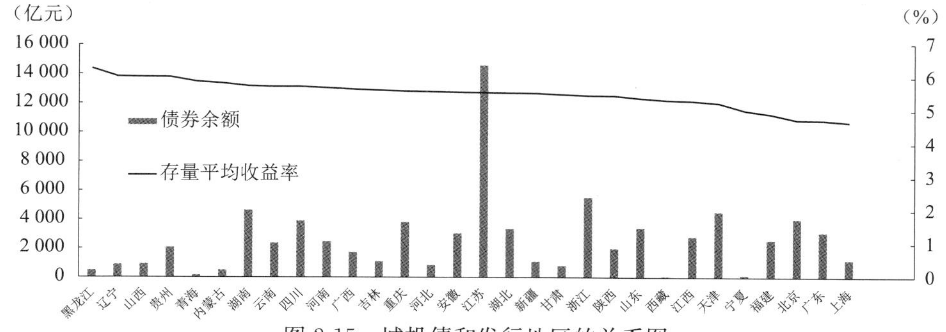

图 2-15　城投债和发行地区的关系图

数据来源：WIND。

2. 产业债

目前，产业债存量 12 万亿元，是信用债中非城投债、非金融债的其他各行各业实体发行债券的统称，也是能运用信用分析框架来进行有效分析的主要债券品种。

产业债的发行主体是信用债中既不属于城投公司，也不属于被银保证监会管辖的金融企业的其他企业发行的债券。其他种类的信用债，例如城投或 ABS，由于财务信息不透明或不准确，基于报表的信用分析往往效果有限。因此，唯一适用传统的财务分析进行研究的只剩产业债。

从买方投资的视角出发，可以从其财务指标体现的自身偿债能力、外部信用评级、行业景气度影响和所有产权性质等维度对产业债进行分析。本书后续章节会着重讲解基于财务指标的信用资质分析模型，此处先介绍另外几个直接影响产业债信用资质的因素。

(1)信用评级

产业债的信用评级是定义一个产业债资质最直观的重要指标。如图 2-16 所示，比较直观地展示了产业债收益率与评级的关系。我国大多数债券发行的最低等级要求是 AA－，只要是成功发行的债券至少都能拿到 AA－以上的评级。国内由发行人付费的评级机构主要包括中诚信、联合资信、上海新世纪、大公评级等。在他们的评级体系中，只有 AA＋以上评级的债券才能被认为接近国际市场的投资级别；AA 及以下评级的债券通常被认为有非常大的违约概率。由投资人付费的中债资信评级比较严格，一般达到 A－评级的债券资质即属尚可。如果发行人经营状况恶化，评级机构会下调评级。一般认为，低于 AA－评级的债券是接近违约的垃圾债（虽然 AAA、AA＋与 AA 评级中也隐藏着相当多的垃圾债）。关于评级的内容我们将在后续章节中详细介绍。

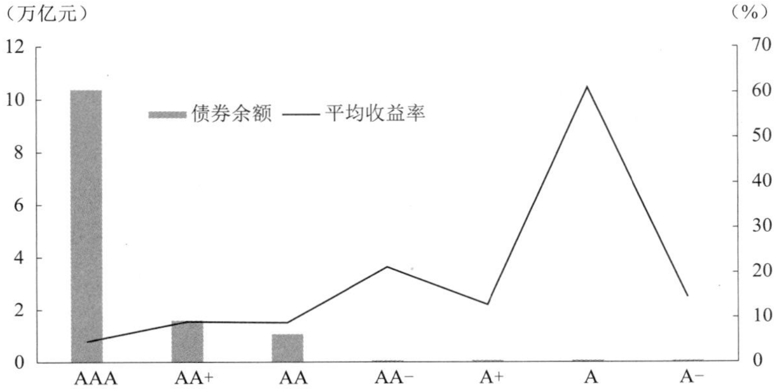

图 2-16　产业债收益率与评级的关系①

数据来源：WIND、中债估值中心。

(2)行业影响

除信用评级外，另一个快速分析产业债信用资质的方法是分析其债券发行人所属的行

① 示例图，一般认为 AA－以下等级利差数据，无投资参考意义。

业，原因有以下两点。

一是债券市场的投资者大多数是银行、基金公司等金融机构，其投资会受到政府对行业的影响和导向。比如，2016 年至 2017 年，受供给侧改革去产能和房地产调控政策的影响，国家限制了银行给“两高一剩”行业（钢铁、煤炭、造纸、电解铝、平板玻璃、风电和光伏制造业）、房地产行业的贷款额度，很多银行资金无法投资于“两高一剩”行业和房地产行业的债券，导致市面上这些行业债券的收益率偏高。而一些具有公共性质的行业或股占比较高的行业，比如公用事业、食品饮料、资本货物行业等，偿债能力稳定强健，受不良环境影响较小，往往债券的收益率较低。如图 2-17 所示，大致罗列了产业债各行业的情况。

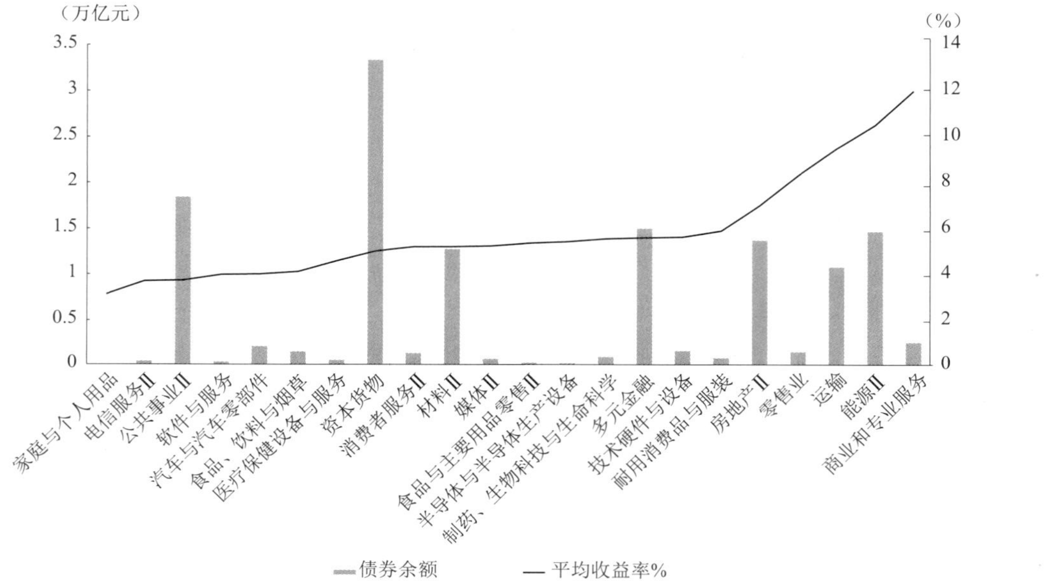

图 2-17　产业债各行业情况①

数据来源：WIND、中债估值中心。

二是不同行业的偿债能力会随着经济周期的波动而变化，同时也受到国家行业发展政策的影响。经济周期性上行时，利好钢铁、煤炭、房地产、造纸这样的周期性行业，其偿债能力可能随之提升，购买这些债券具有资本利得的可能；经济周期性下行时，市场会偏好消费、医药这类防御性的行业，能够抵御经济下行的不良影响，购买这些行业的债券，能够降低亏损的可能。当然这并非绝对，对于国内的一些企业来说，往往存在业务混杂、财务规范性差等症结，医药、消费、环保这些理论上的防御行业的债券，在经济下行期也会出现不少违约情况。因此，只做周期与行业的分析仍然不够，购买债券还需要对目标公司进行具体分析。这其实和股票有点类似，在判断准宏观的情况下，选好中观板块和

① 该图制图时间为 2020 年 12 月，在“永煤事件”冲击下，能源行业收益率被大幅拉高；而材料行业，则在供给侧改革中淘汰了部分落后产能和资质较弱的企业后，收益率中枢下行较为明显。

微观公司是同等重要的事。

(3)产权性质

企业所有权的归属与企业性质，往往也对产业债收益率产生很大影响。相同情况下，民营企业的信用资质低于地方国有企业，更低于央企，对应的民企债券收益率往往也高于地方国企和央企。数据表明，民企融资成本要远高于地方国企和央企。所以，分析产业债必须考虑发债企业的性质带来的差异。如图 2-18，非常直观地显示了不同性质企业的产业债平均收益率的变化情况。

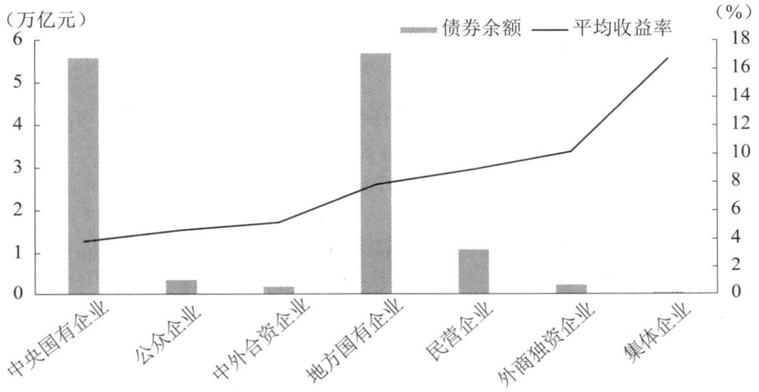

图 2-18 不同性质企业[1]的产业债平均收益率

数据来源：WIND、中债估值中心。

3. 金融债

严格来说，之前利率债部分的政策性金融债也算金融债，这里不再赘述。这里将着重介绍属于信用债中的金融债，即商业性的金融机构(商业银行、证券公司、保险公司、资产管理公司、信托公司、期货公司、租赁公司、财务公司等)发行的债券。目前，我国属于信用债的金融债共 8.8 万亿元。

商业性金融机构属于服务行业，从事金融中介类的工作，展开轻资产型行业，并不需要投入机器或工厂进行生产。所以，他们发行的债券中有相当一部分债券并非用于长期资产投入的普通债，而是次级债、混合资本债、二级资本债以及永续债这类能用于补充金融资本的债券，以符合我国监管体系的要求。

金融机构在进行资金中介服务的同时，也无时无刻不在承担着金融风险，其获利手段和风险承受情况都受到监管机构的严格限制，比如对资本总量和比率提出要求等。举例来

① 集体企业在市场中的发债主体极少，个别资质较弱的集体企业，拉高了整个板块的平均收益率。外商独资企业和中外合资企业发债数量也较少，其中还有部分业务主要在国内，但注册地在开曼群岛等地的房地产企业，故其平均收益率较高并不说明“真”外资在国内债券市场存在融资成本高的问题。此处的公众企业主要是指没有绝对实际控制人的上市公司。

说，地方政府债的信用风险权重是20%，某银行购买1亿元的地方政府债，必须准备2 000万元的风险加权资产对应的资本；按照8%的资本充足率要求，该银行每多买1亿元的地方政府债，就必须增加160万元的资本。金融机构补充资本的方法包括发行股票、次级债、混合资本债和永续债等。

次级债期限很长，还债顺序在普通债之后；混合资本债期限比次级债长，且带有利率跳升条款；二级资本债相比次级债和混合资本债多了减记/转股条款，且不允许设定利率跳升条款、收益不应具有信用敏感性特征（即不与发行机构的评级挂钩），期限大多为5年；永续债理论上可以无限延期，没有利率跳升条款，和二级资本债相比不一定有减记条款（有减记或转股条款的可归入银行的一级资本，更类似股权）。对应的清偿顺序可表述为：普通债权＞次级债≥混合资本工具/二级资本债≥永续债＞优先股＞普通股。这类特殊的债券融资资金，为金融机构提供了吸收业务风险可能带来损失的安全垫。如图2-19所示，是信用债中的金融债分类概览。

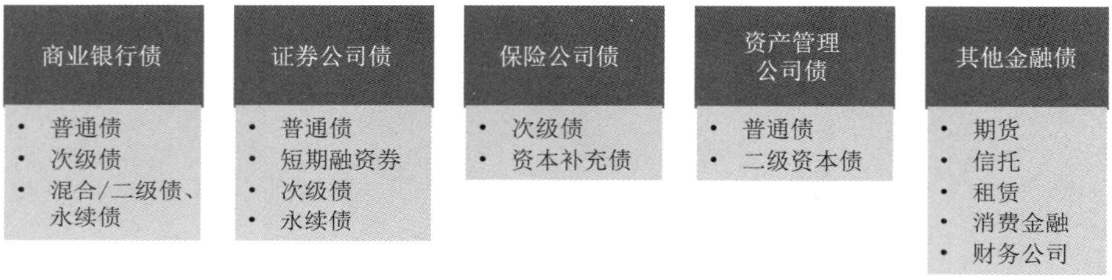

图2-19　金融债分类概览

金融机构（尤其是银行）都有非常细致的资本管理和归类办法，包括核心资本、一级资本、二级资本等多个种类，体系庞大复杂，形成了专门的货币银行学，我们这里不再深入。

就收益率角度来看，各个评级和期限金融债的收益率比相同条件的信用债低。主要原因为：我国对金融公司的管控严格，金融公司发债门槛很高。根据《中华人民共和国商业银行法》的规定，设立全国性商业银行注册资本最低限额10亿元人民币；设立城市商业银行注册资本最低限额1亿元人民币；设立农村商业银行注册资本最低限额5千万元人民币。但实际上，即便注册资本达到最低限额要求，银行的设立也很难获得批准。另外，根据《中华人民共和国证券法》的规定，设立证券公司的条件之一是净资产不低于人民币2亿元，而目前市面上注册资本最低的证券公司其注册资本也有5亿元。注册成功后的金融机构，每年每月也需要接受监管部门严格的检查。因此，我国金融机构的资质普遍要比非金融机构好。所以，评级A级的产业债违约风险很高，但评级A级的村镇银行金融债可能离违约还很远；一家被评为A－级别的农商银行，其偿债能力很可能会高于被评为AA－甚至AA的产业债发债公司，所以相同评级金融债的收益率要比信用债更低，尤其是被评为AAA级的。如图2-20所示，是各评级金融债平均收益率曲线示意图。

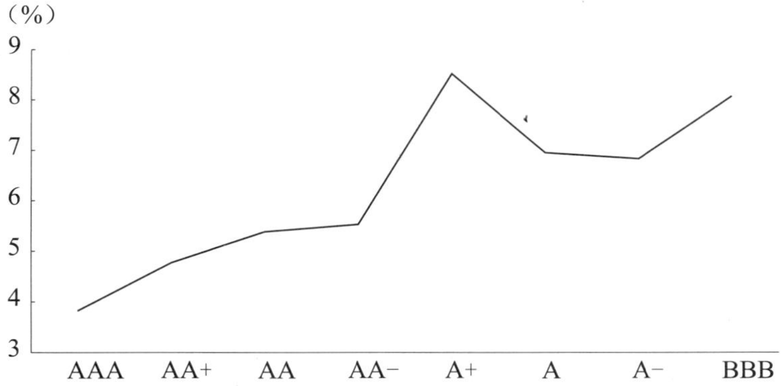

图 2-20 各评级金融债平均收益率曲线示意图

4. 可交换债与可转换债

可交换债和可转换债非常类似，形式都类似于普通的债券捆绑认股的权证（或期权）。二者的发行机构不同：对应股票公司本身发行的债券叫可转换债；对应股票公司的大股东发行的债券则叫可交换债。

（1）可转换债

以光大转债为例，如图 2-21 所示，可转换债的投资者于 2017 年 4 月 5 日拿到该可转换债后有两种选择：一是持有这只债券，每年拿 0.5%的利息，直到 2023 年 3 月 17 日到期，还本付息；二是在 2017 年 9 月 18 日到 2023 年 3 月 16 日期间，以4.13元每股的价格将手中这张面值 100 元的债券，换成光大银行的股票，转而获取股票投资的利得。事实上，可转换债的利率很低，大多数人购买可转换债，都抱有股价上涨超过转换价格而将债券换成股票的目的。对发行方光大银行来说，如果债券持有人选择转换成股票，那么光大银行的资产负债表上就会减少 100 元的债务，多出 100 元的所有者权益。因此，对发行人而言，发行可转换债是很好的增发股票手段。现实中，许多可转换债的转股价普遍设置得很低，就是为了实现上市公司增发的目的。

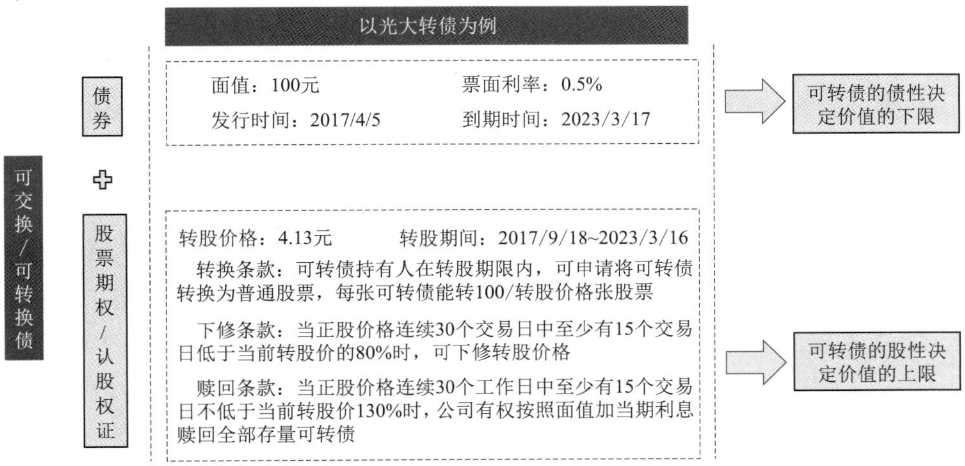

图 2-21 光大转债案例

(2)可交换债

与可转换债不同,可交换债由上市公司的大股东发行,且可交换债的发行与转换都对上市公司本身的财报没有影响。如可交换债的持有人按照换股期权的条款把手中的债券交换为股票,那么可交换债的发行人需要将自己手上上市公司的股票交给债券持有人,拿回自己已发出的债券。通过这种操作,大股东可以实现上市公司股票减持。可转换债与可交换债运作流程的对比如图 2-22 所示。

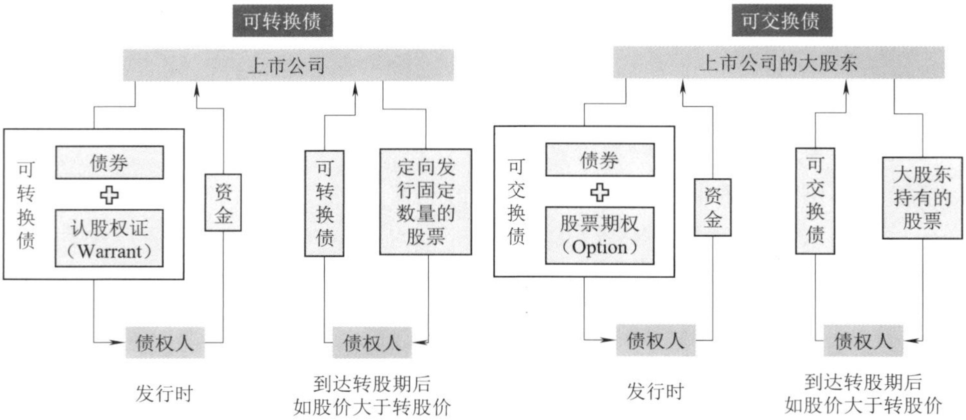

图 2-22　可转换债/可交换债运作流程对比

目前,可转换债和可交换债都是非常热门的债券品种,其为投资者提供安全垫的同时,还可以让投资者通过换股期权获得股价上涨的收益。可转换债或者可交换债上市后一般价格都会上涨,在交易所专门打新可转换债或可交换债是一个很不错的投资策略。

5. ABS

ABS 本质上是通过 SPV 将能产生资金流的资产剥离出原始的资产持有公司,从而使得原始资产的持有公司快速回笼资本的资产证券化产品。通过资产隔离,ABS 的投资者可以杜绝原始资产持有公司持续经营的不确定性带来的负面影响。

目前,我国的 ABS 总量是 4.5 万亿元,房产抵押贷款、应收账款、小额贷款等众多类型的资产都可以做成 ABS,如图 2-23 所示。银行的房产抵押贷款是可以产生稳定现金流的信贷资产,但房产抵押贷款本身也存在诸如期限长、变现程序复杂、贷款人失去偿还能力等风险。假如银行把某个区域内所有的房产抵押贷款拿出来做成 ABS,那么当 ABS 被卖掉后,这部分信贷资产和银行本身就隔离了,所有住房还贷资金将被存入 ABS 对应的 SPV,最后再通过固定型或者过手型两种方式发给 ABS 的购买者。其中,固定型偿还是指按照合同约定的方式履行还本计划;过手型偿还则是指存续期内还本金额不确定,管理人根据收到的资金确定偿还金额的偿还方式。

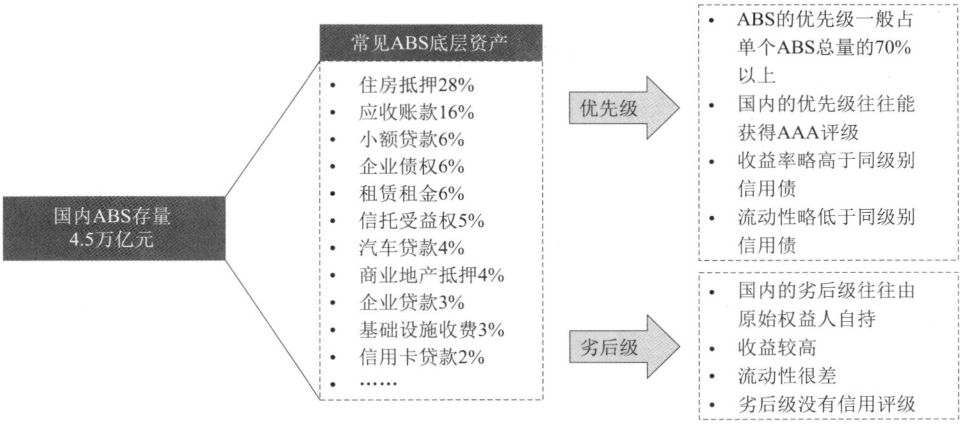

图 2-23 常见的 ABS 底层资产①

数据来源：WIND。

ABS 发行时，根据偿还顺序分为优先级、次优先级（或有）、劣后级。我国 ABS 优先级一般为 AAA 评级，劣后级一般无评级。从收益情况上看，优先级有约定的本金和利率；次优先级利率稍高，但偿还顺序在优先级之后；劣后级往往没有期望的收益率，能获得多少收益视偿还的情况而定，但实际能兑现的收益率往往不低。从偿还顺序上看，SPV 资产收到的资金优先偿还优先级的本息，其次为次优先级，最后剩余的资金全部支付给劣后级。国内 ABS 劣后级大多都由原始权益人自持，市场上能买到的 ABS 大多都是优先级，收益率较高，但是相比信用债而言期限更长，流动性稍差。因此，债券投资者往往将 ABS 作为账户持有到期的底仓。ABS 的交易结构流程如图 2-24 所示。

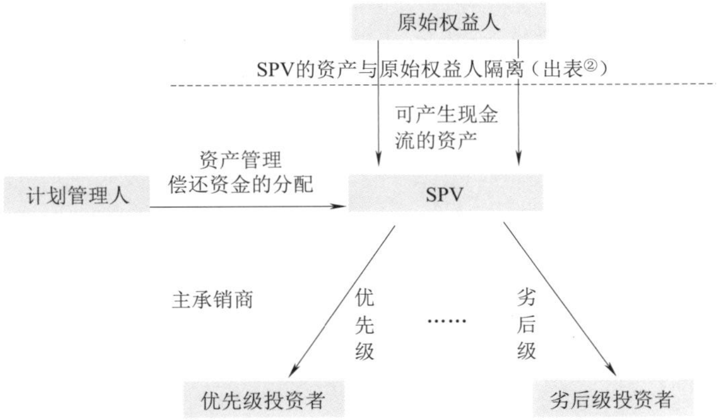

图 2-24 ABS 交易结构流程图

① 底层资产就是资产支持证券（ABS）中提及的资产，用来产生 ABS 的利息和本金。比如高速公路收费权，企业应收账款就是底层资产，可以打包成 ABS。高速公路收费权就是底层资产，ABS 就是上层资产。

② 出表的意思是“不在原始权益人的资产负债表上陈列，出表是 SPV 与原始权益人隔离的象征”。

6. 政府支持机构债

政府支持机构债是由中华人民共和国中央人民政府担保的公司或机构发行的债券，体现了准国家信用。目前，政府支持机构债只有中国铁路总公司发行的铁道债和中央汇金投资有限责任公司发行的汇金债两种。其发行机构都为承担特定社会职能、不以营利作为主要经营目的的政府支持机构，实际控制人均为国务院。中华人民共和国中央人民政府对政府支持机构的债务偿还给予大力支持。

从存量来说，铁道债有17万亿元，占所有政府支持机构债总量的94%，而且数量还在以每年1 000亿元左右上升；中央汇金债存量仅有1 000亿元。从期限来看，铁道债和汇金债对应的都是投资总量大、运作期限长、变现能力弱的投资项目，故两种债券的期限都很长。政府支持机构债的收益率明显高于无风险利率，略低于高等级信用债，收益率与投资年限成正相关，但其期限利差略小于高等级信用债，如图2-25所示。

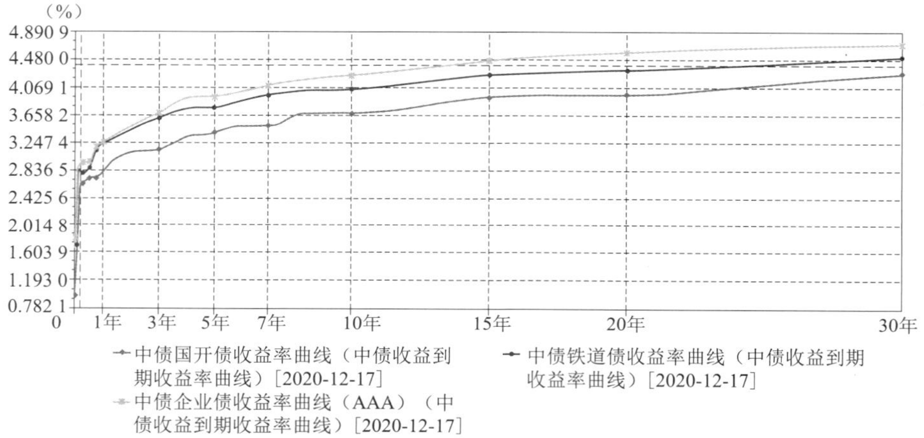

图2-25　政府支持机构债券收益率曲线

数据来源：WIND。

政府支持机构债的优势在于：其享有利息所得税减免近一半的优惠（正常为25%，政府支持机构债只需要交13%）；有国家信用做背书，收益率高于国开债，低于AAA级信用债。政府支持机构债也存在劣势：流动性不高（约等于地方政府债，小于其他信用债），而且占用20%的风险资产比例。

2.1.3　同业存单

同业存单是银行在银行间市场发行的记账式存款凭证，也是银行在银行间市场发行的一种用于吸纳储蓄的货币市场工具。存单作为货币市场工具，有1月、3月、6月、9月、12月这五个期限。如图2-26所示，是2019年1月银行同业存单报价样例。单笔同业存单发行量不低于5 000万元，但是由于银行庞大的体量，很多银行每年发行的存单可达数百只。庞大的数量加上我国极少有银行违约的记录，使得存单成为银行间市场较受欢迎、流动性较好的品种。另外，同业存单风险占比在 20%～25%，其收益率通常高于同期限的政金债，低于 AAA 级信用债。同业存单作为银行存款的一种，其偿付顺序在银行一般债务之前。因此，同业存单具有极高的信用资质。同业存单发行量巨大，流动性优良，收益率较好。总体而言，性价比较高。

2019-01-25　一级存单报价

认购日：2019-01-28（周一）　　缴款日：2019-01-29（周二）

期限	1M			3M			6M			9M			1Y		
到期	2019年02月28日 周四 工作日			2019年04月29日 周一 工作日			2019年07月29日 周一 工作日			2019年10月29日 周二 工作日			2020年01月29日 周三 休二		
国有行股份制	发行主体	价格	备注	发行主体	价格	备注	发行主体	价格	备注	发行主体	价格	备注	发行主体	价格	备注
	光大银行	2.70		恒丰银行	2.87		恒丰银行	3.02		恒丰银行	3.10		恒丰银行	3.25	
	渤海银行	2.85	满	平安银行	2.75	已募集10亿	浦发银行	2.75		浦发银行	3.00		平安银行	3.13↑	
	兴业银行	2.70	满	浦发银行	2.75		华夏银行	2.75		华夏银行	3.00		浦发银行	3.13↑	已募集33亿
				华夏银行	2.75		民生银行	2.75		平安银行	2.98		华夏银行	3.13↑	
				民生银行	2.75		兴业银行	2.75		兴业银行	2.98		兴业银行	3.08	
				兴业银行	2.75		交通银行	2.74		交通银行	2.97		交通银行	3.07	
				交通银行	2.74		中信银行	2.75	满	中信银行	2.98	满	招商银行	3.05	
				中信银行	2.75	满							中信银行	3.08	满
AAA	发行主体	价格	备注	发行主体	价格	备注	发行主体	价格	备注	发行主体	价格	备注	发行主体	价格	备注
	杭州银行	2.85	已募集10亿	苏州银行	2.95		华融湘江银行	3.05	已募集3亿	东方汇理中国	3.10		吉林银行	3.25	
	盛京银行	2.82↓		盛京银行	2.91		盛京银行	3.02		华融湘江银行	3.10		华融湘江银行	3.20	
	江苏银行	2.80		东方汇理中国	2.90		广州银行	3.00↑		锦州银行	3.10		锦州银行	3.20	
	上海银行	2.85↑	满 募满	成都银行	2.90		锦州银行	3.00		贵阳银行	3.07		南京银行	3.18	已募集5.5亿
	苏州银行	2.88	满 募满	锦州银行	2.90		中原银行	2.98	计划总量5亿	南京银行	3.06		贵阳银行	3.18	
	中原银行	2.82	满	中原银行	2.90	计划总量5亿	北京农商	2.95		盛京银行	3.06		北京农商	3.15	
				宁波银行	2.85		三井住友中国	2.85	计划总量2亿	北京农商	3.05		北京银行	3.15↑	
				南京银行	2.85					德意志银行中国	3.05		盛京银行	3.15	
										北京银行	3.00		中原银行	3.15	计划总量2亿
													宁波银行	3.12	
													重庆银行	3.20	满 募满
AA+	发行主体	价格	备注	发行主体	价格	备注	发行主体	价格	备注	发行主体	价格	备注	发行主体	价格	备注
	辽阳银行	2.95		乌鲁木齐商行	2.95		北部湾银行	3.06		北部湾银行	3.14		富滇银行	3.26	
	浙江萧山农商	2.92↑		桂林银行	2.95		重庆三峡银行	3.06↑	已募集3亿	富滇银行	3.14		绍兴银行	3.25	非银
	民泰商行	2.92	满 募满	赣州银行	2.95		乌鲁木齐商行	3.05							
				东莞银行	2.95		桂林银行	3.05							
				民泰商行	2.95	满 募满	东莞银行	3.05							
							青岛农商	3.10↑	满 募满						
							民泰商行	3.05	满 募满						
AA	发行主体	价格	备注	发行主体	价格	备注	发行主体	价格	备注	发行主体	价格	备注	发行主体	价格	备注
	如皋农商	2.92		柳州银行	3.10		柳州银行	3.25							
	兴化农商	2.92		承德银行	3.05		泸州商行	3.10							
	日照银行	2.92		浙江上虞农商	3.05	非银									
				嘉兴银行	3.05										
				泸州商行	3.02										
AA-	发行主体	价格	备注	发行主体	价格	备注	发行主体	价格	备注	发行主体	价格	备注	发行主体	价格	备注
A+	发行主体	价格	备注	发行主体	价格	备注	发行主体	价格	备注	发行主体	价格	备注	发行主体	价格	备注
	丹东银行	3.05		丹东银行	3.25		丹东银行	3.40		贵阳农商	3.50		贵阳农商	3.65	
							贵阳农商	3.40							
A及以下	发行主体	价格	备注	发行主体	价格	备注	发行主体	价格	备注	发行主体	价格	备注	发行主体	价格	备注
				山西左云农商	3.10		贵州龙里农商	3.55		贵州龙里农商	3.60		贵州龙里农商	3.70	
							山西左云农商	3.20		山西左云农商	3.35		山西左云农商	3.45	

图 2-26　银行存单报价样例

由于同业存单流动性好，且收益率较有竞争力，其总量曾经达到 20 万亿元之巨。然而，从 2017 年开始，相关监管部门打击金融同业资金空转，2018 年同业存单发行量纳入 MPA① 考核，同业存单及其背后所属的同业负债受到相关监管部门的严格限制，每家银行每年发行同业存单和同业负债的总额度不能超过其总负债的 1/3。同业存单增速逐步放缓，2019 年初存量逐步稳定在 10 万亿元左右；2020 年 11 月底，同业存单存量余额11.1万亿元，增速明显慢于其他类型的债券。

① MPA，即宏观审慎评估体系（Macro Prudential Assessment），其主要构成是：资本和杠杆情况、资产负债情况、流动性、定价行为、资产质量、外债风险、信贷政策执行七大方面。

2.2 债券总量知识补充

上一节介绍了主要的债券品种，现将债券风险占用情况、期限、发行、交易场所以及总量汇总等做补充介绍。

2.2.1 各类债券银行信用风险占比

目前，人民币债券大部分是在银行间市场上交易，债券投资的主要参与者为银行。因此，银行信用风险权重的比例特别重要。银行的经营受到《商业银行法》《商业银行资本管理办法》《大额风险暴露管理办法》等一系列法律法规和规范性文件的严格限制。例如，《商业银行资本管理办法》规定，银行核心一级资本充足率不得低于5%，即商业银行的股本加资本公积等核心资本除以风险加权资产不能低于5%。因此，在同等情况下，配置信用风险权重低的资产有助于减小分母以符合相关监管部门规定。银行内部的计财部门一般也会根据不同资产的信用风险权重，来分配内部资本的价格。这些都会影响银行购买这些资产时的行为。债券市场上，不同债券的利差，大部分都是由于税收和信用风险占比不同导致的。表2-2各类债券税收与银行信用风险占用情况，较为真实而直观地体现了这一特征。

表 2-2 各类债券税收与银行信用风险占用情况表

<table>
<tr><th rowspan="2">债券类型</th><th colspan="2">增值税及附加</th><th colspan="2">企业所得税</th><th rowspan="2">银行信用风险权重</th></tr>
<tr><th>利息收入</th><th>资本利得</th><th>利息收入</th><th>资本利得</th></tr>
<tr><td>国债</td><td>免</td><td rowspan="8">6.34%</td><td>免</td><td rowspan="8">25%</td><td>0</td></tr>
<tr><td>地方政府债</td><td>免</td><td>免</td><td>20%</td></tr>
<tr><td>中央银行票据</td><td>免</td><td>25%</td><td>0</td></tr>
<tr><td>政策性金融债</td><td>免</td><td>25%</td><td>0</td></tr>
<tr><td>政府支持机构债</td><td>6.34%</td><td>12.5%</td><td>20%</td></tr>
<tr><td>同业存单</td><td>免</td><td>25%</td><td>20%～25%</td></tr>
<tr><td>信用债、商业非银金融机构债等</td><td rowspan="2">6.34%</td><td rowspan="2">25%</td><td>100%</td></tr>
<tr><td>ABS</td><td>优先级一般为20%</td></tr>
</table>

2.2.2 各类型债券的期限、收益率、流动性和风险的特征

债券账户管理，需要投资经理在账户的合同限制以内，取得期限、流动性、风险和收益率的平衡，这就需要对持仓内每个债券大类品种的这些特性有比较深入的了解，以达到最优的配比。表2-3从市场经验的定性角度，大致列举了债券类型、期限、收益、流动性以及信用风险等方面的情况。

表 2-3 各类型债券的期限、收益、流动性以及信用风险情况

债券类型	期 限	收益率	流动性	信用风险
国债	50 年以内	最低	较好	无
地方政府债	30 年以内	较低	较好	极低
央行票据	3 年以内	最低	极好	无
政策性金融债	50 年以内	较低	极好	无
其他金融债	20 年以内	一般	一般	极低
政府支持机构债	30 年以内	一般	一般	极低
同业存单	1 年以内	较低	较好	极低
产业债	最长 15 年,多为 3～7 年	较高	较差	较高
城投债	最长 15 年,多为 3～7 年	较高	很差	中等
ABS(优先级)	多为 3～7 年	较高	很差	较低
可交可转债	5～6 年(大多很快转股)	—	极好	较低

2.2.3 债券交易市场

和股票市场相比,我国的债券市场体现了非常强的分割性的特征,主要分为规模最大的银行间市场、规模其次的交易所市场以及主要服务个人的银行柜台市场。这些市场的背后是三个主要的债券登记结算机构:中央国债登记结算有限公司、上海清算所和中国证券登记结算有限公司。债券登记结算机构的背后,是三个重要的机构:即财政部、中国人民银行和证监会。

债券体量巨大,整个债券市场的历史,就是财政部下属的中央国债登记结算有限公司、央行下属的上海清算所,证监会下属中国证券登记结算有限公司和沪深两个交易所这些巨大的集团,既相互协调配合,又进行市场化竞争的过程,如图 2-27 所示。正是这种此起彼伏的竞争,导致了我国债券市场的分割性。但是从另一个角度,这种市场化竞争也让整个资本市场更加充满活力,运行更加有效。

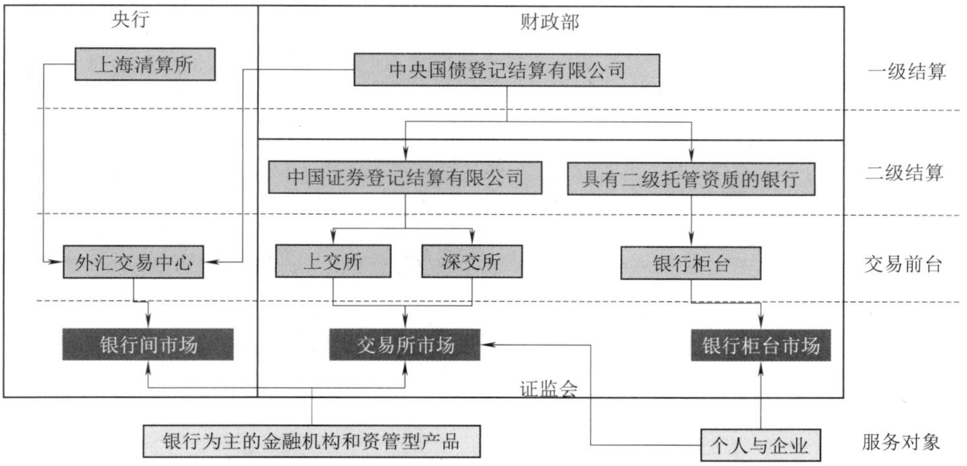

图 2-27 中国债券市场的复杂结构

2.2.4 债券发行与监管

债券交易和托管结算的场所非常复杂，其发行与监管也是千头万绪。但是，判断一只债券发行与监管关系的一般规律是：只在银行间市场交易的债券，由央行和银保监会负责监管；只在交易所交易的债券，一般由证监会相关的机构负责监管；在银行间和交易所两个市场都交易的债券，往往是财政部或者发改委这类隶属于国务院的机构负责监管。表 2-4 清晰地展示了债券发行主体、产品、交易场所以及托管结算机构。

表 2-4　债券发行主体、债券产品与交易场所

债券类型	发行主体	产　品		交易场所	托管结算机构
利率债	财政部	国债		交易所、银行间和柜台市场	中央国债登记结算有限公司和中国证券登记结算有限公司
	地方政府	地方政府债			
	中国人民银行	央行票据		银行间市场	中央国债登记结算有限公司
	政策性银行	政策性金融债	金融债券	交易所、银行间、柜台	主要是中央国债登记结算有限公司
信用债	银行、保险、信托、租赁和财务公司等	其他金融债券		银行间市场	中央国债登记结算有限公司
	证券公司	证券公司短融			
		证券公司债	在银行间市场部分为金融债	交易所和银行间市场	中央国债登记结算有限公司和中国证券登记结算有限公司
	汇金、铁路	政府支持机构债		银行间、柜台市场	中央国债登记结算有限公司
	非金融企业和公司	可转债、可交债		交易所市场	中国证券登记结算有限公司
		公司债	产业债	交易所市场	中国证券登记结算有限公司
		企业债	城投公司发行的属于城投债，其他公司发行的属于产业债	交易所、银行间市场	中央国债登记结算有限公司和中国证券登记结算有限公司
		中票、短融、超短融、定向工具、风险缓释工具、中小企业集合债券/票据		银行间市场	上海清算所
	金融机构	银保监会主管 ABS	ABS	银行间市场	中央国债登记结算有限公司
	非金融企业	交易商协会 ABN			
	各类型企业	证监会主管 ABS		交易所市场	中国证券登记结算有限公司
同业存单	银行	同业存单		银行间市场	上海清算所

从 2008 年央行组建交易商协会开始，各类型债券的审批权限逐步被下放到各个交易所、行业自律机构与行业协会。比如，能对普通个人投资者发行的大公募产品由证监会直接监管；对合格投资者发行产品所投资的债券则由交易所预审，证券业协会监督。这样的分层管理方式，能够兼顾金融市场化的效率和风险控制。表 2-5 展示了债券发行主体、产品及其相应的监管机构。

表 2-5 债券发行主体、产品及监管机构

<table>
<tr><th>发行主体</th><th colspan="2">产　品</th><th>监管机构</th></tr>
<tr><td>财政部</td><td colspan="2">国债</td><td rowspan="2">财政部、地方政府</td></tr>
<tr><td>地方政府</td><td colspan="2">地方政府债</td></tr>
<tr><td>中国人民银行</td><td colspan="2">央行票据</td><td rowspan="2">人民银行</td></tr>
<tr><td>政策性银行</td><td>政策性金融债</td><td rowspan="3">金融债券</td></tr>
<tr><td>银行、保险、信托、租赁和财务公司等</td><td>其他金融债券</td><td rowspan="2">人民银行、银保监会</td></tr>
<tr><td rowspan="2">证券公司</td><td>证券公司短期融资券</td></tr>
<tr><td>证券公司债</td><td>在银行间市场部分为金融债</td><td>人民银行、证监会</td></tr>
<tr><td>汇金</td><td colspan="2" rowspan="2">政府支持机构债</td><td>人民银行</td></tr>
<tr><td>铁道</td><td>发改委</td></tr>
<tr><td rowspan="4">非金融企业和公司</td><td colspan="2">可转债、可交债</td><td rowspan="2">证监会及下辖机构</td></tr>
<tr><td>公司债</td><td>产业债</td></tr>
<tr><td>企业债</td><td rowspan="2">城投公司发行的属于城投债，其他公司发行的属于产业债</td><td>发改委</td></tr>
<tr><td>中票、短融、超短融、定向工具、风险缓释工具、中小企业集合债券、中小企业集合票据、</td><td>交易商协会</td></tr>
<tr><td>金融机构</td><td>银保监会主管 ABS</td><td rowspan="3">ABS</td><td>银保监会</td></tr>
<tr><td>非金融企业</td><td>交易商协会 ABN</td><td>交易商协会</td></tr>
<tr><td>各类型企业</td><td>证监会主管 ABS</td><td>证监会</td></tr>
<tr><td>银行</td><td colspan="2">同业存单</td><td>人民银行</td></tr>
</table>

本章小结

本章较为全面、详细介绍了中国债券市场常见的主要债券种类，每种债券的特征和性质，以及主要的债券交易市场。这些内容都是一个优秀债券交易或投资人员的基本功，是大多数债券交易员或研究投资人员在入行的前半年必须学习和掌握的知识点。这些内容在债券投资者的未来职业生涯中起着奠基的作用。而对广大投资者而言，了解这些知识有助于更好地选择投资品种，找到风险防控与收益最大化的最佳结合点。

03

第 3 章 债券的高清画像

对于一只债券而言，无论是描述它最权威的募集说明书，还是由数据终端提供的条款一览，往往种类繁多，难以找准要点并加以理解。本章拿起“放大镜”，通过介绍债券的各项细节，详细分析债券的内在价值，帮助读者“认识”一只债券，快速“看懂”债券，最终在交易中抢抓盈利的机会。

3.1 债券的基本条款

要详细了解一只债券，最权威的信息来源是债券的募集说明书，但募集说明书通常长达一二百页，格式条款众多，阅读难度很大。经过数据终端整理后的债券基本条款，也达到几十项，阅读友好度很低。

这里，我们从分析一只债券入手，学习如何从繁杂的信息中找出关键点。下面以“18 新津 01”为“麻雀”进行解剖，如图 3-1 所示。

债券名称：18新津01[150777.SH]	下一付息时间：2019/10/25	发行方式：非公开发行
发行人：成都市新津水城水务投资	估值净价（到期）：98.881 9	当前余额：5.9亿元
有限责任公司	估值全价（到期）：101.515 8	担保/增信：天府（四川）信
最新评级：中证鹏元，AAA/AAA	估值收益率（到期）：7.843 4	用增进股份有限公司不可撤销
付息方式：1次/年，ACT/ACT	到期时间：2023/10/25	连带责任担保
票面利率：7.57%	估值修正久期：3.997 3	特殊条款：调整票面利率，回售
起息时间：2018/10/25	估值凸性：18.543 4	

图 3-1　18 新津 01

“18 新津 01”债券是由成都市新津水城水务投资有限公司发布的。根据债券简称可知这是新津在 2018 年发行的第一期债券。债券的代码 150777. SH，后缀为“SH”，表明由上交所发行；债券代码“18 新津 01”虽未标记 F，但该代码实质为非公开发行，故债券代码有字母一定为此类别，若无字母不一定就不是这些类别。

读者参考

债券代码字母含义：Y 代表永续债、C 代表次级债、G 代表公开发行、F 代表非公开发行、Z 代表交易所质押券。但是，债券代码无字母也可能是某个类别。

债券附加码含义：SH 代表在上交所交易；SZ 代表在深交所交易；IB 代表 Inter－Bank，指在银行间交易；BC 代表 Bank Counter，指在银行柜台市场交易。

3.1.1 债券的计息与付息

从本质上看，债券是一种“借钱工具”。债券投资人主要关心三点：何时付款、何时收息、何时回本。此处，继续以“18 新津 01”为例讲解债券的现金流情况。如图 3-2所示，该债券起息日期为 2018 年 10 月 25 日，按惯例起息日期等于缴款日期，以票面价值 100 元的债券来看，该日的现金流为“－100”。而该债券付息方式为 1 年/次，即下一次付息日期为一年以后的 10 月 25 日，该付息方式被称为 ACT/ACT(Actual 比 Actual，即每年的天数按照实际天数来计算)，不论债券持有期间年份为闰年(366 天)或普通年(365 天)，均为次年同一个月同一日支付利息。

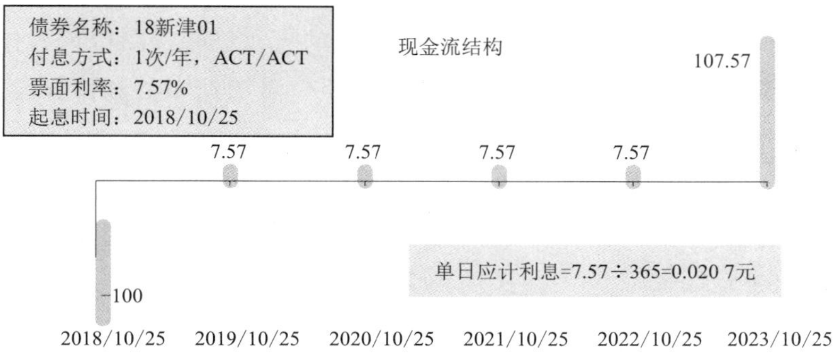

图 3-2 债券的现金流结构

在实际操作中，除持有至到期外，债券也会在持有期间交易。例如，某人购买“18 新津 01”债券，未到半年的第一个付息期就平价出售，出于交易的公平性考虑，买家应将票面利息按已经持有的时间支付，这就是应计利息。为简化计算，可用 A/360 计算付息期限，将 1 年简化为 360 天。该计息方式的实际年化收益率较票面利率高，是我国银行存款和附息存单曾经常用的计息方式。而在美国债券市场，常见 30/360 这种计息方式，把 1 年简化为 360 天，一个月简化为 30 天。按该方式，若某人于 10 月 25 日买入的债券，持有至次年 1 月 25 日，持有时间计为 90 天，占 360 天的 1/4，购买人可得年利率的 1/4。该种算法不考虑每月实际天数的长与短。目前，在国内采用该算法的只有福特汽车的 ABS 等少数债券，大部分债券均采用 ACT/ACT 来计算利息。

读者参考

- 起息时间：一般等于缴款时间，上市时间则可能较起息时间更晚。
- 付息期：从上一个付息日到下一个付息日的时间。
- A/365：票面利息乘以该票息期已过天数除以 365，2 月 29 日计息。

  A/365F：票面利息乘以该票息期已过天数除以 365，2 月 29 日不计息。

  A/360：票面利息乘以该票息期已过天数除以 360。

  30/360：票面利息乘以该票息期已过天数除以 360，已过天数每月按 30 天算。

  以上四种计息方式主要用于没有计算机的时代，现今采用这四种方式计息的债券逐渐减少。
- 现计息方式：大部分债券采用 ACT/ACT。
- ACT/ACT：票面利息乘以该票息期已过天数除以该票息期实际天数。
- 一般债券交易的计算结果，需保留到 4 位小数。

3.1.2 债券的全价与净价

债券交易的价格(全价)是债券净价和应计利息的有机结合。净价可看作债券现值中的本金价值,全价可看作债券现值中的本金加上在该付息周期中债券持有人累计应收,但因付息日还未到,故尚未收到的利息之和。

在“18新津01”案例中,若购买者于2018年10月25日以100元买入该债券,半年后平价卖出,100元净价加上100元×7.57%÷2=3.785元的应计利息,即全价应为100元+3.785元=103.785元。

若购买者持有该债券满1年后以平价卖出,则2019年的10月25日,该购买者可收到100元×7.57%=7.57元的利息,应计利息回归到0,此时净价等于全价,购买者应以100元卖出。

若随着市场的波动,该债券贬值,购买者需折价卖出,折价部分只与净价有关,与应计利息、票面利率无关。债券交易时,原则上以净价报价,加之应计利息,最后按全价进行资金结算。不论每日债券的净价如何波动,在计息期内,每日应计利息稳定增长7.57元÷365=0.0207元。如图3-3所示是以“18新津01”为例的债券的应计利息、净价与全价关系的解析。

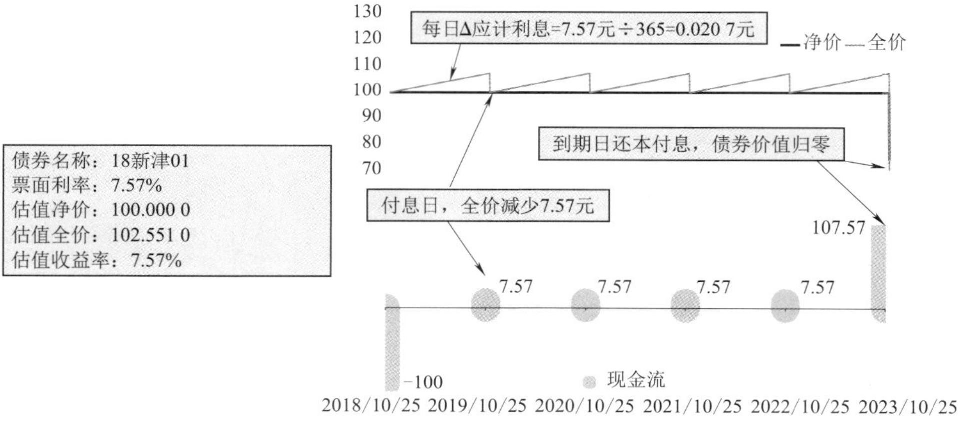

图3-3 债券的净价与全价(单位:元)

3.1.3 债券的估值收益率

虽然上面介绍了债券中的净价交易、全价结算的概念,但是在实际中,债券交易却往往不是用净价,而是以收益率作为依据进行的。使用收益率商谈债券交易具有诸多优点。

例如,购买者以6%的到期收益率购买1 000万元金额债券(表示1 000万元债券持有1年可得6%的收益),其在购买时往往会对不同债券品种进行比较。若10年期国债当前的收益率是3.6%,那么以6%的价格购买信用债时,需考虑多出来的2.4%的收益率差额是否可覆盖该信用债的信用风险。因信用风险导致的收益率差额，叫信用利差。若购买者认为 2.4%的信用利差较低，可与售卖方沟通，提升收益率。反之，如果以净价为标准谈交易，既要考虑债券本身信用利差对交易的影响，也要考虑债券的票面利息对交易价格的影响[①]。所以，以净价报价会使各类债券的相互比较更困难。因此，大多数时候，在实际操作中，以债券收益率而不是债券的净价，作为交易标准。

另一个优点在于市场上有比较成熟的估值收益率体系，各类估值可作为债券实际交易中的指导价格。大多数情况下，指导价格与市场实际价格非常接近，能为交易者提供有效的价格参考。各类债券估值中，最常用的为“中债估值”。中债估值是中债金融估值中心结合债券所在的收益率曲线、近期该债券的成交情况及债券发行人其他债券的成交情况，综合评估得出的价格估算，是交易时公允价格的重要参考标准。债券基金每日净值的估值报表，也常使用估值作为结算做账的价格凭据。

合理定价发行的债券，刚发行时其估值收益率在票面利率附近，之后随着其期限的缩短、市场的波动或该债券信用资质的变化，估值收益率也会发生相应的变化。

以“16 西王 02”这只由西王食品股份有限公司发行的债券为例进行讲解，如图 3-4所示。在刚开始发行时，该债券收益率并不高。随着公司经营状况的恶化，投资者所需对其信用资质的保护越来越多，该债券的合理收益率逐步升高，在 2018 年下半年债券市场牛市中有所下降。但至 2019 年 3 月份，已经升至 30%多的高位，体现了该债券巨大的信用风险。2019 年 10 月，不出市场意料，西王集团债券发生实质违约。

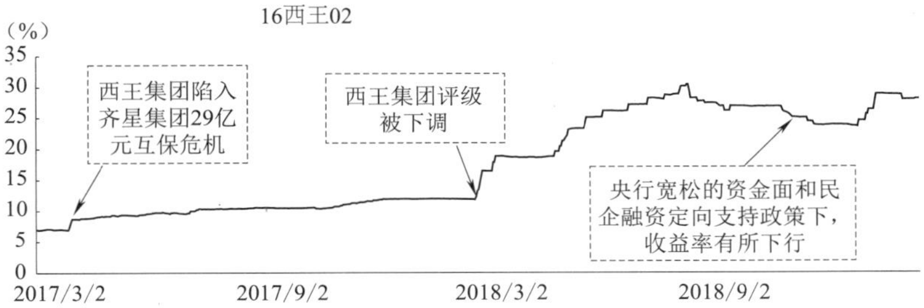

图 3-4 债券的估值收益率

3.1.4 净价、全价和估值收益率的关系

净价等于全价减去应计利息，而应计利息只与持有时间和票面利息有关。所以，已知全价即可计算得出净价。那么，如何得出债券的全价呢？

债券的全价是债券交易时的实际换手的金额，体现债券的全部价值。因此，债券的全价等于债券未来全部现金流折现后的当前价值。在计算当前价值时所采用的折现率，就等

① 两只债券，如果票面利率不同，即使以收益率计价的成交价格相同，其以净价计价的成交价格也不同。

于债券的到期收益率。

图 3-5 展示了三种类型债券的计算全价的公式，其本质相同，均为将“未来的现金流”分别除以到期收益率计算出的折现系数，并以此来算净现值。不同之处在于，贴现发行的债券或一次性还本付息的债券，未来只有一次现金流——到期支付的金额，因此其全价只等于这笔到期兑付现金的净现值；而附息债券中间存在支付票息，需要分别计算所有票息和到期兑付本金的净现值，求和后可得出全价。

1年以内的贴现债券：
$$全价=\frac{兑付日偿还金额}{估值收益率\times\frac{距到期天数}{365}+1}$$

1年以上的贴现/一次性还本付息债券：
$$全价=\frac{兑付日偿还金额}{(1+估值收益率)^{t_i}}$$

1年以上的附息债券：
$$全价=\frac{第1年票息}{(1+估值收益率)^{t_1}}+\frac{第2年票息}{(1+估值收益率)^{t_2}}+\cdots+\frac{本金+第5年年票息}{(1+估值收益率)^{t_5}}$$

净价与全价的关系：
全价=净价+应计利息

$$t_i=\frac{距下一付息日天数}{365}+距到期日还剩的整年数$$

图 3-5 全价计算公式

值得注意的是，当折现系数变动（到期收益率变动）时，债券的全价也将随之变动；由于应计利息是不变的，债券的净价也会随着持有时间的长短相应变动。因此，对于债券的投资人来说，从债券中获得的收益往往有两个来源：一是债券票息带来的应计利息增长；二是债券资质变化导致合理收益率变化，最终导致债券净价变动而产生资本利得。

读者参考

摊余成本法与净价的回归

假设债券的净价不变与发行之初相等，其面值为 100 元。而只有当债券合理收益率等于票面利率的时候，其净价才等于 100 元。大多数债券发行时，票面利率均按照市场合理收益率定价，故发行时净价都等于 100 元。但发行后，发行人的资质变差、无风险收益率上升等因素会导致债券合理收益率高于票面利率。由债券的全价计算公式可知，收益率提高，在票面利息（现金流）不变的情况下，分母变大，全价减小，在应计利息不变的情况下，债券的净价将减小，在应计利息不变的情况下，债券的净价将减小。

如图 3-6 所示，若一只一年期票面利率 6%的债券发行时，市场合理收益率为 6%，其净价等于 100 元。当发行人偿债能力变差，市场的合理收益率增长为 11%，债券的净价跌到 95 元。另外一个投资者按照 95 元的价格购买该债券，一年后到期时可收到 100 元本金和 6 元的利息，其年化收益率等于 11%。而这 11%中，应计利息只有 6 元，其余 5%的收益需理解为其购买净价变低的债券以后获得的资本利得。当市场合理收益率维持 11%不变的时候，这 5 元资本利得将会被平摊到债券存续期的每一天，慢慢将净价在到期日推回到 100 元。这种将债务的资本利得平摊到每一天，使得在债务到期日的公允价格等于本金面值的会计方法，就叫摊余成本法。同理，当债券收益率变小导致净价上涨的时候，净价超过 100 元的部分也会被慢慢摊回。

估值收益率等于 11%时，虽然应计利息的累积按照年化 6%的速率上升，净价的被摊余回 100 元的速度等于年化 5%，两者结合，使得债券持有人最终获得购买时约定 11%的到期收益率；估值收益率等于 1%时，虽然应计利息的累积按照年化 6%的速率上升，净价的被摊余回 100 元的速度等于年化−5%，两者结合，使得债券持有人最终获得购买时约定的 1%的到期收益率。

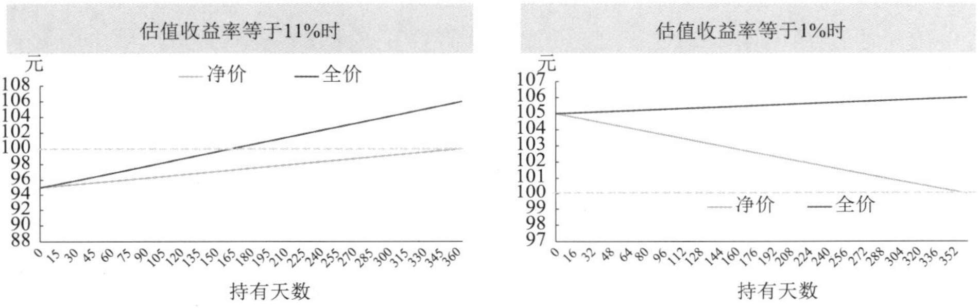

图 3-6　摊余成本法与净价的回归(单位:元)

3.1.5　久期与凸性

在相同的市场收益率波动下，哪怕是相同发债主体发行的债券，也可能呈现不同的价格变化，这种价格变化敏感度的差异，往往是其偿付期限长短的不同以及偿付现金流安排的不同造成的。要系统地衡量这种差异，就涉及久期与凸性的概念。

1. 久期

当债券收益率变动时，折现系数的改变会导致债券全价发生变化。折现系数等于收益率的时间长度次幂，如图 3-5 的公式所示，即债券的时间跨度越长，收益率变动对于债券全价的影响越大。“久期”就是衡量这种时间长度影响的系数。

(1)麦考利久期(Macaulay duration)

将债券未来每一笔现金流，按照净现值加权，求出平均期限，该平均期限即是麦考利久期。公式如下：

$$\text{Macaulay duration} = \sum_{i=1}^{k}\left[\frac{CF_i}{(1+y)^{t_i}}\times t_i\right]\div\sum_{i=1}^{k}\frac{CF_i}{(1+y)^{t_i}}$$

其中，CF_i 为该债券未来的现金流；t_i 为该债券未来每笔现金流距今时间；y 为该债券当前到期收益率；$\frac{CF_i}{(1+y)^{t_i}}$ 为未来单笔现金流的现值；$\sum_{i=1}^{k}\frac{CF_i}{(1+y)^{t_i}}$ 为债券未来全部现金流现值（全价）。

（2）修正久期（Modified duration）

麦考利久期除以（1＋收益率）即为修正久期，表示债券价格（全价）受到到期收益率变动的敏感度，在数值上接近债券全价对到期收益率的一阶导数，常用于较精确的计算收益率变动对债券价格的影响。公式如下：

$$\text{Modified duration}=\frac{\text{Macaulay duration}}{1+y}$$

若一个债券的修正久期为10年，该债券的市场合理收益率上升1个BP，即0.01%，可得到该债券全价将下降0.01%×10，为0.1%。因为该债券最大的一笔现金流发生在到期日，在到期前存在期限较短的现金流，所以其全部现金流的加权平均期限除以（1＋收益率），将得出略小于到期期限的数字，这可作为债券修正久期的估算方法。

2. 凸性

对于固定期限的债券而言，未来的现金流都已经确定。所以，在其存续期间，如估值收益率（现金流折现率）上升，其未来现金流的现值则下降。这就是收益率上升，债券价格下跌；收益率下降，债券价格上涨的原因。由于债券价格等于未来现金流除以收益率的高次幂，债券价格与收益率呈现单调曲线性相关的关系，因此债券全价是关于收益率的凸函数，如图3-7所示。函数的斜率（一阶导）就是我们前文所介绍的修正久期。当收益率发生极小的变化（1 BP）时，全价变动百分比等于估值收益率变化量乘以修正期。当估值收益率变动较大时，在凸函数中，估值收益率变化量乘以修正期这种简单的线性关系已经较难准确测量债券全价变动的百分比，此时需要考虑凸函数的弯曲程度，即凸性（二阶导）的影响。

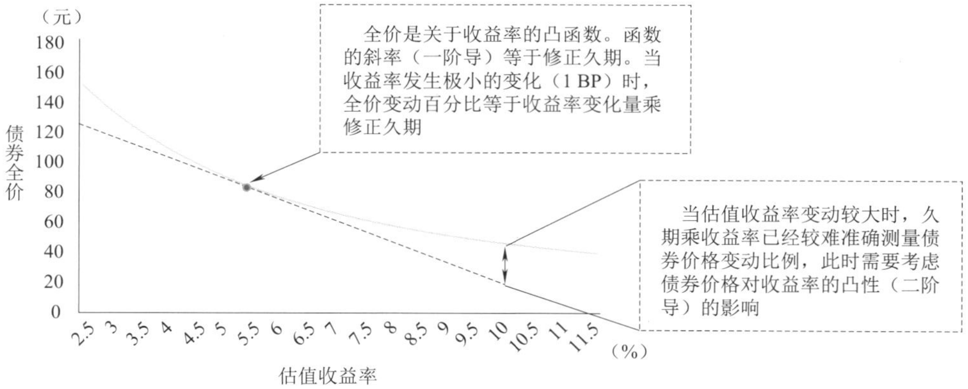

图3-7　收益率变动、久期、凸性与价格

凸性（Convexity）即图3-7凸函数的弯曲程度。凸性的计算公式较为复杂，但其与麦考利久期公式很相似，实质上为净现值加权平均期限的平方。下方第一个公式是凸性的具体计算方法，第二个公式是求得凸性以后，利用凸性和修正久期准确计算债券全价随估值收益率变动而变动百分比的方法。

$$(\text{Convexity})=\sum_{i=1}^{k}\left[\frac{CF_i}{(1+y)^{t_i}}\times t_i^2\right]\div\sum_{i=1}^{k}\frac{CF_i}{(1+y)^{t_i}}$$

债券全价因收益率变动而发生变动的百分比：

$$\frac{\Delta P}{P}=-\text{Modified duration}\times\Delta y+\frac{1}{2}\times\text{Convexity}\times\Delta y^2$$

对于没有提前偿还条款的债券，其价格与收益率的函数一般向外弯曲，即凸性大于零。当债券收益率上升时，大于零的凸性能够减缓债券价格下降的速度；当债券收益率下降时，大于零的凸性能够提高债券价格上升的速度。因此，对于一般的债券持有者来说，凸性越大越好。一般而言，对于没有提前偿还条款的债券，期间付息越少，凸性越大；到期一次性还本付息的债券，往往凸性是最大的。

3.2 债券的发行

债券主要包含：交易所市场发行的债券；银行间市场发行的债券；由证监会监管的债券，发改委和证券业协会管理的债券等。除了根据交易场所对债券进行分类外，债券的发行方式和附带的条款也是定义和描述一只债券的重要途径。

3.2.1 债券的发行方式

债券可以根据是否公开发行分为两类：一是公开发行的债券，即公募债券；二是定向发行债券，即非公开发行的债券。关于债券发行方式的具体内容见表 3-1。

表 3-1 债券的发行方式

<table>
<tr><th>选 项</th><th colspan="4">公募债券</th><th>私募债券</th></tr>
<tr><td rowspan="2">交易所市场</td><td colspan="2">对公众发行</td><td colspan="2">对合格投资者公开发行</td><td>对合格投资者非公开发行</td></tr>
<tr><td rowspan="2">利率债</td><td>• 大公募公司债
• 公募 EB</td><td>• 小公募公司债</td><td rowspan="2">企业债</td><td>• 私募公司债 • 私募 EB
• 中小企业私募债</td></tr>
<tr><td>银行间市场</td><td></td><td>• 超短期融资券
• 短期融资券
• 中期票据
• 政府支持机构债券</td><td>• 非公开定向债务融资工具 PPN</td></tr>
<tr><td rowspan="3">发行条件</td><td rowspan="3"></td><td>①债项评级 AAA</td><td colspan="2">一般不低于 AA</td><td rowspan="3">无特殊要求</td></tr>
<tr><td colspan="2">②近三年利息覆盖率不低于 150%</td><td>~100%</td></tr>
<tr><td colspan="3">③累计发行债券余额低于净资产 40%</td></tr>
<tr><td>审核机构</td><td>财政部</td><td>证监会</td><td>交易所和证监会</td><td>发改委</td><td>证券业协会和交易所</td></tr>
<tr><td>投资者数量</td><td colspan="4">无限制</td><td>不超过 200 人</td></tr>
</table>

公募债券与私募债券在发行上存在较大差异。评级方面，公开向合格的机构投资者发

行的债券要求债项评级至少为 AA，对公众发行的债券评级至少为 AAA。此外，公开发行的债券对其利息覆盖率和累计发行债券余额也有明确的要求。而私募债券则出于买者自负的原则，对评级和信息披露均无特别明确的要求。监管方面，公开发行的公司债券由证监会统一实施行政许可，其中小公募由沪、深交易所进行上市预审核，通过沪深交易所预审核后，证监会以沪、深交易所预审核意见为基础进行一个简化的核准程序；私募公司债则由证券业协会统一实施事后备案和负面清单管理，其审批条件相比公募债券更为宽松①。流通范围方面，私募债券的投资者数量不能超过 200 人，而公募债券则不受投资者人数限制。这样的规定，是为了保障私募债券出现风波时不会造成大规模的不良市场冲击。

债券发行方式的不同，常造成债券流通性的差异，最终导致市场合理收益率定价的差异。向公众投资者发行的债券俗称大公募债券，个人账户也可参与购买；向合格机构投资者发行的债券，俗称小公募债券，仅金融机构可以购买。下面举个例子。

我们选取相同的发行主体，剩余期限相近（以 2019 年 2 月 21 日为观察时点），不同发行方式的债券，在相同的区间进行比较。如图 3-8 所示，国家电力投资集团发行的大公募债券“18 电投 09”和小公募债券“13 中电投债”两者的估值差别较小。在大部分情况下，“13 中电投债”的估值收益率高 1～2BP。其原因在于：从投资者结构上看，个人投资者数量在债券市场中极少；从债券市场的成交量来看，机构投资者交易规模庞大，个人投资者交易规模占比很小；面向公众投资者发行的大公募债券，主要由承担重要职能的央企和部分优质 AAA 级民企发行，发行数量有限，且尚未形成成熟的细分市场。

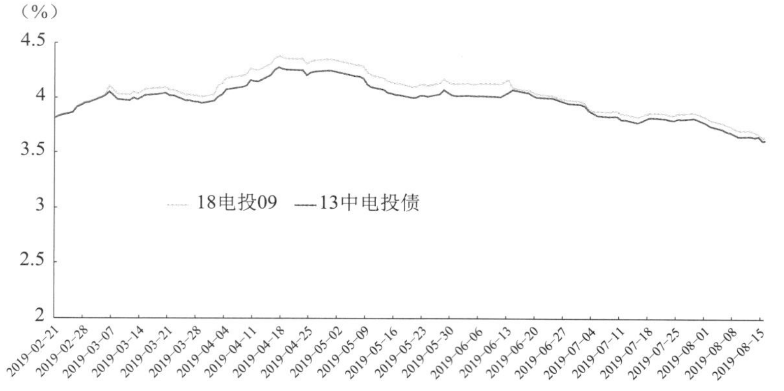

图 3-8　公开发行的债券收益率对比

数据来源：中债估值中心。

与公开发行的债券不同，非公开发行的债券只能在 200 人以内流通。例如，PPN 只能在 120 个合格机构投资者和 79 个定向参团投资者之间交易，且财务和公告信息并不对外公

① 私募公司债拟在沪、深交易所挂牌转让的，发行人、承销机构应当在发行前，向沪、深交易所提交挂牌转让申请文件，由沪、深交易所确认是否符合挂牌条件。

开。这样的封闭性导致其收益率普遍比公开发行的债券高很多。选取相同主体的公开与非公开发行的债券收益率进行对比，还是以国家电力投资集团为例，其发行的“公募19中电投SCP006”和私募发行的“14中电投PPN003”两只债券剩余期限基本一致，如图3-9所示，但私募PPN收益率比公募债券高52 BP。实际上，在其他主体发行的更长期限的债券中，这个差距可能会高达200～300BP。

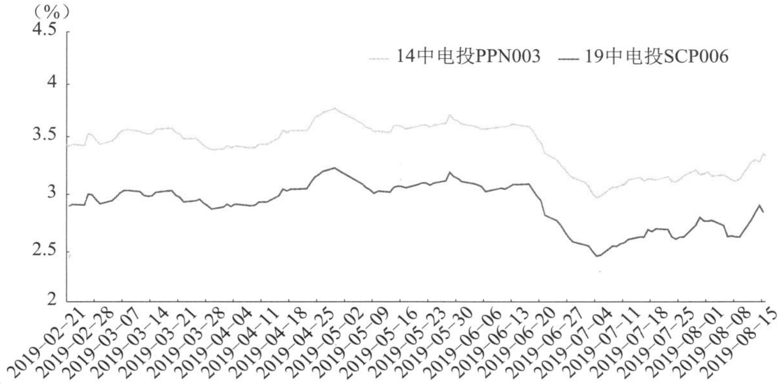

图3-9　非公开发行的债券收益率对比

数据来源：中债估值中心。

私募发行的债券不评级、不披露信息，并不意味着发行私募债券的都是资质不好的公司。实际上，很多资质很好的央企，也会因为公募债券发行额度受限或为避免市场冲击等原因向一些投资人定向发行非公开债券。对于相同的发行人而言，公募和私募的资质往往差别甚微。仅在个别较为极端的情况下，可能会出现发行人为了减少社会影响或控制不良市场冲击，而优先偿还公募债券，私下解决私募债券兑付的情况。

3.2.2　债券的特殊条款

在人民币市场中，含有特殊条款，比如回售、赎回、调整票面利率、票面跳升条款的债券接近占50%。下面对一些常见特殊条款、出现频率及其作用逐一介绍，见表3-2。

表3-2　常见特殊条款、出现频率及其作用

常见特殊条款	出现频率	作　用
调整票面利率	42.4%	普通调整条款为中性； 跳升条款对投资人有利
赎回	33.4%	对投资人不利
债券提前偿还	31.9%	中性，ABS的提前偿还对投资人不利
回售权	28.7%	对投资人有利
延期	12.9%	对投资人不利

续表

常见特殊条款	出现频率	作　用
利息递延权	10.8%	对投资人不利
交叉违约	6.4%	对投资人有利
事先约束	5.5%	对投资人有利
控制权变更	1.2%	对投资人有利

数据来源：WIND。

调整票面利率：在特定的整数年份，债券的票面利息可以按照条款调整，多数为调高利息。该条款由发行人行使，普通调整条款为中性条款，跳升条款对投资人有利。

赎回、回售：赎回条款类似一个行权价等于票面价值100元的看涨期权；回售权类似一个行权价等于票面价值100元的看跌期权。赎回/回售条款由发行人行使，赎回条款对投资人不利，回售条款对投资者有利。

债券提前偿还：事先约定的提前还款一般为中性条款。当该条款由发行人主动行使时，其作用类似部分赎回权利，对投资人不利。

延期：往往与票面利率跳升的条款绑定，通常规定"如若延期，每延期一次，票面利率须调高100～300 BP之多"，以此表达发行人不会无限延期的诚意，是一种中性条款。

交叉违约若发行人在非标借款等其他债务上违约，含有此条款的未到期债券也算触发违约，投资人可以提前要求债券发行人清偿。交叉违约条款普遍对投资人有利，是保护投资人的条款。

事先约束：该条款可以约束发行人后续的融资计划，防止债券发行后，企业继续无限度融资导致财务恶化。该条款对投资人有利。

控制权变更：该条款用于国企或者城投企业债券上，如遇实际控制人发生变更，投资人往往可以要求回售。该条款对投资人有利。

涉及上列条款的信用债，被称为含权信用债。当一些情况发生或者条件成就时，就会触发附有相对应选择权的条款生效。此时，相关的发行人或投资人就有权利采取相应的行动。目前，存量信用债含权比例达54%，如图3-10所示。

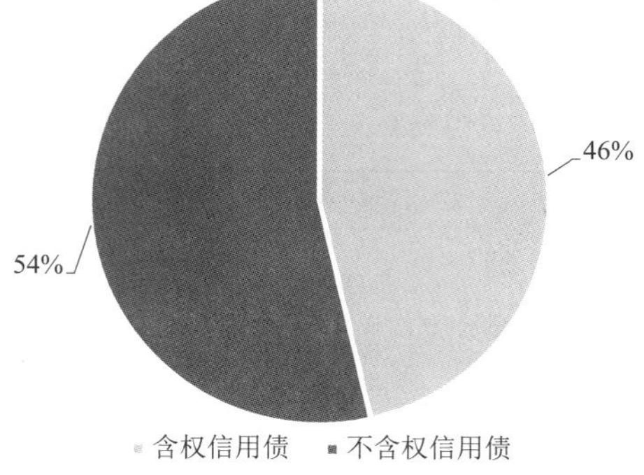

图3-10　存量信用债含权比例

数据来源：WIND。

以上介绍了目前债券中可能含有的特殊条款及其含义，接下来向大家详细介绍较为常见、重要的几类条款，以及其对债券价格的影响。

1. 回售条款

在实际操作中，债券的回售条款最为常见。债券投资人可在持有几年后将债券提前到期，回售给发行人，对冲部分由于债券收益率上升带来的债券价格下跌风险，对投资人非常有利。

回售条款有其存在的必要性。我国投资者的风险偏好普遍较低，期限较长的债券未来不确定性较高，债券在期限中间设置回售条款，能提高长期债券的市场接受度。当债券处于回售期，投资人在决定是否回售时，通常有三个方面的考虑：①此时的债券市场价格是不是低于票面价值；②回售后是否能再次购买到类似收益率的债券；③主承销商、发行人和债券持有人三方面临兑付压力时是否存在共同利益。比如，发行人兑付压力大时，可能通过主承销商说服机构投资者放弃行使回售权；而机构投资者为了不在持有债券期间“主动踩雷”，也有可能被说服。综上所述，回售条款为买卖双方都创造了很大的操作空间。下面以“18 新津 01”为例，具体描述回售条款及其对债券价格的影响，如图 3-11所示。

债券名称：18 新津 01

特殊条款：投资者有权选择在本期债券存续期内第 3 个计息年度付息日，将其持有的本期债券的全部或部分按面值回售给发行人；

发行人有权决定在本期债券的存续期的第 3 年年末，调整其后 2 年的票面利率。

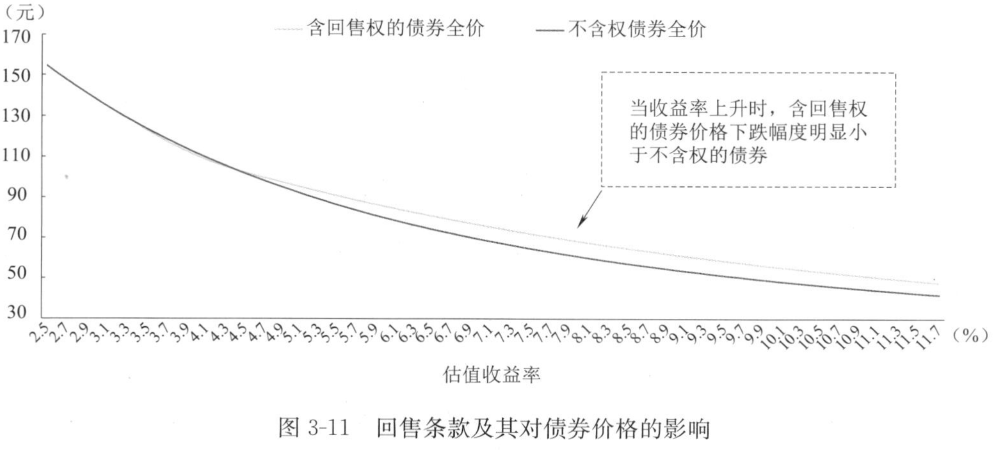

图 3-11　回售条款及其对债券价格的影响

含回售权与不含回售权债券价格对收益率变化的敏感度不同。以国家电力投资集团为例，对于不可回售的债券，中债估值给出一个到期的估值收益率；对于可回售的债券，中债估值分别给出回售、不回售这两种情况下不同的估值。不回售情况下，两者实际期限基本相同，故估值收益率较为接近；当选择回售时，期限缩短，导致估值收益率明显下降。

2. 回售条款＋调整票面利率条款

国内提供回售权的债券，往往同时也提供发行人调整票面利率的条款。例如，当债券收益率上行时，债券价格下跌，债券发行人为了吸引持有人不回售，可以调高票面利率；反之，当债券收益率下行时，发行人也可以调低票面利率，以降低利息成本。如图 3-12 所示，“17 电投 04”与“15 中电投 MTN002”是相同主体发行的，剩余期限接近的债券，“17 电投 04”的行权估值收益率要显著低于其不行权估值收益率，而“17 电投 04”的不行权估值收益率与不含权的“15 中电投 MTN002”接近。以上对比说明含有回售权和调整票面利率条款的债券对于发行人而言，有降低融资成本的作用，提高市场认可程度的作用。

债券名称：17 电投 04
剩余期限：1.25＋2 年
特殊条款：持有人回售权，调整票面利率条款

债券名称：15 中电投 MTN002
剩余期限：3.24 年
特殊条款：无

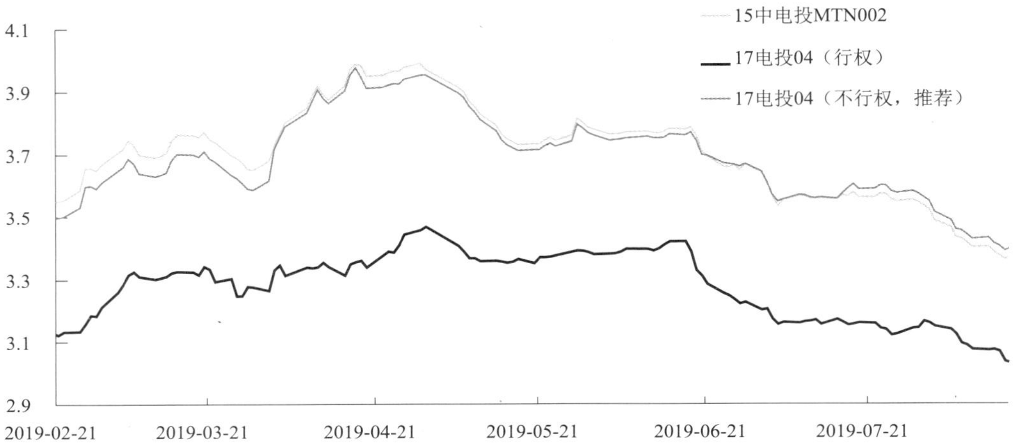

图 3-12　含回售权与不含回售权债券的收益率对比

数据来源：中债估值中心。

由于债券市场流动性极差，我们较难通过观察日常成交价格来确定含回售权债券的价差，因此在实际操作中，通常参考中债估值为含权信用债定价。对于含权信用债，中债估值会根据是否行权进行估值，一般分为两种情况：一是债券行权日，持有人行使回售权，将债券按照票面利率回售给发行人，中债估值会根据此情况给予行权收益率和行权估值净价；二是债券行权日，债券发行人在调整票面利率许可的范围内，尽可能地将新的票面利率调整到接近市场合理收益率的价格，债券持有人选择不回售，中债估值会根据此情况给予到期收益率和到期收益净价。

在第二种情况中，中债估值会通过收益率曲线算出远期利率，利用远期利率计算出含权债在行权日的合理市场收益率，将合理市场收益率和票面利率进行对比，根据差额是否在可调整的范围内，为两种估值方式中的一种打上“推荐”的标签。例如，某债券的票面收

益率为 3.50%，且同时拥有回售条款和调整票面利率的条款，均在一年后触发。回售条款约定，如果投资人不回售，则债券续期 3 年。调整票面利率条款约定在一年后，如果投资人没有完全回售，发行人将调高存量债券的票面利率 300 BP(或投资人可以调整 0～100 BP)。目前，相同发行主体发行的 1 年期债券到期收益率为 3%，4 年期债券到期收益率为 5%。据此可以计算出，该主体在一年以后的 3 年期债券收益率（即其远期利率）为 $\sqrt[\frac{1}{2}]{(1+5\%)^4\div(1+3\%)}=5.68\%$。由于 $5.68\%-3.50\%=218$ BP<300 BP，因此预期在发行人调高票面 300 BP 的情况下，投资人均不会行使回售权，故不行权为推荐估值(中债估值推荐将这个债券看作一个 4 年期的长期债券)。

反之，如果调整票面利率的条款为“投资人可以调整 0～100 BP”。由于 100 BP<218 BP，发行人无法将票面收益率调整足够高，吸引投资者不行权，则行权就是推荐估值(中债推荐将这个债券看作一个 1 年期的债券)。如果存在调整票面利率条款，但是没有明确的数值或者范围的规定，中债估值会对两种估值结果中全价较低的结果给予推荐。中债估值对含权债的估值方法如图 3-13 所示。

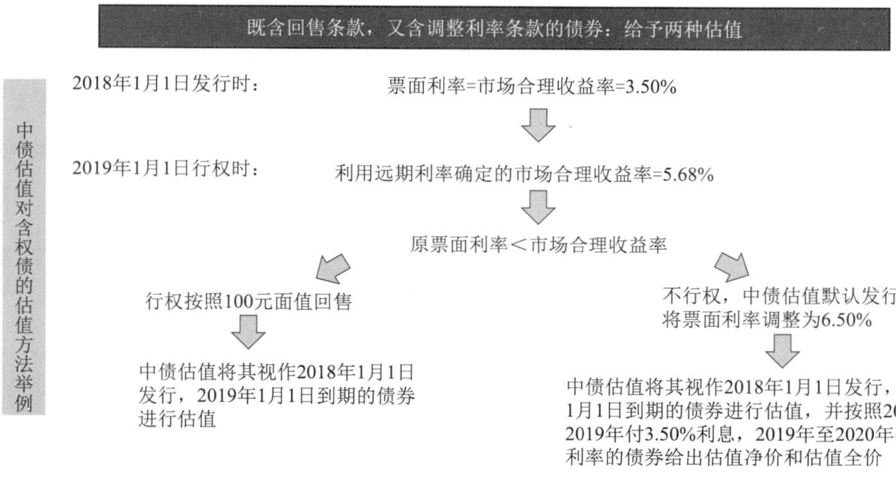

图 3-13　中债对含权债的估值方法举例

而当调整票面条款明确规定了调高的收益率的数值时，含有回售和调整票面利率条款的债券也可以被认为是收益率累进债券，即发行人为了鼓励不回售，对于继续持有的投资者给予更高的利息。

3. 赎回条款

与“回售权”相对应，“赎回权”指债券发行人将债券收回的权利。赎回权是一种对发行人有利的条款，当市场收益率降低时，发行人可以将原有的利率较高的债券赎回，以较低的市场利率再融资，降低融资成本。收益率下降越多，发行人行权可能性越高。一般赎回权往往配合银行二级债、转债或永续债出现，这样发行人对其负债平均期限控制更加方便。下面以“15 国网债 02”为例，介绍赎回条款其对债券价格的影响，如图 3-14 所示。

债券名称：15 国网债 02
特殊条款：赎回：本期债券在其存续期的第 5 个和第 10 个计息年度末设定两次发行人选择按面值全部赎回的权利。
回售：本期债券在其存续期的第 5 个和第 10 个计息年度末，如发行人决定不行使赎回选择权，则投资者有权将其所持债券按面值全部或部分回售给发行人。

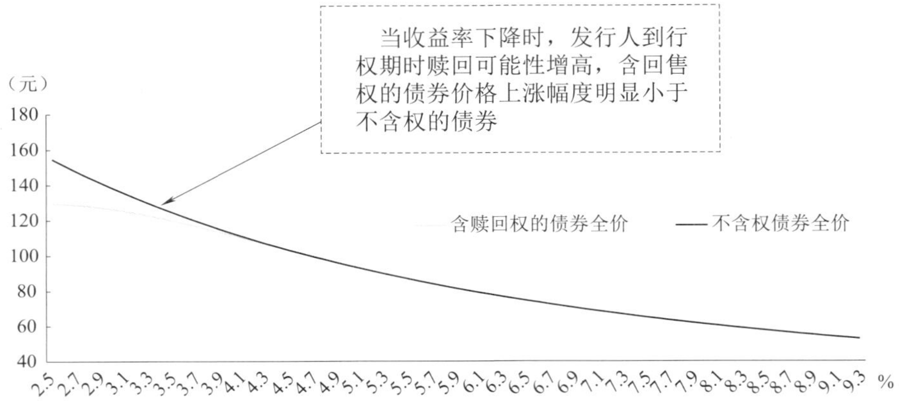

图 3-14 赎回条款对债券价格的影响

为了补偿投资人，含赎回权债券的市场合理收益率一般比普通债券高。和回售条款相同，中债估值将根据发行人“行权”或“不行权”给予两种不同的收益率，不行权的估值收益率非常接近同期限的不含权债券，但一般因为赎回条款对债券投资人不利，所以往往有几个 BP 的溢价。中债估值在对行权和不行权两种情况分别估值后，会将降低的价格作为“推荐”估值。

值得注意的是，两者收益率差额并非体现赎回权本身的期权价格。原因在于，目前，国内对含权债的处理较为原始简单，直接根据两种可能给予两个不同期限的估值价格，而没有采用国外比较主流的计算期权价值的方法——OAS(Option Adjusted Spread)。正常含权债的交易中不会简单借用中债估值的价格，而是交易双方根据行权的可能性进行协商。同时，若债券赎回期市场合理收益率比原来债券的票面利息低，发行人也不一定赎回债券。这是因为，新发债券需要一大笔承销费用，若市面收益率仅仅比现存债务利息稍低，债券发行人也会选择放弃赎回。

下面选取“16 深航技 MTN001”“18 航技 03”两只债券作为含赎回权与不含赎回权债券的收益率进行对比，如图 3-15 所示。注意，含有对投资人不利的“发行人赎回权”的“16 深航技 MTN001”的不行权估值与不含权的“18 航技 03”的估值收益率十分相近，且在大部分时候略高于“18 航技 03”的估值收益率。这说明，发行人赎回权，作为对投资人不利的条款，在市场实际定价中，确实降低市场认可程度，提高债券融资成本，但由于上述提到的协商空间的存在，以及发行人赎回的不确定性，债券融资成本的提高并不明显。

债券名称:16 深航技 MTN001 剩余期限:0.358 9+2 年 特殊条款:发行人赎回权	债券名称:18 航技 03 剩余期限: 2.358 9 年 特殊条款:无

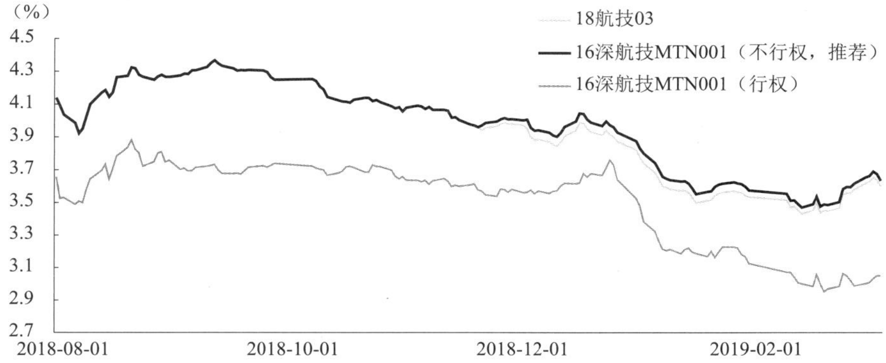

图 3-15 含赎回权与不含赎回权债券的收益率对比

数据来源:中债估值中心。

4. 提前偿还条款

提前偿还条款常分为两种情况:①事先约定的提前偿还,比如部分城投债常按照计划,每年偿还部分债券的本金;②事先未知的提前偿还,比如 ABS 提前还款,或部分债券中约定所有投资人能通过债券持有人大会要求发行人提前偿付部分本金,以缓解到期一次性偿还全部本金带来的压力。含有提前偿还条款的企业债在简称前常常有 PR 字样,代表 prepayment,即提前偿还的意思。下面以"PR 渝地产"债券为例,说明提前偿还条款对债券价格的影响,如图 3-16 所示。

债券名称:PR 渝地产 特殊条款:债券提前偿还,本期债券采取分次还本方式。在本期债券存续期第 3 年至第 7 年,每年分别偿还的本金为本期债券发行总额的 20%。

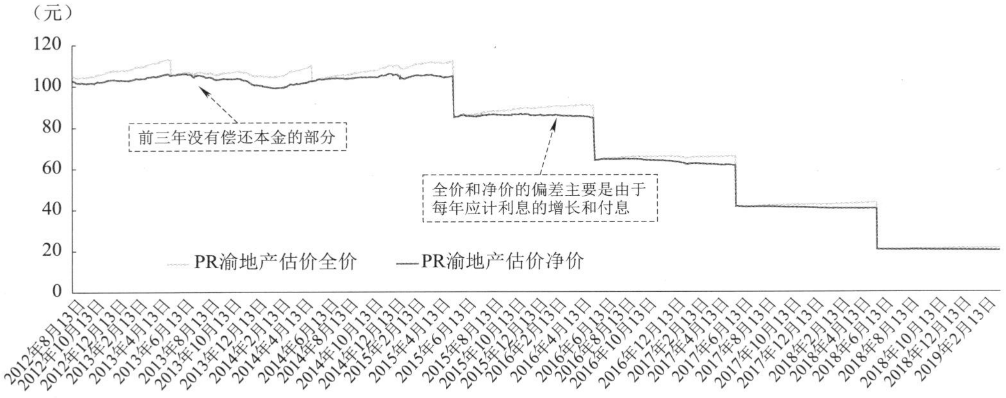

图 3-16 提前偿还条款对债券价格的影响

数据来源:中债估值中心。

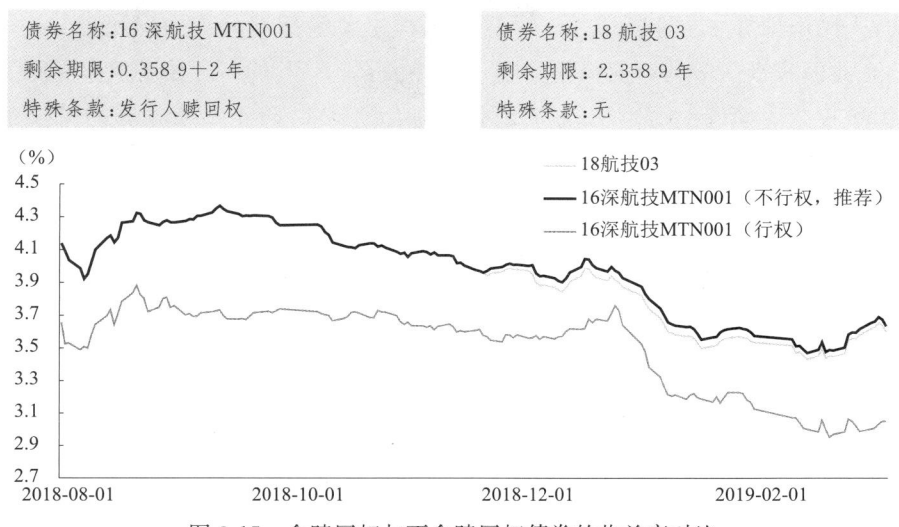

目前，人民币债券中含有提前偿还条款的品种主要包括部分过手摊还型ABS、部分城投发行的企业债和极少数的产业债。其中，过手摊还型ABS的本金偿还取决于底层资产的还款进度；城投企业债的提前偿还则主要是因为监管要求，防止资质较弱的城投企业在最后一年集中偿还本金造成资金流压力过大。

5. 浮动利率

为了控制负债端的成本，很多发行人会选择浮动利率的债券。浮动利率虽然会降低未来现金流的稳定性，但能够很有效地对冲利率风险。具体来讲，浮动利率条款是指债券票面利率定期根据一个基准调整，该基准一般和债券本身的性质密切相关：

①附息同业存单都按浮动利率计息，以Shibor[①]作为基准；

②债券浮动利率常以银行定期存款、近期回购利率均值或Shibor作为基准；

③公积金贷款的ABS常以个人住房公积金贷款利率作为基准；

④银行信贷资产ABS常以银行贷款基准利率作为基准。

下面以“16南京银行CD039”为例，说明浮动利率债券的价格与估值收益率的关系，如图3-17所示。该债券每年付息4次，相当于每3个月重置一次利率，故其实际有效久期只有3个月左右，因此债券价格受到利率变化的影响很小。同理，若其他浮动利率的债券每年重置一次利率，对应实际有效久期为一年左右。从这个角度看，浮动利率条款为发行人和持有人都很好地降低了利率风险。

债券名称：16南京银行CD039
计息方式：浮动利率，每年付息4次。票面利率重置为3个月Shibor均值+0.2%，发行价参考利率2.999%

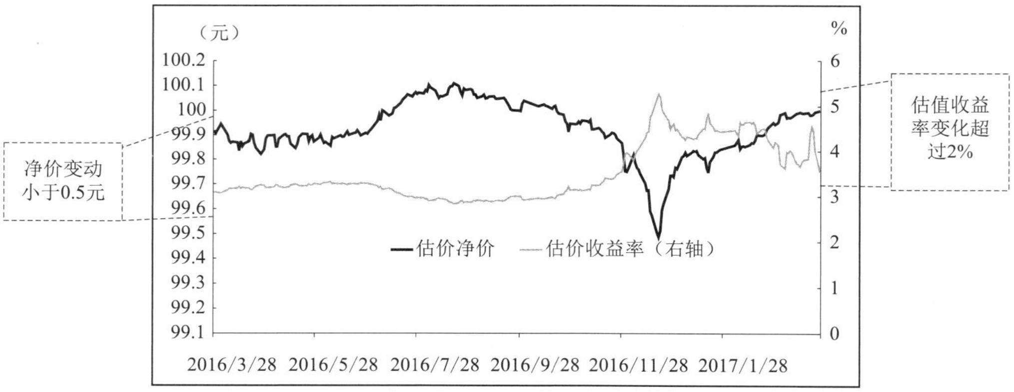

图3-17　浮动利率条款的估值对比

数据来源：中债估值中心。

① Shibor即上海银行间同业拆放利率（Shanghai Interbank Offered Rate）的简称，从2007年1月4日开始正式运行。目前，Shibor报价由18家信用级别高、定价能力强和市场声誉良好的商业银行组成，同时接受央行一套跟踪监控和惩罚制度的监督，以确保报价的权威性和代表性。

读者参考

到期收益率、即期收益率和远期收益率

到期收益率：计算未来现金流净现值时使用的年化贴现率，资金的时间成本。

即期收益率：计算单笔现金流的净现值时使用的年化贴现率。

远期收益率：估算得到的未来某个时点的即期收益率的理论值。

例如：对于 2 年后到期的 108 元债券，其净现值既可按照 2 年期即期收益率贴现，也可将 1 年期的即期收益率和 1 年期的远期收益率相乘贴现。因此可使用 2 年期即期收益率与 1 年期的即期收益率计算 1 年期的远期收益率。其他期限的即期和远期收益率也存在类似的叠加关系，若已知一长一短两个即期收益率即可计算中间的远期收益率。

- 使用到期收益率计算未来现金流的现值：

$$5\text{年期附息债券价格}=\frac{\text{第 1 年票息}}{(1+\mathrm{YTM})^1}+\frac{\text{第 2 年票息}}{(1+\mathrm{YTM})^2}+\cdots+\frac{\text{本金}+\text{第 5 年年票息}}{(1+\mathrm{YTM})^5}$$

- 使用即期收益率对单笔现金流贴现：

发行价格 100 元，两年后偿付 108 元，中间不支付利息的债券价格

$$=\frac{108}{(1+2\text{ 年期即期收益率})^2}$$

- 使用远期收益率估算时点即期收益率的理论值：

发行价格 100 元，两年后偿付 108 元，中间不支付利息的债券价格

$$=\frac{108}{(1+1\text{ 年期即期收益率})\times(1+1\text{ 年后 1 年期的远期收益率})}$$

6. 增信条款

债券的发行人资质越差，其发行的债券收益率越高。而一些资质特别弱的发行人，即便其所发行的债券收益率很高，也少有人问津。此时，发行人往往可以通过流动性支持、抵押、质押或者担保等方式，而使得投资人认为其偿还债券的能力是有保证的。

（1）流动性支持

流动性支持由银行提供，效果类似授信。在已有的很多先例中，一旦流动性发生困难时，银行出于自身防范风险，往往提前抽贷。因此，其效果值得怀疑。

（2）抵押、质押

抵押、质押是指借款人划定资产用于债券的偿还。其中，质押需要在借款期间转移资产的占用，抵押则不需要。此类增信方式效果有限，因为资产变现的过程很长，且被押资产的价值往往难以保证。国内采用此种增信方式的债券也很少，目前大约有 500 只左右。抵押、质押的实际作用，通常是在最大程度上减少债券违约后的损失，而大多数投资者往往更加关心如何减少违约的概率，而不是进入违约后漫长的损失追索和资产变现过程。因此，总体而言其效果也有限。

（3）担保

目前，我国法律规定的担保有两种，即一般担保和连带责任担保。而债券市场绝大多数

都是连带责任担保。一般担保的需要先通过法律程序证明被担保人无还款能力，担保人才需代偿；而连带责任担保的担保人在偿还优先级上和原发行人相同。目前，国内最常见的担保方式为全额不可撤销连带责任担保与连带责任保证担保，这两者均属于连带责任担保。当原借款无法偿还时，担保人均作为还款方需代偿。但是，连带责任保证担保在法律规定中有效期仅持续到主债履行期后的 6 个月（比如，主债履行有期限为今年 3 月，其担保期仅到 9 月底）。如果投资者不在 6 个月期间内提交担保责任诉讼，相应的担保责任至 10 月便不可再履行；而无条件不可撤销担保则是与债务义务相始终的。目前，采用全额不可撤销连带责任担保的债券超过 3 000 只。全额不可撤销连带责任担保是最常见的增信方式。

综上所述，担保是目前最有效的增信方式。在实践中，发行人通过提供担保费或者质押物换取担保公司在违约时的代偿。根据担保方的类型，担保方式一般有两种：一是关联方担保，如通过与母公司、大股东、上市公司联保或同地区的友商互相联保（但也可能会出现整个地区的公司陷入连环违约的情况，因此这类关联担保效力稍弱）；二是专业担保公司担保，就市场现状而言，通过专业担保公司[①]担保的债券，特别是评级被担保到达 AAA 的债券，几乎没有未能偿付的情况，担保效力较强。担保的运作模式如图 3-18 所示。

从债券市场的定价来看，专业担保公司担保的债券信用资质都得到了明显提升，担保后债券的债项评级等于担保人的主体评级，与原发行人的资质无关。但是，债券收益率定价很大程度上受到原发行人信用资质的影响，其收益率定价远高于原生 AAA 等级债券。这主要是由于市场中很多买方（例如货币基金）由于监管或者基金合同的约束，在购买被担保债券时，只关注发行主体评级，而不关注债项评级。此外，部分投资者对担保公司不了解，投资存在主观上的疑虑，导致被担保到 AAA 等级的债券出现较大的利差，产生市场接受度溢价和流动性溢价。被担保到 AAA 等级的债券与原生 AAA 等级债券收益率的差别如图 3-19 所示。

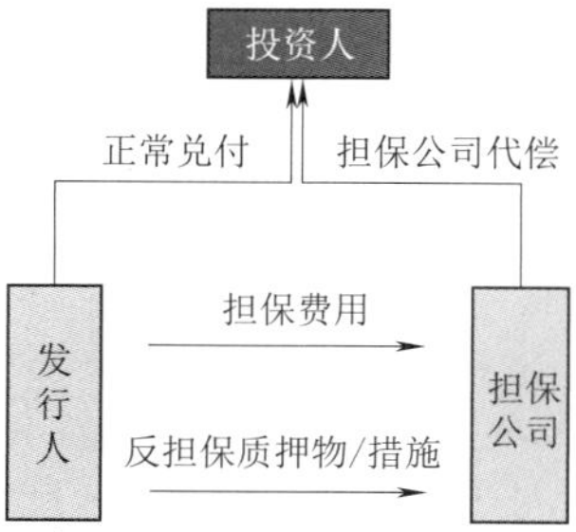

图 3-18　担保的运作模式

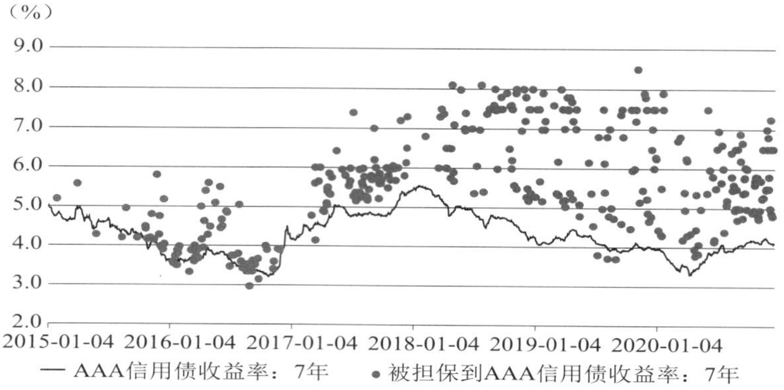

图 3-19　被担保到 AAA 等级的债券与原生 AAA 等级债券收益率对比

数据来源：中债估值中心。

① 目前，国内主要大型担保公司有：中债信用增进投资股份有限公司、中国投融资担保股份有限公司、中证信用增进股份有限公司、中合中小企业融资担保股份有限公司。此外，还有广东省融资再担保、江苏省信用再担保、安徽省信用担保、湖北省信用担保、深圳高新投、重庆三峡担保、四川发展融资担保、深圳中小企业信用融资担保等 AAA 省级担保机构。

3.3 债券的评级

债券的评级一般指由第三方评级公司给出的信用资质评价结果，即常说的“外部评级”（区别于买方投资机构中研究员给出的内部评级结果）。债券的评级分为发行人主体评级以及债券的债项评级两种。当债券没有担保条款，不属于次级债务时，主体评级往往和债项评级相同。

下面重点介绍目前国内外评级体系的情况，以及信用债的评级结果的现状。

3.3.1 债券的评级——国外

债券的评级是信用债最重要的属性之一。国外评级公司，比如目前国际上著名的评级三巨头“穆迪”“标普”“惠誉”等的评级方式与国内的债券评级存在比较大的区别。国外公司将评级分为“投资级”与“投机级”，以此应对不同投资者的需求。比如，养老基金这类较为保守的机构投资者，往往只能购买投资级的债券。在评级体系上，三家公司评级均分为 9 大类，每个大类中再用＋、－进行微调，代表“略好”“略差”，如 A 级就可细分为 A＋、A 和 A－三个等级；在标识方面，三家公司均用从 AAA 到 C 的字母区分，并附加“正面”“稳定”“关注”“负面”等评级展望，表明评级公司对未来可能的长期信用资质变化方向的预测。国外主流债券评级的等级体系见表 3-3。

表 3-3 国外主流债券评级的等级

	评级说明	穆迪	标普	惠誉
投资级	最高等级	Aaa	AAA	AAA
	较高等级	Aa	AA	AA
	较强的偿还能力	A	A	A
	足够的偿还能力	Baa	BBB	BBB
投机级	能够偿还全部债务，但遇到不良经济环境时，有较大不确定性	Ba	BB	BB
	高风险债务	B	B	B
	非常大的信用风险	Caa	CCC	CCC
	即将违约	Ca	CC	CC
	已违约	C	C	C/D

国外信用债市场历史非常悠久。比如，美国信用债市场最早的评级机构穆迪，自 1909 年创立，至今已经有一百多年历史。因此，国外评级公司对各等级的违约概率与违约损失情况都能做出比较可靠的数据估计。下面以标普的数据，分析各评级对应各年份的违约概率，以及获得评级的对应比例，如图 3-20 所示。可见，其评级呈现两边低中间高的“橄榄型”；在 BBB 级和 BB 级中又各自分布着投资级和投机级债券的局部小高峰。这样的长期数据分析和统计，为国外市场（尤其是美国市场）信用债的准确定价打下了良好基础。可靠

的违约率数据加上违约损失率(Loss Given Default)就能很准确地计算出债券的合理收益率,投资者可以较为清楚地看出多厚的信用利差才能覆盖其违约风险。

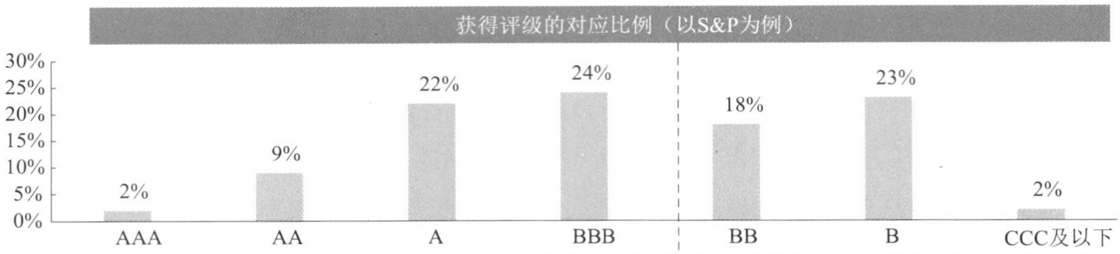

各评级对应各年份的违约概率（以S&P为例，%）

年数	AAA	AA	A	BBB	BB	B	≤CCC
1	0.00	0.01	0.06	0.23	1.00	4.57	25.59
2	0.00	0.05	0.16	0.65	2.93	10.06	34.06
3	0.09	0.09	0.29	1.13	5.19	14.72	39.04
4	0.18	0.19	0.45	1.75	7.36	18.39	41.86
5	0.28	0.29	0.64	2.38	9.30	21.08	44.50

投资级　　投机级

图 3-20　获得评级的对应比例(以标普为例)

资料来源:《三大国际评级公司信用等级分布比较分析》。

3.3.2　债券的评级——国内

从等级设置上看,我国使用和国外相同的评级体系,各评级对应释义也与国外评级类似,但是实际评级主要分布在 AAA 级,AA+级和 AA 级,AA-级以下的债券很少。此现象的根本原因在于:国内高收益债券市场未形成,监管曾经规定 AA-以下公司不能公开发债①,评级公司出于多方面的考虑,尽量满足来评级的客户需求,导致评级区分度较低。国内债券的评级分布情况如图 3-21 所示。

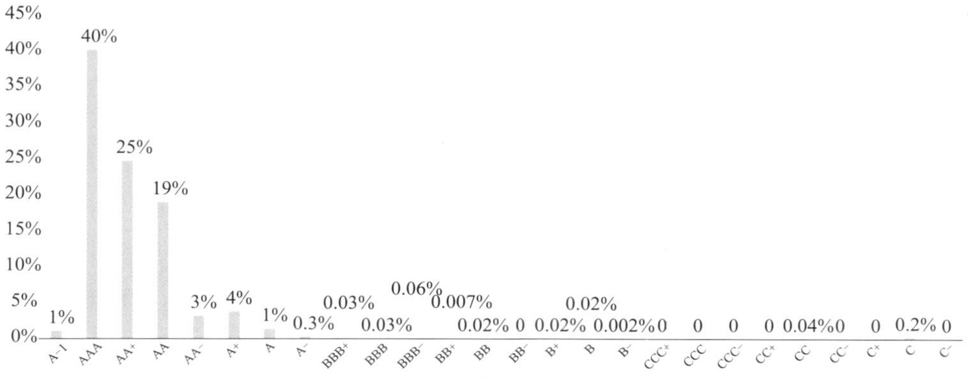

图 3-21　国内债券的评级分布情况

数据来源:WIND。

① 2021 年 2 月 26 日,随着《公司债券发行与交易管理办法》与《证券市场资信评级业务管理办法》同时出台,国内人民币债券市场不再强制要求评级。

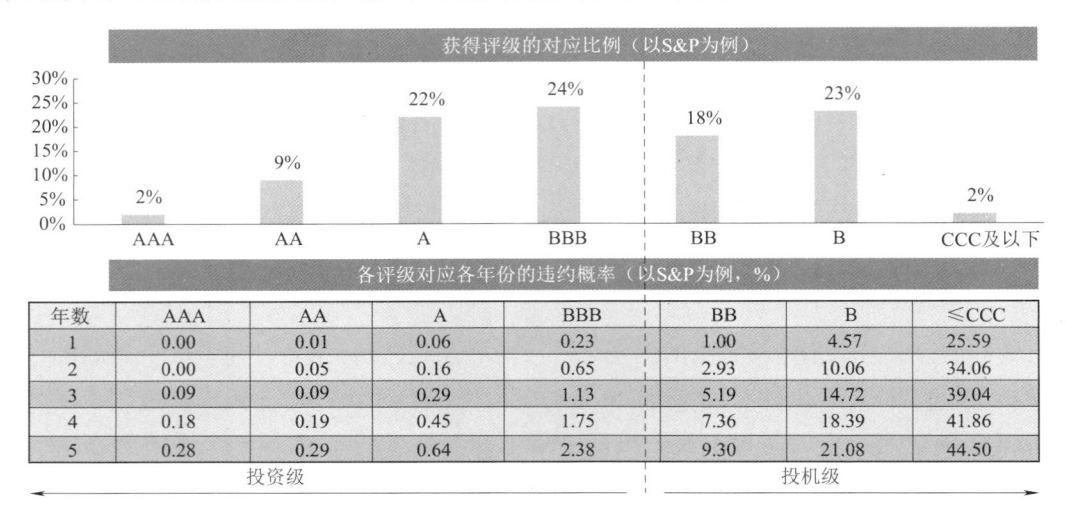

从评级结果上看，国内被评 AAA 级的债券在国外体系中的对应评级等级接近投资级，即 BBB 级及以上；在国内 AA+和 AA 评级中，充斥着大量对应国外投机级别的债券，特别是在 AA 级中，债券发行人资质、债券收益率相差甚大。

需要注意的是，A－1 的评级是用于对短期融资券使用的债项评级名称，理论上所有 A－及以上的评级的公司发行短期融资券时都可以使用 A－1 这个评级。因此，这种评级方式基本没有任何区分度，现实市场中使用该评级体系的债券已经越来越少。

从债券的违约情况看，国内评级缺少区分度，评级普遍虚高的现象，从债券的违约情况也可见一斑。国内信用债的历史相对较短，2007 年及以前发行的信用债大多由银行担保。从 2014 年国内第一单违约的超日债开始至今（2020 年 12 月底），违约债券共 539 只，涉及发行主体 178 个。违约大多集中在 AA 级中发生，而发行时被评为 AA－级以下的债券却几乎没有违约的情况，如图 3-22 所示。原因是，被评为 AA－级以下的债券极少，大多数的风险都被藏进了 AA 级债券中。事实上，从 2018 年至 2021 年这三年内永煤、上海华信、中民投等 AAA 债券也发生了风险事件。因此，在国内进行债券交易和投资时，除参考评级外，也应对目标债券做好充分尽职调查。

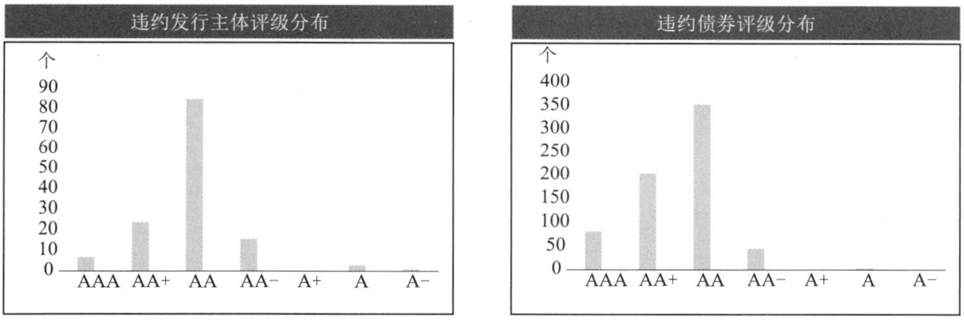

图 3-22 违约发行主体评级分布（左）与违约债券评级分布（右）

数据来源：WIND。

目前，国内有债券市场相关经营牌照的评级机构有 9 家公司。在这 9 家评级公司里，其中 8 家为发行人付费的公司，发行主体向评级公司付费后，评级公司至少每年会根据公司的发展和财务情况，出具跟踪评级报告，当发行主体新发行债券或发生重大变化时，评级公司也会不定期出具评级报告；另外 1 家则为投资人付费的中债资信。一般认为，国内 8 家发行人付费的评级公司的 AAA 级评级相当于国外三巨头的投资级；中债资信评级因其对投资人负责，而不是对发行人负责，因此比其他各国内评级更为严格，但较国际三巨头的标准仍然较为宽松①。

① 2019 年 1 月，标普以外资独资子公司身份开始在国内开展业务。在本书成稿阶段，标普评级覆盖面还较为有限。待其业务全面拓展后，其对国内债券的评级标准是否会与其国际标准出现较大差异，还有待观察。

2018年以前，由于不同市场受到不同的监管部门管辖，一个评级公司往往不能受到所有监管部门的认可，从而只能从事有牌照的部分市场。比如中诚信国际，因其51%的股权属于外资的“穆迪”，故不能从事证监会管理的公司债的评级。因此，中诚信集团单独成立了中诚信证券评估公司来负责交易所债券的评级。2018年以后，证监会和央行推进银行间和交易所两大市场评级的互认，同时也将国外三大评级机构引入国内。在不远的将来，我们或许能看到国内评级市场发生变局。

本章小结

本章从债券的付息开始，解析久期、估值收益率等概念，探索含权债、特殊条款、增信条款的定价等债券基础信息，最后对国内外的评级体系展开细致分析。在熟练掌握这些细节后，加以一定的阅历，可帮助读者快速了解一只债券，从而提升对债券资质和价格的评估水平。

04 第4章 债券投资机构与架构

债券投资机构作为债券流通的基本场所，衔接了债券买卖双方，对债券的交易起着载体的关键作用。了解其存在的形式及架构，可帮助读者理解债券交易的本质。本章将分析债券投资机构与架构，帮助读者洞察债券市场运作的过程，从而在交易中把握先机。

4.1 债券市场与主要“玩家”们

债券市场包括卖方、买方、交易场所三个要素，如图 4-1 所示。其中，对于交易场所（银行间市场、交易所市场和柜台市场）在第 3 章已有详细的介绍，本章不再赘述。对以融资为目的的金融市场而言，卖方和买方也可以对应称为融资方和投资方。单就债券来说，融资方（发债主体）主要包括以下几类：在银行间市场、交易所市场发行政策性金融债的政策性银行，在银行间市场发行金融债和存单的普通商业银行，在银行间市场发行熊猫债[①]的国际机构，银行间市场和交易所市场发行金融债的非银金融机构，在银行间市场和交易所市场发行信用债的非金融企业，以及发行能在全市场流通的国债和地方债的政府。值得注意的是，非银金融机构中只有证券公司和保险公司能在全市场发债，而以租赁公司、四大资产管理公司为主的其他非银金融机构只能够在银行间发债。

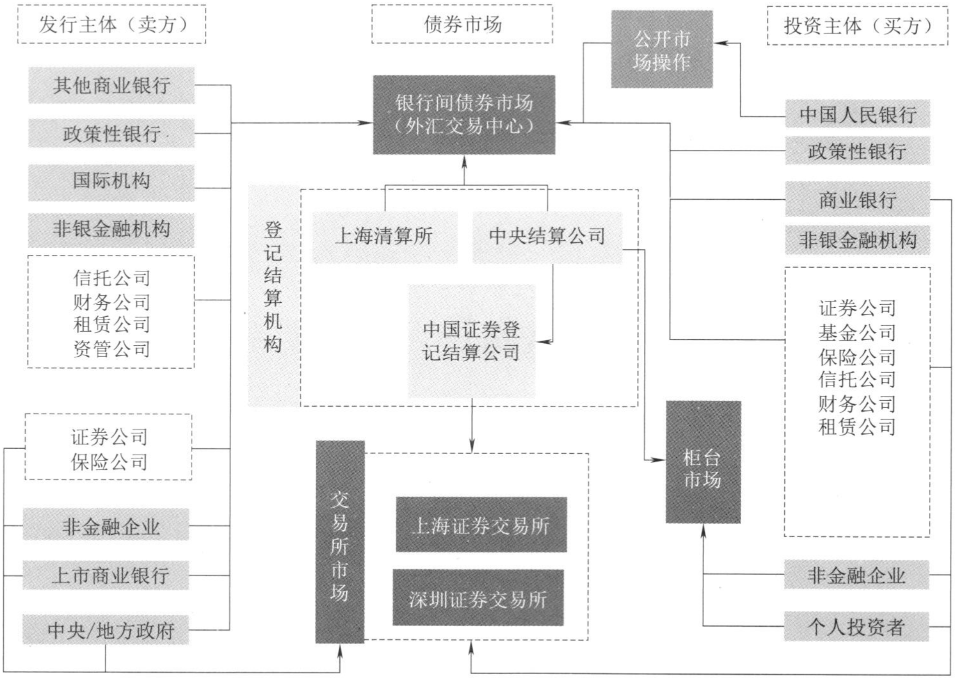

图 4-1　债券市场与供求双方关系图

而投资方，作为债券市场的交易主体主要包括：以回购的方式在银行间市场进行公开市场操作的央行，通过购买债券向政府定向融出资金的政策性银行，进行自营或者资管业务的商业银行。非银金融机构可在两个市场进行投资；个人与非金融企业则只能在柜台市

① 熊猫债是指境外和多边金融机构等在我国发行的人民币债券，以我国最具特色的吉祥物熊猫命名。

场和交易所市场进行债券投资。非银金融机构具有明显的投资优势。发行主体方面，商业银行的融资以在银行间市场发行金融债和存单为主，只有上市银行能够通过发行可转债的方式在交易所融资。从 2019 年开始，商业银行的理财和资管部的资金可以以产品账户进入交易所的债券市场进行债券交易。因此，图 4-1 中，商业银行到交易所使用虚线连接。

债券市场的运作过程可以简要描述为：投资主体流出资金至债券市场，经过合理定价后流入发行主体。买方机构，即非银金融机构、银行等是债券交易投资的主要参与者。因此，本章将围绕债券投资主体做详细分析。

4.1.1 债券市场的投资者

债券市场主要的交易主体和交易场所见表 4-1。那么，债券市场投资机构内部如何做投资部门的划分？这些投资部门背后的资金来源、资金特性如何？这些在很大程度上决定了机构的投资风格和市场行为。掌握这些，有助于读者透过现象看清本质。

表 4-1 债券市场的投资者

<table>
<tr><th colspan="3">交易主体</th><th>交易场所</th></tr>
<tr><td>特殊机构</td><td>中国人民银行</td><td>政策性银行</td><td>银行间市场</td></tr>
<tr><td rowspan="4">商业银行</td><td colspan="2">(上市)全国性商业银行</td><td>银行间市场和交易所市场</td></tr>
<tr><td colspan="2">城/农商银行</td><td rowspan="5">银行间市场</td></tr>
<tr><td colspan="2">外资银行</td></tr>
<tr><td colspan="2">村镇银行</td></tr>
<tr><td colspan="3">信用社</td></tr>
<tr><td colspan="3">邮储银行</td></tr>
<tr><td rowspan="3">非银金融机构</td><td>证券公司</td><td>财务公司</td><td rowspan="5">银行间和交易所市场</td></tr>
<tr><td>保险公司</td><td>融资租赁公司</td></tr>
<tr><td>信托公司</td><td>大型私募基金①</td></tr>
<tr><td></td><td>基金公司</td><td>资管子公司</td></tr>
<tr><td colspan="3">金融机构发行的资管类产品：银行理财、券商资管、基金产品、期货/保险/信托/私募产品等</td></tr>
<tr><td>非金融机构</td><td colspan="2">个人投资者②</td><td>交易所和柜台市场</td></tr>
</table>

1. 不同类型机构的资金来源

不同类型机构的资金来源和其参与市场的方式如图 4-2 所示。在债券市场的主要债券投资者中，银行和保险公司可直接吸纳外部资金进入其报表内，因此银行和保险公司都有

① 净资产 1 000 万元以上且管理规模靠前(一般 20 亿元以上)的私募基金能进入银行间市场。

② 个人和企业投资者在交易所的投资受限较多，普通投资者一般只能购买利率债和大公募公司债，经过合格投资者认定后方能参与其他交易所债券市场。此外，个人合格投资者不能参与 AAA 评级以下的交易所信用债的交易。

较为成熟而庞大的自营部门，利用自有资金或者储户保户缴纳的资金进行债券投资。这类资金的特点是负债期限较长，成本相对较低。值得注意的是，这里只有城市商业银行及以上级别的银行自营能参与交易所交易。

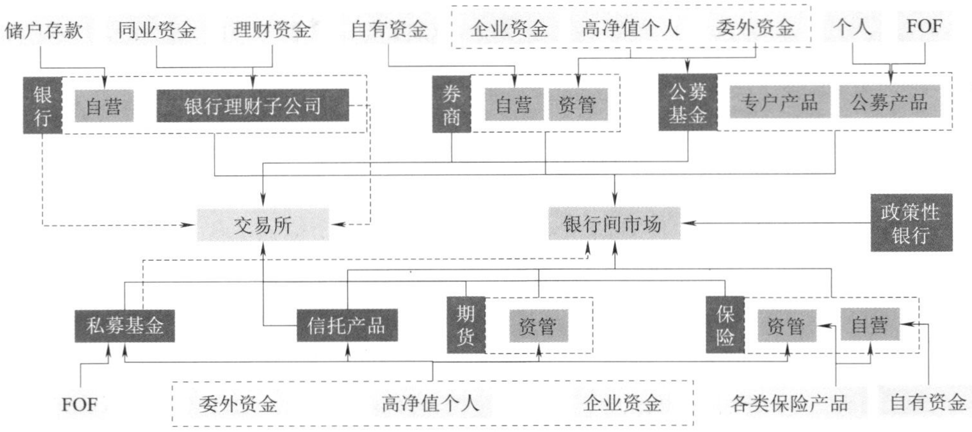

图 4-2　债券市场主要资金来源

银行资管、券商资管、资管子公司、公募基金、私募基金、信托、期货资管以及保险资管等机构的投资资金主要为代客理财资金，资金以产品户的形式存在，一般期限较短，负债成本较高，稳定性稍差。从 2019 年初开始，银行理财的产品户也能参与交易所交易，与银行自营部门一样，银行理财产品户主要购买交易所内的债券，一般不购买股票①。因此，图 4-2 中非银金融机构和信托等理财公司连接交易所的也是两条虚线。

2017 年以后，随着统一监管的有力推进，银行、信托、保险、证券、基金、私募和期货资管的合规性差距显著缩小。除信托仍然可以以预期收益的形式明确优先级的收益水平，券商可通过发行收益凭证对客户承诺固定收益外，其他所有类型的资产管理产品均向净值化转型，管理模式将有所趋同。因此，上文中提到的除银行、保险机构外的其他以代客理财资金为主的投资机构，可成为大资管类机构。大资管类机构内部又可根据募集方式不同，分为公募类和私募类。

大资管类机构发行不同类别的产品可为不同的投资者提供服务。具体来说，公募基金公司及持有公募牌照的券商资管类发行的公募基金产品面向个人，起始投资金额一般为 1 元人民币；公募化的大集合券商资管产品起始投资金额为 10 万元人民币。公募类的产品投资人数多，大额申购赎回对其影响有限，负债端相对稳定。而公募基金公司旗下的专户产品、券商和期货资管的非公募化产品、信托产品以及私募基金产品的资金来源主要为委外资金、高净值个人或企业资金，起始投资金额一般为 100 万元以上。相比公募化的产品而

① 截至 2019 年底，银行权益类理财产品存量只占总量的 0.34%左右。2020 年 12 月 20 日，银保监会副主席在中国财富管理 50 人论坛上提出，支持银行理财公司提高权益类产品比重，未来可能会有更多的理财资金参与股票市场。

言，这类账户的风险偏好更高，投资的债券资质下沉的情况更多。

私募基金则需要达到一定的规模才能直接进入银行间市场，但大多数私募管理人在银行间市场这种一对一的场外市场认可度不高，不少私募管理人通过券商和公募基金等机构的通道进入银行间市场交易。因此，图 4-2 中私募基金连接银行间市场的线为虚线。

2. 资金来源与风险偏好

债券投资类机构不同的资金来源对投资期限、风险偏好的要求不尽相同。债券投资，或者广义的投资，从根本上来说都是资产负债管理。债券市场的投资者们由于资金来源的差异，在负债端所接受的资金期限和资金成本不同，因而其配置的债券类型（资产端）也存在较大差异，如图 4-3 所示。专业的投资机构所使用的投资资金为其负债，其所投资的债券则为其生息资产，投资要盈利，主要路径为用低成本的资金购买高收益的资产。

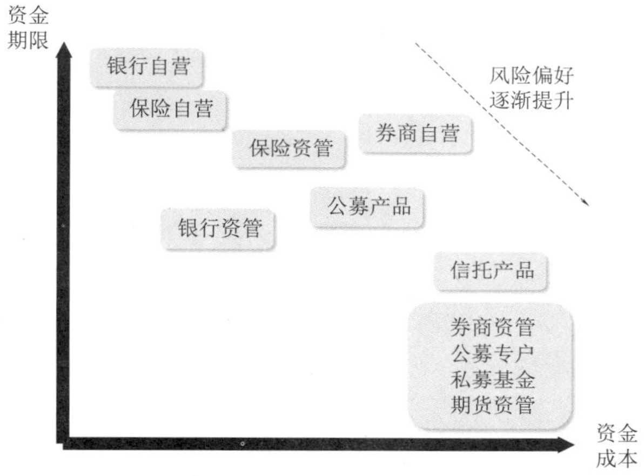

图 4-3　投资象限图

从投资端看，资产的风险与收益成正比，投资收益越高，相应就承担更高的风险；从资金端看，资金来源（负债）的成本越低，资金往往承受风险的能力也就越弱。因此，一般情况下，负债的期限及其成本与资产的期限和成本需要匹配。

投资风险偏好最低且期限最长的银行与保险资金，其资金通常来自数以亿计的普通大众，资金承受风险能力较低。银行理财和公募产品均使用居民理财资金进行投资，因此资金成本和风险承受能力较前者高。公募产品经常投资具有一定风险的产业信用债，因此风险偏好较银行理财产品稍高。保险资管大部分资金来自保户购买的保险产品，资金成本比其他类型的资管产品稍低。值得一提的是，部分保险资管资金与私募有相似之处，风险偏好较高，但是 70%以上的保险资管资金仍来自期限长、风险承受度低的保险产品，故保险资管在图中偏左上侧的位置。针对高净值个人或者企业客户发行的资产管理产品分布在象限图右下侧，这类产品往往资金成本较高，投资期限较短，常会出现短时间内效益欠佳导致产品清盘的情况，故而风险偏好较高。

3. 各类债券投资者的投资风格

在实际投资中，各类资金成本和负债期限的不同会导致债券市场的投资者们在投资配置风格上的差异。下面将对各类机构的主要配置风格做简要归类介绍，但实际金融产品种类繁多，投资策略五花八门，不同机构配置风格的特征不能一概而论，这里主要依据托管机构的统计数据和市场机构主流投资风格做简要说明，旨在为读者梳理各机构盈利的主流思路。投资配置分析如图 4-4 所示，从中可大致看出配置特点。

(1)银行自营

银行自营的资金主要来源于风险承受能力极低的储户资金，加之储户人数众多，整体资金期限较长，该类型投资配置以无风险国债、地方政府债、政策性金融债和其他金融机构债券为主，大多数债券购入均为持有到期，可以有效绑定收益率，不受利率波动的影响。此外，大银行尤其是银行间市场一级交易商，还承担着利率债做市、配合央行进行公开市场操作等职能，所以也会参与部分的利率债交易盘。

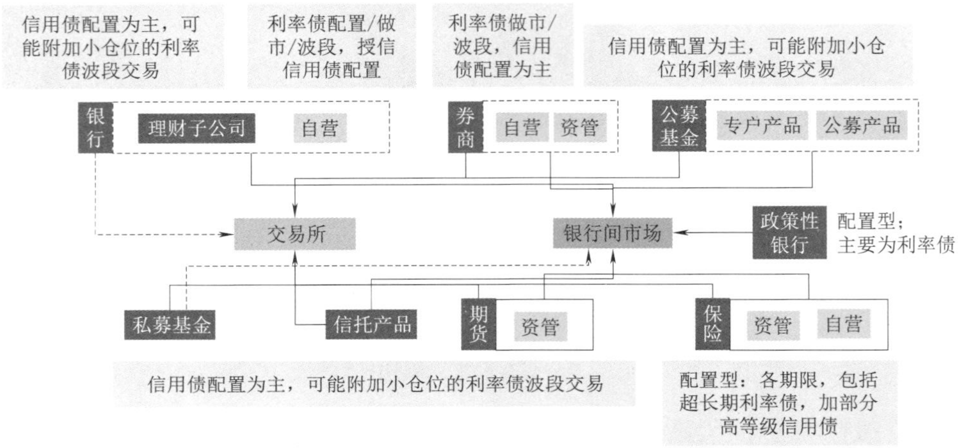

图 4-4　投资配置分析

(2)银行理财与银行资管

银行的理财和资管子公司资金成本相较自营[①]更为高昂。例如，当前银行活期利率不足 1%，但银行活期理财收益可达 2%或 3%以上。因此，银行理财对收益较高的政策性金融债、金融债券和信用债的配置比例比银行自营更高；而国债及地方债期限长，同时收益率往往覆盖不了理财资金成本，所以实际情况下配置甚少。

(3)大资管类产品

投资象限图中，包括保险资管、银行资管、公募产品、信托产品和券商资管等在内属于

① 银行自营的资金成本一般由银行内计财部门向不同业务单位出具的 FTP(Fund Transfer Price)决定，FTP 根据各单位业务性质以及在现行监管体系下各项约束指标而不同，但一般低于银行理财的资金成本。

大资管类产品，因其资金成本高、产品寿命有限，一般通过配置信用债来提高收益。政策性金融债也能获得部分大资管类产品的配置，但除货币基金会考虑持有短期政策性金融债到期以外，其余产品的利率债投资，特别是长期利率债投资，均为以波段交易获取资本利得为主。之所以如此，主要原因在于持有 5 年以上政策性金融债的到期收益往往无法覆盖资金成本，因而不得不采取波段操作来尽可能多地获取资本利得。

(4)保险资金

保险公司配置风格介于银行自营和非银资管之间。由于保险的资金体量大、期限长、成本低，主要配置利率债和高评级信用债持有到期。而寿险的资金期限和稳定性，又好于产险等其他险种。故寿险是 10 年以上的超长期债券的主要投资者之一。

4.1.2 债券市场上机构间的合作模式

上文对债券投资机构及其资金来源、配置风格做了介绍，那么他们彼此间的交易是如何达成的？这就需要了解债券市场上主流机构之间的合作模式。

目前，债券市场上机构间常见的合作模式主要包括“通道”“委外”两类，如图 4-5所示。在“通道”类合作中，资金的委托方以投资顾问的方式对资金进行事实上的投资管理，通道的承接方收取少量的通道费用，为资金方提供银行间市场交易的账户，降低其交易成本；而“委外”类合作的实际管理权力在资产管理机构手中，银行将资金委托给专业的资产管理人进行债券投资。

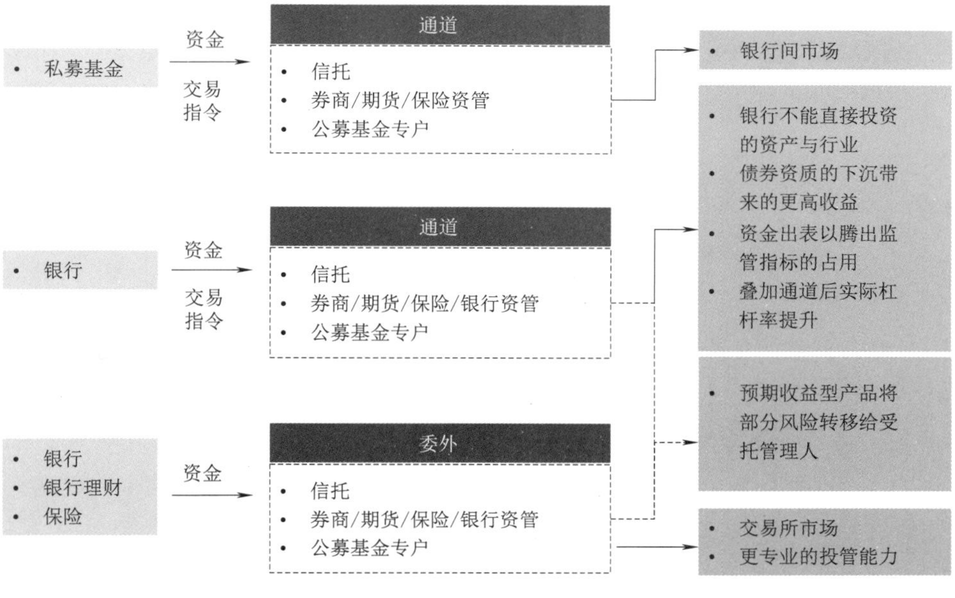

图 4-5 机构间常见的合作模式

读者参考

通道类合作动因

案例一：私募基金和其他大型资管类机构的通道合作

私募基金可筹集原始资金后通过券商开设资产管理专户产品，以投资顾问的形式对券商资管专户实施实质管理，并以券商的名义在银行间市场进行交易。因银行间市场的交易对券商认可程度更高，这一操作可有效降低交易成本。

案例二：银行类和大型资管类机构的通道合作

银行可作为出资人在资管类机构开设专户，以专户的名义对外交易，实际交易指令均由银行端发出，资管机构端仅负责在其交易机上下单。若银行以自身名义投资，投资资金所购买的债券将会受到银行监管的各种限制，如风险暴露比率、资本占用等；而将资金投资至债券类资管产品后，该资金在银行的报表上将显示为以成本估值的长期投资，而非一个个单独的债券，可有效规避监管。这种模式下，银行可以以资管产品的名义加杠杆投资，扩大收益，同时杠杆率可不用直接体现在银行的报表中。此外，大量没有得到银行授信的、通过银行内部评估的企业发行的债券，也可在该模式下被银行资金购入。这类资产资质的下沉可成为银行重要的收益增强来源。

随着资管新规与统一监管后，这类逃避监管而实则违规的行为将逐渐消失。

“通道”“委外”均为资管新规前债券市场机构间合作的主要模式。自 2017 年资管新规发布后，提出“去通道化”要求，资金投向必须进行底层穿透，预期收益型产品将转化为净值型产品。因此，银行借力资管机构规避监管进行投资的优势以及预期收益型产品借新还旧的优势将逐渐消退殆尽，因此图 4-5 右侧的第二、第三个说明优势的色块后部分采用虚线衔接。

读者参考

委外类合作动因

委外类合作主要适用于中、小银行，其原因主要有以下三点。

(1)大量中小银行自身投资管理能力薄弱，通过委外的方式将资金委托给专业资产管理机构管理，进而获得投资盈利。比如，小型城市商业银行或农村商业银行资金丰富，但苦于没有足够专业的金融市场部(对自营资金)、没有足够专业的资管部门(对理财资金)对资金进行有效管理，便委托上海、北京、深圳等一线城市的专业资产管理机构实施管理。

(2)在 2019 年以前，只有上市银行和券商基金这类非银类金融机构才能够进入交易所市场进行交易，中、小银行通过委托非银类金融机构进行资产管理，可有机会参与投资交易所内的高收益资产交易。

---

(3)在资管新规发布之前,券商和信托等资管机构发行了大量类似资金池的报价型集合类资管产品,银行的委外资金投资这类产品时可得到一个预期收益,无论资管机构的管理人是否能实现预期收益,只要资金投资到资管产品中,即可按照该收益率计算利息,出现亏空时可利用新申购资金补贴;当亏空出现难以填补的情况时,还可以追诉资管机构。

4.2 债券投资机构的组织架构

在较为详细地介绍市面上存在的机构种类、特性、投资风格以及各机构之间的合作方式后,接下来我们走进债券投资机构的内部,详细解析机构内部的组织结构和职能分工。

4.2.1 前台岗位

读者参考

岗位概述

债券投资机构的前台一般包括交易、研究与投资三个岗位。

债券交易员:债券市场,尤其是银行间市场,是一个信息不对称、流动性差、交易成本较高的市场,债券交易员需要通过尽可能多的交易对手打通交易渠道,扩张信息来源,使得交易的执行和撮合实现交易的收益最大化。

债券研究员:债券研究员需要对发行人进行尽职调查和信用评估,该岗位看重研究员过往对各类公司的调研经验。债券研究员和股票研究员不同,股票研究员关注行业的发展前景,岗位看重研究员对行业逻辑及产业链关系的了解。一般一名股票研究员仅覆盖一两个行业;但债券研究员关注更多的是公司的偿债能力,虽然也和行业周期性发展有一定关系,但财务数据与偿债能力的分析在不同行业之间有不少共同点,所以债券研究员关注的行业也会更多。

投资经理:债券市场涉及利率、国家政策和宏观经济的分析和研究,对学历背景的要求较高;过往账户管理的历史业绩也是投资经理岗位的重要评估指标。

金融市场充满竞争和利益博弈,前台的能力与资质很大程度上决定了投资的业绩,同时前台人员烫金的履历对客户是否愿意出资起到非常重要的影响。因此,前台是买方利润的关键,对应聘者的要求最高。另外,作为业务收入的源头,前台岗位的工作内容同质化程度也很高。因此,前台的岗位流动性也比较高。

在了解前台的常见岗位后,我们根据机构类型,介绍不同债券投资机构前台部门的运作模式，也即这三个岗位在不同机构中的协作模式。

从机构的架设看，债券投资机构分为两类：一是非银类债券投资机构，二是银行类债券投资机构（即银行金融市场部进行债券和资金交易的部分）。

1. 非银类的债券投资流程

债券相比其他证券（如股票）而言，在交易所市场与银行间市场流动性较差，交易成本也较高，因此完全被动投资或者量化投资的产品数量稀少，投资管理人通过主观判断安排配置与投资交易的模式仍为主流。这种模式依赖于投资经理的主观思维，被称为投资经理驱动模式。投资经理对整个债券产品组合的债券配置及账户最终收益情况负责；投资经理的决策需经过债券研究员信用评价的审核和制约，只有信评小组认可并最终入库的债券和发行主体才可能被投资，信评小组对债券的违约率负责；投资经理的决策经过信评筛选后进入交易端，由债券交易员根据市场的实际情况执行。非银机构的债券投资流程如图 4-6 所示。

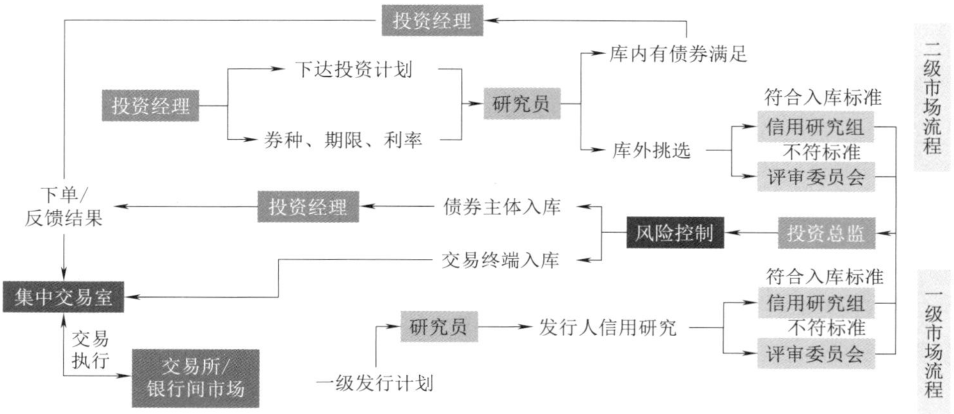

图 4-6　非银机构的债券投资流程

读者参考

非银机构债券投资流程示例

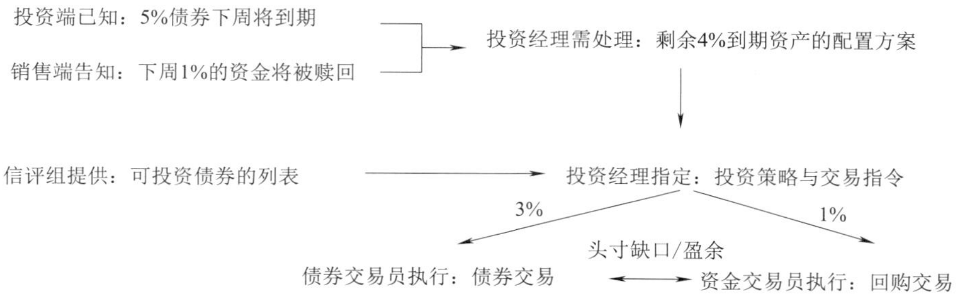

债券交易员比其他普通证券交易员权限更大。其主要原因是，债券市场尤其是银行间

市场流动性较差，债券交易方式通常为"一对一"场外交易，所以债券交易员接到交易指令后需要寻找交易对手，通过商谈确定交易机会及其他交易细节，最终才可执行交易。一个交易的执行通常需要一天或者数天，这与股票下单即成交的模式有本质的不同。

投资经理是非银机构债券投资的决策中枢，是投资结果的第一责任人，如图 4-7所示。在投资经理驱动的债券投资模式中，投资经理一方面需要通过市场信息和研究员的信评研究结果决定需购买的债券品种，对资产端进行配置；另一方面则需要根据基金销售反馈的大额申赎情况，对负债端的变化进行把控。此外，投资经理也会根据持仓表和到期流水表，准确地对账户的短期运作进行布局。

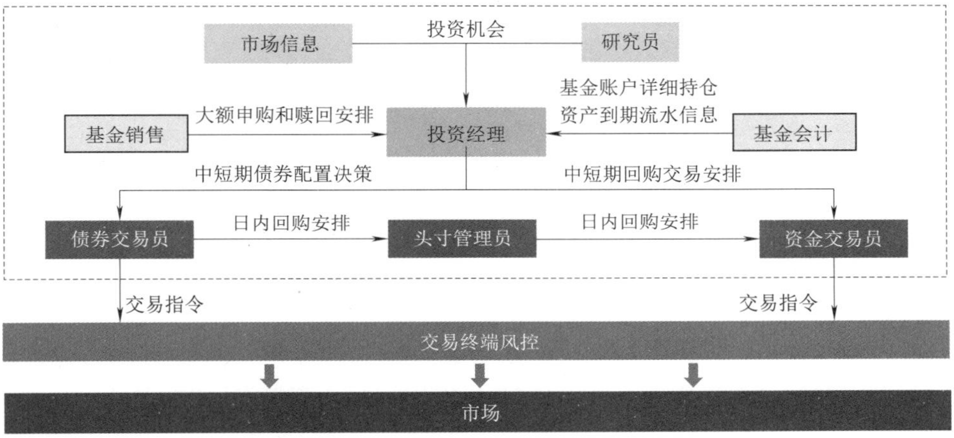

图 4-7　投资经理驱动的债券投资模式

某些机构债券交易员与资金交易员独立工作，资金交易员权限较小，仅根据基金经理和债券交易员的要求筹集足够头寸或者将多余头寸通过逆回购抛出。而在不少机构中，债券交易和资金交易两岗位由同一批人担任，这样的岗位设定使得交易安排较为灵活。但是，该设定对交易员素质要求较高，部分机构会设置头寸管理专员负责资金的综合调配，以防止资金盈余趴账或短缺的情况发生①。

2. 银行自营债券投资流程

银行类债券投资机构和非银机构最大的不同通常体现在前台部门。一般银行金融市场部内不会单独设置投资、研究和交易三个岗位，而是三个岗位的职能全部集中在银行交易员身上。

如图 4-8 所示，银行各个分行存款的信息汇总到总行，总行司库（有些银行也叫资产负债部）根据吸纳的存款数量，扣除需要缴纳到央行的存款准备金、已经购买信贷和票据等其

① 随着债券市场的逐步发展，非银机构交易员的工作有逐步向纯粹的执行端转变的趋势。部分思维较为超前的机构，会将业务部门的交易室整合为集中交易室或交易中心，归于后台运营支持团队统一管理。

他资产的资金数量，划拨一定的比例交由金融市场部进行标准化的债券投资。司库会给这部分资金以配套的内部转移定价（Fund Transfer Price，FTP），以此作为前台业务部门——金融市场部的资金成本进行考核。此外，司库也会根据风险资本回报、流动性考核等指标对金融市场部的债券投资进行约束。约束内容包括债券购买的期限上限、杠杆率上限、短期资产比例下限等。金融市场部收到司库提供的资金后，分配给部门内各个交易员进行投资和交易，以创造利润。

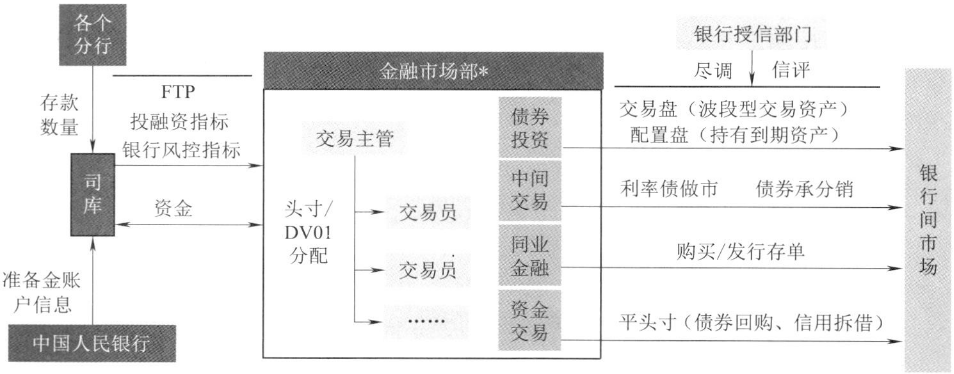

图 4-8　银行自营债券投资流程

一般来说，银行金融市场部主要进行债券投资业务、中间业务、同业金融业务以及资金业务四类债券业务[①]。

（1）债券投资业务

债券投资业务是金融市场部的主要投资业务。债券投资业务中的大部分资金都根据司库给予的 FTP 指导价格配置持有到期的债券，这部分资产在银行的资产负债表上可使用摊余成本法记账；小部分资金则为债券交易盘，这部分资产在银行的报表上为交易性金融资产，如有资本利得要计入当期损益。由于银行对大额的债务投资需要授信，交易员如果购买信用债，还需要参考银行授信部门的意见。

（2）中间业务

部分大银行为银行间市场一级交易商，需要对关键期限的活跃利率债品种提供"做市交易"服务，该业务被称为中间业务。当银行担任利率债承销团成员时，还需要提供利率债的销售业务、银行间市场其他债券的承销、分销业务、过券业务等其他业务。这些都是利用银行自有资金创造利润的业务。

（3）同业金融业务

同业金融业务主要包括向市场发行同业存单，购买其他银行的同业存单等业务。一般来说，

① 不同银行的机构设置可能不同，有些银行会把司库的职能归到金融市场部；有些银行则对金融市场部进行拆分，将这四类业务分别交给资金运营部、同业金融部、债券交易部等部门来做。

银行发行的同业存单价格可以认为是该银行的长期稳定资金成本，购买的其他存单往往来自资质更差的银行，收益率较己行更高，具有一定的套利空间。

(4)资金业务

银行每日日终都必须保证在央行的账上有足够的存款准备金，而日内的业务资金往来可能在日中导致银行的存款准备金暂时低于央行要求的准备金下限。但是，从银行运营盈利的角度，让资金沉淀在央行的账上将会损失赚取更高收益的机会。因此，金融市场部的交易员会根据每日资金流入流出的情况，通过债券回购和信用拆借进行现金管理。

4.2.2 中台支持

读者参考

岗位概述

债券投资机构的中台一般包括以下几类岗位以支持投资工作的运行。

合规法务：往往配置的是法律背景的专业人员，有很多人员具有律师资格，负责对部门内部正式的文件、业务合同、对外宣传材料等进行合规审查。

风险控制：不论债券投资还是其他各种投资，本质上都是风险与收益的平衡。中台的风控必须为公司的利益着想，对前台的投资行为进行制约。风险控制人员既需要在投资上有着相当的见解，也需要有从整个业务单元的角度对风险进行整体把控的能力。

产品设计：包括债券产品合同的设计，根据产品成立进展的需要了解监管部门的最新政策，负责产品投资范围和限制的确定等内容。

中台分工明确，各岗位之间转换概率较低。

除了前台之外，债券投资机构还会设置专门从事产品事务性处理的中台，起着连接前台和后台的作用。

非银债券投资机构的中台包括风控、合规和产品设计等岗位。中台不具体从事投资，也没有具体的业绩营销指标，而是对业务的情况进行监控，并提供和客户相关的业务支持工作。

合规和产品设计需要了解国家最新的法规，辨清业务是否能合规开展。在产品新创立阶段，中台的产品设计人员需要对合同进行编辑：产品成立的期限有多久，有哪些保证投资人资金安全的措施，投资范围有哪些限制……产品设计人员需要在客户的要求、公司的规定以及前台投资团队的能力上取得平衡点，设计出所有人都能接受的产品。如果产品需要外部通道，中台人员也需要和合作方对接，确保产品符合规定，能够健康运作。产品日常运作阶段，中台的风险控制人员需要和前台信评人员合作，维护交易对手和可投资标的的白名单，同时对产品运作进行跟踪，监测是否有违规。例如，在短时间内，对相同债券的买入卖出，可能有“利益输送”的违规嫌疑；投资单个标的资产的仓位集中度过高，会违背账户持仓分散性标准等。如有疑似违规的操作出现，中台风险控制人员需要及时和前台投资人员联系，让前台对投资组合或者投资风格进行调整。此外，随着金融市场的发展与监管的规范化，出现的诸如“反洗钱”、业务统计数据报送等新职能，往往也交由中台或后台完成。

随着资产管理业务的发展，中台的作用越来越大，分工越来越细。大量原本由前台和后台人员帮衬完成的，具有一定日常与重复性的支持工作被独立出来，统一由中台人员完成。中台如同一个统一汇总和输出的中央厨房，也如同一个球队有力的中锋，起到承上启下的作用，让前台和后台人员可以专心地完成更加纯粹的细分工作。

4.2.3 后台支持

读者参考

岗位概述

债券投资的后台部门和股票投资的基本相同，主要有以下几个岗位。

估值岗位：一般需要会计背景。

直销柜台、注册登记和交易结算岗位：一般需要计算机相关背景，需要对交易所系统、各类交易系统和注册登记系统，如恒生 O32 与嬴时胜 TA，比较了解。直销柜台、注册登记岗是资管类机构的重要后台岗位。

银行间市场是场外交易，大多交易结算采用券款兑付、逐笔结算的方式，所以债券投资还需要专门的交易结算岗位对每一笔银行间市场的交易做后台处理，同时需要资金交收岗位进行交易的划款。而股票的结算和资金交收是每日自动进行的，不需要单独安排人员操作。

由于银行间的债券交易需要逐笔一对一的结算和交收，无交易所中央对手方担保，执行过程中有着较高的不确定性，所以债券交易的结算和交收也是债券交易执行中需要特别重视的岗位。

后台是负责对前台和中台提供支持的部门，主要执行前台下的投资指令，并按照其指令要求与账户托管银行进行交流，执行基金产品的划款、开户、证券登记等任务。另外，后台还需在日交易结束后承担运营清算、估值对账等职能。而非银的债券投资机构的后台，以券商资管为例，还需要：与产品/基金的销售进行沟通，保证资金的划付，维护负债端稳定；设立柜台和注册登记岗以确认产品投资者明细、产品每日份额、产品账户总金额等情况；和公司的资金运营部密切沟通，确定资金的流入和流出计划以及内部的使用价格等内容①。

作为总结，也为了让读者有个更直观的印象，如图 4-9 所示，把投资机构内部分工模式以框线图的形式呈现出来。

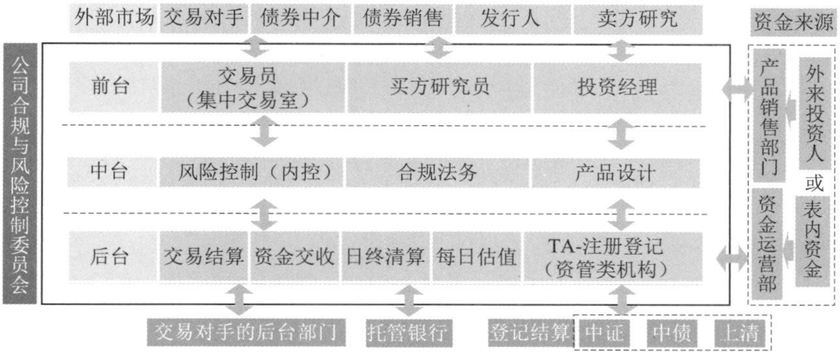

图 4-9　投资机构内部分工模式

4.2.4　其他机构及其组织架构

除债券投资机构外，债券市场还存在与债券投资机构对接的外部市场机构。主要有以下机构。

(1)债券中介机构。债券中介主要是指上海国际、上海国利、天津信唐、平安利顺国际、中诚宝捷思这五家货币中介机构，他们本身不直接投资，而是汇集债券市场一级和二级的信息，进行债券的销售和撮合。其在债券市场一级的工作内容与债券销售基本类似，尤其是分销商。债券发行人通过主承销商对接买方的投研人员，举办投资者关系活动或者接待调研，吸引市场投资者积极购买其发行的债券。对于金额较大的债券发行活动，则由主承销商、分销商以及中介机构协同完成，确保销售信息能够连接到市场每一个合适的参与者处。在二级市场方面，由于买方机构往往有对外保密的需求，不愿意公开报价以透露其持仓，货币中介则主要利用其信息和平台优势，帮助客户进行收券、卖券以及资金的撮合交易。

(2)卖方研究一般指券商和智库的研究所，通过撰写债券市场研究报告、进行实地路演、完成定向研究课题等方式获得买方投资者佣金的分仓收入。除此以外，大中型买方机构还有较为可观的市场奖项投票权，而在诸如“新财富”这类的评选中获奖也是卖方研究所考核的重要部分。所以，通过向买方机构提供研究、路演服务等以提高得奖概率也是卖方研究业务的重要一环。

(3)基金和其他资产管理类产品的销售。销售对专业知识并无较高硬性要求，但往往

① 需要说明的是，有些自营的债券投资机构并不需要中台产品设计和后台注册登记的岗位。

需要很强的人脉网络和交际能力，销售岗位激励机制较好，不少拥有充分资源和善于交际的人在这个岗位能够如鱼得水。

(4)提供自有资金的资金运营部门。资金运营部门的工作风格和内容更加偏向财务和公司整体资金的管理与分配，人员背景则以财会为主。

本章小结

本章从债券市场买卖双方和“非银”“银行”机构着手，解析投资机构内部的机构设置，探索不同机构各个岗位人员背景及其所需基本素质，可帮助读者了解同行各岗位职能及市场上其余机构运作方式，从而加深读者对行业运作流程的理解。

05 第 5 章 债券交易的种类与实操

债券交易的学习是将理论融入实践的重要环节。本章将介绍各种各样的债券交易，并带领读者深入体验债券交易员这个岗位的日常工作，进而加深对这个行业的了解。本章主要分为四个部分，我们将依次学习现券交易、回购交易、中间交易和交易员一天的工作流程。

5.1 现券交易

现券交易指双方在当日或次日按照约定价格转让债券所有权的行为，区别于债券市场中的回购交易（不发生债券所有权转让）、中间交易（债券买方会在短期内对债券所有权进行二次转让）和远期/期货交易（债券所有权并非在当日或次日，而在更远的未来发生变更）。虽然从日均交易量上，现券交易并不是最大的交易品种，但其却是债券市场存在的核心价值，其交易结果在债券市场价格发现中具备最强的指导意义。

5.1.1 一级市场现券交易

债券的一级市场，就是投资者购买新发行债券的市场。一级市场现券交易，是债券的发行人通过承销商募集资金，将债券卖给投资者，实现债券发行的过程。其中，发行债券的数量、期限、公开募集或定向发行，都是由发行人和主承销商决定的；由市场投资人决定的部分是发行债券的价格，也就是收益率。

除了少数大型企业的企业债采用招投标的方式以外，绝大多数信用债都是通过簿记建档的方式决定信用债的发行利率。在簿记建档前，企业发行人和主承销商会共同到主要的投资机构进行路演，了解主要投资人的意向价格，最后形成一个发行价格区间。在发行起始日，投资人将申购的意愿，包括投标数量和期望收益率（期望收益率需要在发行价格区间之内）通过分销商告诉主承销商，主承销商通过荷兰式招标[①]的方式确定最终发行的价格，如图 5-1 所示。

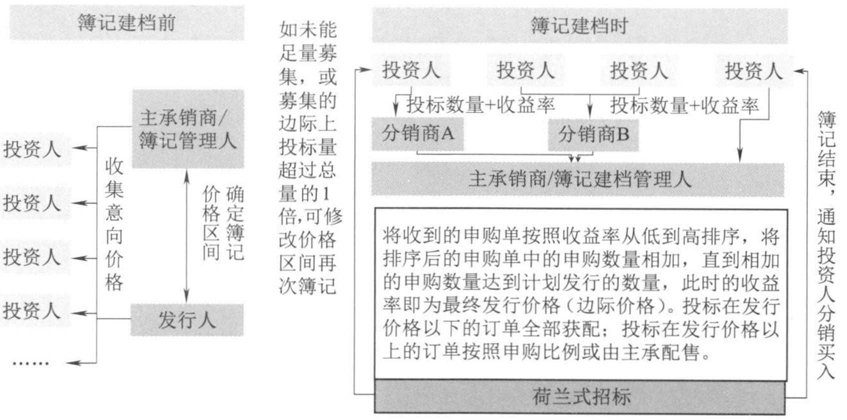

图 5-1　一级信用债发行：簿记建档

① 荷兰式招标又称单一价格招标，是指以募足发行额为止所有投标人的最低价格作为最后中标价格，所有中标人均以此价格认购债券。荷兰式招标是当前世界流行的市场化国债发行方式，现已为好多债券发行借鉴。

簿记建档管理人，一般由主承销商担任，将收到的期望收益率在发行价格区间内的有效申购按照收益率从低到高的顺序排列，然后将这些收益率由低到高的订单的申购数量相加，直到相加后的总数量达到计划发行的数量，此时最后加上去的那份申购的收益率则为最终发行价格。投标在发行价格以下的订单全部按照其申购的数量获配，投标价格等于发行价格的订单由主承销商配售。如果收到的申购量很大或者不足，主承销商则需要修改发行价格的区间，重新进行簿记建档。

读者参考

簿记建档案例

某家企业想发行100亿元的债券，综合考虑市场行情与发行人意愿后，初始发行利率区间定为5.5%到6%。簿记建档人收到了20份申购，其中收益率在5.7%以下的共有10份申购，申购总量有90亿元。此外，收益率在5.7%的有1份，申购8亿元；在5.75%的有2份，申购量分别是10亿元和5亿元；则收益率在5.7%以下的10份申购全部足额获配；收益率在5.7%的8亿元申购也全部足额获配。最后，申购在5.75%的2份订单分享剩余的2亿元的发行量：一般按照申购金额等比例分享，主承销商也有权力划分。最终发行价格为5.75%，所有获配的订单均按照5.75%的价格购入。

除大部分信用债通过簿记建档的方式决定发行收益率和配售以外，利率债和大型企业债通过招标的方式决定发行收益率和债券的分配。其中，10年以上国债、政金债和大型企业债是通过荷兰式招标的方式发行：这个流程和簿记建档基本相同，唯一的不同在于招标必须在指定的地点进行，而且在招标之前也不会通过路演确定价格区间，而是由招标管理人自行决定区间。

而10年以内国债采用的招标方式为混合式招标，与荷兰式招标略有不同，如图5-2所示。所谓混合式招标是指债券募集满了以后，发行的价格按照全部中标订单申购价格的加权平均。中标申购中，投标价格在加权平均以下的，按照发行平均的价格中标；投标价格在发行价格以上的，按照申购价格中标。由此我们可以简单概括一下：荷兰式招标按照满足申购额的最低价中标，而且是一体均沾，所有参与申购的报价在最低价之上也都按最低价成交；而混合式招标则是投标价在加权平均以下的按照加权平均价，而高于加权平均价申购的按照申购价，这样就存在两种结算价格，所以称为混合式招标。

在混合式招标中，报价低于加权平均价的投标被调整到加权平均价格，报价高于加权平均价格的投标则以高价中标，这对投标者其实是一种考验。对于投标者而言，如何在国债一级市场巧妙地投标，既能保证中标，又能使得自己的中标价格在加权平均价以上从而获取这部分资本利得，需要对市场一致预期拥有较强的判断能力，这对于有资格参与国债承销团的那些大银行和券商来说，是对其业务能力非常重要的检验。

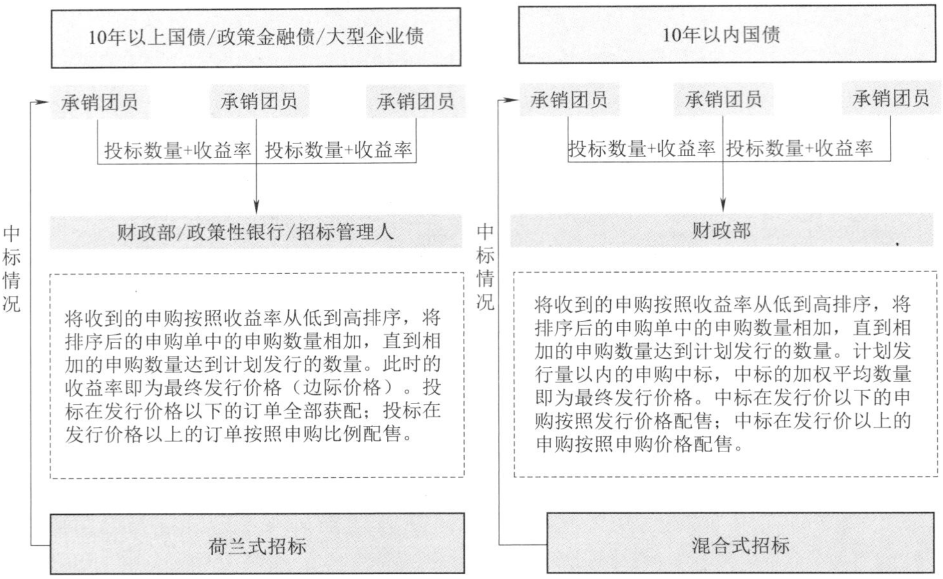

图 5-2　一级利率债发行：招标发行

不论是通过簿记建档还是招投标，确定发行价格和配售数量以后，就开始投资人通过分销商进行分销买入的流程，也就是投资人支付款项，接收债券的过程。然而，对于一些发行时间较短的债券，从知道簿记结果到缴款时间一般只有一天时间。如果直接一级买入，需要准备资金以备申购成功后缴款；如果最后申购失败，往往会出现资金趴在账上，浪费一天的利息。如果是让分销商代为缴款，等到上市后二级买入，则从簿记结果公布到上市还有较长的时间，对准备钱购买债券日期的确定性非常强，对资金的安排更加从容，而且分销商也能赚取从起息日到上市日之间的收益差额，达成双赢。

通过分销商代投代缴的另外一个重要原因在于，可以减少实际投资人通过一级申购所需要准备的重复的文书表格，也减少了主承销商在销售时需要接待的客户数量。所以，市场上很多销售交易的机构，除了分销以外也都会提供代投标代缴款的服务，以吸引更多的客户从他们那里一级申购债券。

读者参考

招标发行案例

接着上文簿记建档的例子，如果总共有 13 份申购中标，中标的加权平均价，即发行价格是 5.6%，那么所有投标在 5.6%以下的申购，都按照 5.6%配售。投标在 5.6%以上的中标的，比如投在 5.7%的申购单，则可以按照 5.7%的价格从财政部买入国债，然后可以按照 5.6%的发行价格卖出，中间 10BP 的差价就是这个投标机构的利润。

债券一级市场买入有两种方式，如图 5-3 所示：分销期内一级买入；分销商代为缴款，等到上市后二级买入。从操作的简便化以及资金利用率来看，由分销商代为缴款更有优势。

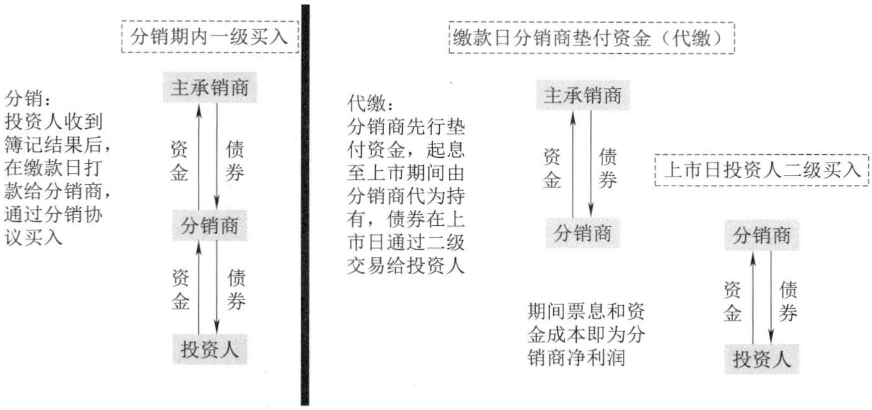

图 5-3 债券一级市场买入

5.1.2 二级市场债券交易

二级市场的债券交易，也就是已经发行、上市交易的债券，在市场参与者之间的交易。正如前文所提到的，债券市场分为银行间市场和交易所市场，这里先介绍银行间市场的债券二级交易。

以我方卖券为例，如图 5-4 所示，首先由投资经理下达交易指令给交易员，由交易员寻找交易对手执行。如果投资经理想卖的债券比较偏门，则可能还需要货币中介协助寻找能够购买的下家。双方交易员达成交易以后，通过外汇交易中心的前台系统成交。由于银行间采用逐笔结算的方式结算，所以需要将成交结果发送到后台的交易结算岗位，双方的交易结算岗位通过中央国债登记结算公司（以下简称中债）或者上海清算所（以下简称上清）的后台系统确认成交。中债和上清的账户分为两种，一种是债券账户，一种是 DVP[①] 资金结算账户。买券方后台的资金岗会根据交易成交结果让银行划款到 DVP 资金账户，然后中债或者上清的后台系统会对双方的债券和资金账户进行验券和验资，如果均没有问题，最后就进行付券和划款，交易环节全部完成。

交易所的债券二级交易相对更加复杂，如图 5-5 所示。交易所主要分为两套系统。一套是竞价系统，包括大宗交易平台，特点是担保交收，日终集中结算，而且交易方不需要知道交易对手是谁。当投资经理的指令发到交易员以后，交易员只需要通过报盘机，将指令从所在的交易席位报到交易所的前置机，由交易所完成撮合成交就可以了。日终时点，交易所会根据清算结果，将对应的债券和资金变动记录到证券账户，证券账户和所在银行会自动完成划款的操作。以上这些流程和绝大多数散户购买股票的流程基本上是一致的，唯一的差别在于散户

① DVP 是 Deliver Versus Payment 的简写，也就是指债券交易均采用的一手交钱一手交货的券款兑付模式。

需要手动银证转账，而对于机构投资者来说，这是能通过托管行自动完成的。

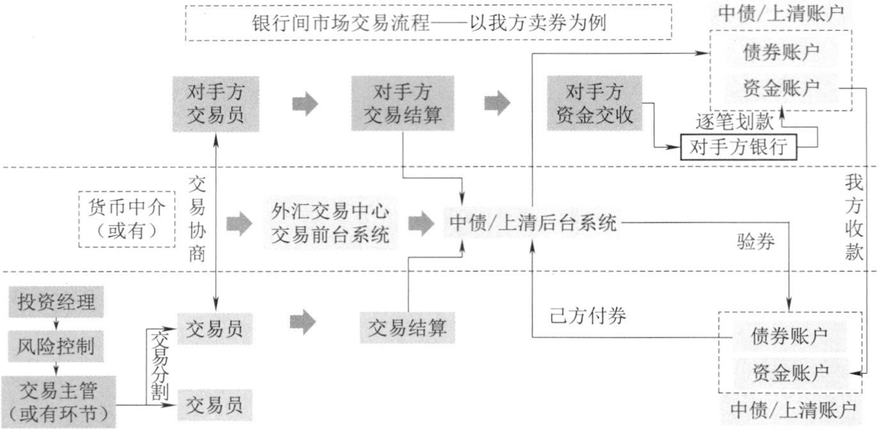

图 5-4　银行间二级市场债券交易

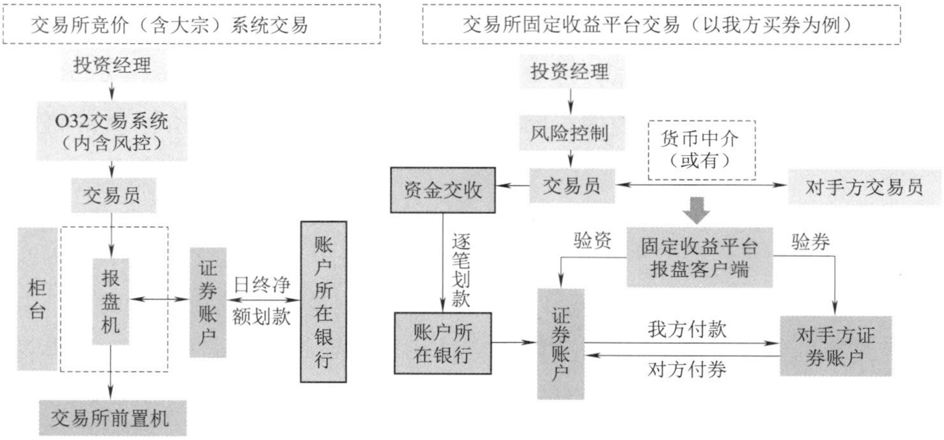

图 5-5　交易所二级市场债券交易

另一套是交易所固定收益平台的交易。交易所固定收益平台是逐笔结算的一对一交易。以我方买券为例，我方交易员需要寻找交易对手执行，双方将达成的交易细节输入固收平台客户端，并将信息发到后台资金划付岗，确保证券账户拥有对应的资金和债券，最终通过逐笔全额结算的方式达成交易。

5.2　回购交易

回购交易也叫资金交易，主要通过债券回购实现。正回购方以一定量的债券作为质押物，向逆回购方借入资金，并约定在未来的某一天偿还资金，支付相应的利息，解冻质押券。以下向大家介绍回购交易的几种主要形式。

5.2.1 交易所债券质押式回购

回购交易在交易所和银行间市场均能够进行，此处先介绍交易所市场的质押式回购。

交易所市场的质押式回购是普通散户投资者也能够进行的交易。因此，大多数开过股票账户的读者对这种类型的交易应该并不陌生。上交所对应的代码是 GC001 到 GC182，深交所对应的是 R－001 到 R－182 这些品种。目前，个人投资者只能做逆回购方，也就是将自己闲置的资金借出去赚取利息；只有合格投资者中的机构投资者才能做正回购方，通过交易所回购融资，但前提条件是这些合格的机构投资者必须持有能折合做标准券的债券，包括国债、地方债等利率债和高等级的信用债。交易所对每一只合格债券都会赋予一个折算率，折算成标准券以后就能够质押融资了。

交易所质押式回购与股票交易一样，采用 T＋1 交割，其交易模式如图 5-6 所示，是唯一一种通过集中竞价交易的回购。

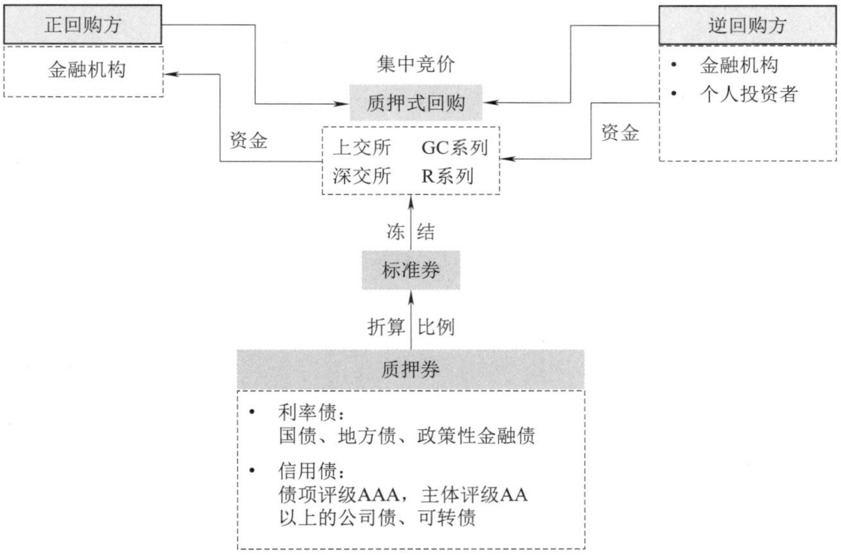

图 5-6 交易所债券质押式回购交易

资金的需求方是持有合格质押券的金融机构。因为这些金融机构大多也能在银行间交易，而当银行间流动性紧张时，金融机构需要增加从交易所进行正回购融资的比例，导致交易所回购价格上升。

资金的来源以散户的股市闲置资金为主，金融机构闲置头寸为辅。当股票市场行情火热，散户踊跃入市的时候，交易所回购价格下降。

资金提供方和资金需求方的不同，导致了交易所回购价格呈现两轮驱动的情况：交易所质押式回购的价格既受到银行间资金价格的传导作用，同时也受到股市行情和投资者入市的影响。

读者参考

交易所质押式回购案例

如果投资者持有票面金额1亿元的17国债19，假定该债券在2021年2月8日的折算比率是0.99，则该投资者最多能够以这1亿元的债券通过质押式正回购融入9 900万元的资金。因为折算比例每天都会变化，假如2月8日投资者以持有票面金额1亿元的债券已融入9 900万元的资金，2月9日折算比率被下调了，1亿元债券融入的资金低于9 900万元，但投资者仍欠9 900万元资金，这种现象被称为欠库。如果投资者不能在欠库当天，也就是2月9日补足差额的话，会被视为违规行为，而遭到交易所的处罚。

5.2.2 交易所债券协议式回购

交易所还有另外一种协议回购，也叫报价式回购，这是金融机构在固定收益平台一对一逐笔交易的，由交易员寻找交易对手谈好价格、期限和数量，然后当天下午3点15分之前完成资金的划拨和出质债券的冻结，如图5-7所示。

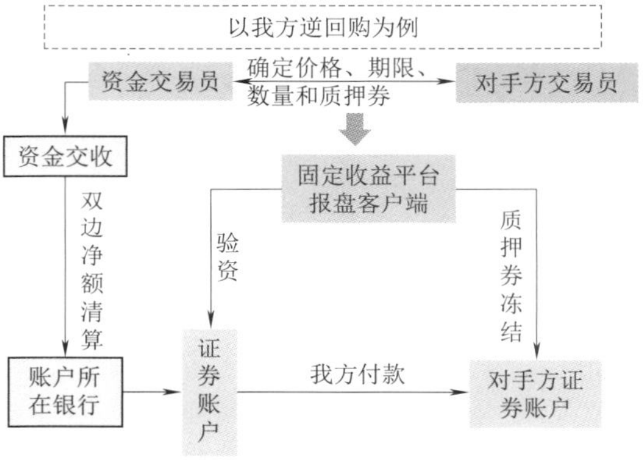

图5-7　交易所债券协议式回购交易

除了一对一逐笔交易外，协议回购的另一点不同在于，质押式回购只有固定的几个期限可以选择，比如上交所回购只有1天、2天、3天、4天、7天、14天等时间明确固定的品种；而协议回购则可以由双方商定一年内任意天数的期限，而且如果一开始商议的期限不够，还可以通过续作的方式在不归还本金的情况下延期，但是延长以后的总期限最多也不能超过365天。

需要融入资金的金融机构如果持有的是资质好的公募债券，作为标准券用于在交易所竞价系统进行质押式回购，对于正回购方来说利息成本要少得多。而协议式回购的质押券，往往是资质较差的私募债券，质押时折扣较高，回购的价格也较高。

5.2.3 银行间质押式回购

目前，银行间质押式回购是市面上交易量最大的回购交易品种，每天的成交量能够达到3万亿元至4万亿元，其中又以1天（隔夜）回购[①]最为活跃，成交量可以达到2万亿元至

① 一般交易员会把当天可执行的期限最短的回购交易称为"隔夜"，在周五或节假日之前的最后一天，隔夜回购的实际期限可能由一天增长至三天，甚至七天以上。

3 万亿元。相比之下，银行间市场每天现券交易量一般也不超过 1 万亿元。

银行间质押式回购交易流程，如图 5-8 所示，与银行间二级市场债券交易的流程相比，不难看出，银行间质押式回购的交易方式和银行间二级市场现券交易非常类似，唯一的区别是正回购方的质押券在交易达成以后只会在回购期间被冻结，而不会发生债券所有权的变化。在回购开始日，资金由逆回购方流到正回购方账户，在回购的到期日连本带利回到逆回购方的账户。所以，质押式回购的质押券也只是用来约束正回购方融资行为和成本的名义质押物，如果发生正回购方违约，那么只会导致对正回购方的罚息，而不会真正地去处置那些质押券。

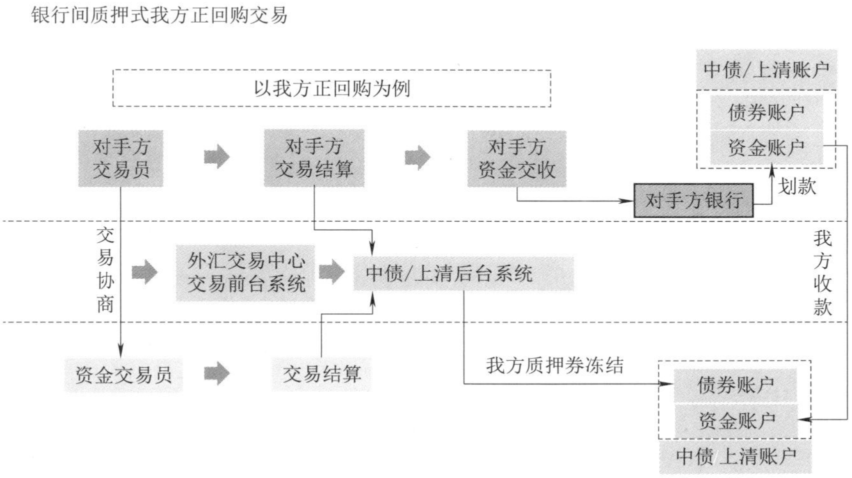

图 5-8 银行间质押式回购交易流程

5.2.4 银行间买断式回购

银行间买断式回购与质押式回购最大的区别是，在回购的存续期间会发生债券所有权的转换。

银行间买断式回购交易流程如图 5-9 所示。买断式回购需要在回购期间，将质押券的所有权从正回购方转移到逆回购方。因此，很多逆回购方通过这种方式实现债券借贷或者债券卖空：将钱借给拥有目标债券的正回购方，将目标债券的所有权转到自己名下，再将所有权已转移到我方的债券卖出去，等回购到期之前，再将债券购回，还给正回购方，收回出借的资金。

如果质押券是较为稀缺的债券，或者是逆回购方指定了需要卖空的品种，买断式回购的收益率可能比正常回购价格低很多。

在个别情况中，如果一些自营类机构的质押式正回购的额度用完了，只剩下买断式回购的额度，也会通过买断式回购来完成正常的融资功能。这种情况下，买断式回购的价格会比质押式回购高很多，债券的质押率会比正常的质押率低很多。因为买断式回购存续期间需要转移债券的所有权，万一到期还款失败，正回购方可以用质押券抵债，逆回购方需要被动地买入那些作为质押物的债券，所以需要调低质押率，提高回购价格，以防范正回购方违约。

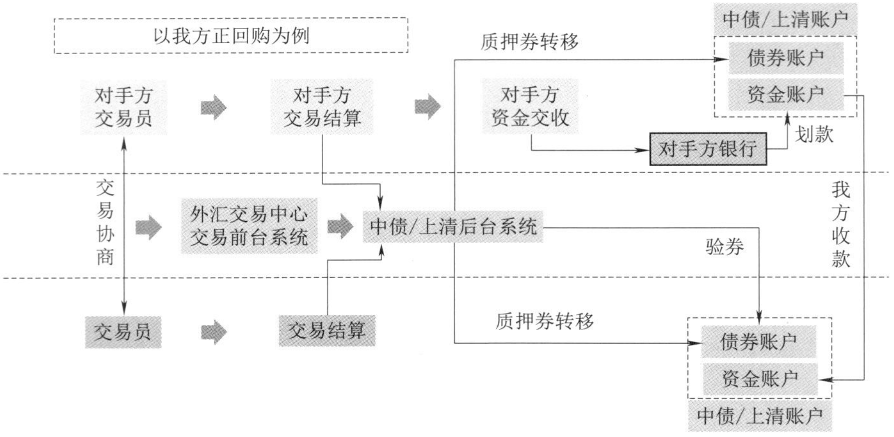

图 5-9　银行间买断式回购交易流程示意图

质押式回购最长的期限为 365 天，买断式回购期限最长只有 91 天。

5.2.5　回购小结

为了方便读者学习，笔者总结了目前交易所和银行间市场所有回购品种的相关特征和属性，见表 5-1。银行间质押式回购是目前日成交量最大的回购，其次是银行间市场的同业拆借。同业拆借交易的本质是一种借款和还款的过程，交易双方达成约定期限、金额和利率，到期还款。其中，存款类机构、政策性银行进行拆借的最长期限为 1 年；金融资产管理公司、金融租赁公司、汽车金融公司、保险公司、境外人民币清算行为 3 个月；财务公司、证券公司、信托公司、保险资产管理公司只有 7 天。参与信用拆借的是数量不多的大银行，与债券关系较小。所以本书不再详细介绍。

表 5-1　回购交易细节汇总

类型	品　种	交易时间	期限(天)	质押物	日成交量(元)
银行间	质押式回购	9:00～12:00 13:30～6:50	1～365	银行间交易的各类债券	30 000 亿至 40 000 亿
	买断式回购		1～91		<1 000 亿
	同业拆借		1～365		5 000 亿至 10 000 亿
交易所	上交所质押式回购	9:30～11:30 13:00～15:30	1,7,14,28,91,182	交易所高等级公募债券折合的标准券	5 000 亿左右
	深交所质押式回购		1,2,3,4,7,14,28,91,182		<1 000 亿

续表

类型	品　种	交易时间	期限(天)	质押物	日成交量(元)
交易所	上交所协议式回购	9:30～11:30 13:00～15:30	—	交易所公募及私募债券	<100 亿
	深交所协议式回购	9:15～11:30 13:00～15:30			
	上交所质押式三方回购	同上交所协议回购		交易所公募及私募债	<50 亿
	深交所质押式三方回购	同深交所协议回购			

数据来源:外汇交易中心网站。

交易所回购中,上交所的品种是比较活跃的,深交所的成交量相对小得多。除此以外,交易所还有一个品种叫质押式三方回购,这个品种从 2018 年才开始交易,结合了竞价系统质押式回购和协议回购的优点,特点是质押券折算成标准券,同时与协议回购一样,是一对一交易,自由商定期限和价格。目前,这个品种还在成长阶段,上交所三方 TRP007 每天只有不到 50 亿元的成交量。

5.3 中间交易

债券市场中最常见的中间交易有两类:第一类是过券交易,既包括买卖双方发起的过券,也包括做市商主动撮合的过券;第二类是曾经盛极一时,但现在已经在违规范畴的代持交易。此外,货币中介在中间交易中也扮演了非常重要的角色。

5.3.1 过券交易

在银行间市场中,主要有三类账户:第一类是做市商和尝试做市商,这类账户主要是大银行或者大券商的自营,可以和全市场任何账户交易;第二种是乙类账户,只能和做市商或者尝试做市商交易,不能乙类之间交易;第三类是境外机构,本书不深入介绍。

过券交易流程如图 5-10 所示。由于市场中大多数都是乙类账户,所以绝大多数债券的买卖根本上都是在乙类之间进行,但是他们不能直接交易,所以就需要找做市商过券,也就是卖方先把债券卖给做市商,做市商再把债券卖给买方。一般来说,做市商为了避免风险,以上的一买一卖两笔交易都是同一天,甚至同时完成的,而且买价和卖价会有一点点利差,作为做市商的利润。

过券本身是做市商与尝试做市商的正常合规的交易,但如果实际买卖双方约定的交易价格偏离市场公允价格(中债估值)较多,则可能涉及利益输送,就是不合规的。

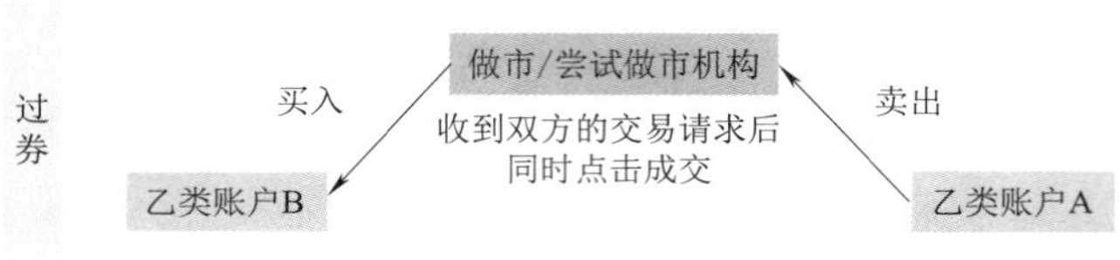

图 5-10　过券交易流程示意图

大多数时候，当买卖双方初步达成交易意向后，会寻找做市资格的机构进行过券，也有很多时候，是拥有做市资格的机构主动帮助买卖双方中拥有交易意向的一方寻找可能有交易意向的另一方，从中撮合，促进交易达成，并赚取买卖差价。这种类型的过券交易也可以被称为“搓券”交易。

5.3.2　代持交易

代持交易的流程如图 5-11 所示。在代持的开始日，债券的原拥有方把债券卖给资金提供方，并在约定的期限，按照约定的价格购回，约定购回的价格和债券的实际价格变动没有关系，只与期间的交易资金成本有关。所以，代持本质上就是一笔买断式回购。但是，这笔代持的交易在清算记账的时候并不会被算成回购，而是普通的卖出和买入。所以，对于原来债券的持有方来说，这种交易方式能够让他们在代持存续期内规避回购杠杆的比例限制。但最大的风险在于，这种不正规交易的履行完全建立在双方私下的约定之上，当被代持的债券发生巨大亏损或者违约时，原来的债券持有方可能到期不愿意购回；当债券价格上涨，产生浮盈时，代持提供方也可能不愿意把债券卖回给原持有方。

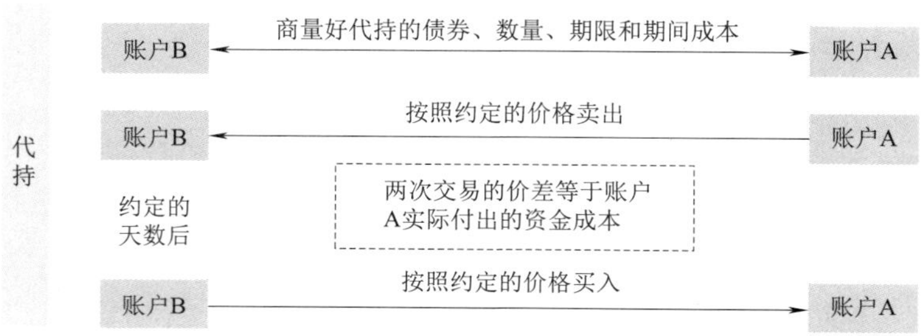

图 5-11　代持交易流程示意图

2018 年以前，债券市场在此方面管理较为宽松，市场上参与此类交易的投资者很多，事故也不少。在 2017 年的国海“萝卜章”事件后①，监管决心规范此类业务，发布了银发〔2017〕302 号文以打击此类交易，即使是签订了盖公章的代持交易协议也不再被认可。目前，市场上这类交易的数量已经大大减少了。

① 请参阅本书最后一章中对“萝卜章”事件的简介。

5.3.3 货币中介与中间交易

我国的债券市场有着非常明显的场外属性，在交易所竞价平台上成交的债券，不论是品种还是数量均只占每日全市场成交的一小部分，大多数的债券交易发生在一对一的场外市场中，比如银行间市场和交易所固收平台。

在场外市场的一对一交易，信息沟通并不透明，也不是实时的交易模式，交易员之间的交流成为交易执行的重要环节。这种交易执行的参与者一般至少包括买卖双方或正逆回购双方。2017 年以前，这样的交易大多数通过 QQ 和电话进行沟通。对一个资深交易员而言，拥有多个好友数量达到上限的 QQ 号，加入了几十个债券或者资金报价的 QQ 群，且在交易时段，这些 QQ 号长期保持几十条未读新消息的状态，是很常见的事情。2017 年底银发〔2017〕302 号文出台后，出于交易留痕的需要，交易员的信息沟通逐步转移到企业 QQ、Qtrade、外汇交易中心的 Ideal 等新的、满足合规要求的软件上，但通过即时通信和交易对手、货币中介方进行沟通的习惯仍然保留了下来。

资金交易只有出钱（逆回购）和借钱（正回购）这两个方向，交易双方通过 QQ 群发布的报价信息进行对接，然后私聊确定交易细节，步骤比较简单。对于现券而言，由于债券品种繁多，期限各异，通过扫读 QQ 群的信息精准找到自己想要的特定的一个或几个债券的有效报价难度较高，所以在很多现券的交易中，都有货币中介的参与。有需求的一方将自己的买/卖需求告诉货币中介，货币中介会在公司内部维护有效报价数据列表，并进行匹配，如果暂时匹配不上，则会保留在列表中，等待买卖方向相反的报价或需求出现。匹配成功后，货币中介会居于买卖双方之间，帮助达成成交价格，最后告诉双方交易对手的账户名称和其他交易细节。如果交易对手中有一方是非法人产品户，无法直接达成交易的，货币中介往往还会帮忙寻找做市商作为桥梁完成交易。

货币中介内部会基于债券类型，比如利率债、不同行业的信用债等，进行分工，同时对不同的机构也有专人覆盖，其本质上是靠自身掌握的买卖意向信息“吃饭”的岗位；有经验的货币中介甚至能做到大致了解覆盖客户的风险偏好、可购买的白名单库，以及一些客户的持仓信息等。这样，当他们收到单方交易意向后，就可以去主动询问、挖掘潜在交易对手方，最后撮合交易的达成。可以说，优秀的货币中介是债券市场中信息最灵通的人。

除了货币中介以外，投资者还可以通过做市商达成意向的交易。在银行间市场中的做市商机构，可以和全市场任何账户交易，承担了提高市场交易活跃程度，帮助投资者达成交易的职能。银行间的投资者可以向做市商发送买卖意向债券的请求报价，如果做市商准备好交易该债券的话，可以回复报价结果，供投资者确认成交。同时，做市商也可以直接主动在银行间前台系统中发布债券（一般是利率债和高等级信用债）的买卖报价信息，所有投资者都能够看到这个信息，并直接点击该报价信息成交。

此外，非做市商的自营机构也可以通过外汇交易中心提供的 X－Trade 功能发布匿名的现券、回购、互换等产品的报价信息。当报价信息交易方向相反，价格互相匹配时，系统会根据双方的授信额度自动匹配成交，未匹配的报价保持匿名且公开的状态，其他在授信范围内的机构也可以直接点击成交。

虽然我国外汇交易中心为银行间市场提供了做市商和 X—Trade 这两项无需中介，直接成交的交易机制，但不论从成交量、买卖报价价差、报价更新频率、成交速度、参与机构数量和覆盖券种数量上，通过货币中介的帮助达成成交仍然是目前现券交易的主流方式。

5.4 交易员的工作

为了让读者对债券交易有更加深入的了解，笔者从交易员的工作日程和流动性管理模式入手，让大家更深入地体会债券交易的主要内容。

5.4.1 交易员的工作日程

一般来说，投资经理会在每个交易日开始前，或者交易日的前一两天就下达申购和交易的指令，在前一日下班前，交易员也会将第二天的台账做好，对第二天需要执行的交易进行预判。正常银行间市场的前台系统开始交易时间是上午 9 点，但是往往在开市之前，交易员就会根据投资经理的指令和昨天做好的台账在同业 QQ 群里询问资金价格（即当天各个期限回购交易的市场价格），对当天的资金松紧情况有一个判断，待 9 点左右，货币中介和大多数交易对手都上班后，就开始寻找交易对手，洽谈回购交易和现券交易。一般来说，交易员上午的工作流程如图 5-12所示。

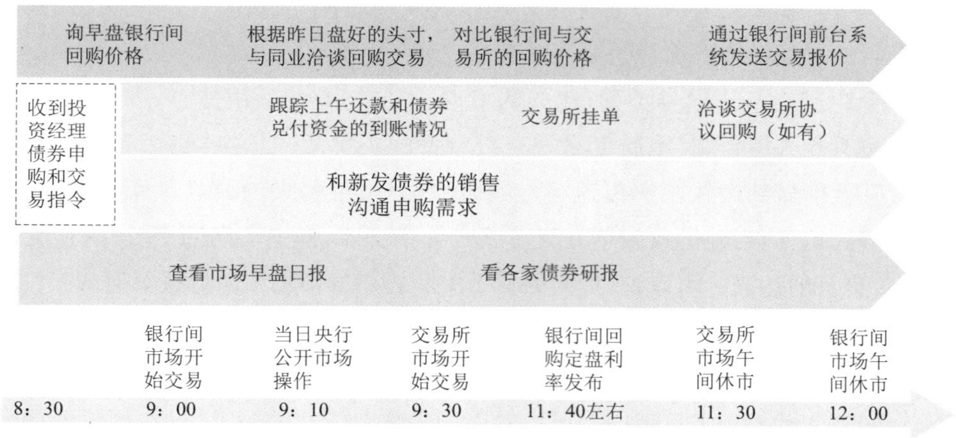

图 5-12 交易员工作流程（上午）

如果交易员当天到期回购的交易对手是银行自营，在当天上午央行大额支付系统开启后会收到回购交易到期归还的资金，可以用于当天下午 3 点 15 分之前闭市的交易所固收平台的交易。

每天上午 9 点 10 分的当天央行公开市场操作的情况是需要重点关注的，如果有 MLF 操作[①]，则会在当天上午 9:45 左右出结果。到了上午 11 点多，银行间定盘利率公布，这是每天上午 9 点到上午 11 点所有回购交易的加权平均价格，对当天的资金价格中枢起到定调的作用。但是，一半资金交易员还需要时刻关注银行间存款类机构的即时加权平均回购收益率，以便更加准确地把握资金松紧的脉搏。

如果当天有新发的债券需要申购的，往往也需要在上午把投标信息报给主承销商或者分销商，用于下午或第二天的簿记建档。其余剩余的时间可以看看研报，这能帮助交易员更好地了解市场情绪和未来的走势。大多数交易员未来的职业规划通常是转向研究或者投资，所以平时多看看名家的债券投研报告对未来的发展也能起到很好的积累作用。

下午的时间则比较紧凑，主要是因为午后需要把上午谈成的交易都在银行间前台系统发报价下单[②]，同时在下午 3 点左右，开始跟进交易所固收平台交易的交收情况，因为都是当天 T+0 交收的，当天成交的交易需要在当天划款付券，如果没有达成，会导致违约，并被罚息，造成比较严重的事故。但由于银行间市场固收平台通常都是一对一单独交易，经常会出现今天需要向我方付款的交易对手，需要等其上家交易对手先付款后才能有钱向我方还款，而其上家可能需要等上上家，往往需要到最后几分钟才能完成交付。这就需要交易员和交易对手方进行持续沟通，以免出现遗忘或者交收延误导致违约的情况发生。一般来说，交易员下午的工作流程如图 5-13 所示。

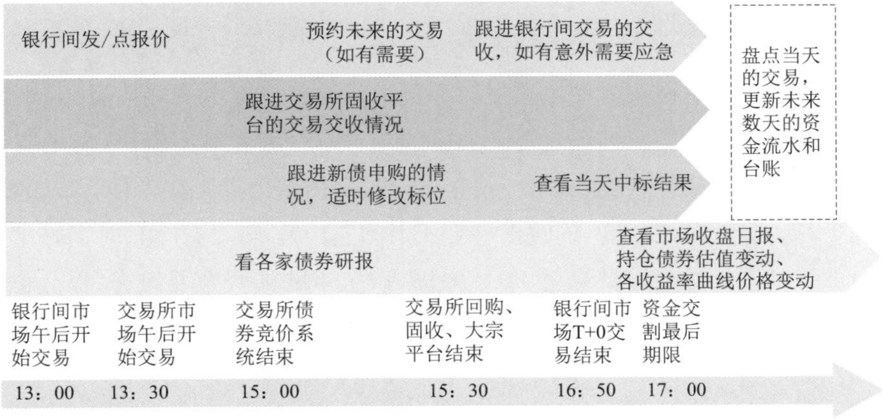

图 5-13 交易员工作流程（下午）

---

① MLF，即 Medium－term Lending Facility，中期借贷便利，期限一般为三个月到一年，是指央行通过国债、央行票据、政策性金融债等优质债券质押的方式将钱借给商业银行，由它们贷款给第三方。央行的 MLF 操作以及相应的动态在很大程度上决定当天或者未来几天资金面的松紧情况。

② 洽谈交易时，可向市场发意向报价，做市机构可向全市场发做市报价，债券通机构可以发布指示性报价。谈成交易后，非做市机构的回购交易、做市机构之间的交易可发对话报价，现券交易需向做市机构发请求报价。

下午三四点，之前申购的债券可能会有初步的簿记建档结果，如果申购的人太多或者太少，还需要向下或者向上修改标位收益率，确保我方能在最合适的收益率中标。到了下午4点半以后，开始跟进银行间市场的交收情况，与交易对手（或者后台或者托管行）保持持续沟通，跟踪资金与债券的交收情况，直到下午5点才全部结束当天的交易。5点后，还需要整理当天的全部交易，计算接下来的几天会有哪些资金进入，哪些资金需要支付，并根据这个制作当天的新台账。如果当天各种事务结束得早，有空闲时间，还可以在交易群里预约洽谈未来的交易，以免未来价格突变或者事务太多带来的不确定性风险。

债券交易员是对市场最敏感的人，债券市场主要是一对一运作，大部分价格都是私下商谈的，交易情绪和共识在交易员之间口口相传，互相感染。在这种不透明的市场当中，交易的执行结果，获利多少，甚至于交易最终能不能达成，很多时候首先取决于交易员的社交能力和谈判能力。其次，因为债券的体量很大，哪怕是小数点后第四位数字写错都能产生几万元乃至十几万元的资金出入，所以对于一个交易员来说，最重要的能力是交往能力、信息获取的能力、谈判能力和快速进行心算、形成心理博弈策略的能力，然后是做事的细心和严谨，沉着冷静的心理素质，以及面临众多突发事件的应变能力。比如，当天达成的某笔资金交易，下午交易所关闭前半个小时，交易对手突然说自己的钱可能进不来，需要毁约，那就要求债券交易员在最后几分钟去市场上临时找交易对手应急，等等。作为合格的债券交易员，对于这些情况，都要能够应对自如。

5.4.2 账户头寸的管理

正因为债券市场中可以很方便地通过债券正逆回购完成资金的融入融出，所以流动性的管理并不是简单地根据当日的可用资金安排购买对应金额的债券资产，而是要根据资金的进出进行预先的交易安排。比如，有一只很适合投资的新债券要在1月5日缴款发行，交易员可以在1月1日就预约申购，同时出一笔4天的逆回购，等1月5日时正好用逆回购到期的钱去缴款买券。如果交易员知道1月3日有一笔申购的资金要进来，那么也可以在1月2日就和对手方谈好做一笔T+1，也就是第二天结算的逆回购，将这笔申购资金出借生息。

交易所和银行间的各个品种交割速度均不相同，有的是当天交割，也有的是交易达成后的第二天交割。一个优秀的交易员需要有效利用各种交易品种，达成对资金最有效的利用，防止出现资金闲置或头寸短缺的情况。具体的资金流水如图5-14所示。

那么，如何利用这么多交易品种和交割方式合理安排资金，使得每天定好的交易都有足够的资金完成，同时账上又不会出现太多闲置的资金拉低收益呢？这就需要做好交易台账，也就是将已经完成和将要完成的交易，根据类型和交割方式分门别类地记好，最后汇总到每日头寸情况表上，使得每天日终的账上预留的现金都是大于0的数字，但是预留现金又不能太多，因为预留的现金算活期存款，托管银行给活期存款的利息很低的，如果闲置资金过多，就会造成趴账，拉低整体的收益水平。

品 种		交割方式	品 种		交割方式
银行间	现券交易	T+0 或 T+1	交易所	竞价/大宗系统的回购及现券交易	T+1
	银行间回购			固收平台的债券回购	T+0

流动性管理是债券交易员最重要的任务，其核心是根据资金流入（流出）和债券配置计划，进行相应的回购操作，使得每天日终不会发生资金透支，也不会发生大量资金闲置趴账。

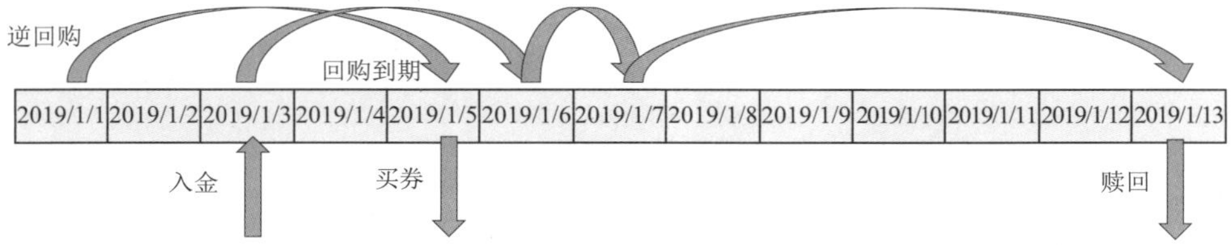

图 5-14　资金流水示意图

资金台账，如图 5-15 所示的记录工作在不同的机构会有不同的处理方式，一般规模较大的机构都有流动性管理系统帮助记录，小一点的机构需要交易员或投资经理写程序记录，但无论这项工作从机制上是如何安排的，每个交易员心里都应该有这样类似的一本台账，知道接下来要做什么交易，还有多少钱可用，这样才能保证交易时不出差错或少出错。

银行间市场质押式交易

天数	结算速度	开始日期	到期日期	对手方	实际金额（万元）	券面总额（万元）	折扣率	场所	价格
1	T+0	2019/1/16	2019/1/17	对手方1	5 000	5 050	99%	中债	3.60%
11	T+0	2019/1/16	2019/1/27	对手方2	3 500	3 740	91%	上清	3.90%
……									

交易所质押式回购

到期	开始日期	品种	总额（万元）	价格
2019/1/9	2019/1/10	GC001	−1 500	2.90%
2019/1/8	2019/1/15	GC007	−1 500	2.98%
……				

交易所协议式回购

开始日期	到期日期	期限	总额（万元）	价格
2019/1/6	2019/1/18	12	1 500	2.90%
2019/1/2	2019/1/7	5	1 500	2.98%
……				

债券购买/到期计划

日期	品种	总额（万元）	交易对手	交割方式
2019/1/9	18国开10	−1 500	对手方3	T+0
2018/12/28	18天津银行CD381	1 500	-	T+0
……				

资金申购/赎回计划

日期	方向	总额（万元）	操作方
2019/1/11	申购	1 500	客户A
2019/1/15	赎回	−1 500	客户B
……			

每日头寸情况

日期	T+0可用（万元）	T+1可用（万元）	账上预留现金（万元）
2019/3/1	1 000	2 000	500
2019/3/2	2 000	2 453	231
……			

图 5-15　资金台账示意图

本章小结

在本章中，介绍了债券一级、二级交易、回购交易和中间交易，根据时间表详细介绍了交易员一天的工作日程，并在最后讲解了交易流水和台账的使用。

本章为所有有志走上交易员岗位的读者提供了一个熟悉这个岗位的非常有帮助的重要实战工具箱，并客观地为投资者介绍了债券运作的流程。对交易的细致了解，不论是未来从事交易岗位，还是从事投资、研究等相关岗位，抑或普通投资者，都是不可或缺的。

06

第 6 章 宏观经济基本面分析

我们生活的环境，从表面上来看是静态的，但这只是表象。其实，我们生活的周边环境时时刻刻都在发生着变化。人类作为善于思考的动物，会本能地去发现这样的变化，然后提出一个终极的疑问——我们究竟处于什么样的环境之中。而宏观经济基本面分析的目的，就是试图回答我们处在一个怎样的经济环境中。

本章将从债券和投资的角度，介绍一套兼具专业性和实用性的宏观经济基本面分析框架，以帮助读者看清经济形势的潮流和变化，从而实现财富的保值增值。

6.1 宏观经济基本面分析的重要性

宏观经济基本面的分析，是所有从事固定收益相关领域人员的基本功，也是提高收益业绩最关键的技能。只有掌握好这项技能，才能对当前的经济形势形成准确的判断，才能使得自己的交易和投资在正确的方向上，既确保交易安全，又能最大限度地获得利润。

6.1.1 从债券的收益分解说起

债券分为利率债和信用债，其中利率债由于没有违约风险，同时附带权利的利率债也较少，故其收益率主要取决于无风险利率曲线的位置；而无风险利率曲线的变动正是由宏观经济基本面决定的。所以对宏观经济基本面的判断几乎就是利率债投资交易的全部。只有确定宏观经济基本面的变化方向后，才会再考虑技术、债券流动性、免税效应和资本占用等因素带来的利差。利率债的收益率分解如图 6-1所示。

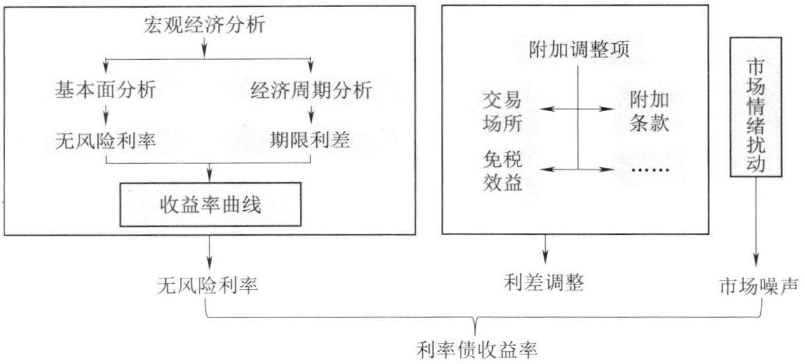

图 6-1 利率债收益率分解

对于信用债而言，虽然其收益中有一大部分来源于信用利差，也就是发行人自身违约的可能性对其融资成本带来的溢价，但是来源于无风险利率的部分仍然占比很高，起到基准的作用。所以，在进行信用债投资时，对宏观经济基本面的分析也是非常重要的。信用债收益率的分解如图 6-2 所示。

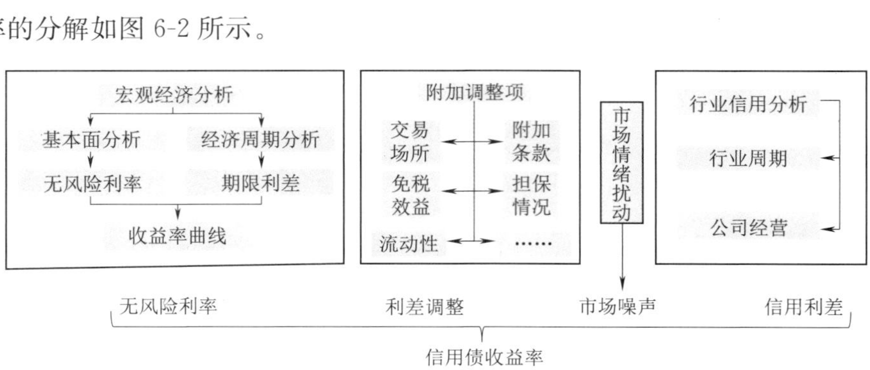

图 6-2 信用债收益率分解

6.1.2 宏观经济分析的基本框架

宏观经济的基本面主要分为三个要素：经济增长、通货膨胀以及货币和国家政策，如图 6-3 所示。其中，经济增长和通货膨胀的主导因素是经济内在的运行规律，所以两者被称为内生要素，其主要主导了 GDP 的名义增长，体现货币的需求。而货币和国家政策，虽然也受到前两个要素的影响，但是主导因素是国家的政策，所以可以认为是外生要素，这个要素主要体现了货币的供给。由于利率本质上是资金的价格，这三个要素通过决定货币的供求关系，最终决定了利率的水平。

在进行宏观经济分析的时候，长期无风险利率一般会用 10 年期国债收益率来表示。但是，由于国债是收益免税的债券品种，在进行债券种类之间比较时，（比如，计算信用债的信用利差，）为了排除税收的影响，则需要使用以国开债为代表的政金债利率作为基准进行对照。在涉及相关品种选择的时候，本书将明确标注说明具体使用了哪个品种，以供读者参考。

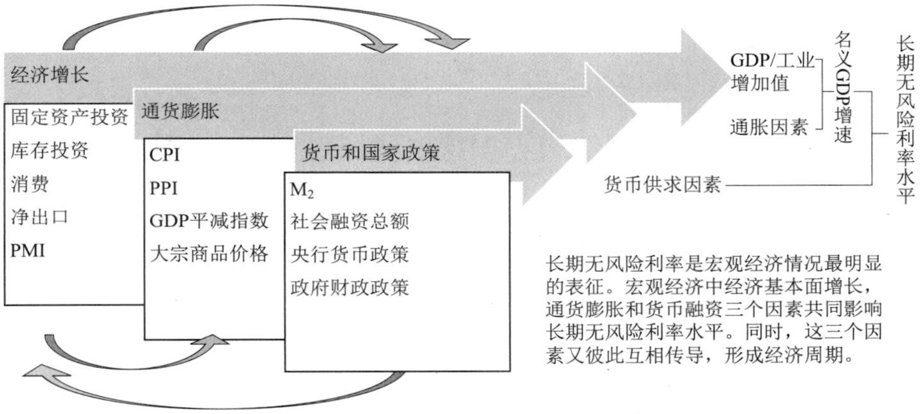

图 6-3 宏观经济分析基本框架

在经济运行中，经济增长变化往往有一定的领先性。而国家的政策调节往往要根据经济增长的结果或者预期目标来确定，因此有一定的滞后性。最终，经济增长、通货膨胀以及货币和国家政策这三个要素的非同步运行，形成了经济和无风险利率的周期性波动。

6.2 如何分析经济增长

我们通常用三驾马车——投资、消费和净出口，来分析经济增长。经济学中最广为人知的概念是 GDP，即国民生产总值。那么生产出来的产品到哪里去了呢？只可能有三个去处：一是去投资，也就是变成了生产资料，比如生产出来的一块钢材，它被拿去建了工厂，这就算投资；二是去消费，比如这块钢铁做成了羊肉串的铁签，吃完了被扔掉了，这就算消费；三是去出口，如果这块钢铁被卖到美国去了，那就是算净出口。这里使用的是支出法分析 GDP，也就是从“生产出来的东西去哪儿了”入手分析。除了支出法以外，还能通过生产法或收入法分析 GDP，但是由于数据频率不高，可得性较差，对于金融从业人员来说，支出法是使用最为频繁的分析方法。

根据 GDP 增长贡献率，我国经济的最大拉动力是消费，其次是投资，这两项总和占 GDP 的 90%以上，净出口的占比其实非常小。

自 1990 年以来，我国经济对净出口的依赖程度越来越低，一段时间内进出口的增速贡献为在正负线上下徘徊。消费的贡献程度绝大多数时间一直维持在高位。近年来，投资对经济的贡献有明显走低的趋势，如图 6-4 所示。

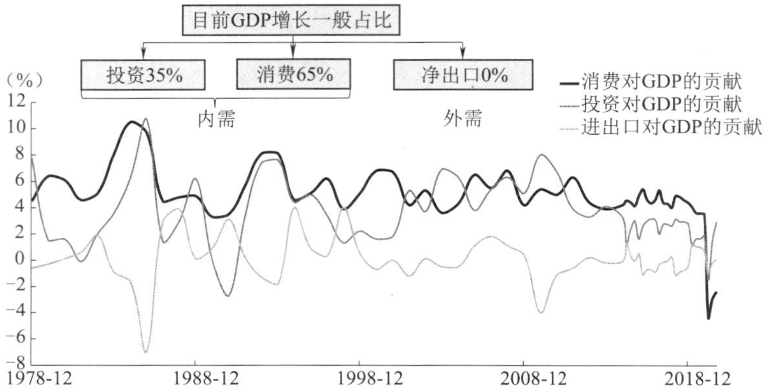

图 6-4　三驾马车对经济增长的贡献率变化图

数据来源：国家统计局。

2019 年实际 GDP 同比增长 6.1%，其中投资分项带动增长 1.9%，消费分项带动增长 3.53%，净出口分项带动增长 0.67%。2020 年开年以来，受疫情影响，消费与投资对经济增长的贡献出现了大幅度的波动，进出口的贡献有一定提升。2020 全年 GDP 增长 2.3%，总量 101.6 万亿元，突破百万亿大关。2020 年我国出口表现明显好于预期，全年进出口增长 1.9%，由负转正；出口增长 4%。但预计疫情结束后，各成分贡献占比很可能回归 2019 年以前的常态。

6.2.1　投资

投资对我国经济增长的贡献率虽然只占三分之一左右，但其是影响经济最大的因素，因为投资的波动很大。

首先看制造业投资。比如，投资一个工厂，行情景气的时候可能会进行大规模扩建，行情不景气的时候可能要减产。由于从资本投入工厂、开始运作、获利再投资，往往有较长的时滞性，可能在景气的年份建的厂，等经济入冬时才开始投产，正是由于这种经济景气程度和投资再生产的不同步性，导致经济在 8～10 年的时间就会出现一次周期性波动，也称为朱格拉周期①这种周期性波动在资本主义国家相对明显。如果把 1992 年中华人民共和国第

① 1862 年法国医生、经济学家克里门特·朱格拉(C. Juglar)在《论法国、英国和美国的商业危机以及发生周期》一书中首次提出：市场经济存在着 9～10 年的周期波动。这种中等长度的经济周期被后人一般称为“朱格拉周期”，也称“朱格拉”中周期。

十四次全国人民代表大会开始确立中国市场经济体制作为我国正式实施市场经济的开始，那么实行至今也才 30 年左右的时间，所以这种经济周期性波动在我国还不是特别明显。

其次看基建投资。基建投资是由政府主导的，所以没有内生自发的周期规律，一般当经济景气程度较差时，政府会增加基建投资，弥补增长缺口。

再次是房地产投资。从 1999 年建立商品房买卖制度以来，我国有较为明显的商品房短周期。主要特点就是，全国 70 个城市新房价格指数的同比变动，在 3 年左右会有一个起落。

制造业投资、基建投资等可以被归类为固定资产投资[①]，投资的产出都是能长期使用，并能带来长期收益的。另外一种投资叫库存投资，比如之前例子里面，商家觉得买羊肉串的人会变多，所以事先买了很多铁签存放在仓库里备用，这里的铁签就是库存。库存投资也有时间的滞后性，比如很可能等那些额外的铁签到货，买羊肉串的人已经变少了，这种滞后性也导致经济在 3～4 年的短期内发生周期性波动。库存周期在我国也能较为明显地观察到。最近的一个库存周期底部是 2019 年，上个库存周期的底部是 2015～2016 年……均不同程度地出现了经济景气度触底的现象。各项投资与经济周期的关系如图 6-5 所示。

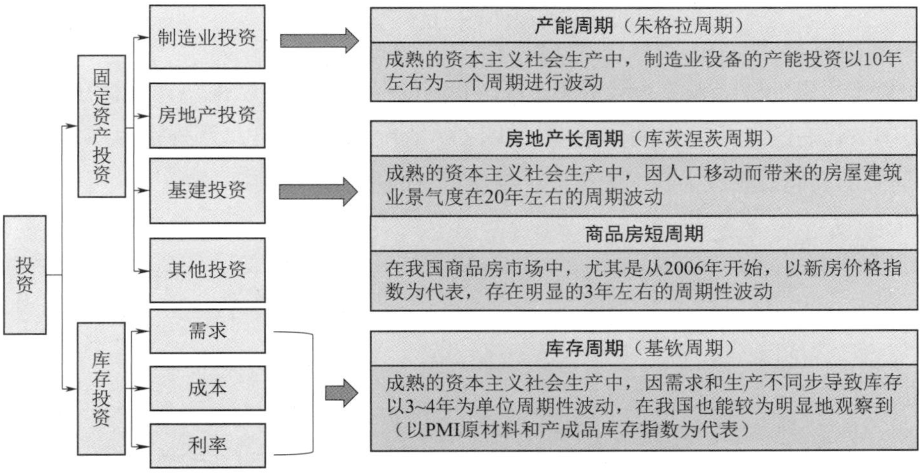

图 6-5 投资与经济周期

1. 固定资产投资

固定资产投资主要分为制造业投资、房地产投资、基建投资和其他投资这几项，其中占比最大，同时对经济内生增速影响最大的是制造业投资，也就是制造业的扩大再生产。延续之前的例子，进一步分析：生产出来的钢铁，如果被消费掉了，对明年的生产能力是没有任何影响的；但如果这块钢铁被做成了冶铁的高炉、制钢的机器，就会对明年的生产能力，

① 会计学中一般将能带来持续一年以上收益的资产称为固定资产。

也就是GDP增速产生推动作用。根据传统的柯布—道格拉斯生产函数[①]，GDP长期来看，是由三个因素决定的：人口、资本和科技。这里的固定资产投资决定了资本项，人口和科技这两个影响因素因为变化的周期性很长，所以我们从金融和投资的角度暂时不用分析[②]固定资产投资具体分项的内容及占比如图6-6所示。

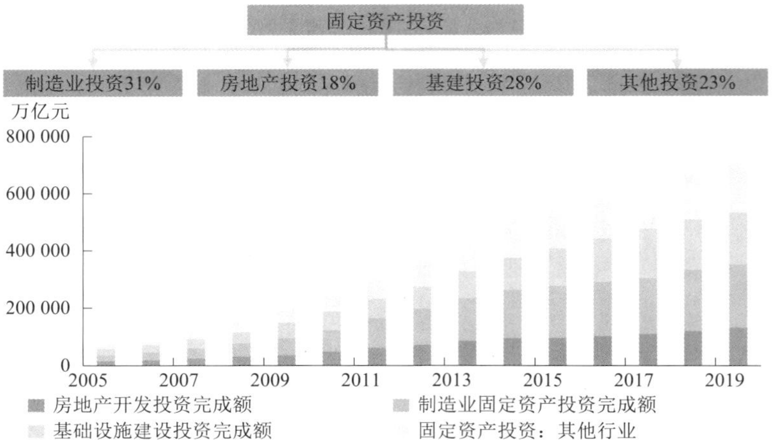

图6-6　固定资产投资的成分[③]

数据来源：国家统计局。

固定资产投资的资金来源为储蓄和外资。我国的储蓄率长期以来一直维持在40%左右，远高于以美国为代表的发达国家的储蓄率，如图6-7所示。2014年以后，外资由净流入转为净流出，我国居民的高储蓄率成为我国固定资产高速累积的主要来源。

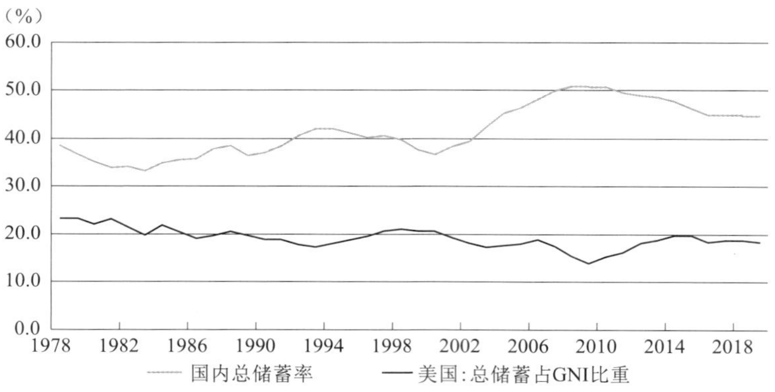

图6-7　中美储蓄率对比

数据来源：国家统计局、美国经济分析局。

---

① 柯布—道格拉斯生产函数最初是美国数学家柯布和经济学家保罗·道格拉斯共同探讨投入和产出的关系时创造的生产函数，并以他们的名字命名。

② 部分市场研究人员将60年左右时间长度的科技发展的周期波动称为康波。由于超长期数据的缺失，本书暂不讨论。

③ 由于统计局对各省市固定资产投资数据进行了“挤水分”处理，2018年、2019年公布的固定资产投资增长总量与之前年份相比有较大断层，此处显示的为“累计同比”数据还原的增长总量。

从分项增速来看，固定资产投资中基建投资主要取决于政府保增长的意愿，一般用于对冲经济下行，尤其是房地产投资下行。基建投资和房地产投资为互补关系，如图 6-8 所示。

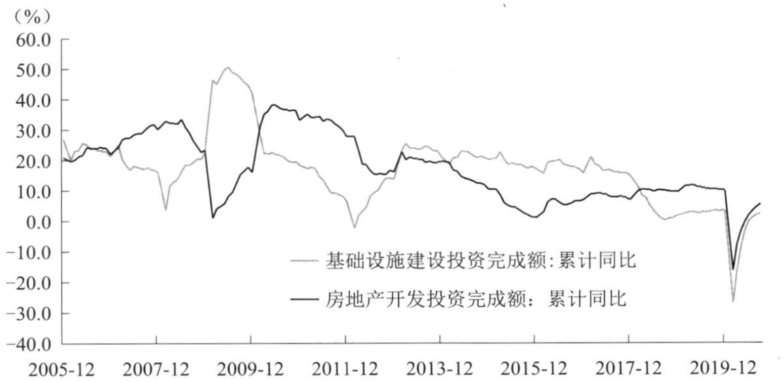

图 6-8　基建投资和房地产投资互补关系图

数据来源：国家统计局。

两者对冲后，制造业投资成为驱动固定资产投资的总体增速的主要因素，如图 6-9所示。

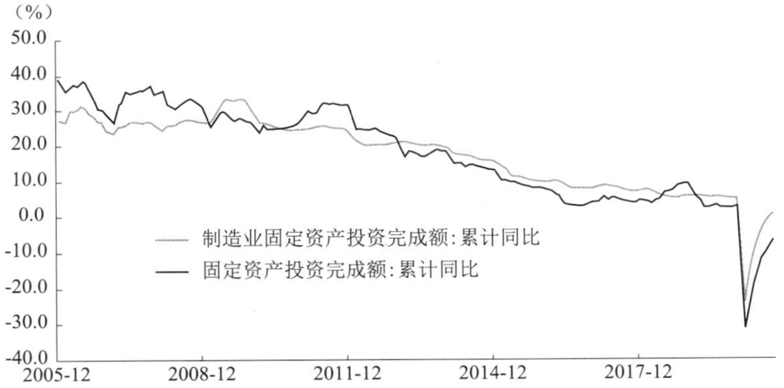

图 6-9　制造业投资增速主导了固定资产投资的增长

数据来源：国家统计局。

其他固定资产投资包含采矿业和其他服务业，占固定资产投资的 25%左右，比例较为稳定，对整体影响较小。

2. 库存投资

库存投资影响的是 3～4 年的短期经济波动。当企业经营者决定要不要增加库存的时候，有三方面的考虑。如图 6-10 所示。

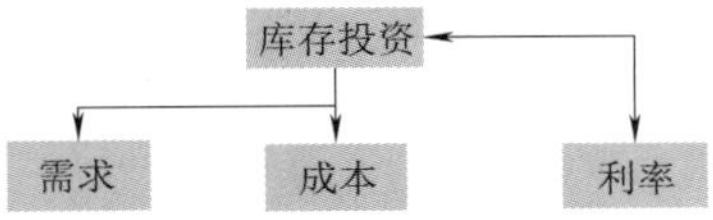

图 6-10　库存投资要考虑的因素

第一，资金成本，也就是利率的高低。因为补库存需要占用资金，如果借钱购置库存品，需要支付利息，即使是公司闲置的资金，也有机会成本。同时，企业补库存的行为，往往发生在经济的上升期，补库存行为对资金的需求也会继续拉高资金的成本。存货的同比增速和无风险利率有着非常强的正相关性，如图 6-11 所示，所以对无风险利率的分析可以解决第一方面的考虑。

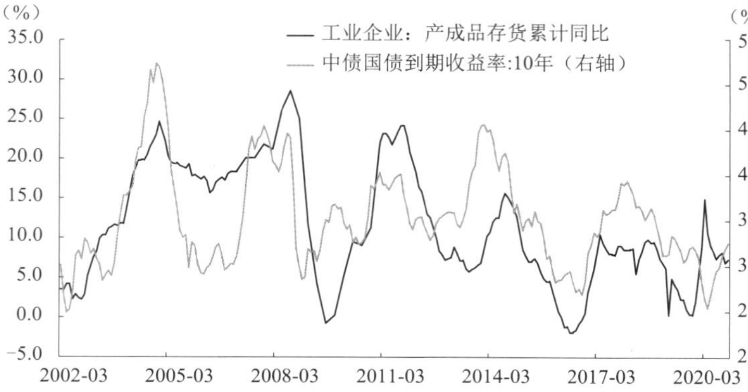

图 6-11　库存增速和无风险利率高度正相关

数据来源：中债估值中心、国家统计局。

库存投资影响短期经济波动，补库存、去库存的决策既受到资金价格的影响，也会通过其对经济波动的影响反作用于资金价格。从图 6-11 中可以较为明显地看到，在这种相互影响下，库存增速和无风险利率存在同向的 3～4 年的周期性波动。

第二，企业需要考虑市场对商品的需求是否有足够的增长，以佐证补库存行为的必要性。这体现为 PMI 新订单指数[①]对库存同比增速的领先性与相关性，如图 6-12所示。PMI 的新订单分项对于实际库存的增长有 9～10 个月的领先性，并具有一定的正相关性，也就是说，从企业的经营者发现商品需求增加，到把实际库存补上来，差不多需要 9～10 个月的时间。

图 6-12　新订单景气度领先并正相关于库存增速

数据来源：国家统计局。

① 一般用制造业采购经理指数 PMI 预测制造业企业的生产计划，并结合实际库存变化结果预测利率短期变化的方向。

第三，需要考虑目前上游库存商品的成本价格是不是在低位，现在补库时机是否合适。这个可以用 PMI 原材料购进价格和产成品存货同步增速的关系进行说明。当制造业采购经理预期未来原材料价格要上涨，就会提前购入原材料，扩大库存；反之，当其预期到未来原材料价格要下跌，则会减少当前的购入。这种对未来价格预期影响的增减库的行为，从整体来看，大约相对存货水平有 8 个月的领先性和相关性，如图 6-13 所示。

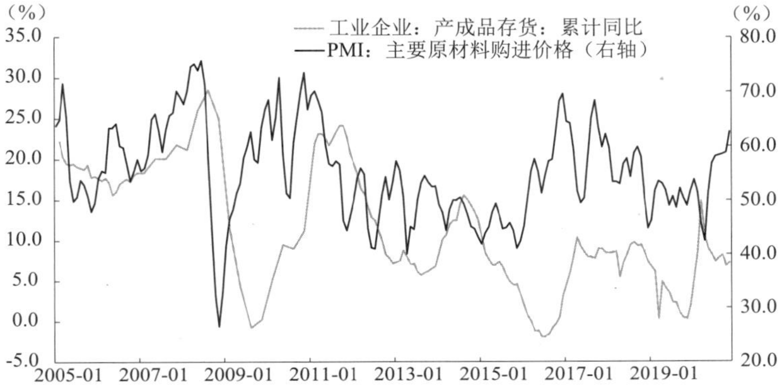

图 6-13　原材料价格预期领先并正相关于库存增速

数据来源：国家统计局。

6.2.2　消费

消费是经济增长的第二辆马车。消费是相对稳定的，且是在 GDP 占比上最高的因素，是目前经济增长最大的内生动力。从长期来看，消费趋势性增长的原因，是较为平稳的人口增长和人口比例的变化。从中短期来看，消费受到事件驱动的影响也非常大。如图 6-14 所示，消费占 GDP 比重曲线整体是上行的，但是期间有很大波动。第一个高峰，发生在 1986～1989 年，主要是因为价格并轨，所以居民和企业会提前消费。第二个高峰是1993～1996 年，由于当时通货膨胀率接近 30%，所以居民也在物价涨太多之前消费。第三个和第四个高峰分别是 2008 年的北京奥运会和 2010 年上海世博会阶段，当时也正赶上家电下乡，所以也形成了一个消费的高峰。

消费之所以重要不单单是因为它对 GDP 的影响很大，还因为消费体现了社会对商品的需求。由于生产的变化往往滞后于需求，导致消费成为物价增长的主要驱动因素，而物价增长则是影响债券收益率最主要的原因之一。

消费可以细分为居民消费和政府消费，如图 6-15 所示，其中居民消费占 73%。所以，消费的长期变化趋势是由居民人口结构和消费结构决定的，同时在改革和事件驱动下呈现巨大的波动。

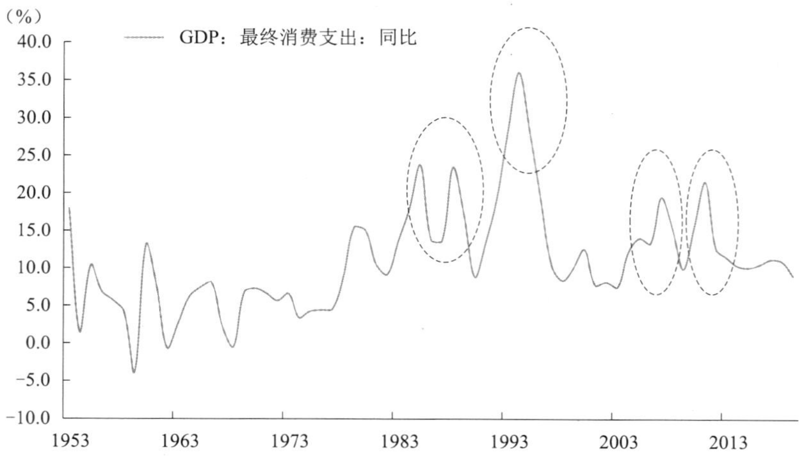

图 6-14　新中国成立以来 GDP 中消费支出的变化

数据来源：国家统计局。

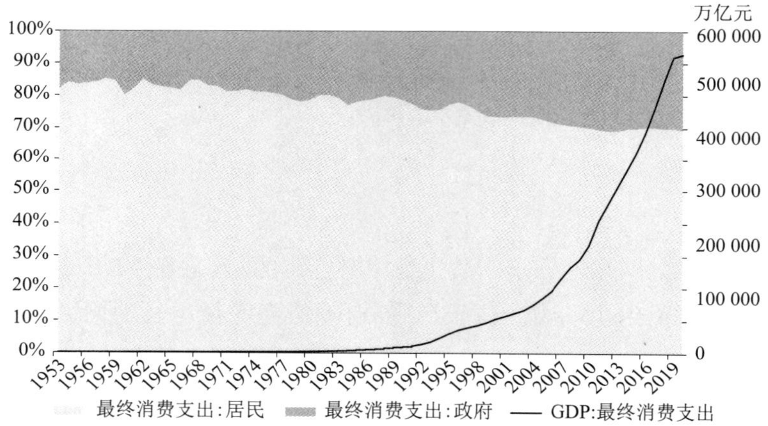

图 6-15　消费的分项占比和消费总量的增长

数据来源：国家统计局。

1. 居民消费

居民消费，从长期来看取决于人口的增速和结构，也受到贫富差距的影响[①]，因为低收入群体会把更多的收入花在生活必需品和生活改善用品上，而中高收入群体在物质需求被满足后会把收入更多地用于储蓄与投资。因此，在贫富差距较小的社会，居民的整体消费倾向会更高。但是，由于这个因素数据频率较低，而且较难找到公允的指标，所以在进行经济分析时，会首选分析社会消费品零售总额，这是最能直接反映消费变化的月度高频同步

① 人口增速、人口结构的变化以及居民收入分配的集中度（基尼系数）都是长期能够决定消费增长趋势的指标。一般来说，20～50 岁的人口增长速度决定了居民的潜在消费实力，低收入人口比高收入人口有更大的消费倾向，所以基尼系数越小，同等条件下消费增长越快。

指标,往往呈现年底增高,春节后降低的年内周期性。高频的社会消费品零售总额的增长数据准确反映了 GDP 最终居民消费增速的走势,如图 6-16 所示。

图 6-16 高频的社会消费品零售总额数据准确反映了 GDP 最终消费的走势

数据来源:国家统计局。

那么,什么决定了这个消费总额的指标呢?这就要从收入、债务负担和对物价的预期这三个角度去分析,如图 6-17 所示。前两者决定了居民有多大能力去消费,最后一个因素决定了居民有多大的意愿去消费。

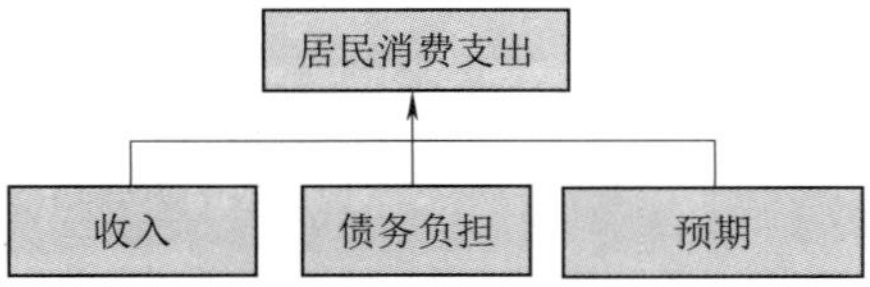

图 6-17

居民收入的增长领先于消费,但随着我国人均收入的提高,收入对消费的关联性有所下降,如图 6-18 所示。

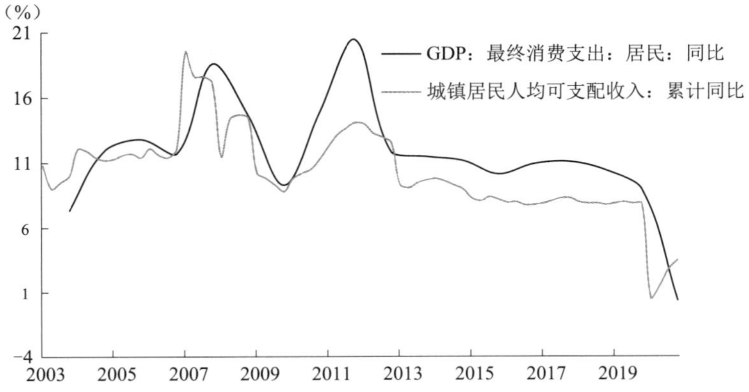

图 6-18 可支配收入增速具有领先性,最终推动消费增长

数据来源:国家统计局。

除了可支配收入的增长外，居民消费增长的另一大来源是举债。居民部门债务的增长相对居民消费支出的增长约领先 1 年左右，如图 6-19 所示，过去的 30 年间，居民部门债务增速一直高于名义 GDP 增速，在 2010 年左右增速曾一度达到 60%，其主要原因是居民部门杠杆率的提高。居民部门债务占 GDP 的比例从 1994 年的 7.81%上涨至 2020 年底的 61.4%，且仍在提高进程中。虽然举债消费有不可持续性，但在目前居民可支配收入增速放缓的背景下，已成为我国经济增长的主要动力之一。

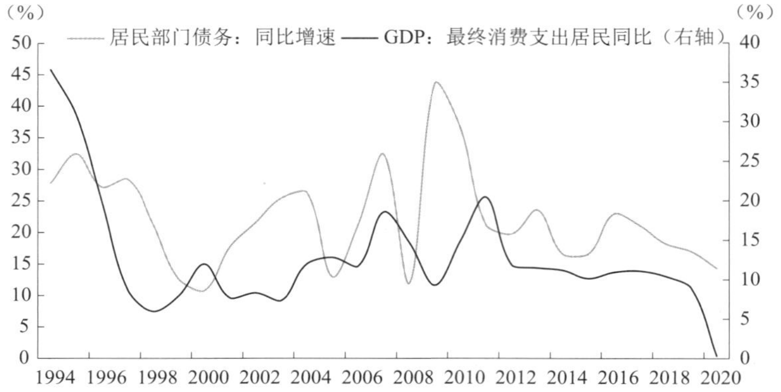

图 6-19　可支配收入增速与债务的增速具有领先性，最终推动消费增长

数据来源：国家统计局。

除了收入和债务以外，居民对未来物价的预期也是决定消费很重要的因素。当消费者预期未来物价会大幅上涨时，往往会趁现在价格还没有涨起来之前增加消费量；当消费者预期物价要下跌时，往往会减少当期的非必要消费，以便享受未来的优惠。

预测消费数据的一个比较有用的指标就是央行每季度的未来物价预期指数，如图 6-20 所示，其对于 GDP 中的居民消费会有 6～9 个月的领先性，相关度也比较高，是预测未来消费走势比较好的指标，也可以用来预测物价上涨①。

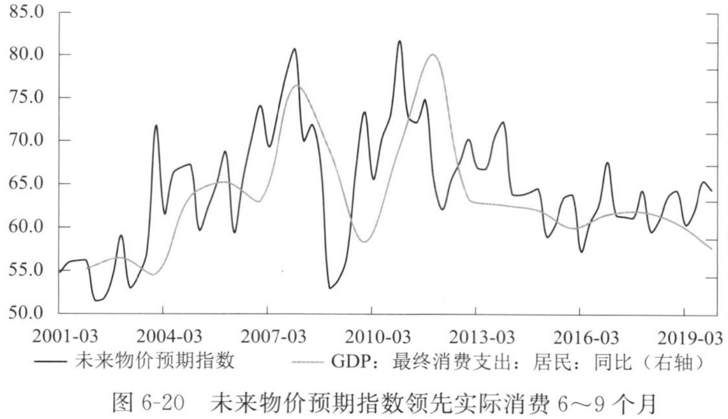

图 6-20　未来物价预期指数领先实际消费 6～9 个月

数据来源：中国人民银行、国家统计局。

① 详见通货膨胀相关章节。

2. 政府消费

我国政府总共有四张预算表，如图 6-21 所示。第一张预算表是政府性基金预算。这个预算的资金来源于各种专项的政府性基金收入，而不是税收。比如，当居民乘坐飞机飞往外地，机票费用中会收取民航发展基金；当居民寄快递，快递公司把包裹通过火车运到其他地方去，火车的运输费用里面会收取铁路发展基金的费用；企业在当地经营，每月税收里面要额外收取地方教育附加费，属于地方教育基金等。各种名目的政府性基金，经过再三的削减后，目前总共还有 26 项。这些基金优先使用在对应科目下的资本性开支上，比如建铁路、建机场、建学校等，也就形成了政府基建。

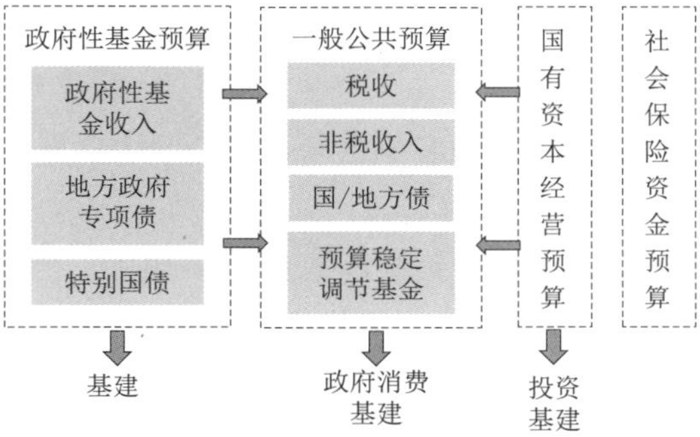

图 6-21　我国政府的四张预算表

从金额上来看，所有政府性基金收入中，土地开发基金的占比在 85%以上，而土地开发资金来源于卖地的收入。

第二张预算表，称一般公共预算。它主要应对由税收供应起来的开支，其中以政府的消费居多，比如给公务员发工资、雇佣环卫公司打扫马路、和污水处理厂签订合约维持下水道系统的运作等。

以上这两张预算表，是政府亲自出面履行职能的预算。第三张预算表是国有资本经营预算。它既包括给国有企业注资，成立新的国有企业，也包括通过国有企业进行的棚户区改造、电站建设这类的基建支出。最后一张预算表是社保基金的预算表，负责劳动者社保账户的收入和支出，而且相对独立①。

2020 年，全国公共财政支出预算为 24.8 万亿元，政府性基金支出预算12.6 万亿元，国有资本经营支出预算 2 600 亿元，社保基金支出预算 8.2 万亿元。

政府的前三张预算表中除去基建等投资项目外的开支就是政府消费了。政府消费主要体现为公共财政支出如图 6-22 所示，主要包括一般公共预算中经常性支出和固定资产折旧额这部分，占到 GDP 的 15%和 GDP 中消费的 27%。经常性支出的主要来源为政府的税

① 2015 年以后，政府性基金和国有资本经营预算的剩余资金都可统筹用于一般公共预算，国有资本经营预算最多可以调配 22%至一般公共预算。社保资金无法对外调配，而一般公共预算可被用于补偿社保资金。

收，赤字部分由预算稳定调节基金和政府债务补足。

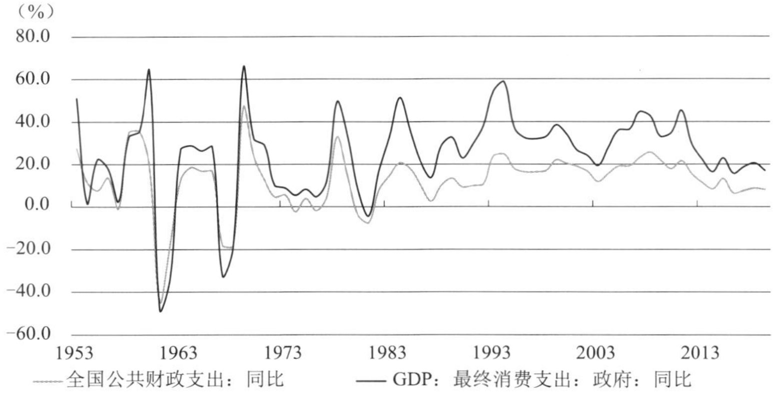

图 6-22　政府消费主要体现为公共财政支出

数据来源：财政部、国家统计局。

由于政府消费不同于居民消费，受到政府意愿影响很大。当经济下行时，政府可以通过适当发行债券或者使用往年结余的方式筹措资金，来增加政府的消费，达到对冲经济下行的目的。同时，央行代理国库，政府消费时资金从央行体系流入商业银行体系，变相投放了基础货币，对经济也有促进作用。

6.2.3　净出口

目前，三驾马车中的净出口对经济的贡献度最小，但由于净出口中不可控的因素较多，如图 6-23所示，所以波动性也最大。在净出口的计算中，直接影响经济增长的是我国的出口部分。目前，我国出口的集中度较高，主要集中于三个国家和地区：即美国、欧盟和日本，我国对三者的出口额占我国总出口金额的近一半，如图 6-24 所示。所以，如果这三者购买我国商品的能力或意愿降低，我国出口的总额就会受到较大影响。

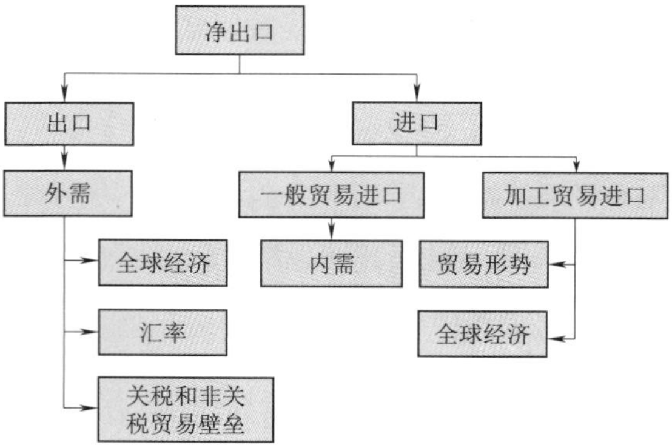

图 6-23　净出口分析框架和影响因素

由于“净出口＝出口－进口”，也就是我国贸易的顺差金额。在综合分析净出口时，需要全面考虑影响出口和进口的各种因素。出口方面，主要取决外需，受到全球经济周期的影响。进口方面，可以分成两个部分进行分析：一是加工贸易进口，就是说我国把原材料或中间产品进口后进行深度加工，然后再出口至产品链的下游环节，这一项的景气程度也取决于全球经济的景气程度；二是一般贸易进口，比如石油、芯片等，这部分主要决定于国内的需求。

所以，综合来看，净出口中不论是出口还是进口都受到全球经济景气程度和国际贸易环境的较大影响，而世界总体经济增长情况取决于美国、欧盟等地的经济增长情况，受事件波动影响较大。一旦发生国际重大事件或者衰退，净出口都会下滑得很厉害，比如图6-25所示的几处下滑点，分别是1997年的亚洲金融危机、2001年互联网泡沫破裂、2008年次贷危机、2015年欧债危机与2018年开始的中美贸易摩擦，都导致我国净出口的明显触底。

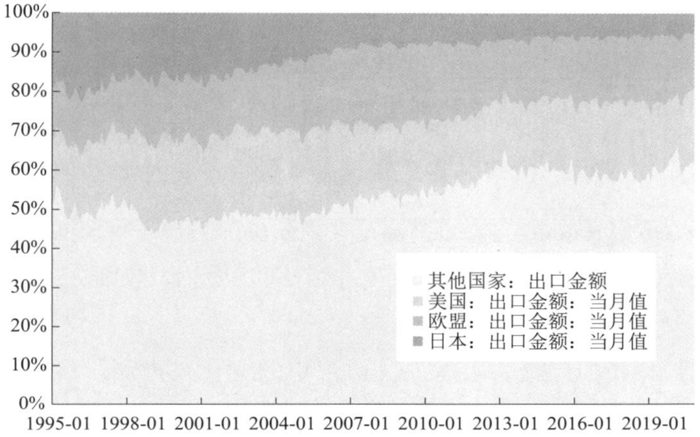

图6-24 美、欧、日为我国主要出口地，但占比持续走低

数据来源：海关总署。

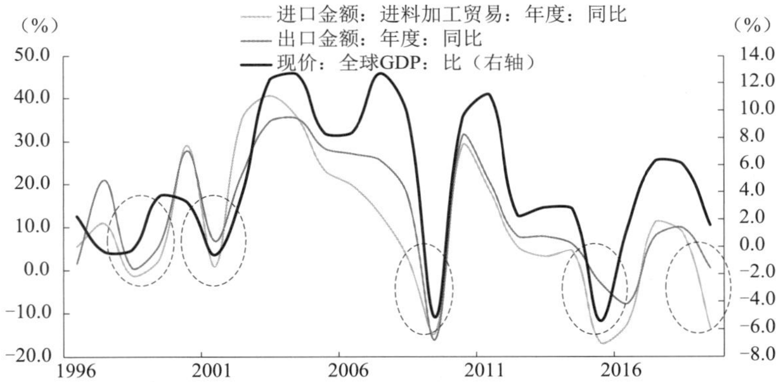

图6-25 加工贸易和出口贸易均受到全球经济景气度的强影响

数据来源：海关总署、国家统计局。

那么，该如何通过预测全球经济景气程度，来预测出口的变化呢？有两个方法。从长期来看，外需取决于全球发达国家的经济水平，外国人手里有钱了，自然能多买中国的商品，所以第一个方法是看高频指标OECD① 综合领先指标。OECD指标涵盖了经济合作与发展组织的36个发达国家的宏观经济变化情况，是体现我国出口外需情况的良好高频指

① OECD是经济合作与发展组织（Organization for Economic Co—operation and Development）的简称，1961年9月成立，总部设在巴黎。OECD非常重视经济周期的研究，每月定期发布综合领先指标。

标，如图 6-26 所示。

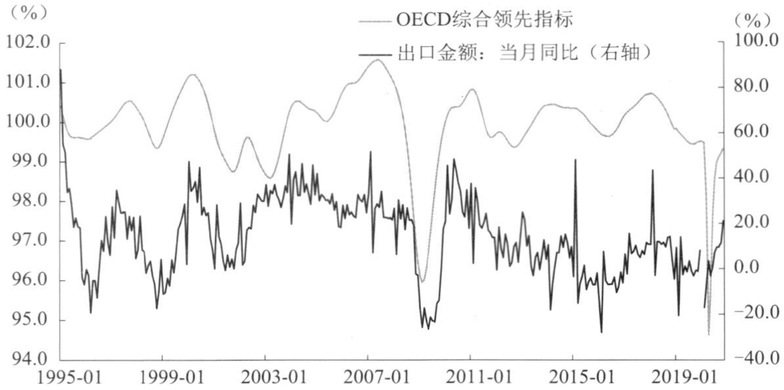

图 6-26　OECD 综合领先指标与我国出口增速对照

数据来源：WIND、国家统计局。

第二个中短期预测的方法是，根据人民币汇率的变化来推测。从经济逻辑来说，人民币贬值，外国人买中国的东西便宜了，中国的商品更有竞争力，所以中国商品出口量随之提升；反之，人民币升值，中国商品变贵了，外国人买的就少了，从而维持供需的平衡。也就是说，人民币汇率与出口呈现负相关性，如图 6-27 所示。所以，可以大致根据近期人民币汇率的变化来推测中短期的出口变化①。

图 6-27　人民币汇率与出口呈现负相关性

数据来源：海关总署、国际清算银行。

20 世纪 90 年代以来，净出口对 GDP 的贡献比例越来越低。自 2010 年以后，净出口对 GDP 的贡献平均接近零，在个别年份甚至为负。目前，进出口的影响已不再是分析国内经济发展的主要因素。

① 汇率变化受到诸多因素影响，外贸行业广泛使用外汇期货等衍生产品对冲汇率风险，汇率对出口的领先作用和相关性并不完美。

6.2.4 经济增长的常用分析指标 PMI(仅参考)

PMI 的中文名为采购经理人指数(Purchasing Managers' Index),是国家统计局每个月对企业采购经理进行问卷调查的结果,这个指标体系科目很多,比较复杂。在媒体中常遇到的 PMI 有两个,一是官方 PMI,也就是统计局发布的;另一个为财新 PMI,也就是原来的汇丰中国 PMI,后来被财新杂志冠名。从结果上来看,财新 PMI 主要体现东南沿海大中企业的调查结果,而统计局做的官方 PMI 结果较为全面。

读者参考

PMI 是月度的领先环比数据,根据问卷调查得出。大于 50 说明该 PMI 项目有上升的预期,小于 50 说明该项目有下降的预期。主要用于预测经济在 3～4 年的库存周期中的波动。

制造业PMI分类指数
生产
新订单
原材料库存
从业人员
供应商配送时间
新出口订单
进口
采购量
主要原材料购进价格
出厂价格
产成品库存
在手订单
生产经营活动预期

非制造业PMI分类指数
商务活动
新订单
新出口订单
在手订单
存货
投入品价格
销售价格
从业人员
供应商配送时间
业务活动预期

制造业 PMI,最常用的 PMI 指数,等于:新订单指数×30%+生产指数×25%+从业人员指数×20%+(1－供应商配送指数)×15%+主要原材料库存×10%

非制造业 PMI 包含:商务活动、新订单、新出口订单、在手订单、存货、投入品价格、销售价格、从业人员、供应商配送时间、业务活动预期 10 个分类指数。

综合 PMI 产出指数等于:制造业占 GDP 比重×制造业 PMI+非制造业占 GDP 比重×非制造业 PMI

6.2.5 宏观经济三产业分析法(仅参考)

金融市场常按照"生产出来的东西去了哪里"的分类方法,来分析与预测经济增长,称为支出法。还有一种方法是按照"谁生产了什么"来计算国民生产总值,也就是按照第一产业、第二产业和第三产业来分,因为第一、第二、第三产业的详细增长数据每季度公布一次,频率太低,所以用于资本市场投资分析不实用,主要是政府相关部门进行经济规划的时候使用。

如图 6-28 所示,从 1991 年到 2010 年,工业的贡献度一直持续在 50%以上,由于第三产业周期性不强,增速较为平稳,所以常用工业增加值这个月度的高频指标预测每季度计算一次的低频的 GDP 增速。之前用过发电量这个指标预测工业发展未来的走势,但是发电量这个指标过于高频，尤其是季节波动太大，往往不能直观地看出趋势；而工业增加值这个趋势相对明显、频率适中的指标用得最多。2010 年以后，第二产业占比持续下降，工业增加值这一指标重要性也略有下降。

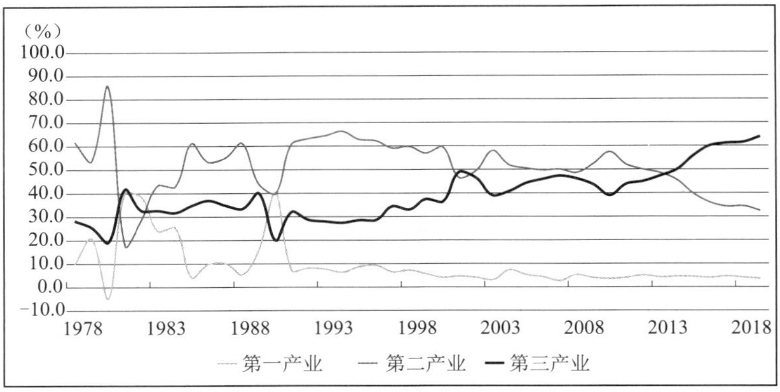

图 6-28　三个产业对经济增长贡献率的变化

数据来源：国家统计局。

我国自 2010 以来，第三产业占比持续上升，由于第三产业的生产效率往往低于大规模集约生产的第二产业“工业”，所以导致我国的经济增速逐步放缓，也就是目前我国遇到的经济结构性调整的问题。还有就业率这个指标，金融市场出于投资目的做的分析较少，但是政府分析经济时用得较多，毕竟对于政府来说，有多少人有工作、都在哪些行业工作，具有关系国计民生的重要意义。

6.3　如何分析通货膨胀

宏观经济分析的第二部分是对通货膨胀的分析。重要的相关指标包括 GDP 平减指数、CPI(居民消费价格指数)与 PPI(生产价格指数)。

6.3.1　GDP 平减指数

说到通货膨胀，人们的第一反应就是 CPI，也就是体现人们平常买商品的价格变动的消费者价格指数。但是，对于国家来说，直接被居民消费的商品只是国民生产总值的一部分。一个国家生产出来的商品除了直接面向消费者的以外，还有大量工业和农业上使用的生产资料和中间产品。所以当我们分析通货膨胀时，首先要全面了解一个国家所有产出的价格上涨系数。

如图 6-29 所示，GDP 现价代表国家当前年度所有产出的名义价格，也就是按照物价上涨后的价格计算的 GDP(名义 GDP)；GDP 不变价是按照基准年度价格计算的“实际 GDP”。比如，在 2016～2020 年，2019 年的实际 GDP 是按照基准的 2015 年度产出的价格乘以 2019 年的产出数量，计算出的 2019 年度所有产出的总价格；2019 年的名义 GDP 是 2019 年产出的价格乘以 2019 年的产出数量，计算出的 2019 年度所有产出的总价格。而 GDP 名义价格和实际价格的差，就是 GDP 平减指数，这个是最全面的通货膨胀的指标，能够衡量国内所有产出的价格上涨幅度。

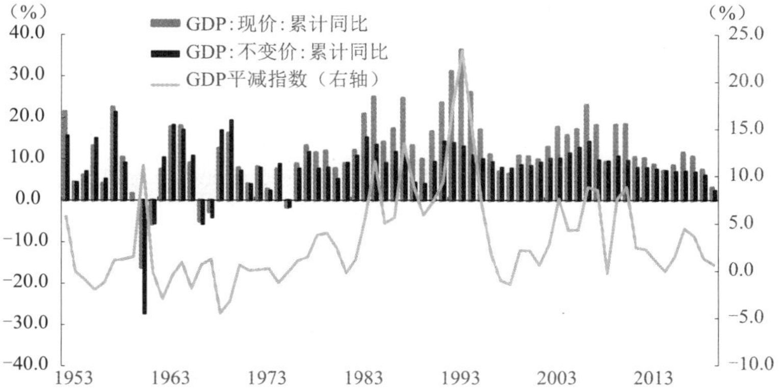

图 6-29　GDP 实际增速、名义增速与两者之差反映的通货膨胀

数据来源：国家统计局。

那么，GDP 平减指数和 CPI 有什么关系呢？这就需要详细了解一下当今工业生产的上下游的传导结构。

在商品生产过程中，存在比较明显的上游到下游的轨迹。最上游是原材料，比如铁矿石、石油等进口大宗商品[①]，这些商品价格变动的汇总，就是工业企业原料、燃料、动力购进指数 PPIRM(Purchasing Price Index Of Raw Material, Fuel and Power)。PPIRM 中的一部分农产品，不需要再次加工就可以直接卖给终端消费者，其价格变化会直接传导给 CPI，其他大部分需要二次加工的商品的出厂价格的变化，计入 PPI，比如纸浆是造纸企业的原材料，造纸企业购入纸浆，出产成品纸，完成二次加工。最后，PPI 中能直接卖给消费者的，才会传导给 CPI，不能直接卖给消费者，而是卖给其他工业厂商的产品，会继续进入 PPI 形成闭环。

CPI 中还有另一块非商品，即服务类的消费，它们的价格主要取决于当地的人力成本，而人力成本又和当地的物价紧密挂钩，如图 6-30 所示。而所有这一切的价格变动，从原材料到最终消费的商品，所有的价格变动都会包括在 GDP 平减指数中。

概括来说，GDP 平减指数是最全面的通货膨胀衡量标准，PPI 是工业生产的物价衡量标准，CPI 是与居民消费最相关的通货膨胀标准。

在物价传导结构如此清晰的情况下，是不是只要知道上游原材料价格的变动，就能预测 CPI 了呢？其实并不是这么简单，因为价格从上游到下游的传导需要时间，而且有

① 进口大宗商品价格导致的价格上涨，叫输入性通货膨胀。

的时候需要的时间还会特别长，这里面就可能存在很多变数。商家往往在进货后无法立即卖出，而是会进入库存作为缓冲，所以对商家而言，当前卖出商品的成本可能不是由目前的市场价格决定的，而是由很久以前的进货价格决定的。此外，从商品上游到商品下游的销售链条中，不同环节，商家的议价能力差异性很大，有的议价能力弱的商家，遇到上游涨价，但是因为怕失去客户，所以没有能力把价格的上涨传导给下游，这就导致了价格上游到下游的传导不畅。也正是基于此逻辑，用 PPI 的增速减去 PPIRM 的增速，就能大概估计工业制造企业的利润率的变化；用 CPI 减去 PPI，就能大概估计下游零售企业利润率的变化。

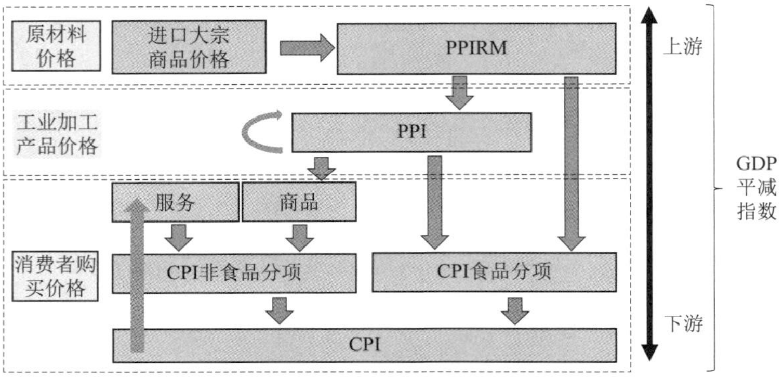

图 6-30　商品价格的传导结构

6.3.2　CPI

毫无疑问，CPI 和居民的生活密切相关，是金融领域影响最大的指数。因此，政府最关心的问题之一，就是物价的上涨问题。一般认为，中央银行施政的首要目标是控制居民所感受到的通货膨胀，其次是稳定经济增长，所以 CPI 是债券投资者关注的最重要指标。

央行的目标是把通货膨胀控制在 2%的良性范围内。当 CPI 过高时，说明钱太多了，央行往往会收紧银根，资金的价格就会变贵。如图 6-31 所示，2009 年之前，CPI 和国债收益率走势基本是一致的；2013 年以后，政府开始注重经济结构的转型，防止金融市场过于膨胀，这重点体现在 2013 年出于限制同业空转而导致的钱荒以及 2016 年的金融去杠杆。这些都是因为央行对金融市场的调整而主动使用了利率的工具，和实体经济以及物价关系较小，所以从 2013 年以后，CPI 和无风险利率的走势开始出现偏离，经济的转型和刺激成为无风险利率的主要驱动因素，但当金融市场和经济结构的调整完成以后，CPI 和利率的价格很可能会继续回归到一个高度一致的正相关曲线。

市场中也有观点认为，目前 CPI 与利率的背离主要是由以猪价代表的食品与以油价代表的能源价格大幅扰动导致的，并认为关注剔除食品和能源价格的“核心 CPI”与无风险利率走势有更好的相关性。但是，由于统计局公布的核心 CPI 数据时间跨度短，其真实效果还有待观察。

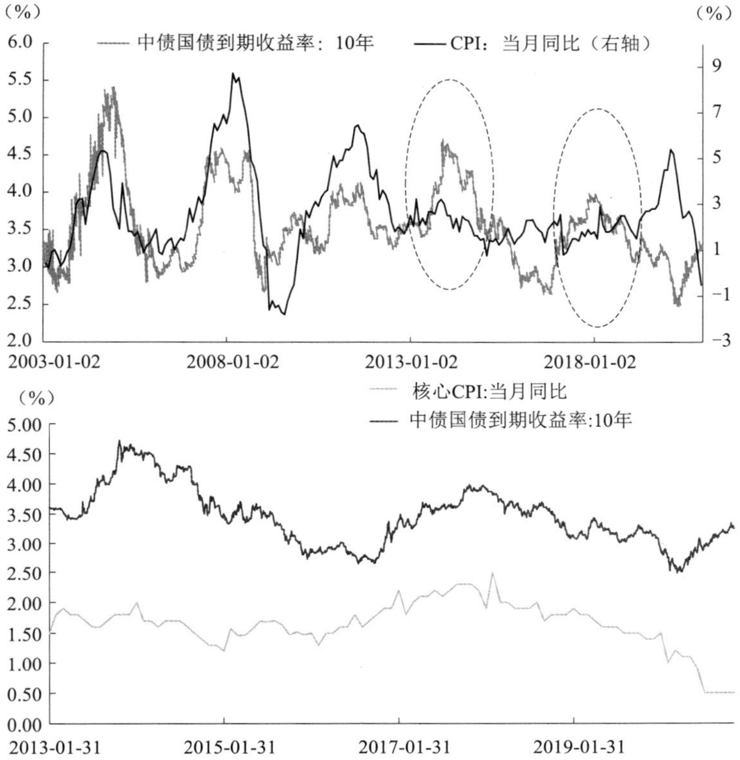

图 6-31 CPI 与利率在央行的控制下互相影响

数据来源：中债估值中心、国家统计局。

1. 成本端

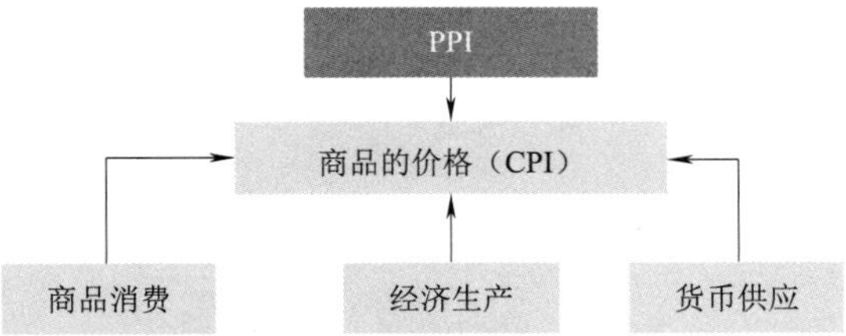

那么，怎么具体分析 CPI 呢？正如之前的传导图所展示的，CPI 变化的成本原因就是上游的 PPI。PPI 与 CPI 有着非常强的相关性，如图 6-32 所示，但是两者走势在一些时期并不完全一致，反映了上下游传导的不畅。价格从上游到下游的调整作用，对于不同的商品是完全不同的。如果是汽油、天然气以及其他不需要加工的食品（比如猪肉、蔬菜等），消费者能更加明显地感受到上游价格波动的影响，而对于生产环节较多的工业品，比如汽车，其价格受到其中间材料，比如钢材，价格变动的影响往往小得多。上游原材料价格的波动，由产业链中某些议价能力较低的环节吸收，体现为这些企业的利润率下降。

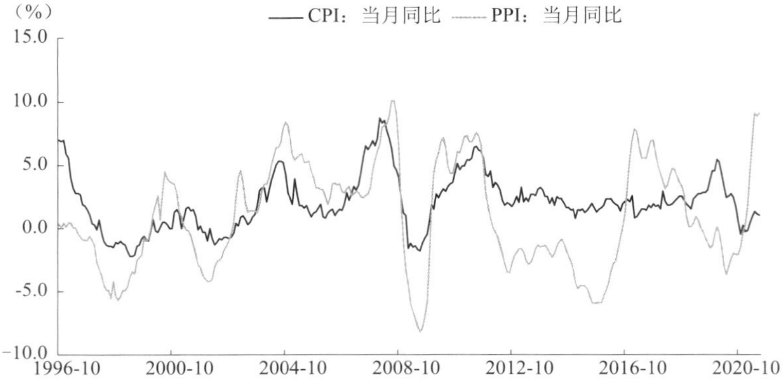

图 6-32　CPI 与 PPI　曲线对比

数据来源：国家统计局。

2. 需求端

从商品的需求来看，以 CPI 为代表的商品价格变动也受到三个因素的影响，分别是商品消费、经济生产与货币供应。

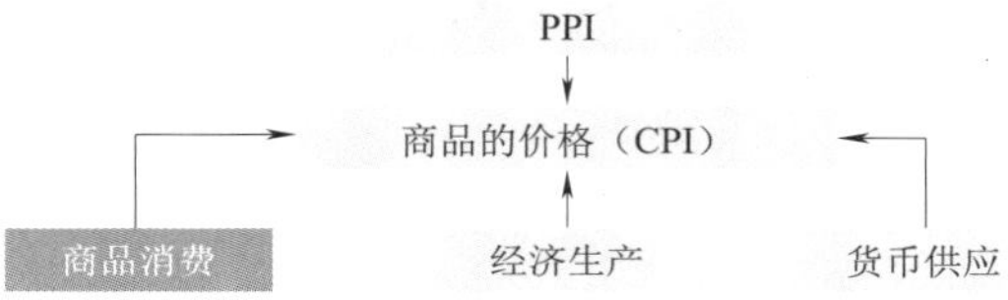

（1）商品消费

从需求来看，对商品消费的增加是商品价格上涨的直接原因。由于 CPI 中的服务项占比并不高，社会消费品零售总额的变化和 CPI 的变化是高度吻合的，如图 6-33 所示（2020 年以来的社会消费品零售总额数据变动极大，主要是疫情导致的异常波动）。但是，因为社会消费品零售总额的数据和 CPI 基本同步，而且现在统计局每月发布社会消费品零售总额的时间要比 CPI 晚几天，没有领先性，所以社会消费品零售总额只能用来验证 CPI，无法预测 CPI。

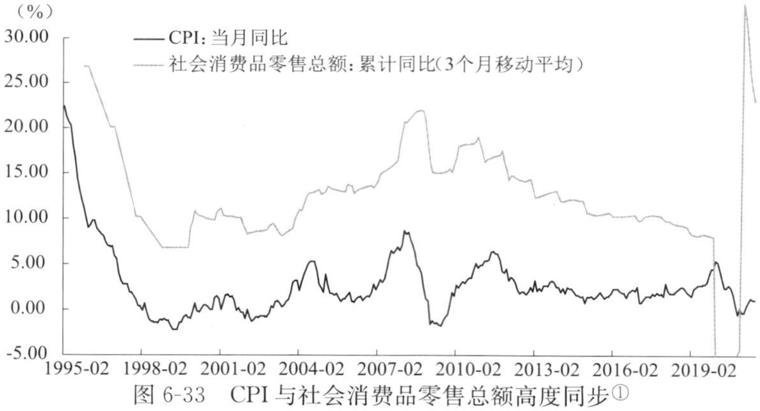

图 6-33　CPI 与社会消费品零售总额高度同步①

数据来源：国家统计局。

① 由于春节效应，社会消费品零售总额数据在春节附近会出现季节性波动，故此处取 3 个月移动平均。

居民的消费和储蓄是此消彼长的关系，储蓄率和 CPI 也有比较明显的反比关系。但是，由于储蓄率没有高频指标，所以分析 CPI 时使用不多。

（2）经济生产

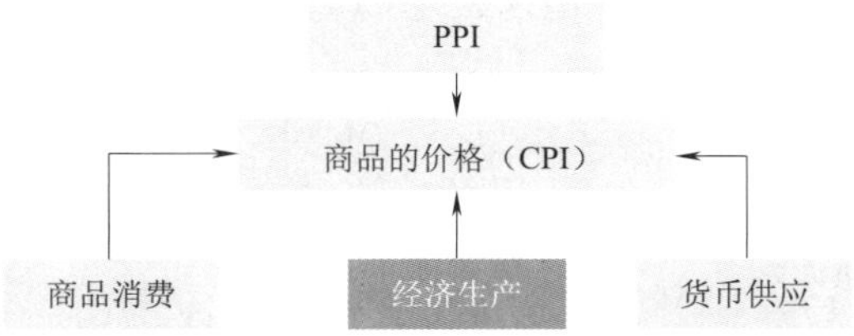

通货膨胀是经济过热的表征，而经济过热一定对应着实体经济的快速增长和生产的快速增加，因此表示经济增量的指标对通货膨胀有一定的领先作用，其中最为常用的指标是工业增加值。工业增加值代表着工业生产能力的增长情况，进而可以近似地代表 GDP 的增长情况，如图 6-34所示。工业增加值对于 CPI 有半年到一年的领先性[①]。（2020 年数据的大幅异常波动主要是受到新冠肺炎疫情的影响）

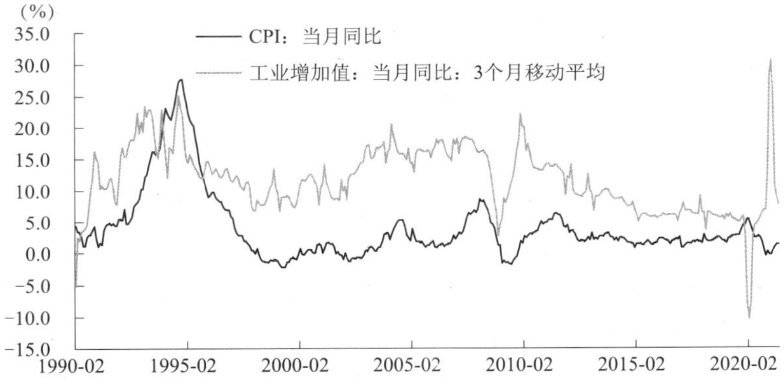

图 6-34　工业增加值的增长对 CPI 有领先性

数据来源：国家统计局。

有人也许会有疑问，生产的多了，商品供大于求，那么物价不是应该下降吗？其实由于商品的供求有传导和时滞，商品的生产者往往比消费者有着信息优势并且处在资金的上游，所以往往是生产者先嗅到回暖的迹象加大生产，待资金流到消费者后，物价才有上升的迹象[②]。

（3）货币供应

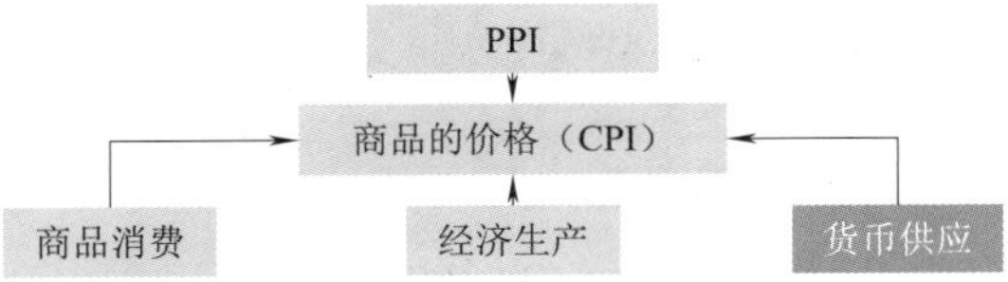

① 由于春节效应，工业增加值数据在春节附近会出现季节性波动，故此处取 3 个月移动平均。

② 参见本章后面的三层水渠图。

货币供应是影响CPI的人为因素。在经济增长情况不变的情况下，央行可以通过对基础货币投放（外汇占款和公开市场操作）和货币乘数（存款准备金率）对物价的增速进行控制。央行“印钞机”[①]开得越快，存款准备金率越低，货币流动速度越快，则物价上涨得更快。广义货币供给是物价的主要驱动因素之一，其增速领先CPI增速9个月左右，如图6-35所示。

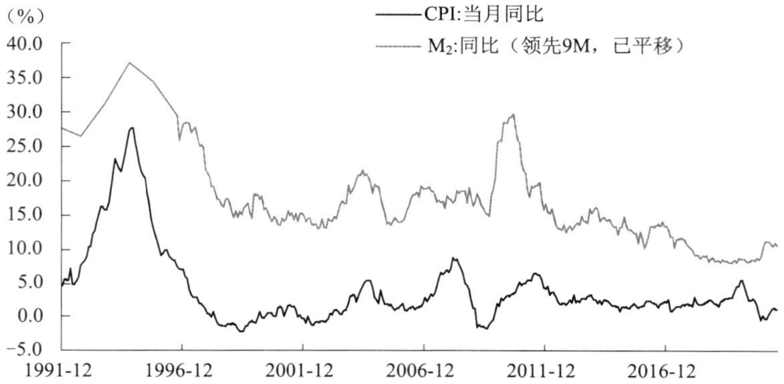

图6-35　货币投放是物价增长的主要驱动因素之一

数据来源：中国人民银行、国家统计局。

央行又会根据物价的增速二次调节货币政策，实现控制通胀的目标（央行传统的通胀目标控制在2%）。

3. CPI分项

CPI由国家统计局在全国近十万个商场、农贸市场和互联网卖场的调查点，根据当地居民商品消费篮子加权采集计算而成，并于每月中上旬发布。

CPI由七大类分项组成，如图6-36所示，其中占比最大的是食品烟酒，其次是居住、教育文化和娱乐等。CPI构成中的大多数消费都是比较稳定的生活必需商品，而且价格相对稳定，所以CPI波动的主要推动力就落在了占比较大而且波动性较强的食品项中，尤其是蔬菜、猪肉和鲜果等产品，受到以一年为周期的季节影响比较明显，导致了CPI也呈现每年两头高中间低的周期性。

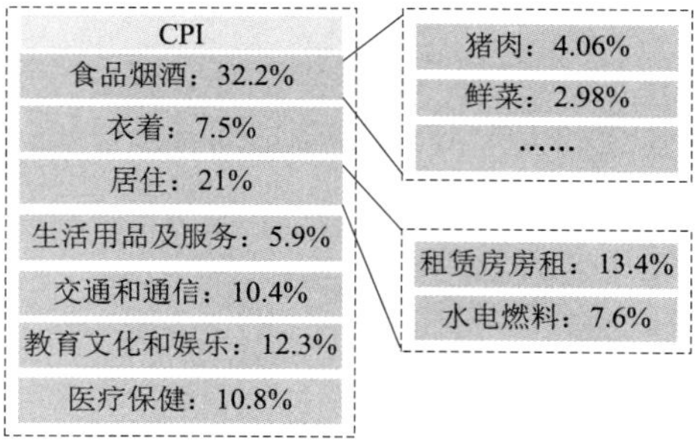

图6-36　CPI的分项权重

数据来源：国家统计局。

① 此处为比喻，央行绝大多数货币投放并非以新印制现金的形式，而是外汇占款投放和公开市场操作。

从权重上来看猪肉仅占 4.06%，但从历史经验看，如图 6-37 所示，猪肉价格和 CPI 走势高度相关，且猪肉的走势与整体 CPI 有着非常强的正相关性，故很多专业宏观分析人员都会格外关注猪的生产和销售情况，俗称“猪周期”。

在更长的时间周期中，经济的发展和居民的整体消费能力对 CPI 的影响也很大，这主要是通过一些非必需的改善性商品的价格来影响 CPI 的，其中最有代表性的就是乘用车的消费。居民只有在对未来收入有信心的情况下才会考虑购置乘用车，不论是新购买还是换车；而汽车销售方在销量不佳时，往往会大幅度地打折促销。所以，很多经济研究者会把汽车销量作为经济和物价变动预测的一个重要预测因子。

图 6-37 猪肉价格和 CPI 走势高度相关

数据来源：国家统计局。

另外，统计局在 2016 年新版的 CPI 计算方法中把建房及装修材料移出了居住分项，居住项只剩下房租和水电燃料。所以，商品房房价的走势对新版的 CPI 几乎是没有影响的。就房租而言，也只占 CPI 的 13.4%。目前，在大城市租房的人数相对于全国总人数而言还是少数。所以，居民较为关心的房价和房租对 CPI 的综合影响并不大。

4. CPI 与未来物价预期指数

除了利用 CPI 分项商品的价格变动来预测 CPI 以外，另外一个非常好的预测指标就是央行编制的未来物价预期指数，每季度通过调查全国 50 个城市的两万名储户来了解居民对未来预期的情况。未来物价预期指数对 CPI 具有良好的预测性，如图 6-38 所示。历史数据表明，该指数对 CPI 领先一个季度到两个季度，两者相关性高达 0.78，但该指标的缺点在于每季度发布一次，频率较低。

由于居民对未来的预期会影响居民的消费行为，所以对未来物价上涨的预期经常会形成自我实现的预言。在这个例子里，当多数居民都认为未来物价会上涨时，他们会提前大量消费，导致物价最后真的上涨了。

图 6-38　未来物价预期指数对 CPI 具有良好的预测性

数据来源：中国人民银行、国家统计局。

6.3.3　PPI

PPI 是代表工业产品价格的通胀指数，也是债券市场用于分析利率走势的重要数据之一，PPI 走势与无风险利率具有高度的相关性，如图 6-39 所示。

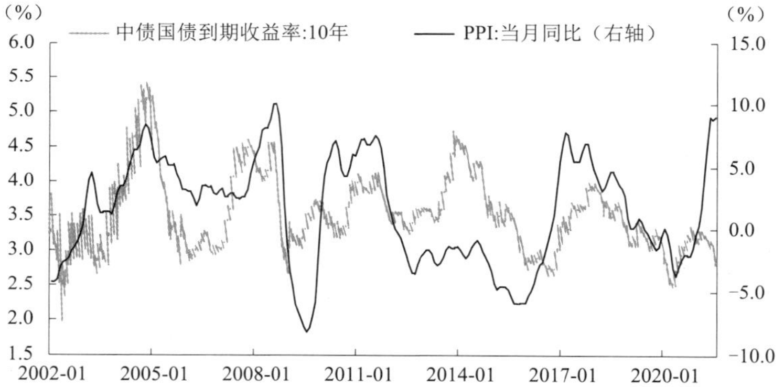

图 6-39　PPI 与无风险利率走势的同步相关性较高

数据来源：中债估值中心、国家统计局。

PPI 作为中游的价格指数，一方面受到上游原材料价格的影响，另一方面受到下游需求端的影响。

1. 上游原材料价格与 PPI 走势（图 6-40）

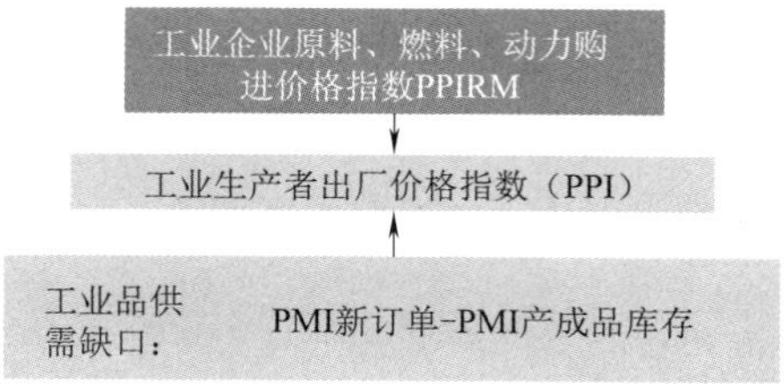

图 6-40　PPI 的驱动因素：上游

历史数据表明，PPI 与原材料价格 PPIRM 的相关性极高，如图 6-41 所示，对比 PPI 与 CPI 的同步效应并不明显，主要因为物价从上游到中游的传导要比中游到下游消费者的传导顺畅得多，尤其是以石油、煤炭为代表的能源行业、化工行业以及金属冶炼行业等重工业。

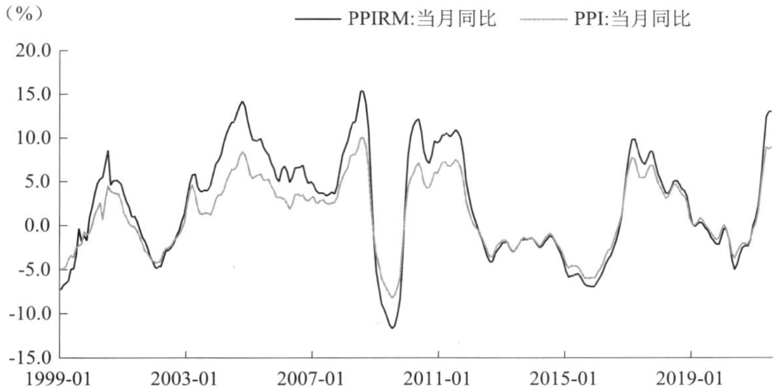

图 6-41　原材料价格的变化直接影响 PPI

数据来源：国家统计局。

PPI 代表中上游企业的收入，PPIRM 代表中上游企业的成本，则 PPI－PPIRM＝中上游企业的利润空间。

2. 下游需求与 PPI 走势（图 6-42）

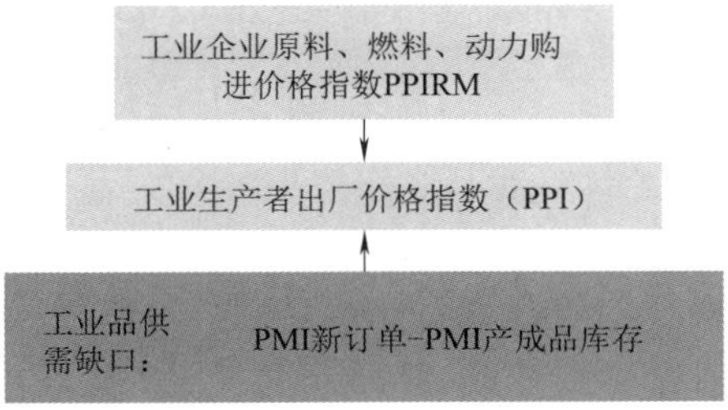

图 6-42　PPI 的驱动因素：下游

从下游需求来看，需要分析供需缺口。因为对于制造业厂商来说，库存是其调节生产能力和订单需求的缓冲池，当新订单的增长速度超过企业库存的增长时，说明产品供不应求，出厂的价格就会上涨，企业也会随之加大补库存的力度。所以，受此影响，产成品库存增速提升，供需缺口随之减小，于是 PPI 出厂产品价格又会慢慢回落，这体现了市场经济看不见的手——市场机制的调节作用。

历史数据表明，生产者的补库行为与工业品出厂价格有较为明显的领先相关性，如图 6-43所示，供需缺口变动领先 PPI 半年左右。但是，中下游的价格传导并不如上游到中游顺畅。产业链条各环节供销双方地位的不对等，导致需求与价格上涨速度关联性相对较弱。

图 6-43　生产者的补库行为与 PPI 有较为明显的领先相关性

数据来源：国家统计局。

6.3.4　关键大宗商品

在进行通货膨胀分析时，有两类对原材料价格有较大影响，需要特别关注的大宗商品：原油和有色金属中的铜。这两者分别对居民消费和工业消费的景气程度有领先作用。而且原油与铜的价格与通货膨胀具有高度的相关性，如图 6-44 所示。

从用途上看，铜主要用于电力、空调制冷、交通运输、电子、建筑等行业，涉及面非常广。电子产品的生产需要用到大量的铜，房屋建设离不开铜，金属材料的生产和工业机器的制造也需要铜，所以铜被看作工业景气度的风向标。

原油主要用于交通和化工，受到居民消费的影响比较大，而且交通方面的价格往往能较为直接地转嫁给消费者，体现为汽油的价格、航空的票价和物流成本等，所以对通货膨胀有着较为明显的影响。当经济不景气时，居民往往会选择少开车、少坐飞机，需要运输的商品量也会减少，从而减少对原油的消耗，所以原油的价格也常常被用于预测经济的景气程度。此外，由于原油是由美元定价的，美国又是世界上最大的石油消费国，很多人甚至把原油价格看成美国经济预测的风向标。

从来源上看，我国铜一半以上可以由国内生产，原油主要依赖进口。由进口的原材料价格上升导致的通货膨胀叫输入性通胀，原油正是最主要的输入性通胀来源。在分析海外大宗商品的实际过程中，还需要对商品的生产来源做深入分析，特别是类似原油这种生产主要被中东、俄罗斯和美国垄断的原材料，供给受到地缘政治的影响，往往波动较大。

除了原油与铜的价格外，南华工业品指数也是观测大宗商品整体走势较好的指标，在判断工业生产的周期性时能起到非常关键的作用。但是，市场对该指标的运用多集中在周期行业板块的景气度分析上，本章为债券市场导向的宏观分析，因此不再深入论述。

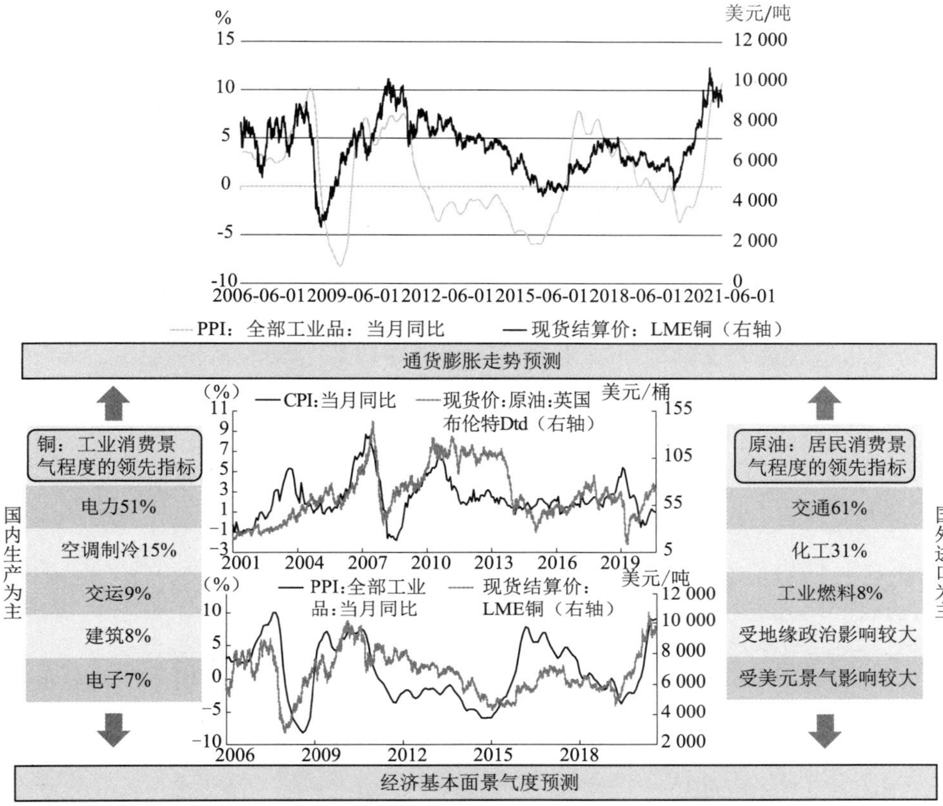

图 6-44　原油与铜的价格与通货膨胀具有高度相关性

数据来源：WIND、LME、国家统计局。

6.4　如何分析货币和财政政策

利率是资金的成本，是融资需求与资金供给在市场化的交易中达成的成交价格。全社会的融资价格和融资总量的变化共同体现了市场中常说的信用面的运行状态（信用扩张或信用紧缩）。当债券从业者试图用三驾马车的框架分析经济增长时，其实他们是想通过分析实体经济的走势，了解全社会融资需求的强度，最终从需求的方面预判利率的走势。

除了实体经济的融资需求外，央行的货币政策和政府的财政政策对资金供需的影响也是尤为重要的。在此将着重探讨政府和央行出于什么样的考虑，并通过什么样的手段，对经济内生形成的信用环境和资金供需结果产生影响。

6.4.1　政府的四项目标

自 20 世纪 70 年代初，美元与黄金脱钩、布雷顿森林体系解体以来，天然货币“金银”被政府法定货币取代。货币本应该是一种价值的储藏和交换工具，但是对于发行法定货币的政府而言，货币实质上是一种便于政府治理和调节社会运行的工具。

所以，分析货币，首先要分析政府治理国家的逻辑和目的。在经济增长上，传统发达国家的政府其实并不那么在意 GDP 增速，而是在意失业率，因为失业率直接影响民选官员的连任概率。在我们国家，执政者的目标是长期的经济繁荣、国家富强、人民富裕，所以 GDP 稳增长、保民生是首位目标。

由于各国政治经济情况不同，GDP 增速预期方面并没有一个传统通行的 GDP 增长标准，我国 2019 年的目标是实际经济增速 6％～6.5％，调查失业率 5.5％左右，因为存在自然摩擦性失业的问题，一个社会总有人处于在找工作的阶段，所以失业率一般不会存在较大的下行波动。

第二项目标是控通胀。历史无数次表明，一个国家物价的飞速上涨，往往能够影响这个国家的社会稳定。但是，每年稍微超发一定的货币，使得物价温和地上涨，能够促进货币持有者的消费与投资，是有利于经济增长的。通常认为，这个少量物价上涨的合适范围在 2％左右，这个目标也被大多数发达国家使用。我国作为快速增长的发展中国家，市场认为能接受的通胀区间大概在 2％～2.5％。当物价增速低于或者高于这个区间时，有理由认为政府存在干预的动力。

第三项目标是平财政，也就是控制政府债务的过度扩张。因为政府借钱，无论是国债，还是地方债，都是有成本的。如果债务过高，那么每年利息就是一笔很大的支出，会挤压政府真正可用的开支，还可能导致借新还旧，形成债务恶性循环。所以，一个负责任的政府，必须保证对其每年债务率的控制，具体地说，就是将赤字率控制在 3％以内。我国也基本遵守了这条红线，2019 年我国的目标赤字率为2.8％，2018 年是 2.6％，之前也都在 3％以内。

第四项目标是稳外汇。具体来说，稳外汇又分解为两个层面。第一个层面，就是字面上的，人民币币值相对一篮子货币保持稳定。那么，如何实现这个表面上的目标呢？央行和外汇管理局有一些技术性的手段，包括设定人民币汇率中间价和波动区间，通过境外央票控制离岸人民币的数量。当人民币有过度贬值风险的时候，可以通过发行央票吸收人民币，支撑人民币的价格。但是，从根本上来调整人民币的价值，还需要第二个层面，即经济基本面支撑与国际收支平衡。在一个国家的国际收支中，包括经常账户和资本账户。前者用来衡量对外贸易的平衡，当出口大于进口时，对外贸易产生顺差，经常账户余额增加。后者用来衡量资本流入流出的平衡，当国内经济增长较快，投资回报较高，外资流入国内投资的数量大于国内流出到海外投资的数量时，资本账户的余额增加。当经常账户和资本账户之和长期为正时，更多的外国货币想要换成人民币来购买中国的商品，或者在中国投资，则人民币就会产生相对外国货币升值的倾向。但是，如果人民币过度升值，则会导致我国出口货物的竞争力下降，最终影响经济增长。所以，国际收支保持稳定，维护人民币币值的稳定，也是政府，尤其是央行和外汇管理局的重要目标。

总之，国家经济政策的四项目标是“稳增长、控通胀、平财政、稳外汇”，如图 6-45所示。只要抓住政府的这四项目标，就能很好地分析政府进行的细节性的操作。对货币的控制就是政府最常用的操作之一。利率是一个国家资金的价格，政府通过货币控制利率，可以调控全国的融资活动，进而控制经济的增速，既防止增速过快导致通胀过高，又防止增速过慢导致失业率上升。小心谨慎地调整财政开支，在经济下行的时候扩大政府开支，同时又要控制债务率和政府融资的成本，防止政府陷入债务危机。通过调节汇率，控制我国国内投资机会对外资的吸引力，同时控制外贸和国际结算中人民币的融资成本，最终保持人民币币值的相对稳定。

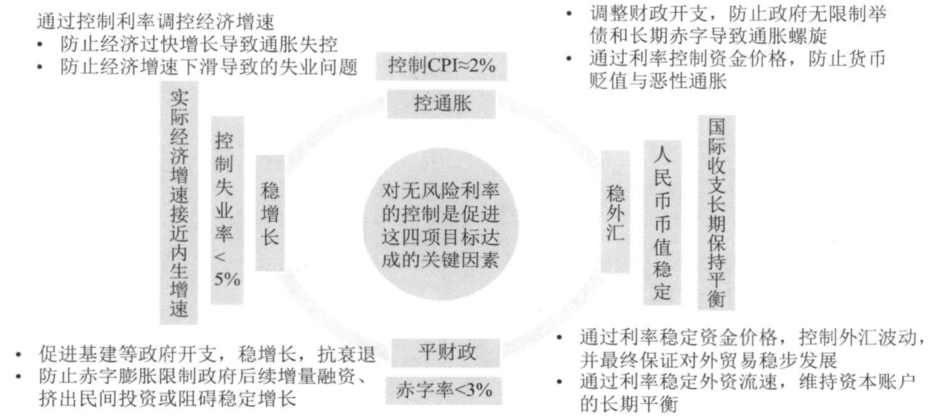

图 6-45 国家经济政策的四项目标

国家的正常运营就是在这四个目标之间保持平衡，而对利率的控制就是用来保持这种平衡的有效手段。

6.4.2 天然的收益率曲线

在了解国家是怎样影响利率之前，需要对收益率曲线的本质具有深刻的理解。日常谈到的利率，也就是资金价格的高低，与资金的占用时间密切相关。融资人到银行借钱，借 1 个月、借 1 年和借 10 年的利率往往是不一样的，这种长期利率与短期利率的差额叫期限利差。这种差额在收益率曲线中体现为收益率曲线的斜率，所以收益率曲线斜率的变化，实际上就是期限利差/期限结构的变化。

不同期限的资金利率有差异，这是因为人性在本质上是厌恶风险的。而当人们展望未来的时候，其展望的期限越长，人们内心所感受的不确定性越高。在天然的状态下，风险随着资金占用期限的增长而可能不断叠加，投资者所要考虑的问题也会增加，因此期限越长，投资者所要求的收益率也自然越高，如图 6-46 所示。

对于短期的资金，人们面临的只是一个消费择时的问题，也就是说到底是今天消费还是一年以后消费。由于人性的风险厌恶，在消费量相同的情况下，人们往往会选择今天消费。因此，为了补偿人性这种对今天消费确定性的偏好，就需要利息，让选择今天不消费的人，一年后会消费得更多，这就是利息天然的来历。但是随着时间的推移，不确定性越来越多，需要补偿的因素也会越来越多，所以借钱的人需要补偿的利率就会越来越高，导致收益率曲线的天然的向上倾斜的形态，即期限利差为正。

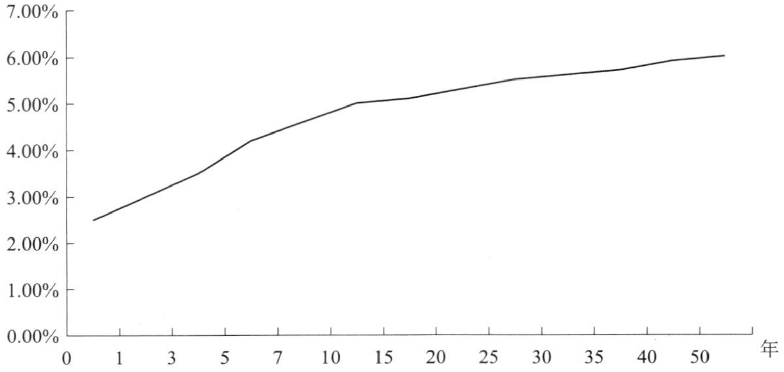

图 6-46 天然收益率曲线示意图

6.4.3 国家调节收益率曲线的手段

收益率曲线的这种天然的向上倾斜的形态，会受到政策的影响，从而其形状会发生变化。那么，为了实现对收益率曲线的调节，我国的央行和政府具体有哪些工具呢？如图 6-47所示。这里分为两方面，一方面是中央银行的货币政策，另一方面是政府的财政政策。

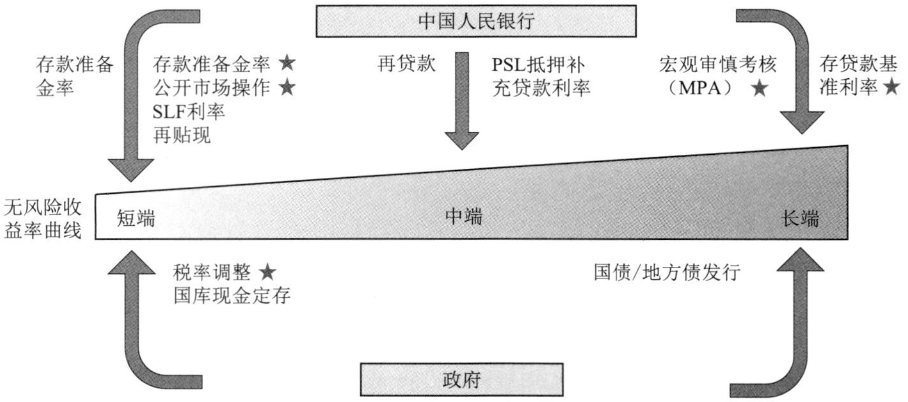

图 6-47 我国央行和政府调节收益率曲线的工具

1. 央行的货币政策

央行对利率的调节工具非常多，见表 6-1。通常把 1 年以内的叫短端利率，7 年以上的叫长端利率。对于短端利率，央行可以通过公开市场操作来投放货币，提高市场的流动性。

公开市场操作中又包含很多类型①，但本质上都是央行接受商业银行提供的债券作为抵押品，向商业银行借出资金来投放货币的行为，而这种借出的资金需要计算利息。市场一般认为，央行在公开市场操作中借出资金的利率，预示着央行对未来短期资金价格走势的期望，往往对市场价格有比较强的引导作用。

表 6-1　央行公开市场操作的工具

名称	SLO	SLF	Repo	PSL	MLF	TMLF
中文名称	短期流动性借贷便利	常备借贷便利	正逆回购	抵押补充贷款	中期借贷便利	定向中期借贷便利
创立时间	2013 年	2013 年	20 世纪 90 年代	2014 年	2014 年	2018 年
发起方	央行	商业银行	央行	央行	央行	央行
期限	小于等于 7 天	1 天、7 天	7 天、14 天、28 天、63 天	3～5 年	3 个月、6 个月、1 年	1 年、2 年、3 年
交易对手	大中型银行	政策性银行和商业银行	一级交易商	政策性银行	政策性银行和商业银行	商业银行
价格决定	利率招标	央行决定	央行决定	央行决定	央行决定	央行决定
备注	已停用	2015 年之前，期限为 1～3 个月	现在基本是逆回购	特定政策或者项目建设	现在以 1 年期限为主	用于支持小微、民营企业贷款

同时，由于商业银行每吸纳一部分存款都必须将一定比例的存款准备金放在央行，央行还可以通过调整存款准备金率的方式直接解冻部分存款准备金，直接向商业银行释放可用资金。此外，央行还可以为商业银行的票据贴现和贷款业务提供再贴现和再贷款，也就是吸纳商业银行已经贴现过的商业票据，或者是贷款形成的债权资产，以这些资产作为担保，将对应的资金再还给商业银行。这样，商业银行就不需要等到票据或者贷款到期才能收回资金了，而是可以直接从央行收回资金继续从事下一笔业务。以前央行对再贷款和再贴现的调控以这两项的利率为主，现在以调控这两项的额度为主②。PSL 抵押补充贷款本质上和再贷款差不多，只不过支持的对象不是商业银行而是政策性银行，即国家开发银行、农业发展银行和进出口银行。

另外，就是央行的存贷款基准利率，这是曾经非常强的调节工具。但是，近年来，我国一直在进行利率市场化的改革，即央行尽可能不去规定一个利率，而是通过调节资金量从而调控供求关系，让市场决定利率到底是多少。所以，现在存款基准利率已经基本没有太多的调控作用了，但贷款基准利率还起着比较强的指导作用，以后效果也会慢慢淡化。

另外，值得一提的是，2016 年央行开始实行宏观审慎考核(MPA)，它起着逆周期调节

① 在所有公开市场操作品种中，SLF 利率是“政策锚”，其他品种的利率都根据此而定。
② 即由价格型调控转向数量型调控，体现了利率市场化的变革方向。

和结构性调整的作用，主要限制银行信贷扩张的速度和风险错配的程度，而具体考核的指标会根据经济的情况而做出调整。

此外，央行还能通过定向降准、窗口指导、定向调节调整担保品范围等方式，来对收益率曲线整体造成间接影响。但是，此类措施的目的更多的是影响信贷结构，比如是希望银行扶持中小企业，还是大企业；是支持中西部地区，还是东部地区等，而不是直接用来调整收益率曲线。

以上介绍的都是央行主动对货币投放和收益率曲线进行调节的工具，以前外资流入较多的年份，通过外汇占款被动投放是投放基础货币的主要途径。2014 年以后，随着外资流入速度减缓，外汇占款投放占比已经缩小，央行主要通过公开市场操作投放基础货币，通过存款准备金率影响货币乘数①，进而最终决定广义货币 M_2 的增速。

2. 政府的财政政策

政府的财政政策工具主要有两个：一个是税收调整。因为在我国，央行代理政府的国库，所以当政府收税的时候，钱从居民和企业设在商业银行的账户转到央行中，本质上相当于把流动性收归到了央行体系；而到政府花钱的时候，资金又会从央行流入商业银行，效果等同于央行投放了货币。所以，当政府降低税收，扩大开支的时候，每月流入央行的钱少了，从央行流出钱多了，造成短端流动性的宽裕，使得短端收益率降低。国库现金定存是短期的将政府存在央行的资金转存到商业银行，价格由招标决定，也能够起到投放流动性的作用，但是由于量不大，频率也不高，所以对市场的引导不明显。

另一个财政政策工具是发行债券。国债和地方债的发行，将大量增加市场对中长端资金的需求，拉高利率②，这些债券融到的资金主要用于中央和地方政府投资性计划和基建计划。每年国债和地方债的发行总量和节奏，都是债券市场投研人员分析未来中短期利率走势的关键参考因素。但是，政府的融资和投资也有可能挤出社会资本的投资。同时，政府尤其是地方政府的杠杆率过高已被很多人认为是比较严重的财政问题。所以，政府对中长期利率债发行的决策往往受到约束。为了防止举债过多，每年政府举债的比例都有上限约束。

6.4.4 收益率曲线的波动

不论是央行的公开市场操作还是政府增发债券这样的财政政策，都只能对银行间市场等“批发”融资市场的利率产生直接影响，而要对最基层的居民生活和行为产生影响，则需要传导机制。

1. 政策的传导路径

分析政策的传导路径可以从分析货币的传导机制开始。货币的传导机制可以形象地描述为“三层水渠”，如图 6-48 所示。这三层水渠，从高到低分别是银行间市场、实体经济和居民的

---

① 货币乘数也称货币扩张系数，实质是货币供给扩张的倍数。货币乘数的大小决定了货币供给扩张能力的大小。

② 每年初，国务院会公布当年国债和地方债的发行计划，在此类债券大量发行的时点，市场无风险利率往往会受需求增大的影响而上行。

资金来源，从远到近分别是短端利率和长端利率。通过之前介绍的各个工具可知，央行能够控制银行间市场从短端到长端利率的变化，政府也能通过税收和发行债券来影响银行间市场和实体经济。但是，从影响力来看，国家对短端利率的掌控程度要大得多[①]因此，国家对收益率曲线的影响，往往先是从短端利率开始，再通过银行间投资者借短期的资金购买长期限资产的期限套利的方式影响到长端；而银行间市场的投资者购买的长期限资产，往往是对工商企业的债权，比如债券或者贷款，这样就实现了资金从银行间市场滴灌到实体经济的过程；而实体经济获得了资金，又通过工资和奖金的方式将资金向下滴灌到居民。

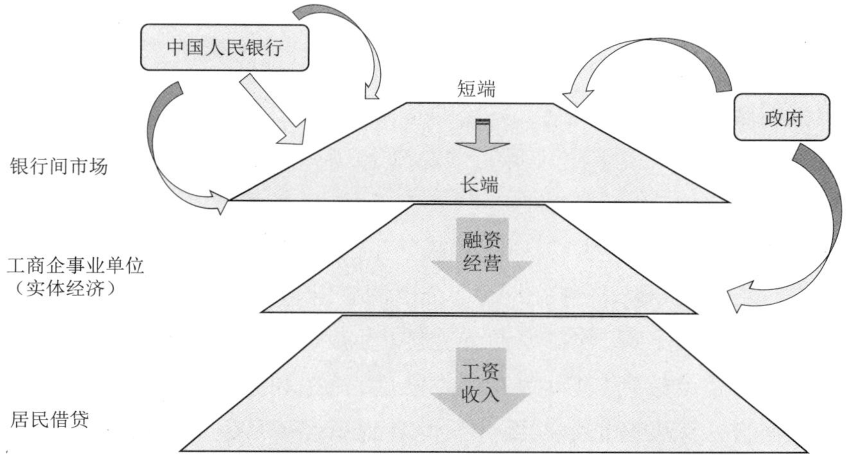

图 6-48 货币传导机制“三层水渠”

综合来看，央行是资金的源头，然后资金流进以商业银行为主的银行间市场，然后到企业，最后到居民。当央行投放资金太多时，最受益的是银行，因为银行拿到钱比所有人都早，而物价还没有涨起来，资金的价格也没有降下去，等资金从银行传导到企业再传导到居民手里后，居民拿到钱增加了消费，物价才会涨起来，国家又会根据物价上涨和经济增长的结果再去调整货币政策和财政政策。所以，可以看到资金通过这个三层水渠图的运转路径，从国家出政策，到看到效果，再到调整政策，是需要非常长的时间的。这种时间上的滞后性，导致了经济整体的不同步，呈现出一种周期性的变化[②]。

2. 经济与收益率曲线的周期性变化

上文阐述了国家政策从短期利率传导到长期利率，从银行间传导到实体经济和居民消费存在滞后性的原因，正是这种滞后性导致了经济的周期性波动。

分析经济的周期性波动，就需要借用非常有名的美林时钟[③]。美林时钟把经济分为衰

① 央行与政府对短端利率的调控手段远多于长端。

② 政府除了能通过税收影响银行间市场外，还可以通过税率、行政法规和基建投入等方式调控实体经济，这是央行做不到的。

③ 美林时钟是分析经济周期性变化最经典的模型，体现了经济自然发展的天生规律。在分析我国的宏观经济走势时，美林时钟也起到框架性的指导作用，但也需要注意我国经济的发展阶段和结构性特征带来的差异。

退、复苏、过热和滞胀这四个阶段。收益率曲线在这样的经济周期中常常有规律地发生位移和斜率变动。其中，平行移动大多是经济的景气程度驱动的，斜率变动大多是央行的货币政策驱动的。

对这种变化的准确预测，能带来盈利的机会。比如，曲线整体下移的时候，就应该购买长期的债券品种；当收益率曲线由平变陡的时候，就应该卖出长期债券，买入短期债券；如果收益率曲线反向变动了，那么就相应地反向操作。

下面具体分析经济周期中的四个环节以及收益率曲线对应的变化，如图 6-49 所示。首先从最上方扇形复苏开始：(1)复苏发生在衰退之后，由于经济不景气，收益率曲线整体形状较为平整，但是随着经济回暖，长期投资需求增加，通胀也开始抬头，长期限收益率有所上升；央行根据回暖的情况，逐步退出宽松的货币政策，于是短端利率也开始逐渐上升，经济出现滞涨的情况(即图中最下方扇形)。(2)随着经济的持续升温，长端和短端收益率均上行，且短端上行得更快，收益率曲线变平，甚至倒挂，即短端收益率超过了长端，代表经济从复苏进入过热阶段。经济过热后，通货膨胀处于高位，但是实际经济增速上涨乏力，经济出现滞胀的情况，滞胀之后随即到来的就是全面的衰退。(3)随后央行为了提振经济，开始放松货币，短端利率开始下行，收益率曲线变陡，也就是从最下方的扇形转向左侧的扇形。(4)当央行宽松的货币政策到位后，短端利率触底，长端利率随着经济而进一步下行，收益率曲线变平，经济进入深度衰退期。至此我们看到了经济从复苏到再度衰退，一个完整的周期过程和收益率曲线对应的变化。

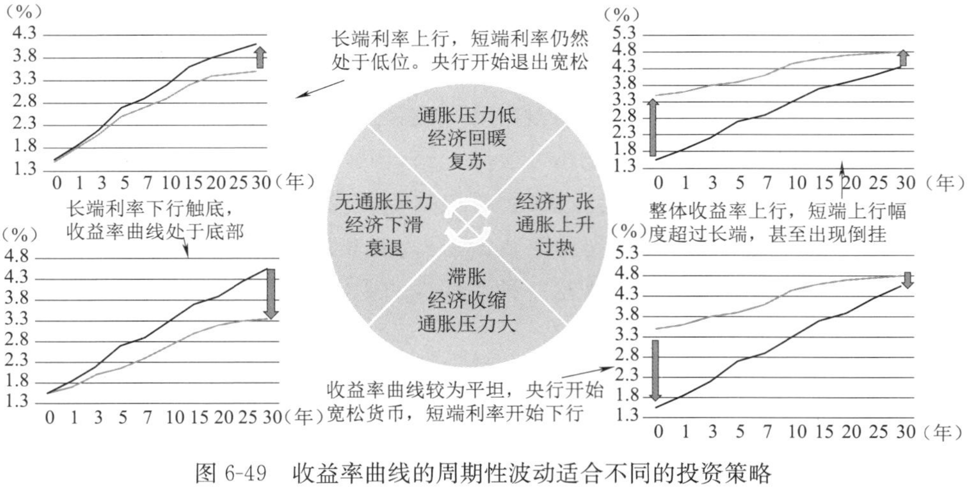

图 6-49　收益率曲线的周期性波动适合不同的投资策略

所以，对于投资者来说，对当前经济处于哪个周期中哪个环节做出正确的判断，是思考债券投资策略的基础。而且，经济的周期性波动不单单导致了利率曲线的变动和债券投资策略的转换。其实不同种类的资产和不同的行业在一个经济周期的不同环节的典型表现也是不一样的。比如，在经济下滑期，债券的表现会优于其他资产，医药食品等生活必需品行业的表现会优于汽车、电子产品等可选消费行业。而在经济上升期，大宗商品的表现往往会优于其他资产，钢铁、石油等上游行业的表现会优于其他行业，这样的现象叫资产和行业的周期性轮动。对于信用债的投资者，除了通过收益率曲线的周期性波动获取资本利得以外，还可以通过行业的周期性资质变化获取评级上升收益，提升组合的获利空间。

6.4.5 货币分析进阶

上文介绍了收益率曲线是如何在央行的货币政策和经济内生增长这两个元素的推动下呈现周期性波动的。下面将继续深入对央行货币投放的分析，通过分析央行资产负债表的结构来了解央行如何投放货币，而且投放的货币最终又流向了哪里。

1. 央行的资产负债表

央行的资产负债表，如图 6-50 所示，和绝大多数资产负债表一样，左边是资产，右边是负债，唯一的区别是这张表上没有"所有者权益"这一大项。

2018年货币当局资产负债表（季末余额）
单位：亿元

项目/季度	第四季度
国外资产	217 648.06
外汇	212 556.68
货币黄金	2 569.79
其他国外资产	2 521.59
对政府债权	15 250.24
其中：中央政府	15 250.24
对其他存款性公司债权	111 517.46
对其他金融性公司债权	4 642.60
对非金融部门债权	27.84
其他资产	23 405.85
总资产	372 492.06

储备货币	330 956.52
货币发行	79 145.50
金融性公司存款	235 511.22
其他存款性公司存款	235 511.22
其他金融性公司存款	—
非金融机构存款	16 299.80
不计入储备货币的金融性公司存款	4 016.33
发行债券	200.00
国外负债	1 164.51
政府存款	28 224.74
自有资金	219.75
其他负债	7 710.20
总负债	372 492.06

图 6-50 央行的资产负债表①

数据来源：中国人民银行。

先看左边的资产部分，首先是国外资产，里面大部分是"外汇储备"，还有"对政府债权"，主要是央行持有的国债，规模比较稳定，一般很少发生变化。虽然央行历史上买过一些特殊国债，但量很少。"对其他存款性公司债权"里面主要是对银行的债权，也就是通过央行公开市场操作、再贴现或者再贷款，借给银行的钱。"对非金融部门债权"主要是央行过去对老少边穷地区的贷款，规模占比不足 0.05%，正在逐渐消化，影响不大。对其他金融性公司债权，主要是央行对其他金融性公司发放的贷款、办理的再贴现等，其中大部分都是

① 虚线框线内的是对货币影响较大的项目。

对四大不良资产管理公司的再贷款。“其他国外资产”主要是特别提款权、其他存款类机构以及外币缴纳的准备金等。

负债部分，央行所有的“货币发行”都是负债，“金融性公司存款”主要指的是银行的存款准备金。“非金融机构存款”是支付机构交存央行的客户备付金存款，这笔资金是支付机构为办理客户委托的支付业务而实际收到的预收待付货币资金，过去是由支付机构散存在开立银行的备付金账户的。“不计入储备货币的金融性公司存款”包括两个部分：一是财务公司、信托公司等金融机构缴纳的法定存款准备金；二是证券公司等其他金融公司为满足支付清算需求存入央行的款项。“发行债券”主要是央票。国内人民币市场出于公开市场操作而发行的央票在2013年后基本就绝迹了，现在此项规模极小，主要为银行永续债置换发行的央票，以及在海外市场发行的人民币央票。“国外负债”主要是国外央行或者外国金融机构出于国际合作或者资金清算的目的在央行存放的资金，量很小，一般情况下不会有大的变化与影响。

读者参考

外汇占款被动投放货币的运作方式

假设一个美国人来中国投资，随身带来了很多美元，他先在当地的商业银行换成人民币，然后商业银行再把拿到的美元通过和央行的结售汇交易交给央行，央行交给商业银行等值的人民币。这样，最终的结果是，美元流入了央行，成为外汇储备资产，人民币从央行流入市场，成为货币投放，这种投放方式就是外汇占款投放。

2014年以前，外汇占款的被动增加是央行投放基础货币的主要渠道；2014年以后，公开市场操作成为主要渠道。

2. 货币的供给途径

那么，央行怎么投放基础货币呢？第一个方法是汇占款投放，第二种和第三种货币供给方式本质上是一样的，都是让银行或者别的合格的金融机构把其持有的债券、票据或者贷款债权等金融资产抵押给央行，央行通过借钱给这些机构的方式投放货币，如图6-51所示。所以，基础货币是央行的负债科目，是央行通过资产业务创造出来的。每投放一些货币，央行的资产和负债都会对应的增长，使得左右两边账目能配平。

基础货币被投放出来以后，又通过银行的贷款借给企业或者居民，企业或者居民消费以后，钱又会变成存款存入银行，形成货币创造的过程。但是，由于银行每接受一部分存款，就需要交准备金给央行[①]，因此这种创造过程不是无限的，存款准备金率等一系列比率会决定货币创造过程中的货币乘数，最终决定基础货币会成为多少广义货币，也就是常说的M_2。M_2由多种形式的货币组成，有现金，活期存款和定期存款。根据最新的规定，“余

① 具体交多少准备/保证金取决于图6-51左端虚线框中所列举的一系列比率。

额宝"这类的货币基金也是 M_2 的一种形式。不同形式的存款流动性是不一样的，所以根据不同的流动性进行分层，现金的流动性最好，叫 M_0；活期存款的流动性其次，所以现金和单位活期存款就组成了 M_1。但是，实际上，在做金融分析时，看得最多的还是 M_2。其他的货币分层种类，在做经济分析的时候会有一定的规律指导作用。比如，众所周知的 M_1 和商品房销售面积有成正比的经验关系，但是在分析债券的时候使用得不多。

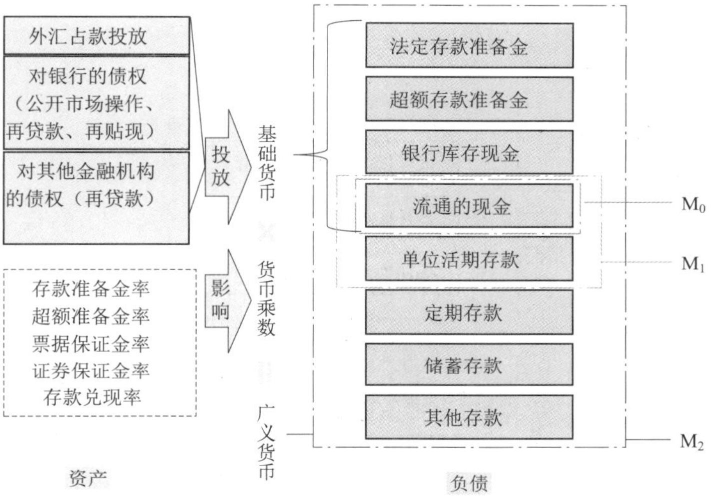

图 6-51　货币投放和货币创造的方式

央行通过其资产业务控制基础货币，通过对存款准备金率的调节控制货币乘数，最终实现对广义货币供给的控制。

3. 货币的各种需求

因为在货币创造过程中，货币在银行的账目上只以两种形式存在：存款和贷款，所以这两者也体现了银行体系中对货币的供给和需求。货币的供给量等于"M_2-M_0"，货币的需求可以近似地以社会融资总额来表示。社会融资所需的货币除了由银行体系提供以外，股票融资、债券融资等渠道也提供了部分货币的来源。但是，由银行提供的部分"M_2-M_0"是社会融资资金来源的大头，而且以证券融资为主的直接融资比例一般较为稳定，投资者不可能突然风险偏好激增，把银行存款都去投了股票。所以，社会融资资金的走势与 M_2 相关性较高。而企业和个人通过银行或者其他渠道的融资，大多数都成了制造业投资、房地产投资和基建投资，最终推高实体经济的增速。所以，信用的扩张，往往领先于实体经济的扩张①。投资、社会融资与货币的关系，如图 6-52 所示。

如图 6-53 所示，M_2 与社融和固定资产投资增速基本是同步运行的。同时，此三项指标也领先于 GDP 的增速，体现了货币、融资和投资对经济的拉动作用。但在 2016～2017 年有

① 在宏观经济分析中，常有信用扩张领先经济增长，经济增长领先消费和物价增长的说法，即体现了货币政策影响下的信贷增长为实体经济的发展提供了动力，而实体经济的发展最后将带动居民收入与消费需求的增长，最后推动物价的上升。

一个非常突兀的背离，也就是圆圈所示的部分，这是因为以表外理财、通道产品、保本资管类产品为代表的影子银行的作用，由影子银行提供的社会融资来源在这段时间增长很快，而且以金融产品的形式存在，没有计算到 M_2 的范围内，所以只计算了需求端，而没有计算供给端。同时也能看出这段时间 GDP 和固定资产投资的完成额，并没有因为影子银行提供的融资而随之上行，所以这类融资没有带来实际的经济增长，也就是说这部分融资是无效的。这解释了国家打击影子银行，防止金融空转的内在原因。目前社会融资的突起已经基本恢复原状，表示对影子银行的约束已经基本见效。

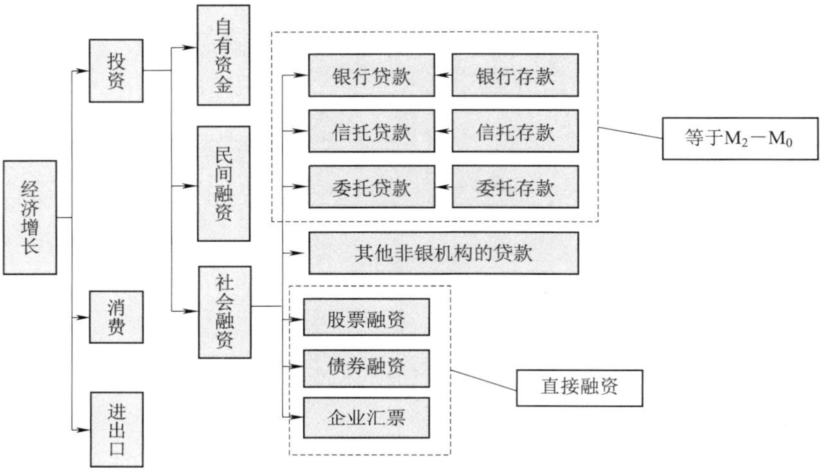

图 6-52　投资、社融与货币

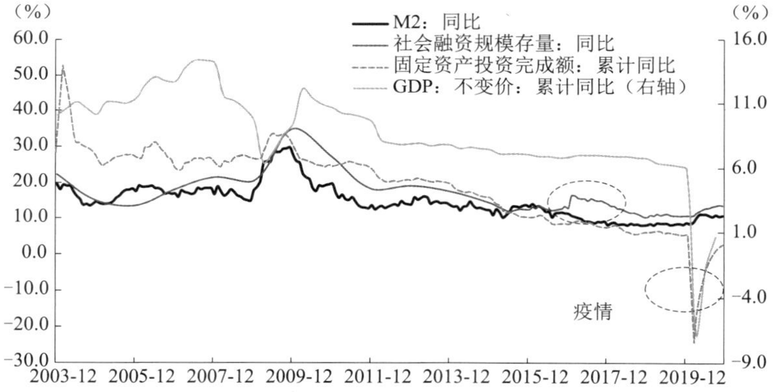

图 6-53　投资、社会融资与货币基本同步运行，且领先于 GDP

数据来源：中国人民银行、国家统计局。

6.4.6　货币分析与利率预测

在充分理解货币与信用扩张对经济增速作用的基础上，可以用相关指标来分析债券收益率。社会融资规模作为信用扩张最全面的表征、作为货币供需的结果，对利率的走势有着较为明显的领先效果，如图 6-54 所示。社会融资数据波动性较大，且受到节日和假期年度移位的影响，所以个别某次突变不用过于担心，但如果在一段时间内（比如 3 个月均值）都呈现明显方向性变化，则是利率方向性变动的有效信号。

而从另外一个途径来说，因为社会融资最后大多都变为了投资，所以当利率低的时候，社会融资增加，投资变多，经济增长加快，通胀上行，导致名义利率变高。因此，社会融资经过一定时间的传导后，又能反过来影响利率。这种此起彼伏的影响，最终成为经济周期性变化的重要原因。

图 6-54　社会融资规模增速对无风险利率具有一定领先性①

数据来源：中债估值中心、国家统计局。

相比之下，M_2 对利率的领先效果更加不稳定，一方面在于，与主要受经济内生需求影响的社会融资不同，M_2 受到央行的直接人为影响更多。尤其是，在近年央行的“维持 M_2 增速和名义 GDP 增速基本匹配”的指导下，这种影响直接体现为社会融资在 2017～2019 年的长期平稳，以及在央行宽松政策下的大幅提升。另一方面在于，M_2 只包括了被商业银行体系利用“存款—贷款”循环创造出来的货币，而利率则是全市场所有的资金供需参与方共同决定的结果。虽然商业银行是金融市场最重要的参与者，但是如图 6-55、6-56 所示，M_2 指标的代表性，远比不上体现全社会从全部金融机构获得的融资额的社会融资指标。

图 6-55　M_2 增速与 10 年国债利率走势对比

① 社会融资数据在 2015 年前均为年度数据，对比效果不明显，故此图从 2015 年开始显示。

图 6-56　M_2 与社融的关系对比

数据来源：中债估值中心、中国人民银行、国家统计局。

在实际预测中，可以挑选包括 M_2、社会融资规模总额在内的多个高频数据指标，首先验证这些指标与需要预测的目标收益率是否存在符合经济学逻辑的传导与影响关系，然后选取合适的历史数据区间，测试其领先性、滞后性与相关性，最后挑选领先的高频数据指标进行复合，构建更加准确的复合领先指标，对目标收益率品种进行量化预测。

本章小结

如图 6-57 所示，为宏观经济分析框架回顾。本章依次论述了如何分析经济增长，如何分析经济增长导致的通货膨胀，以及货币政策和财政政策是如何调节经济增长和通货膨胀的。而这样的调节往往有较长的滞后性，正是这种滞后性，导致了经济呈现周期性波动的规律。

此外，本章还论述了海外因素、外需如何通过进出口影响我国的经济，海外原材料价格如何对国内市场进行传导。在以往其他的经济分析中，还会涉及人民币汇率对我国货币政策和利率的影响。但是，随着我国金融市场的进一步开放，市场化改革的加深，保汇率的概念很少被提及。所以，本章在这方面几乎没有涉及。宏观分析的重点在于，理解经济中的各个因素是如何通过资金的价格，也就是利率互相影响的，而这样的关系又提供了一条预测未来利率变化的重要路径。

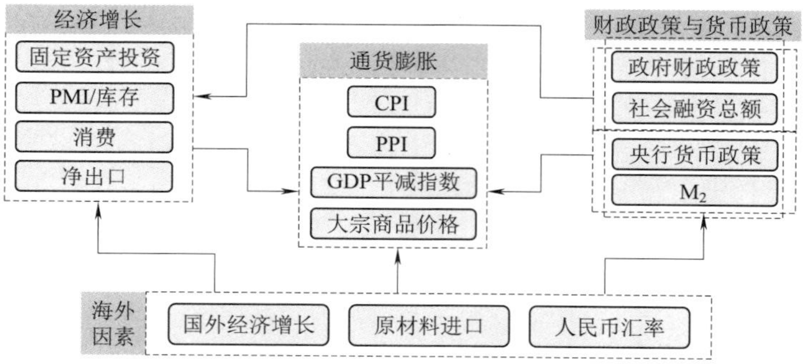

图 6-57　宏观经济分析框架回顾

第 7 章 信用债量化分析与投资

信用债是债券市场中仅次于利率债的重要门类。系统学习信用分析框架，并了解目前市场中较为先进的量化分析方法，不论是对于从事具体的信用债投资岗位，还是对于从事泛信用相关领域的工作，抑或普通投资者，都大有裨益。

本章将首先介绍人民币信用债市场的现状，帮助读者理解信用债超额收益的来源，然后系统论述信用分析逻辑框架，最后介绍量化分析法和打分表法这两种有效的分析方式，以帮助读者实现有效的信用投资库的构建和维护。

7.1 当前的人民币信用债市场

我国的债券市场起步较晚，尤其是真正意义上的信用债市场从出现至今不过五六年的时间，但是其发展速度和总规模的增长都很快。因此，要深入了解信用债，就不得不了解其发展的现状。

7.1.1 信用债的收益与主要投资者

正如前文介绍的，我国的债券市场沿用了国外评级公司的从AAA到C的评级体系。随着信用资质从AAA级到C级逐渐降低，相同期限下的收益率逐渐升高，这部分为了补偿信用资质而提升的收益叫信用利差。这也就是人们常说的高风险高收益的形象体现。下面以5年期信用债为例，对比无风险利率与不同等级信用债收益率，如图7-1所示。我们可以很清晰地看到收益随着风险提高而提升的规律。

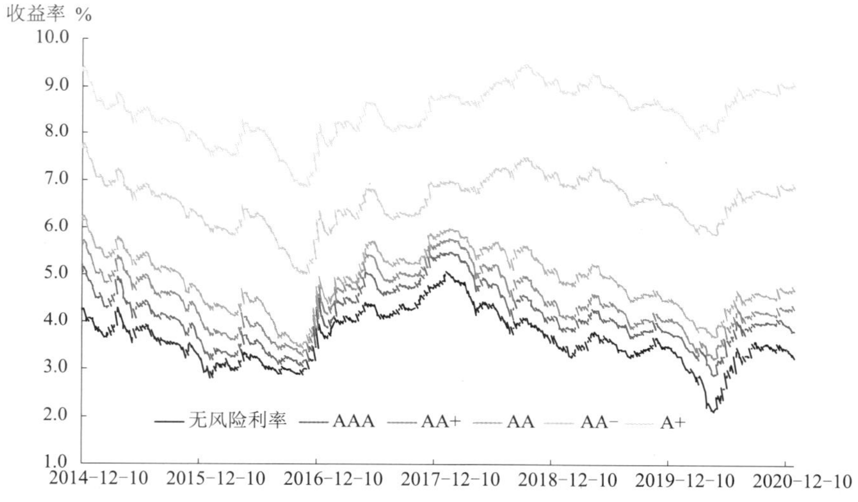

图7-1 无风险利率与不同等级信用债收益率对比：以5年期债券为例

数据来源：中债估值中心。

虽然低资质的债券有着更高的收益补偿，但市场的接受程度还是会不可避免地下降。我国的人民币债券市场存在非常明显的投资者分层现象[①]，如图7-2所示。一般而言，因为银行的授信相对比较严格，来自储户的资金风险偏好较低，所以银行是AAA和AA+这类中高评级债券的主要投资者。银行资管、险资和公募基金的风险偏好类似，但是可以投资一些资质下沉到AA的债券。以券商和期货资管为首的资产管理产品户的资金成本更高，

① 在以美国为代表的西方国家的债券市场也有类似的债券投资者分层的现象。

所以资质下沉得更多，能够投资到最低 AA—的债券，这也是国内信用债市场发行评级的下限。A＋及以下评级的债券基本都是有重大信用风险的，但即便如此，也有不少投资者去博弈公司情况好转，或者博弈债券违约后收回残值。这部分投资者主要为个别券商、基金的专户产品以及受到监管较少的私募基金。

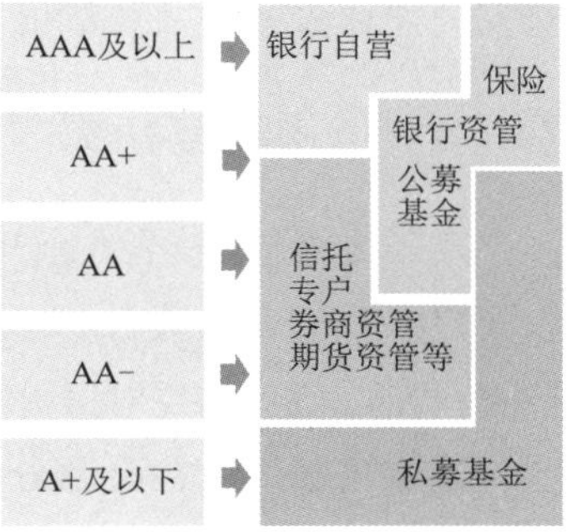

图 7-2　不同评级的债券对应不同风险偏好的投资者

7.1.2　信用债评级与违约率

以图 7-1 的 5 年期限为例，A＋级别的债券的收益率能够达到 10%左右，比 4%收益率的 AAA 级别的债券高 600 BP左右。但是，这多出来 600 BP 的年化收益，真的能正好覆盖对应违约风险的提升吗？

如图 7-3 所显示，我国的债券市场的定价有效性并不是那么高。我国国内人民币信用债市场的违约第一单是 2014 年底的超日债，据今也不过 5 年左右时间。截至 2020 年底，违约的公司也就 170 余个，就全市场近万家发行主体而言，数量很少，因此从结果来看并没有造成违约率随着评级下降而线性上升的后果。换句话说，目前我们的国内评级体系给出的结果，还没有经过历史大数据的充分检验。

对比之下，我们来看美国的评级结果和违约率，以穆迪的结果来看，评级呈现较为明显的两头低中间高的形式，而且违约率以 BBB 级这个投资和投机的分割线为分水岭，呈现一个典型的违约率随着评级下降而直线上升的情况，这已是一个历经检验的成熟评级系统的分类结果。

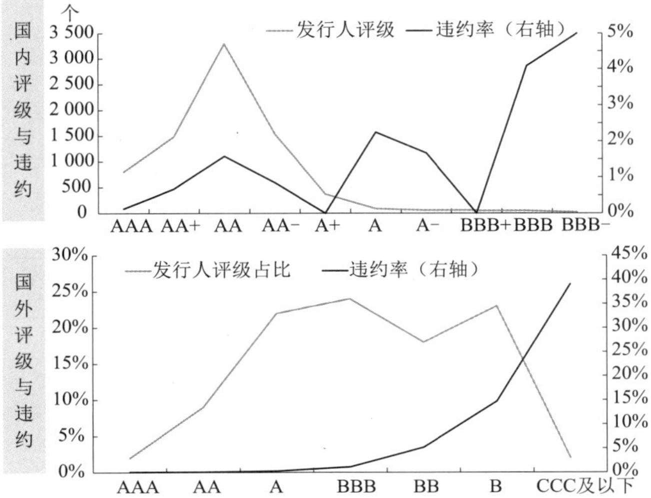

图 7-3　中美信用债市场债券评级与违约情况对比

数据来源：WIND，Standard & Poor's①。

① Rating Agencies & Their Methodologies. Laura Feinland Katz. Latin America Ratings，Standard & Poor's.

所以，目前在国内市场，按照评级进行批量买入，增加主体数量，分散投资，降低单个投资主体违约对整体收益的影响，用增厚的信用利差补足预期违约的损失等，这些教科书式的投资思路对于大多数机构而言都并不经济。在这种情况下，建立有效的内部评级模型，对发债主体进行逐一详细的分析，就显得尤为重要。

7.1.3　信用利差初探

大多数债券投资者在刚开始接触信用债投资时，都免不了本能地从收益率入手，毕竟收益是投资的目的，也是最吸引投资者的地方。但是，能稳定赚到钱的前提是，要知道自己是怎么赚到钱的。所以，这就需要对信用债的收益来源进行分解与分析。

1. 信用债的收益来源分解

信用债的收益可以分解为四项来源，如图 7-4 所示：无风险利率、流动性利差、税收利差以及信用利差。第六章的宏观分析从一个比较高的层面介绍了无风险利率的决定因素，债券种类介绍了不同税收利差对不同种类债券收益率的影响。而本书后面的章节会涉及流动性利差相关的内容。在此将详细介绍剩下的信用利差部分，也就是债券收益率中为了信用债的违约风险额外补偿投资者的那部分收益。

从理论的角度来说，这种信用利差其实应该叫风险中性信用利差。这部分利差中，有一部分用来补偿债券投资人预期违约损失，也就是违约概率乘上违约损失率；另外一部分用来补偿人性的风险厌恶的本能。

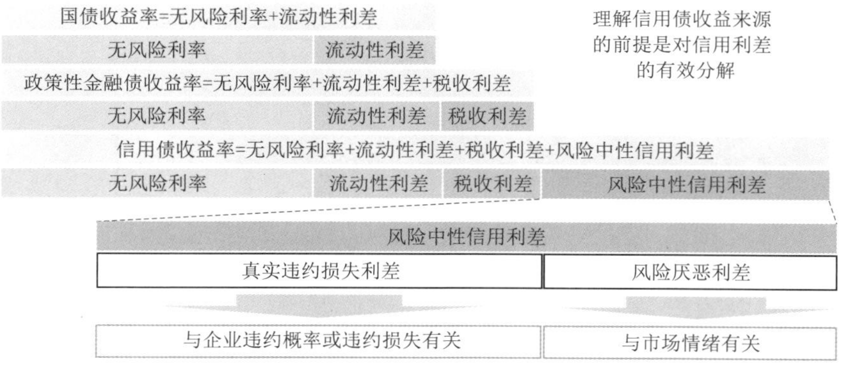

图 7-4　信用债收益的四项来源

人作为一个感性动物，本质上是厌恶风险的。比如，有两个选项，一个是 100%的概率能拿到 1 000 万元，一个是 50%十的概率能拿到 2 000 万元，或者什么都拿不到。对于大多数人而言，一定会更加倾向于第一个确定性更高的选项，也就是在期望收益相同的情况下，人们会倾向于选择不确定性更小的选项。因此，为了对那些选择了收益不确定性更高的信用债的投资者进行补偿，仅仅补偿可能的违约损失是不够的，还需要补偿投资者人性本身的风险厌恶。此类风险厌恶利差是信用利差的衍生，解释了在基本面未发生明显变化的情况下，市场短期的情绪波动对债券收益率的冲击。但是，在国内市场尚未建立有效恐慌指数的情况下，风险厌恶利差较难准确量化衡量。所以，本章主要研究真实违约损失部分的利差，尤其是重点研究企业违约的可能性。

2. 银行等金融机构自营部门的信用利差要求推算

银行类金融机构是我国债券的主要买家，也包括数量庞大的信用债券。银行内部对于这类债券的定价有着非常详细而且准确的计算方式。

从投资的角度，要赚钱盈利，就必须让投资产品的真实收益率高于自己的资金成本。对于银行而言，也就是信用债的名义收益率，扣去违约概率和违约损失率后得到的真实收益率，要高于银行吸纳储蓄，付给储户的利率①。同时，根据银行监督管理的规定，银行需要对信用债计提风险资本，才能撬动信用债这种生息的风险资产。这部分风险资本的来源包括股本，或者资本公积等长期稳定的资金来源。这部分风险资本是最少能获得无风险利率的，从数值上等于信用债占用的风险加权资产乘以资本充足率。所以，对于银行而言，投资信用债的根本目的是需要用信用债高于资金成本的利差，将原来股本的无风险收益提高甚至超过目前股本净资产收益率（ROE）的水平，以此为银行的股东创造更多的收益。基于金融机构 ROE 的信用债收益率计算公式如图 7-5 所示。

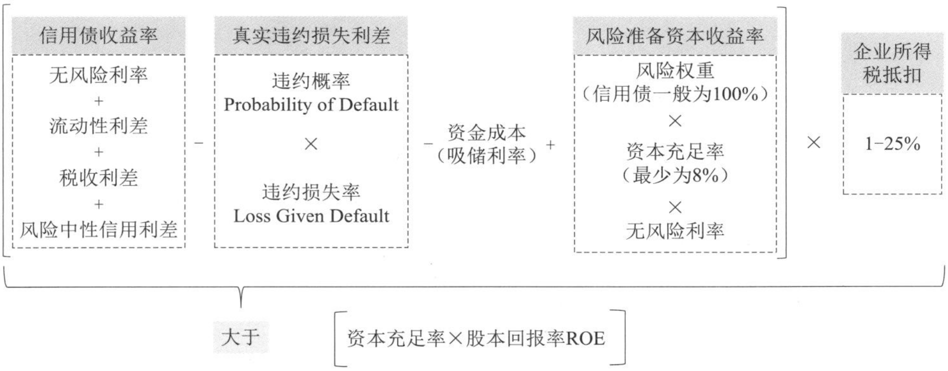

图 7-5　基于金融机构 ROE 的信用债收益率计算公式

读者参考

举例：银行的信用债投资逻辑

设想一个虚构的简化的银行，股本有 1 亿元，在资本充足率 8%的情况下，这个银行的经营者可以用这些股本吸纳 11.5 亿元的资金。也就是说，银行的总资产能达到 12.5 亿元

① 吸储是银行最主要的负债来源，也是成本最低的负债来源，银行也可以通过同业负债或者发行金融债等方式吸纳资金。银行的计财部门会综合各方面资金的成本，对债券投资人员下达 FTP（资金转移成本）指标作为实际的资金成本。FTP 往往会高于吸储利率。

的规模。假如目前市场吸储的成本是 3%，期望的 ROE 是 6%，再假如这 12.5 亿元全部购买了无风险的国开债券，那么为了达成 6%的 ROE 目标，国开债的最低收益率就必须大于等于 3.4%。假如银行的经营者不买国开债券，而改买违约率 1%，一旦违约就会损失 100%投入的信用债，那么为了仍然达到 6%的 ROE，考虑到违约的期望损失，信用债的最低收益率必须达到 4.4%，这多出来的 1%就是银行要求的真实违约损失利差。

3. 非法人产品账户的信用利差推算

对于非银金融机构而言，不需要考虑 ROE 这类的问题，信用债在调整违约损失以后的收益率只需要高于资金成本就可以了。如果是代客理财的产品户，也不需要考虑所得税的影响，因为所有的非法人产品账户，不论是公募基金、券商、保险或者期货资管，还是私募基金，都是免所得税的。非法人产品账户的信用债理论合理价格要求推算公式如图 7-6 所示。该公式与基于金融机构 ROE 的信用债收益率计算公式相比，可见非法人债券产品账户的合理价格推算公式要简单得多，只需保证资产端收益大于负债端成本即可。

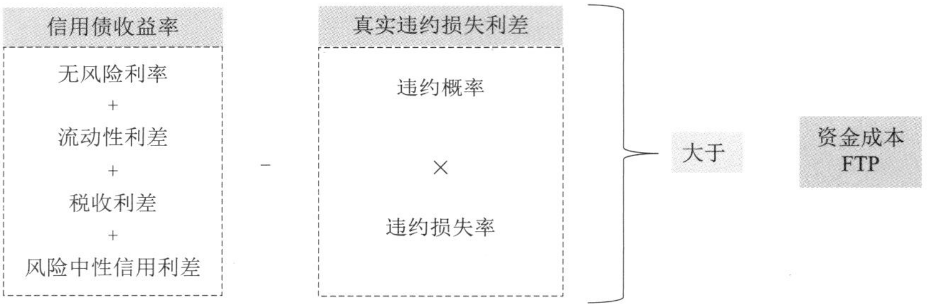

图 7-6　非法人产品账户的信用债理论合理价格要求推算公式

7.2　信用分析框架

在了解信用债收益的来源后，我们明白了信用利差的差异是导致不同信用债收益发生差异的最重要原因，而信用利差的大小和发债主体的信用资质（偿债能力）息息相关。那么，怎么判断一个企业的偿债能力呢？这就要从信用分析说起。

7.2.1　信用模型构建的抉择

本章的第一节从市场和机构整体的角度，介绍了信用债合理收益率的定价方式。如果读者处在一个大银行或者大保险公司的首席投资官的位置，那么从全局把控的角度，只要信用债的整体收益能够覆盖个别债券的违约损失就可以了。成百上千亿的资金，踩一两个“雷”是难免的，也是正常的，无须过分担心。

如果读者是一个债券组合的投资经理，或者是有支配头寸权限的交易员，心就不能这么大了。银行间市场的债券基本都是 500 万元起购，大多数单券仓位在3 000万元以上，一旦出现一笔或者两笔违约，不单意味着个人好几年的年终奖泡汤，甚至会丢工作，或者职业生涯直接结束。因此，对于实际奋斗在投资第一线的从业人员来说，考虑的问题就不是违约后的整体收益是否能够覆盖资金的成本问题了，而是怎样严防踩“雷”的问题。所以，在任何债券投资机构，都有研究员这个职位。和股票研究员的推荐股票相反，债券研究员(或者叫信评)的主要工作是辨认哪些债券不可投资。采用信用分析的筛选模型的首要目标，就是减小没有排除问题债券的概率，见表 7-1。

表 7-1 信评模型结果的四种可能与两类错误

	实际会违约的债券	实际不会违约的债券
模型认为会违约	正确排除问题债券(成功)	TypeⅡ错误，排除了正常债券(错杀)
模型认为不会违约	TypeⅠ错误，没有排除问题债券(错放)	正确通过可投资债券(成功)

但是，世界上任何事情本质上都是概率问题，哪怕是大多数人认为绝对不可能倒下的首屈一指的支柱型大公司，说不定哪天也会因为天灾或者极端事件而倒闭，因为世间本没有长盛不衰的企业。所以，想要投资获利，或多或少地都需要承担一点风险，以免在有限的投资期限内，错过那些不会出问题的债券，拉低整体的收益率，见表 7-1。

也许读者在这里会产生疑惑：信用模型的风险阈值设得太低，就容易导致错杀；风险阈值设得过高，就容易错放。那到底怎么设置才合适呢？

这个问题的答案，主要在于投资机构自身的风险偏好和业绩的压力。如果是受到严格监管、注重声誉的公募基金或者保险，那么在设置筛选标准的时候当然会尽可能地降低错放的概率；但如果是注重盈利超过声誉而且资金成本很高的私募类投资组合产品，比如私募基金、期货或者券商资管专户等，资金成本非常高，前几年打破刚兑之前业内又普遍存在机构托底刚兑的预期，这种压力之下，机构也只能给投资团队设置一个比较高的考核收益标准，那么投资经理就不得不去购买收益更高，但风险也更高的债券。所以，每种机构都有自己构建信用筛选模型的标准和风格。错杀与错放之间的取舍，取决于机构风险偏好和团队业绩压力，明确以上两点是构建信用模型的前提。在此，只是介绍了构建信用模型的通常思路。在实际构建过程中，还需要根据实际情况与风险偏好进行适当调整。

7.2.2 信用分析模型

明确了信用分析模型构建的大前提后，就可以仔细了解模型的构建框架了。从全面分析的角度，一个企业的信用资质首先受到宏观环境的影响，包括全球的经济景气程度，以及国内的经济景气程度。在全面了解了当前的经济环境以后，就可以对目前市场处于经济周期的哪一个阶段做出判断；做出判断后，就能大概预知下一阶段的经济环境会是什么样的。

以上这些主要决定了无风险利率的水平和变化方向，也能够大致预判周期性行业当前以及未来的繁荣程度走势。这就涉及中观的行业分析。信用分析的宏观、中观、微观分析因素如图 7-7 所示。

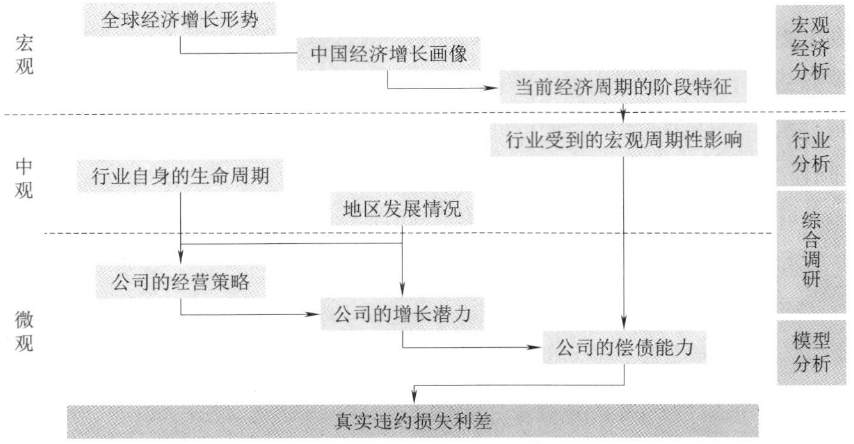

图 7-7　信用分析的宏观、中观、微观分析因素

行业分析的内容非常复杂，不同的行业有不同的分析方法，很难放到一个通用框架下进行笼统分析，而且一个行业的跌宕起伏往往对其股票的行情会有更大的影响。而债券关注的是其偿债能力，和行业增长的关系其实并不直接。比如特斯拉，其股票因为良好的行业前景而涨得很好，而它的债券却一直徘徊在违约的边缘。所以，总的来说，虽然行业增长对公司偿债能力有着一定的关联，但是从实用的角度，要抓住个体偿债能力的指标来进行信用模型的构建。

要分析公司的偿债能力，就要先进行中观的行业分析，去了解公司所处地域的影响。这对于信用债，尤其是国企、城投发行人的债券投资非常重要。此外，产业债的投资也非常注重地域，因为除了个别金融公司是全国或者全球运作外，大多数公司都优先服务当地市场的客户，受当地政府管辖，经营情况受当地经济变化的影响较大。这些都是从中观到微观需要注意的因素，也是一般调研时需要考察的内容。其次就是微观的角度，也就是这个公司本身。主要包括经营策略、增长潜力等内容。只有结合了之前做的行业分析，才能有效地对公司的经营情况进行分析判断。有了公司经营情况的理解和判断，对深度解读财务报表数据也有很大的帮助，这在分析一些多主业、跨地域或者股权结构复杂的公司的时候是必不可少的。

当然，作为债券投研人员，从根本上来说还是要分析公司的偿债能力，以此来推算违约概率和违约利差。这就需要把之前获得的信息进行集中筛选和针对性分析。对于财务这类的标准化数据和一些公开渠道能够获取的信息，可以输入模型进行分析；对于非标准化的定性的信息，去发行人所在区域调研是最好的办法之一。

7.2.3 调研看什么

调研，也称为实地尽职调查，是一个非常依赖经验的工作，也是投研人员核心竞争力之一。做了 10 年以上调研的老研究员相比只做了两三年的新人，在调研中往往能更有洞察力地问出很多问题。这个差距通过学习弥补是一方面，而更多的是在实践中摸索和淬炼。但是，尽管如此，调研工作仍然有比较实用的框架和方法，能让新人快速提高，避免走弯路。

1. 不要在调研中被牵着鼻子走

很多新人调研，到发行人公司，就迫不及待地去看生产环节，去看工厂，看在建工程的完工情况。这些调研方式尽管需要，但实际收效并不大。除了房地产、百货等行业可以实地考察一下物业所在的位置、人气和运作情况外，其他产业的调研中去看工厂，看办公区域，并没有太大意义。一方面，调研的组织方和发行人肯定事前通过气，会把最好的一面展现给调研人员看，而且对于债券行业的投资人而言，往往需要关注很多行业，而一家公司往往只专做一个行业中的某一个环节，要投研人员完全了解每个公司的生产流程是很困难的。如果之前没有见过类似的公司，很有可能出现“被发行人领着，走马观花地听介绍”这种情况。最终一天逛下来，除了听了一些很杂、很琐碎的信息以外，基本没有什么收获，也不能形成自己的判断。

那么，作为债券投研人员，实地调研如果不去工厂看，还能调研什么呢？应该是抓住核心目标，也就是公司的偿债能力，向发行人的关键人员了解信息，并根据这些有效信息形成自己的判断。

2. 根据调研的类型了解相应的重要信息

调研的种类与对应信息的样式具体如图 7-8 所示。一般的调研都是由债券的主承销商或相关研究机构组织的，在各个级别的活动中他们也会全程参与，一般在发债前会有调研活动；债券的存续阶段，尤其是关键行权期之前，或者出现重大事件以后，主承或调研机构也会不定期地组织调研活动。通常来讲，在大规模发行债券之前或者重大事件之后的集中调研，涉及多个债券，往往规模较大，而其他时间的调研，往往只有一两只存续期内债券的投资者参加，规模相对较小。作为投研人员，应该根据发行人出席的人员级别，相应地准备需要了解的问题。对于中小型调研来说，出席的主要是发行公司的融资部门和业务人员。因为集团的融资工作都由他们开展，所以可以向他们了解未来的融资计划、近期的债券兑付准备和资金来源、近期含权的债券的回售和赎回的倾向等。债券投研人员可以通过这些信息推测出发行人公司近期的流动性压力。此外，融资部门往往本身也担负着向投资者路演、答疑的部分职能，所以他们对于大股东股权质押、资产受限和或有负债的情况，多多少少也会了解一些，从这些信息中能够看出公司真实的杠杆负债的情况和风险程度。

对于大一些的调研活动，覆盖的层面往往会更广，有和公司经营更加相关的人员参加，比如财务总监、董秘、董事长、总经理等。通过询问财报中的关键科目的记录和解释，比如一些在建工程的情况，现在投入了多少，完工了多少，会不会有超预算的额外投入，包括地产公司的拿地计划、开发进度、近期想要投资的领域等，可以推测出公司近期对投资现金流的需求，以及经营现金流未来的变化情况，而这些恰恰都是对于分析公司偿债能力非常重要的指标。此外，还可以向出席的人员了解公司竞争对手的情况以及区域竞争形势等信息，这些内容会方便投研人员进行公司的比较分析。最后，还可以询问公司和各个关联方的关系，包括上下游的关联情况以及该关联关系是否会影响报表营收数据的真实性，还有母子公司的关联关系和股东的关系等内容。因为很多债券发行人会存在集团和控股子公司的股权结构，有的时候是资质更加优秀的集团担保子公司发行的债券，有的时候则是集团发行债券并将优质资产输入上市的子公司。很多时候，母公司和子公司的关系其实并不像初看那样密切，在出现问题以后，市场才发现母子公司之间并没有很顺畅的互相帮助、输血的机制。甚至一些明明是并表到母公司财报中的子公司，也可能因为第二或第三大股东的影响，导致母公司对子公司的决策并没有那么大的决定权。此时，对母公司发行债务的实际偿还能力，就需要打问号了。

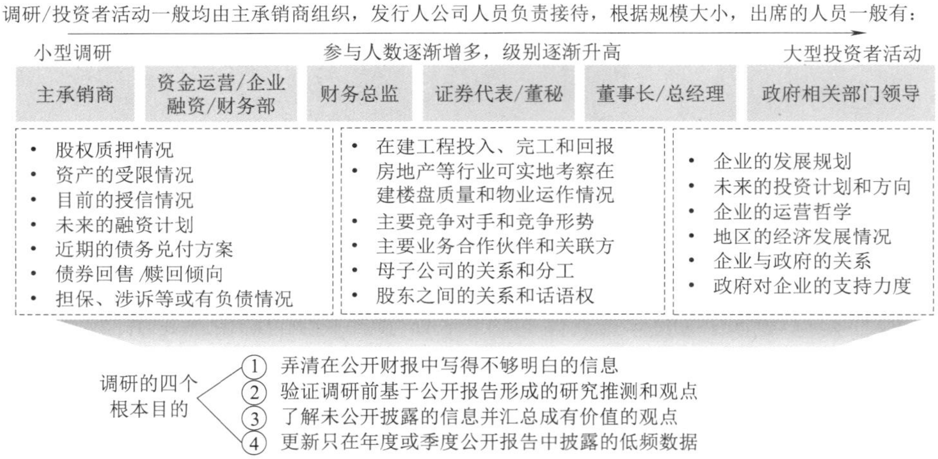

图 7-8　调研的种类与对应的信息

最后，在一些大型投资者活动，比如某个地域、行业企业的集中路演，或者是重大事件发生后，一些城投企业、地方国企或者地方支柱性民企的调研活动中，经常能看到政府有相关领导列席会议，协助说明问题的情况，他们往往是这个区域负责经济工作的行政副职，依企业重要性而定。这往往是当地政府支持企业的非常重要的良性信号。显性的支持政策包括财政补贴、税收减免、低价土地或者其他资源的转让，或者安排国有的相关企业进行互保、接管等支持；隐性的支持政策包括重新规划企业拥有土地的使用性质，帮助协调让当地银行不抽贷、不断贷，甚至联系政策性银行进行支持性的贷款等。所以，对于有政府领导出席的调研活动，投研人员需要着重了解政府会在哪些方面对企业进行支持，这些支持的力度怎样等相关信息。

3. 汇总信息形成有效结论

总之，不论是上述哪种规模的调研活动，或者出席的是哪些人物，调研的根本目的是获取以下四类有效性息，最终形成更准确地对公司偿债能力的判断。第一类是弄清在财报中写得不够明白的数据，比如之前提到的在建工程、投资计划等。第二类是验证在调研之前根据公开报告形成的研究推测和观点，包括之前提到的经营和投资现金流变化的原因等。第三类是了解未公开披露的信息并汇总成有价值的观点。当然如果是上市公司的投资者接待人员，在回答一些财报中没有披露的敏感信息时会特别谨慎，一些他们不想说的关键信息，可能就会让你去看财报，或者直接说不方便告知，但是在调研的时候还是可以旁敲侧击地尽可能了解一些非关键性信息，最终形成有效的结论。这在投资学上叫马赛克理论，就是收集大量周边的非公开不重要信息，然后经过投研人员的分析，推测出非公开的重要推断。第四类就是更新在年报或者季报中出现的低频数据，比如公司最新的未使用的授信情况，从年报公布的时点到调研的时点，数据很可能有变化，可以通过调研更新这些滞后的数据。

尽管调研在目前与可预见的未来仍然会是相当依赖经验的信息获取形式，但系统地了解调研的框架，至少能让新人在调研时有所收获，并在数次经历之后很快摸清门路，获取关键信息。

7.2.4 企业画像与数据建模

从上往下进行企业信用分析的最后，也是最重要的环节就是对企业本身进行分析。本书将从 LAPSA 模型[①]入手，系统地介绍如何通过财务报表和外部信息全面地收集必要内容，并在整合后得出关于企业偿债能力的研究结论。

会计报表通过资产负债表、利润表和现金流量表这三张表以及财务附注共同体现一个公司的经营情况，那么经营情况向下细分，又能分解成哪些和偿债能力有关的方面呢？LAPS 模型认为应该是流动性（Liquidity），经营活动（Activity），盈利能力（Profitability）和财务结构（Structure）这四个因素。在我国，企业特殊性质比较多，所以需要另外加上“调整因素（Adjustment）”这一个子方面，就形成了 LAPSA 模型（如图 7-9 所示）。该模型从五个方面着手，系统地形成了公司的企业画像，

图 7-9 LAPSA 模型的五个维度

① LAPSA 模型以 Goldman Sachs 的 LAPS 模型为基础改良而来。L、A、P、S 四方面要素以定量指标为主，能够较好地体现产业债公司的财务健康度和偿债能力。通过调整因素将关键定性因素量化后结合进模型中，从而得出综合偿债能力。除了 LAPSA 模型外，常用的信用分析模型还有信贷业常用的 5C of Credit 模型，以及 JP Morgan 开发的 CAMELS 模型等。

并综合起来形成对公司的整体信用评分。

这个模型在产业债，尤其是制造业的企业中有着较好的适用性，大多数行业只需要更改部分指标就可以实现通用。但是，城投行业和金融行业因为行业性质的原因，需要单独开发模型，这个会在后面的章节详细介绍。此处，先介绍通用的LAPSA模型以及其各方面的详细分析方法①。

1. 流动性

现金是流动性最好的资产，而任何偿债行为都需要借助现金完成，所以流动性可以说是影响偿债能力最直接、最重要的指标。一般常说的流动性风险，又可分为两类。第一类是负债端的，也就是负债带来的流动性问题，主要表现为公司是否有足够的资金去偿还负债的利息，或者近期要兑付的负债的本金。负债端的流动性指标主要有什么（见表7-2）都体现了公司赚取的资金对债务支出的覆盖能力，这些指标往往是越高越好，这是负债的流动性。第二类是资产的流动性，也就是公司的资产是不是能够快速地以较低的交易成本变现，来覆盖债务偿付的能力。通常来说，不论资产还是负债，一般期限越长，其成本越高。大多数公司运行的实质是期限的错配，也就是用期限相对较短的负债去支撑期限更长收益率更高的资产，但如果彼此错配的较多，就会导致其抵御短期偿债压力波动的能力越差，就越容易发生兑付风险。这些指标均体现了短期高流动性资产对短期债务的覆盖程度，越高越好。负债流动性和资产流动性指标的重点举例可参见表7-2。

表7-2　流动性指标分析

流动性指标类型	重点指标举例	解　释
负债流动性，体现企业在正常运行中获取现金支付到期债务本息的能力	EBITDA利息倍数	税息折旧摊销前利润除年度债务利息支出
	经营活动净现金流/短期有息债务	体现了企业内生造血能力对短期债务的覆盖
	货币现金/短期债务	货币现金能有效缓解债务压力，但如果货币现金比例过高则难以解释企业的举债行为
资产流动性，体现在极端情况下企业资产快速变现偿付债务的能力	流动比率	流动资产÷流动负债
	保守速动比率	（现金＋短期证券＋应收账款净额）÷流动负债
	现金比率	（货币资金＋有价证券）÷流动负债

2. 经营活动

经营活动是从资产端决定企业造血能力的核心要素之一（另一个是盈利能力）。在股票分析中，公司的运营和成长是两个最需要着重分析的要素，对于债券投资者来说，公司的成长这一要素的重要性稍弱一些，主要着重关注的是资产端的运营情况。

① 出于商业敏感性原因，本书只介绍模型搭建的方法论，在指标选取和权重的分配上，只能举一些例子，而无法提供全部的数据和列表。

企业经营和资产运作分为动态与静态两类经营活动指标(见表 7-3)。同时,也可以将经营活动分成两个小类。第一个小类是规模和增速相关的指标,就债券行业而言,有着非常明显的 too big to fall,也就是太大而不能倒的效应。也就是说,在其他条件相近的时候,永远是规模大的公司偿债能力更好,因为更大规模的企业有更多的融资来源,更强的抵御波动的能力,更容易获得外部支持。第二个小类是效率类的指标,主要体现的是资产端运营的能力,包括会计中常用的存货周转率、应收账款周转率、期间费用率等。这些比率还在一定程度上体现了公司的上下游地位,所以对于偿债能力而言,存货周转率、应收账款周转率等越高越好,而期间费用率则是越低越好。

表 7-3　经营活动指标分为动静两类

经营活动指标类型	重点指标举例	解　释
动态指标,体现企业经营的变化方向	资产规模及增速	保持长期稳定的规模增长是能持续运营的标志
	营业收入及增速	营业收入相对行业平均的增长速度体现了企业上升的速度
	经营活动现金流及增速	经营活动现金流的增长直接体现了企业造血能力的变化
静态指标,体现当前企业资产运作的效率	存货周转率	营业成本÷存货,体现企业营销水平
	应收账款周转率	营业收入净额÷应收账款,体现资金使用效率
	期间费用率	(管理费用+销售费用+财务费用)÷营业收入体现企业的经营成本

3. 盈利能力

如果说经营活动体现了公司的造血能力,盈利能力则体现了公司的造血质量。这方面的指标也可以分为两个维度进行分析,见表 7-4。

一是公司主营业务的盈利能力,这类指标一般从利润表和现金流量表的科目中来,以营业收入为分母,体现的营业收入中的利润率,比如销售毛利率、净利润率等。这里需要特别提一下的就是付/收现比,因为在现代商业中,尽可能地早收钱、晚付款,是企业运营非常重要的一部分,能及时收到营业收入的现金,在购买原材料时能够赊账,既体现了企业在上下游的行业地位,同时在业内有不少公司会以比较激进的方法记录营业收入,很多营业收入其实是有水分的,较高的收现比(本期营业收入中转化为现金收入的比例)能很好地澄清这一问题,也体现营收的质量。

二是公司资本的获利指标比率,体现了公司整体为股东/出资人创造价值的能力。比如资产收益率、净资产收益率等。这些指标的大小,既受到营业收入端盈利能力的影响,也得益于良好的公司资产结构。净资产收益率,可以算作公司运营的首要指标。

表 7-4　业务盈利能力与资产盈利能力指标举例

盈利能力指标类型	重点指标举例	解　释
以营业收入为分母的指标，体现了企业业务的盈利能力	销售毛利率	1－销售成本÷营业收入，与行业比较能体现产品竞争力
	净利润率	净利润÷营业收入，体现企业主业的盈利能力
	付/收现比	购买支付现金/经营现金净流入÷营业收入净额，收现比体现公司收入质量，两指标结合能体现公司上下游地位
以资产为分母的指标，体现了企业资本获利的能力	资产收益率 ROA	净利润÷资产总额，体现杠杆前企业综合盈利能力
	投入资本回报率 ROIC	息前税后经营利润÷(有息负债＋净资产)，体现投入经营的资本赚钱取收益的能力
	净资产收益率 ROE	净利润÷所有者权益，体现杠杆后盈利能力，提高 ROE 是企业的首要目标，也是良好盈利能力和资本结构的体现

4. 财务结构

合理的财务结构是企业正常运行，适当放大收益，控制运营风险的前提。而公司的杠杆率则是财务结构最直观的体现方式。杠杆一般有两种，见表 7-5。第一种是财务杠杆，即在公司整体的资产中，有多少是公司所有者权益，多少是负债。因为一般来说负债的成本都低于公司资产端的收益，所以一定程度的负债经营能够放大公司的收益。但值得注意的是，公司的所有者权益作为运营风险的安全垫，如果比例过低，在经历市场波动时，很容易被击穿，导致公司的破产。所以，总的来讲，每个行业都有一个比较合适的财务杠杆的度，过低则收益不高，过高则风险太大。第二种是期限杠杆，也就是负债与资产的期限匹配程度。由于长期利率一般高于短期利率，所以资产和负债在一定程度上的错配将产生利差增厚收益。但是，如果大量长期投资由短期负债支撑，将显著增大公司的债务偿还压力，也增大了公司承担的利率风险。所以，在能维持负债成本的前提下，尽可能多地由长期稳定的负债支撑公司的运营，减少再融资的成本，能够巩固公司的偿债能力。换句话说，当一个公司一直滚动发行短期债券补窟窿的时候，说明这个公司已经有比较大的财务问题了。

表 7-5　财务杠杆与期限杠杆两类指标举例

财务结构指标类型	重点指标举例	解　释
负债比例，体现公司的财务杠杆	资产负债率	总负债÷总资产，体现了企业总体财务杠杆水平
	债务权益率	(总债务－现金或现金等价物)÷所有者权益
	剔除预收账款后的资产负债率	对于某些特定行业(如房地产)，需要使用更能体现行业经营特点的定制化指标

续表

财务结构指标类型	重点指标举例	解　释
负债时长，体现企业的期限杠杆	短期债务比率	一年内短期债务÷总债务，体现债务的期限结构
	长期资本化比率	长期债务÷（长期债务＋所有者权益）
	存量债券平均剩余期限	长期稳定的负债来源有助于缓解公司偿债/再融资压力

5. 调整因素

LAPSA 模型的最后一个指标是调整因素。公司性质类与信息真实性等调整的一些因素见表 7-6。

（1）企业性质

就我国债券投资者而言，最重要的调整因素是企业的性质，是中央国有企业，还是地方国有企业；是民营企业，还是外资企业。其重要的主要原因是我国的社会主义性质：在政府的运营体制下，国有企业承担着国计民生的重大责任，也是政府影响经济运行的重要抓手；政府对旗下企业的正常运行有着更多的责任，同时，当风险事件发生时，政府也有更大的意愿去拯救受困的企业。就我国债券投资者而言，最重要的调整因素是企业的性质，到底是中央国有企业，还是地方国有企业，还是民营企业以及外资企业。

由于国有企业承担着国计民生的重大责任，也是政府影响经济运行的重要抓手，从历史来看，当风险事件发生时，政府从中协调，支持受困的企业的情况并不少见，所以一般国有企业，尤其是央企的信用资质要比民企强很多。所以说，国有企业在偿债能力方面受到市场更多的优待是一个全球性的现象。另外一个调整因素是企业是否上市，毕竟上市企业能够通过增发股票、股权质押等更多的方式融资补充资金，而且上市公司的财务报告制度相比非上市公司也更加规范。退一步讲，以前，在我国有很多上市的壳资源都非常值钱，所以总的来看，上市公司比非上市公司的偿债能力又要好上一层。最后还有一些其他的调整因素，比如企业所在的省份，近期是否有被相关监管部门处罚，是否被评级公司关注或者下调评级等，也值得研究人员分析。

表 7-6　公司性质类与信息真实性类调整因素举例

调整因素指标类型	重点指标举例	解　释
企业众多非财务特性也是信用利差的决定性因素之一	企业所有权特征	央企、地方国企、民企和外企在债券市场待遇迥异
	企业是否为上市公司	上市交易给予企业更多融资途径（股票质押，回购等）
	企业所在地域	经历过地方互保和连锁违约后的部分投资者对一些省市避之不及，导致该省市债券流动性下降，合理信用利差增加

续表

调整因素指标类型	重点指标举例	解　　释
某些无法解释的指标表征说明公司财务信息的真实度需要打折	无形资产/商誉/长期待摊资产是否有未合理解释的突增	无形资产的增多降低了资产质量，也可能是公司虚增资产/收入的标志
	是否存在存贷双高的情况	货款利息远高于理财收益，存贷双高则存款真实性存疑
	企业人均营收和净利润水平	偏离行业正常值的人均数据意味着财务营收指标存疑

（2）财务造假的识别

调整因素的第二类是关于企业财务真实性的指标。对于财务造假的诊断是症状式的，信用研究人员在分析财报的时候就好像医生在看体检报告，寻找报告中一项或者几项指标有反常症状。在信用分析模型中，能够根据读取的财务指标，判断指标的关联中是否有满足财务不实特征的指标组合。比如，前一段时间比较有名的企业账上的现金余额和负债金额都很高，可能表明其伪造了资金的数量；如果营业收入大多来源于关联方或者增速远高于行业平均，那么可能说明其有虚增收入的嫌疑等。当企业有一项或者多项指标符合这些特征，那么就需要对企业在调整因素方面的指标进行相应的调整。财务修饰与财务造假对调整因素指标的影响如图 7-10 所示。

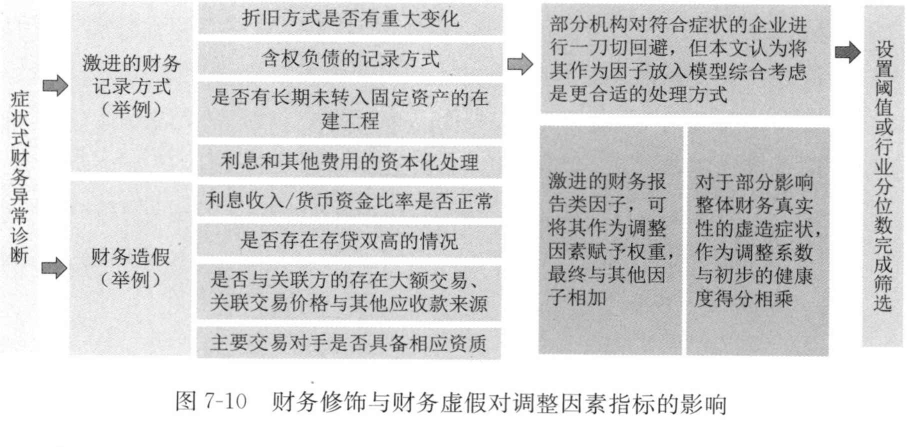

图 7-10　财务修饰与财务虚假对调整因素指标的影响

这些反常症状又能根据性质分为两类。一类症状的出现概率较高，主要是激进的财务记录方式导致的，包括改变固定资产的折旧方式来操纵利润，将大量的利息资本化，计入在建工程或者固定资产等。部分公司（尤其是上市公司）为了维护股价，常常这样操作，美其名曰“清洗”报表，但其实扭曲了企业的真实营业情况。虽然债券的信用研究人员往往非常讨厌这种做法，但是只要其从事实业，具有真实的现金流，这些公司就不会完全丧失投资价值。只要在最后进行数据加总分析时给予权重，下调最终得分就可以了。

第二类比较恶劣，可算是财务造假。比如虚增资产，伪造询证函来虚报现金总量，和上下游关联方互相虚构其实并不存在的交易，甚至和关联公司利用其他应收应付来挖空原公司的资金等。对于这些比较恶劣的行为，影响了整个公司的信誉，对整体偿债能力有很大影响，必须在原有的信用分析结果上进行大幅打折。往往有一到两项这样恶性造假的症状，就足够让该企业进入不可投资名单。所以，债券的投研人员一定要注意这个问题。

有些人会有疑问，当企业已经有明显的财务数据反常症状的时候，为什么不直接规避这些企业？其实，很多时候，财报的真实性只是一个程度的问题。比如有些公司会更加激进地确认并不一定会到账的营业收入，在建工程推迟计入固定资产以回避折旧，以此来增高利润等。通行会计准则对这些事务的处理上，本来就给予了会计人员一定量裁的空间；更何况这类的企业占全部发债主体的比例很高，很多甚至是行业内的龙头公司，虽然财报有一定的偏颇，但同时也有实实在在的大量高质量的收入，所以根据违约特征对其评分打折而不是一刀切的回避，是更加务实的处理方式。

7.3 量化模型信用分析

在系统地获取了全部输入指标数据后，需要考虑的问题就是如何将这些指标整合、分析，从而得出有意义的结论。以下将首先介绍基于统计学习和计算机的量化分析法。此类方法体现了信用分析行业未来的发展趋势，而且目前其在大多数行业分析中的表现已优于业内传统的打分表法。

7.3.1 量化模型框架

量化分析模型构建框架的步骤如图 7-11 所示。首先，对发债主体的信用分析往往是基于行业进行的，从数据终端读取指定的来源于财报的 LAPS 指标入手，将这些指标数据和通过外部信息调查、爬虫或者自然语言分析工具获得的调整因素指标进行结合、清洗①，最后形成可以输入数据库的数据。然后，把洗好的数据因子利用主成分分析法（Principal Component Analysis）进行复合，形成对结果真正有较大影响、彼此相关性较小的输入数据。最后，利用 Logistic 回归训练出模型的权重。在构建完成全部的量化分析程序后，当需要分析一个新的债券的时候，只要将对应的指标输入模型生成得分和筛选结果就可以了。

---

① 数据的清洗包括填入缺失值，将多种指标变为相同的频率、长度和单位，将定性指标转化为定量指标或哑变量等。

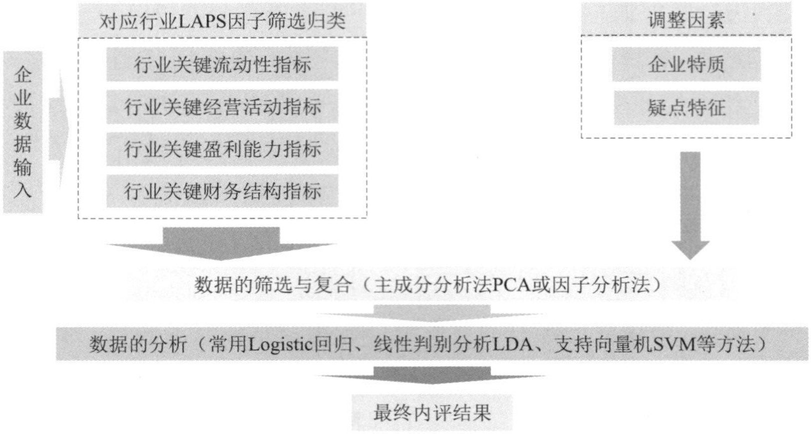

图 7-11　量化分析模型构建框架(数据的输入、整合与信评结果的生成)

7.3.2　因变量 *Y* 的生成

在介绍了量化分析的整体框架之后，下面介绍框架中关键步骤的操作细节。首先是因变量 Y 的生成，也就是生成我们用于训练量化模型的结果数据。

信用分析模型的根本是要区分好的公司和坏的公司，那么要构建这样一个区分好坏的模型的前提，是需要对现存公司中的好和坏进行归类，这样，在遇到一个新公司时，才能有所参照。如果是在发达国家债券市场，这个区分比较简单，先看过往已经违约的公司，总结它们的常见特征，然后在新遇到的公司中寻找和已违约公司类似的特征，就可以很轻松地进行归类了。但是，这种直观的思路在人民币债券市场并不能完全适用，主要因为我国信用债市场化的历史比较短，正如之前提到的，最早的信用债都有银行担保，没有违约的样本。自 2014 年 3 月，“11 超日债”违约以来，人民币信用债市场共有 100 余个公司，近 400 只债券发生实质违约，相对市场内近 10 000 家发债公司，近 50 000 只债券的总量而言，数量极少，如果仅以实质违约作为 $Y=1$ 的有效样本进行回归，极难构建出有意义的模型。

传统银行的量化信贷违约率分析模型，其根本目的在于准确预测违约率(PD)，从而将风险调整后的收益最大化；而为投研服务的信用债量化模型的根本目的，在于减少第二类错误(Type Ⅱ)。所以，一方面为了扩大有意义的负面样本的数量，另一方面为了尽可能地减少错放的概率，在构建负面样本的时候，无须纠结于是否实际发生违约行为，而是样本是否满足应被剔除的条件。

在我国，一个比较合适的标准是所有外部评级低于 AA－的债券，或者近期被下调评级，或者被“评级机构”添加到关注名单的债券，作为应被剔除的样本，如图 7-12所示。因为人民币市场一般公开发债的最低要求就是 AA－，而且国内的评级公司大多都是发行人付费，在调低评级或者添加关注方面比较谨慎，甚至是有点滞后。因此，虽然获得 AA 及以上这类较好评级的公司并不都是“好”公司，但一般可以认为评级在 AA－以下或者被下调的公司肯定或多或少有些问题。因而,可以把这类公司设定为一类,作为负面样本,用于模型的构建和权重的调整。

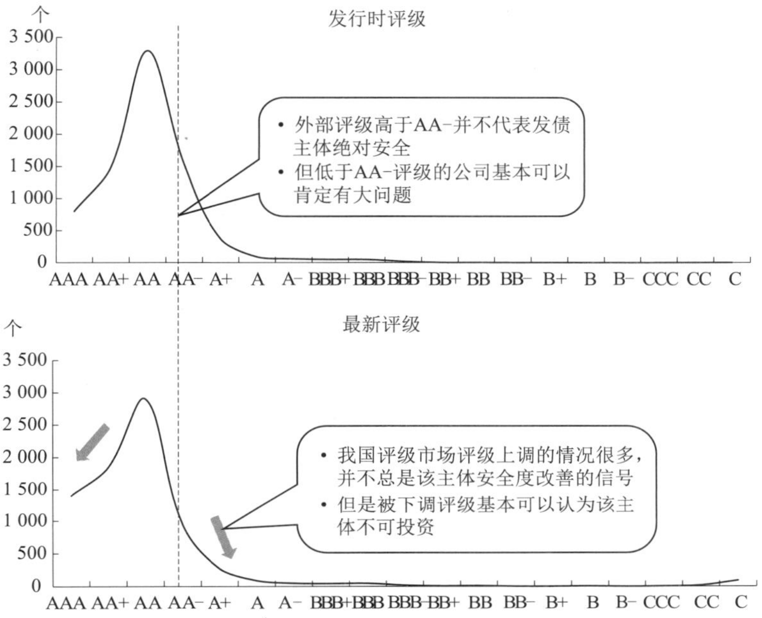

图7-12 因变量Y的生成

7.3.3 自变量X的处理

对于量化分析程序而言,输入的X值是经过充分、全面、系统采集的LAPSA这五类指标的集合。因为债券行业的发行主体不同于股票行业的发行主体,披露的财务报表标准差异较大,有的指标这个公司有数据,那个公司没有数据。所以,从数据终端提取到的数据也许被污染过了。而且,有的指标,比如营业收入,是以百万或者亿为单位的金额;有的指标,比如资产负债率,是百分数;有的企业排名,可能是一个整数数字或百分数(比如用分位数计量行业排名)等。在处理这些数据之前,需要把在不同维度上的数据整合成能用在同一个模型里分析的数据。

1. 自变量X的初步处理

对于量级差别比较大的数据,比如授信金额或者规模,大的公司可能几百上千亿元,小的公司可能只有几十亿元或几亿元,可以统一进行对数化的处理,在保留大小顺序的同时降低它们位数的差别。对于企业性质这类的指标,可以设为哑变量,比如是国企,那么就等1,否则就等于0。如果是资产负债率这类太低也不好,太高也不好的指标,可以将其平方后再乘−1,然后加上一个合适的系数。这样负债率的指标变成一个两边低中间高的二次函数,就可以对其大小进行排名了。其他的数据处理方式包括将公司规模改为分位数、对一些复合出来可能特别大或者特别小的指标设置上下限，或者通过中央极限公式将数据改为正态分布的指标等，具体如图 7-13 所示。只有经过这些初步处理的数据，才能输入模型，进行进一步分析。

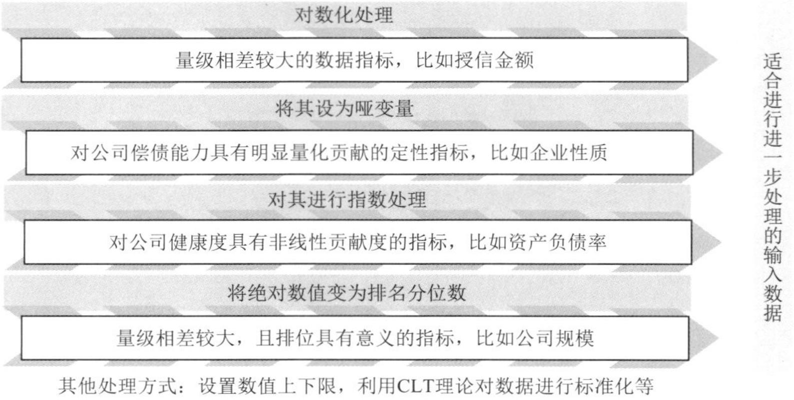
对数化处理
量级相差较大的数据指标，比如授信金额
将其设为哑变量
对公司偿债能力具有明显量化贡献的定性指标，比如企业性质
对其进行指数处理
对公司健康度具有非线性贡献度的指标，比如资产负债率
将绝对数值变为排名分位数
量级相差较大，且排位具有意义的指标，比如公司规模
适合进行进一步处理的输入数据
其他处理方式：设置数值上下限，利用CLT理论对数据进行标准化等

图 7-13　常用的数据清洗方式

2. 自变量 *X* 的深度处理

在对数据进行标准化处理以后，接下来就是数据的复合和降维。因为正如前面量化分析模型框架所示，最终的量化处理方式是 Logistic 回归。和线性回归一样，如果输入的 X 指标很多，那么肯定能提高 R^2 这个解释能力指标。但是，不可避免的，各个 X 指标之间会有关联性，甚至共线性。比如，营业收入规模和公司资产规模就是强正相关的两个指标。而且指标越多，关联性越高，那么测试出来的结果，回归权重的可靠性就越低。在 LAPSA 模型中，需要输入的 X 指标数量根据行业而定，往往都有 30～50 个。为了解决这么多指标输入导致结果稳定性差的问题，需通过 PCA 对其进行降维，减小输入指标之间的关联关系①。

PCA 是一种基于线性代数的数据复合方式。首先需要获取输入数据的相关性，也就是 Covariance。比如材料二级行业的 30 个指标，每个指标都与其他 29 个指标有着或大或小的协方差，与自身有方差，可以把这些协方差制作成沿着对角线对称的协方差矩阵。线性代数的基础课程告诉我们，矩阵是能够通过小于等于其维度个数的特征向量 Eigenvector 来描述的。所以，如果只提取比较特征值较大的特征向量，就能在基本描述原始矩阵的同时降低原始矩阵的维度。一般来说，将原来的 30～50 维度的数据降维到 10～15 维是比较合适的，比如在材料Ⅱ这个行业，可以通过 PCA 的方式，将原来 30 维的数据降为 12 维，大体上保留了之前 30 个指标中的关键信息，且更加适合利用回归分析了②。下面以 Wind 材料二级行业的数据为例，展示 PCA 主成分分析法的运算过程，具体如图 7-14 所示。

① 对公司数量较少的行业，必须对 X 指标进行降维，因为当样本数小于 X 指标个数时，回归将完全失效。

② 利用 PCA 进行数据降维的详细步骤、操作实例和代码请参见第 12 章 PCA 部分内容。

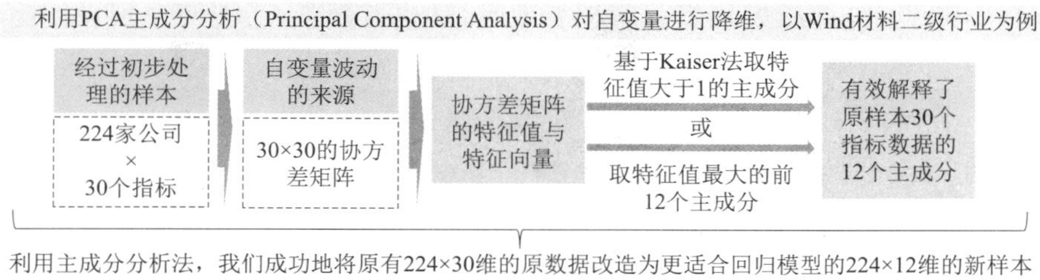

图 7-14 PCA 主成分分析法

7.3.4 利用 Logistic 回归计算排除概率

在输入的 X 数据和输出的 Y 数据都准备就绪后，就可以用这些数据训练 Logistic 回归模型了。一般最常见的是线性回归模型，输出的结果 Y 和输入的 X 有着线性关系，将所有的 X 增大两倍，那么输出的 Y 也会相应地扩大两倍。但是，这在常识上并不太符合对信用风险的合理判断。比如，一般认为相同情况下，规模大的公司违约概率小，但是并不能够说当规模扩大两倍，公司的违约概率就相应缩小一半。而且，输出的结果也是有上下限的。比如 0，是信用研究人员绝对不需要排除的公司；输出 1，说明绝对需要排除这些公司；但是，如果输出的是 2，那么说"模型结果表明，有百分之两百的概率需要排除这个公司"，是不严谨的。

所以，对于这种二分归类型的分析，更加适合使用 Logistic 回归。这种回归中，X 与 Y 并不是简简单单的线性关系，而是经过自然对数化以后的曲线关系。Logistic 回归的公式和线性回归是很类似的，如图 7-15 所示，也能很直观地看出每个输入 X 指标的影响大小。但是，Y 的取值变为 0 到 1 之间，对于非常确定需要排除的，得到 1；确定不需要排除的，得到 0。最后，再根据投资机构的风险偏好，为模型生成的结果设定一个筛选门槛。比如，当模型认为这个公司有大于 70%的概率需要被剔除时，将该公司加入黑名单。或者这个门槛也可以根据现有公司样本的模型分析结果而定。比如，假设全行业最差的 30%的公司被剔除概率都大于等于 67%，那么也可以将 67%设为这个门槛，对新的发债主体中末位的 33%进行剔除。

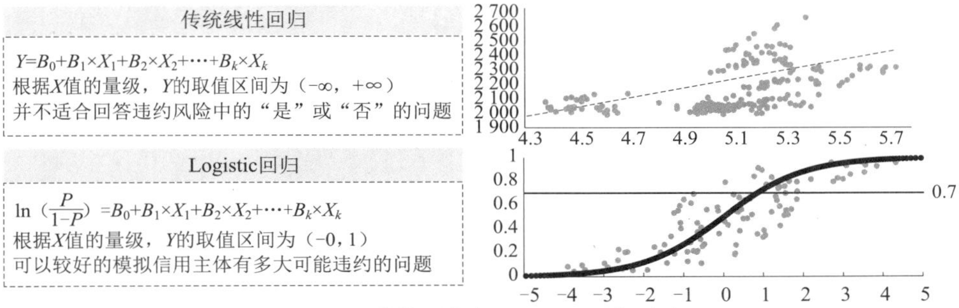

图 7-15 线性回归与 Logistic 回归对比

以上就是量化的信用分析方法的操作过程。量化分析和人的主观分析最大的区别在于，量化分析基本思路比较清晰，操作过程是高度客观（Objective）、可复制（Reproducible）、可携带（Portable）①的，测试出的权重非常科学。一旦写好一个行业或一个公司的分析方

① 一个 Portable 的模型或者技术，最大的特点在于其运作并不依赖一个或几个骨干人员。理想的状态是，任何一个受过相关教育的新员工，都能依赖策略文档很快上手操作、调试及维护一个开发完善的量化模型。

法，简单修饰以后就能够很好地批量应用。但是，其也有缺点，主要是个别操作比较烦琐。当一个行业发生重大背景变化后，需要花费大量时间进行重构。

7.4 利用打分表法进行信用分析

打分表法是一种比较传统的信用分析方法。相比之下，打分表法对计算机操作的要求更少，在有经验的分析者操作下，只需要纸张和表格就能进行。而且，很多行业存在样本严重缺乏的问题，比如电信行业，业内发债企业只有几个，要想用有限的三五家企业的样本去训练几十个指标的回归模型，是很难得到有价值的结果的。所以，对于这些行业，也只能使用传统的打分表法。

7.4.1 基于 LAPSA 模型的产业债打分表

产业债打分表运行框架如图 7-16 所示。从数据的提取上，输入的 X 数据大类和量化分析法基本是一致的，还是用 LAPSA 模型。然后，在子因素中，照例是根据行业的特性选择相应的指标。比如在地产行业，由于售房的收入要到交房才确认，往往晚于现金的收付，所以应选择剔除预收账款的资产负债率。在提取了所有需要的数据以后，再根据指标的类型单独打分。由于打分表法基于专业评估人员的经验，大多数数据不需要像量化回归法那样进行复杂的处理，只需要进行同行比较后转化为有明显次序的分数体系就可以了。比如，将规模数据转化为分位数，将资产负债率转化为数字分档，给予所处的地域省份分类数值。最后，根据经验，给予各个指标权重后加总，就能够得到最终的得分，再设置一个阈值进行筛选就可以了。一般来讲，总的权重上，调整因素和流动性各占 25%左右，盈利能力占 10%，经营活动占 20%，财务结构占 20%左右。当然，不同机构制作的模型、不同行业的模型也有一定的差别，读者也可以根据自己的经验判断或者风险偏好配置权重。

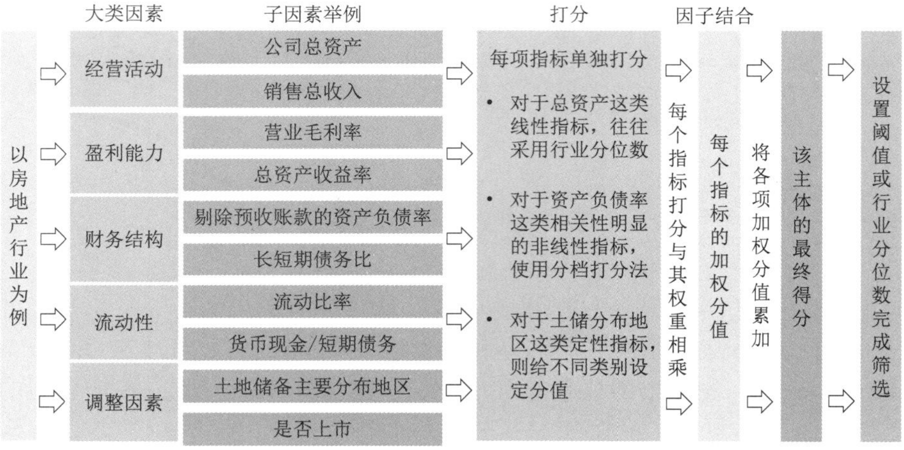

图 7-16　产业债打分表运行框架

7.4.2 基于三要素模型的城投债打分表

除了产业债以外，我国债券市场中还有为数不少的城投债券。由于城投公司并不是以盈利为导向的商业企业，所以分析其偿债能力需要与 LAPSA 模型不同的另外一套框架，也就是通过平台信用、地方政府信用和调整因素这三个方面进行分析。下面将城投债分析的三大要素进行了简明图解，如图 7-17 所示。在这套框架下，定性的、从财报以外的来源读取到的信息比较多，而且城投行业普遍存在报表数据可信度不一、受到政府决策影响较大、公益成分不尽相同等特点，无法用覆盖全行业的量化模型进行分析，传统的打分表法成为唯一选择。

不同于从公司本身着手的产业债分析方法，城投类债券的分析首先离不开其所在地域的行政等级和经济条件。城投公司偿债的根本来源是地方经济产出，如果一个地方的负债规模和其地方 GDP 都不相称，则会产生显著的偿债压力；如果一个地方的经济发展长期停滞甚至下滑，同样也会减弱其偿债能力。所以，目前市场主流机构对于城投债的主流分析方法为自上而下的地域筛选，甚至一些机构对于个别省份有着“一刀切”的准入规定，之后才会进行针对市县一级的区域和平台主体分析。

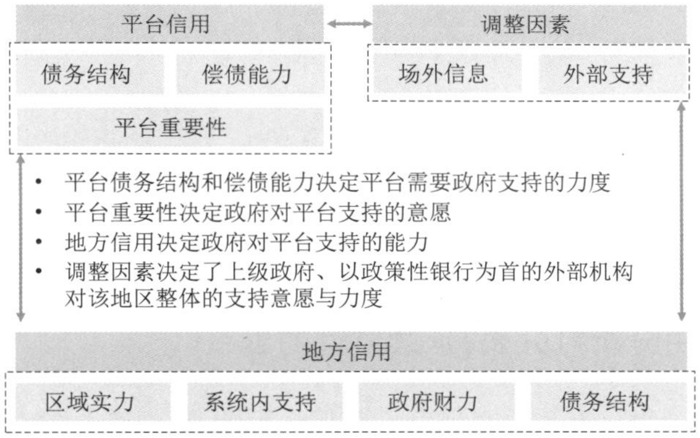

图 7-17 城投债分析的三大要素

只有认可了地域，然后才能结合城投公司和政府联系的紧密程度去分析城投公司的报表。由于城投公司属于非商业盈利企业，所以其报表中最重要的是债务结构和流动性类的指标。同时，从报表的数据，包括平台的行政级别，承担公益职能的多少，承担什么公益职能，在相同区域类似城投公司中的排位，和系统中其他政府机构/城投公司的业务往来、应收应付规模、股东的结构等，也能够分析出这个城投公司的重要性。这决定了当地和上级政府，还有其他的外部机构，比如国开行，会在多大程度上支持这个城投公司。另外，还有一些实时性更高的场外舆情信息，存量的当地银行、政策性银行的支持等，这些都对城投公司的整体偿债能力有重大影响。

城投打分表从结构上和产业债打分表是类似的，如图 7-18 所示，从大类上分为地方信用、平台信用和调整因素。指标中从财务报表里提取的数据很少，主要都是需要单独调研了解的定性信息，经过和同类的比较之后进行降序排位调整并乘上权重，最后设置阈值进行剔除。从权重上来看，地方信用占四成，平台信用和场外信息各占三成，是一个比较合理的权重。但是，也不能够一概而论，在分配权重时需要考虑城投平台从事的业务类型。如果是专门用来融资的平台，那么地方信用的比重会更高；如果是承担经营性业务的平台，则平台自身信用占比更高，且以公路收费权、水电公交、排污、停车、地下管廊等实业，或能产生稳定现金流的业务为佳。此外，平台承担的公益职能比重越高，其和政府联系越紧密，受政府影响越大，整体信用越强。

图 7-18　城投债打分表操作框架

7.4.3　银行业信用分析打分表：延续监管的思路

如图 7-19 所示，是银行发行所有债券种类的一览图，虽然银行债券的种类很多，但是从债券投资的角度，对银行业进行信用分析的研究起步较晚。因为银行业一直在银保监会的严格监管之下，银保监会的监管体系延续了有 30 余年历史的巴塞尔协议体系，故政府对银行业的监管是所有行业中最复杂最精密的监管。自 1997 年海南发展银行被接管以来，在 21 年的时间内，从未发生过商业银行的重大风险事件。所以，曾经很长时间里，债券投资业内一直对银行的信用分析不够重视，个别银行的负面消息也被选择性无视了，直到在 2019 年 5 月包商银行被接管，5 000 万元以上金额的同业存单被折价兑付，同业负债的刚兑被打破，业内才重新开始研究构建银行业的信用分析模型。

包商银行在被接管前已有两年未公开披露财报，资本充足率指标也未达到监管的要求。所以，包商银行的兑付危机并未证明现存的银行监管逻辑存在漏洞，只是说明监管机构在执行的过程中，对执行时机和目标具有选择性。所以，对债券投资机构而言，顺应现有的银行监管思路，自建内部银行信评模型成为最优解。

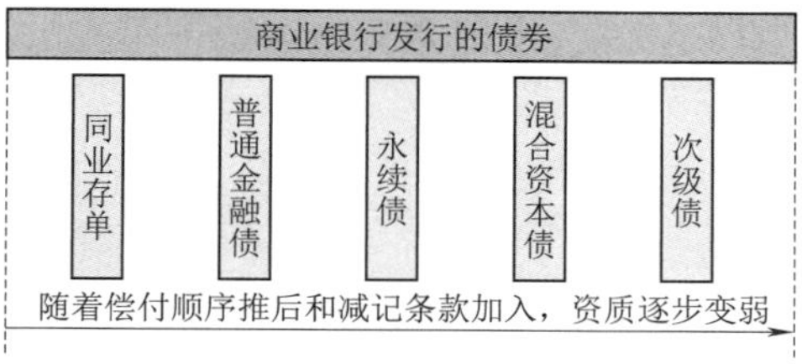

图 7-19　银行发行债券的种类一览

在开始银行业信用分析模型的研发之前，有必要了解一下我国监管部门对银行的监管思路。一方面，短时间内开发一个比我国银保监会和其背后沿用的巴塞尔体系更高明的分析监控体系难度极大；另一方面，有关部门的监管和约束条件也会在很大程度上影响银行的经营行为。所以，综合来看，对银行业监管的充分理解是对银行进行信用分析的基础。

我国的银行监管体系分为两块，如图 7-20 所示。第一块是已经出台的底线监管法规，包括《商业银行资本管理办法》和《商业银行流动性风险管理办法》。这些法规规定的监管指标是和银行风险关联最大的，会按月报送银保监会。第二块是每个季度的宏观审慎评估（MPA 考核），即在底线的两部法规上面增加了一些可操作的量化指标，包括委托贷款、同业负债、净稳定资金比率等，考核的结果不但影响存款准备金率等监管条件，也会影响银行的持续经营。银保监会也会不定期改变一些评估的方法，比如之前的广义信贷增速不超过 M_2 增速这一指标现已不再实施。此外，MPA 考核中还有定价行为、跨境融资风险和信贷政策执行等大类的内容也是银保监会比较关注的。但是，对于偿债能力而言影响不大。所以，作为债券投资者，只需要关注资本和杠杆情况、流动性、资产负债情况、资产质量这四方面的内容就可以了。以上这两个方面的监管数据中比较重要的指标，如资本充足率、拨备覆盖率等，会在上市银行或中大型城商行或农商行的报表中进行持续披露。但是，在一些非上市、规模较小的银行报表中披露的比较零散，在将数据输入打分表模型之前，需要大量的数据清洗工作。

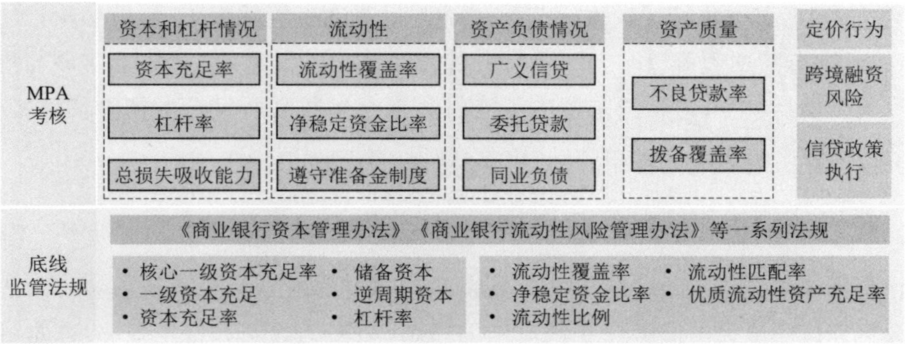

图 7-20　银行业风险管理的两层约束

我国银行数量众多，既有五大行和上市银行这些规模较大、报表详尽的机构，也有几千家规模很小的村镇银行，报表比较简陋，甚至不会对外披露正规财务报表。在数据指标口径不一的情况下，只适用打分表法进行分析。银行业信用分析打分表的运作流程如图 7-21 所示。银行的打分表数据指标分为银行经营、盈利能力、流动性、风控能力和调整因素这五个方面。但是，银行业和其他行业的不同点主要在于，银行业没有财务结构类指标，银行本身就是建立在杠杆上的行业①。银行主要的资金来源是吸纳储蓄，但是吸储这一行为本身就会提高资产负债率。所以，在银行业中，这类信息通过杠杆率和资本充足率体现，和不良率、集中度一起，都属于风控指标。

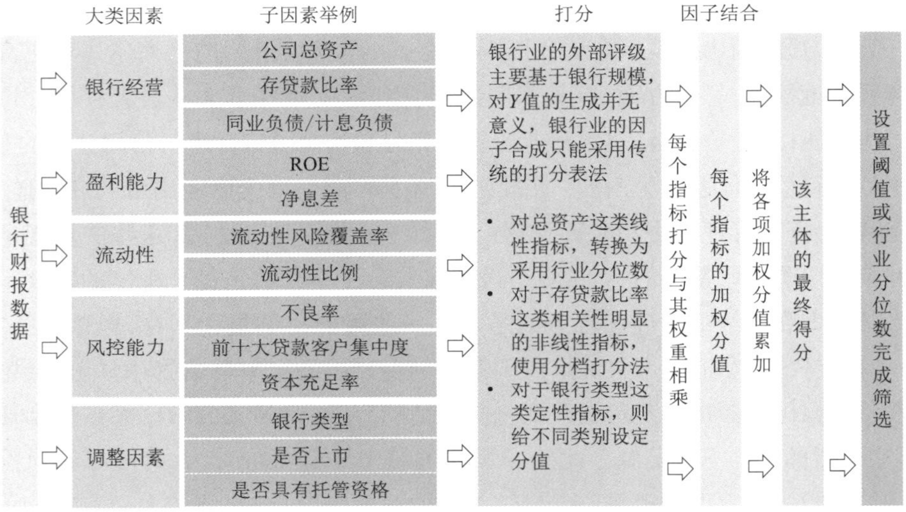

图 7-21　银行业的信用分析打分表

对于银行而言，最重要的指标就是风控能力，可以占到 35%以上，尤其是资本充足率、杠杆率这类监管特别关心的指标，不达标的后果很严重。不良率也是可以比较直观地说明情况的指标，如果超过 2.5%，就说明银行的运营有重大问题了。然后是流动性类的指标，能直接体现银行的偿债压力，权重总共在 30%左右；银行经营和盈利能力这两项权重总共在 20%左右；最后调整指标大约占比 15%。在获得清洗过的数据以后，按照指标的权重加总得分，然后进行筛选就可以了。一个良好的模型产出的结果，在整体上应该与外部评级公司的评级结果相吻合，结果的末位应该能够囊括大多数其所发行的债券估值较高、业界名声较差的银行。

7.4.4　量化分析法与打分表法对比

量化分析法与打分表法的对比具体见表 7-7。总体来说，量化分析法和打分表法各有优劣。量化分析法最大的优势在于其清晰的思路，很高的应用和推广效率，非常好的延续

① 包括券商等其他金融类企业都有类似的性质。

性;缺点是操作烦琐,而且对于一些复杂的行业来说太理论化,覆盖面不够广。打分表法最大的优点在于操作简单,数据直观,适用性广,甚至能够用于多主营业务较多很难套用到某一个模型中的公司;缺点是执行往往依赖几个有经验的核心分析人员,比较主观,延续性差,而且效率较低。

表 7-7 量化分析法与打分表法对比

基于 PCA 与 Logistic 回归的量化模型	基于专家经验的信用分析打分表法
根据行业批量分析,视角更为全面	需要一对一制表,缺少行业整体数据参考
回归得出的权重可靠客观,而且可以利用更新后的数据进行再次回归优化,质量很高	打分权重指标的准确性完全依赖专家经验,随意性大,很可能不够准确,或者过时
利用数据接口从终端实时读取最新数据,自动更新	数据的更新与维护较为困难
开发完成后,可随时全自动批量分析,效率高	手工填制分析,效率较低,无法规模应用
一旦开发完成,操作、优化和数据更新均可由普通分析人员完成,对个人的依赖度低	运行的效果完全取决于关键专家/分析人员,可复制性差,人员的更迭会对机构分析能力造成重大影响
在进行行业分析时,部分行业主体较少,无法应用回归方法分析	依据专家的主观判断,对行业中公司的数量没有要求
对于跨业经营的公司,无法简单地将其放入单个模型。部分行业的公司报告普遍存在信息失真、数据缺失、口径不统一的问题	可以根据行业特点定制化指标或者手动更改数据以适应难以标准化的行业
建立时,需要用到金融、编程、数据库与统计知识,小机构开发难度大	操作简单,普通分析人员利用 Excel,甚至只用纸张和计算器就能完成
经过两次数据处理后的输入数据结构复杂,理解不够直观	数据钩稽关系清楚,可以进行前后验证,获取业务发生的深层次的信息

7.4.5 信用画像与数据维护

不论是量化分析法还是打分表法,债券投研人员最终需要生成和维护的结果应该是一套信用债发行主体的数据库。简单来说,应该分为三类:可以投资的公司,可以持有但是不能新增的公司,以及不能投资且需要清仓的公司。一些大机构还会分得更加详细,比如可投资库还会分为可以投资超过 5%的主体公司库,能够超过 10%的主体公司库等。储存在这些库内的每一个公司,都应该保存好分析时用到的所有原始数据文件,同时也记录好信用分析的中间结果。比如对于一般的产业债而言,就是 LAPSA 这五个维度的公司画像;如果是城投债,那么就是三个维度的公司画像。每当一个公司更新了财报,或者有重大情况发生时,都应该及时地更新这些信用公司库,更新分析结果,并不定期地对分析使用的模型进行评估,判断是否需要调整框架、指标或者权重。下面以河钢集团为例,给出了信用数据库与主体信用画像的参考范式,如图 7-22 所示。

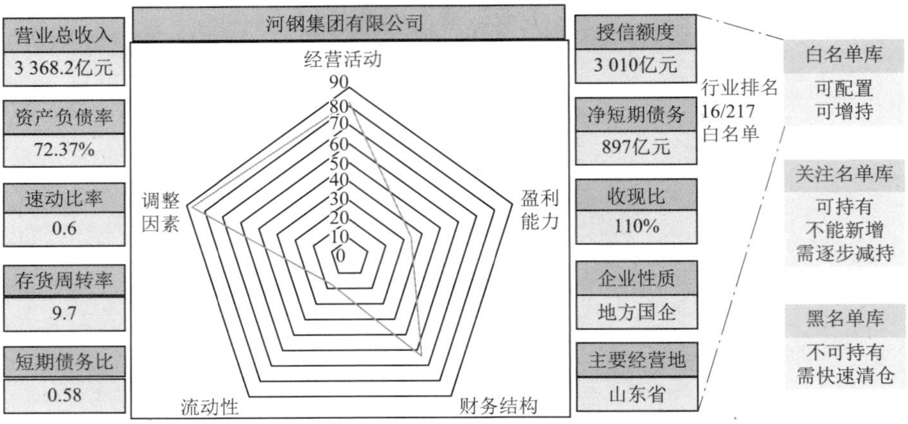

图 7-22　信用数据库与主体信用画像

本章小结

本章首先介绍了产业债券的一般信用分析框架。这个自上而下的信用分析框架始于宏观、中观分析，着眼依赖于对公司主体的 LAPSA 模型。然后，分别介绍了量化分析法和打分表法这两种主要的数据整体分析方法，并对城投和银行这两个打分表法专属的行业进行了详细的分析。最后，本章对两种分析方法进行对比，并简单介绍了信用主体数据库的运作。

08

第 8 章

市场点金术——债券投资策略详解

在全面了解了债券市场基础知识与研究方法之后，本章将重点介绍这些知识在债券投资中的应用，即债券投资策略的构建与使用。

债券投资是债券相关行业最核心的业务技能，是绝大多数基本面研究和公司信用研究的根本目的，也是金融市场优化资源配置，优化价值创造最重要的途径。

债券投资策略的开发既有技术性，即策略应该具有坚实、清晰、可复制的经济逻辑和数据支持；也有其艺术性，即投资策略地开发基础、构建过程和实施方式均不可避免地受到投资经理本人的主观判断影响，体现且受制于其投资水平，投资结果在特定的场合往往能显现出无法复制的美感。

本章将详细介绍 5 类，共计 7 种策略。按照这些策略的应用场景，可以将其粗略地分为在收益率曲线静态的假设下的债券投资策略，包括骑乘策略、新老品种套利策略、杠杆策略和派息避税策略。然后，本章将使用一个更加贴近真实情况的假设，即收益率是在不断改变的，而债券的投资者，需要能够准确地预测收益率的变动方向，这就需要学习如何分析预测无风险利率和资金价格。在能够准确分析和预测的基础上，才能学习如何基于预测投资获利，即债券波段交易策略。收益率曲线动态与静态投资策略具体如图 8-1 所示。

当然，在真实的市场环境中，收益率既有相对稳定的阶段，也有剧烈波动的阶段，实际债券组合的投资过程涉及的投资策略会比本章的介绍更加复杂。但是，万变不离其宗，不论多么复杂的投资操作，在一一分解以后，也都能在本章介绍的几种策略中找到熟悉的影子。高深的武功、眼花缭乱的招式也是从一拳一脚的基本功开始的。希望本章的学习能为读者未来的投资生涯打下坚实的基础。

图 8-1 收益率曲线动态与静态投资策略汇总

8.1 收益率曲线静态策略

不依赖收益率曲线变化就可以开展的投资策略叫收益率曲线静态策略。一般有四种收益率曲线静态策略可以在票息的基础上，有效增厚组合的收益。

8.1.1 骑乘策略

它是一种在收益率静态的假设下的一个古老而有效的策略，它的英文名是 Ride the Curve，也就是骑着收益率曲线的意思。这个策略的具体操作是，购买一只中长期的高息债券，持有一段时间，待这只债券变为中短期债券后，再以更低的收益率卖出，在赚取稳定的票息收益的同时，获取资本利得。

骑乘策略在投资者的持有期相对较短的情况下尤其有效。假设投资者的投资期限只有 4 年，如果直接购买剩余期限为 4 年的债券，收益率很低，不如采用骑乘策略，买入收益率较高的 7 年期的债券，持有 4 年以后，按照更低的，剩余期限为 3 年的债券收益率卖出。

根据摊余成本法可知：一只固定票息的债券，不论票息数值是多少，当以一个固定的到期收益率购入后，如果持有到期，或者以相同的收益率卖出，那么持有期间的收益率等于当时买入的到期收益率。如果当时 7 年期债券是以 3.756%买入的，那么持有 4 年的年化票息收益就等于 3.756%。但是，由于持有 4 年后，按照剩余 3 年到期的债券收益率3.200 4%卖出，低于 3.756%的，所以这样的波段交易，会获得资本利得。资本利得的大小等于卖出时债券的久期乘买卖收益率的价差，再加上二分之一的买卖收益率价差乘债券对应凸性的平方。（参加第 3 章凸性部分公式）在本章例子里，持有 4 年的资本利得是 1.59%，也就是说，骑乘策略大约额外创造了 0.4%的年化收益，这对于平均年化收益在 5%左右的债券投资场景来说，是非常可观的。

读者参考

骑乘策略的收益计算过程

在 2019 年 6 月 21 日购买一只 7 年期国开金融债，买入收益率约为 3.756%。持有 4 年后，这只原 7 年期债券只剩 3 年就要到期。假设市场收益率未发生重大变动，如需卖出这只债券，根据收益率曲线，这只债券的合理交易收益率约为3.200 4%，如图 8-2 所示。对投资者而言，

持有债券 4 年卖出的综合收益

＝持有 4 年的票息收益＋利率变动的资本利得

$=(1.037\,560^4-1)$＋利率变动的资本利得

$\approx(1.037\,560^4-1)-(3.200\,4\%-3.756\%)\times$修正久期$+\frac{1}{2}\times$凸性$\times(3.200\,4\%-3.756\%)^2$

$\approx 15.89\%$（票息收益）$+1.59\%$（资本利得）$\approx 17.5\%$

＊假设经过计算，持有 4 年后该债券修正久期为 2.8 年，凸性为 0.23。

从本质上看，骑乘策略利用了收益率曲线“在大多数时候是一条斜率为正，从左下的低点延伸到右上的高点的曲线”的特点，赚取了长期债券和短期债券之间的期限利差，但由于长期债券变成短期债券需要时间，而这段时间内收益率曲线可能发生变动，导致在开始施行这个策略的时候采取的收益率曲线不会发生变化的假设被打破，而不能保证获取到对应的期限利差，所以对于骑乘策略的操作者而言，他们实际上为了这个策略的额外收益承担了利率变动的风险。但由于除了极少数收益率曲线倒挂的情况外，大多数时候期限利差都是客观存在的，而且值往往都比较大，比如在本章例子里介绍的 1 年期的无风险利率和 7 年期无风险利率，往往能相差到 1%以上，所以，骑乘策略在实际投资中被非常广泛地使用，而且能在大多数时候保持有效。

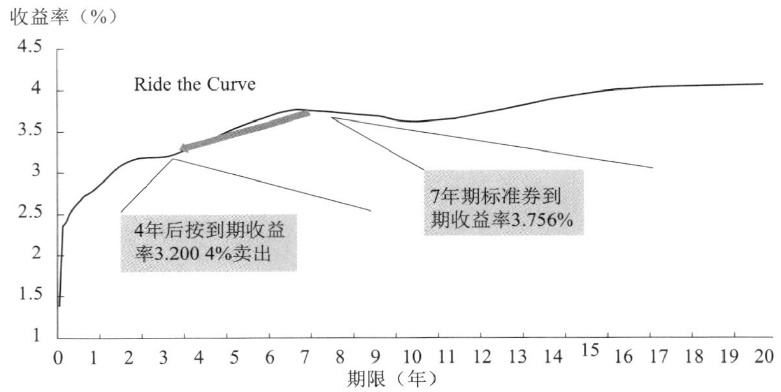

图 8-2　基于收益率曲线斜率的骑乘策略

数据来源：中债估值中心。

8.1.2　杠杆息差策略

骑乘策略是利用收益率曲线长端收益率大于短端收益率的特性获取利差的策略，杠杆息差策略则是利用收益率曲线长端收益率大于极短端收益率（1～7 天回购利率）获取利差的策略，如图 8-3 所示。由于收益率曲线大多数情况下斜率都为正，极短端回购的收益率大多数情况下低于长期收益率，所以对于杠杆息差策略的使用方而言，可以通过正回购，以较低的利息成本借到短期的资金，购入收益率更高的长期限债券；或者，信用资质更差的高收益债券，并将购入的债券再作为质押物押出去，借得更多资金来偿还原来短期借入的正回购资金，依次滚动借钱，来维持更高的债券仓位，从而赚取短期回购利息成本和长期限高收益债券之间的利差。

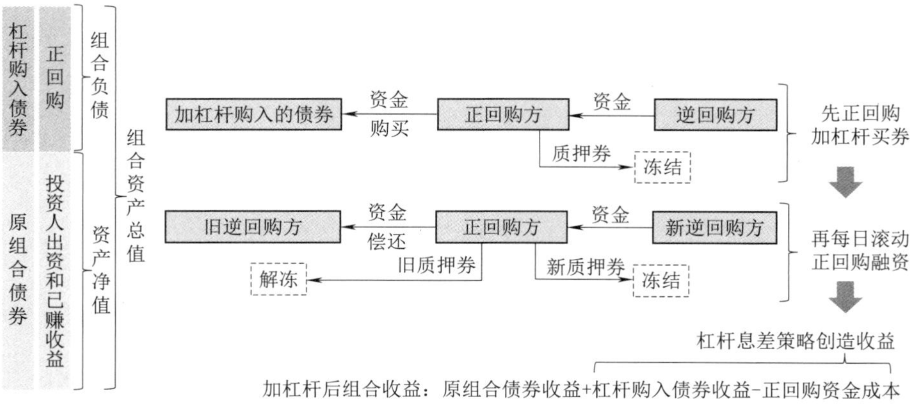

图 8-3　利用杠杆息差策略扩大受益

杠杆息差策略是利用短期的回购，扩大组合的期限杠杆和财务杠杆，放大期限利差和信用利差，获取超额收益。当然，这样的策略并不是无风险的，随着期限杠杆和财务杠杆的扩大，策略实施者承受的利率风险也越来越高。这样的利率风险既来自资金价格的波动，也来自长期收益率的波动。当资金价格上升，长端收益率下降，扣除交易成本以后，加杠杆的收益越来越薄。特别是，在月末季末或其他市场情绪紧张的时候，市场的主要逆回购方——中大型银行，对质押物的要求也会提高，愿意通过隔夜等极短期限进行回购操作的逆回购方也会减少。在这种情况下，加杠杆的一方不得不找更小的机构，借期限更长、价格更高的资金，这就更加压低了加杠杆策略的盈利空间。如果某一天资金没有借到，还会发生爆仓。就银行间隔夜回购而言，在 2011 年到 2014 年，多次发生隔夜回购利率超过长期政策性金融债和信用债利率的事件，对于价格更高的 7 日回购①，超过 10 年政金债和 3 年信用债的次数更多。

这里特别需要注意的是，如图 8-4 所示显示的 R001 与 R007 是回购的加权平均价格，按照中国债券市场的资质分布，基本可以认为非常接近以利率债为质押物进行的回购价格。如果是低等级信用债的投资者，比如用 AA 级信用债作为质押物，通过回购借钱的价格要比加权平均回购价格高得多，而且很不容易借到。所以，在开展杠杆息差策略时，一定要注意资金价格相对于债券的利差波动，防止因为资金成本过高导致亏损②。

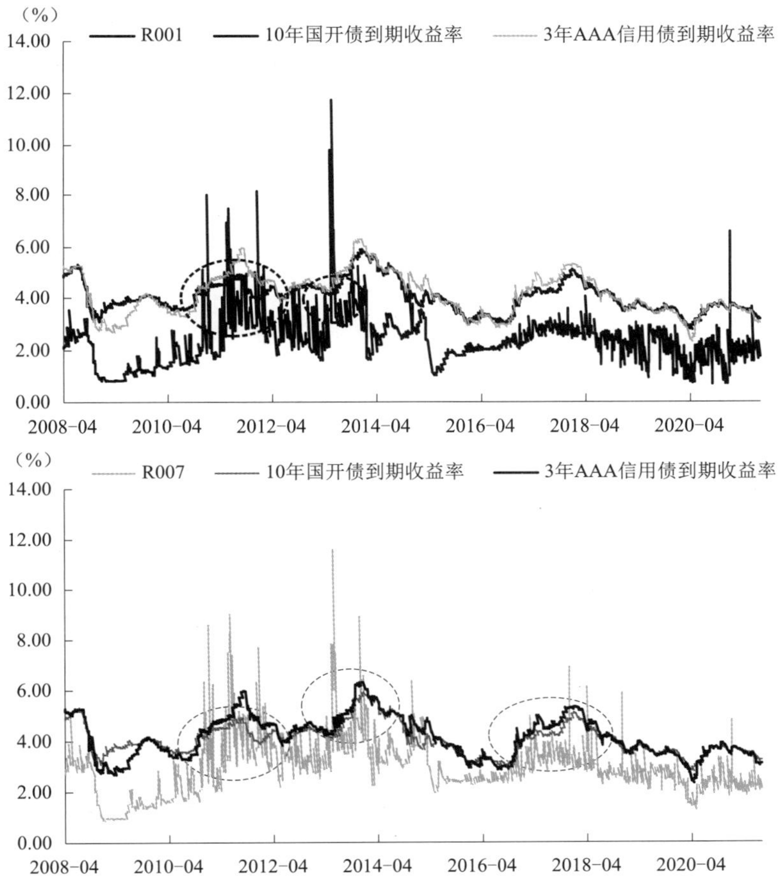

图 8-4　杠杆可以赚取期限利差

数据来源：WIND、中债估值中心。

① 为了减少隔夜滚动的操作成本，杠杆息差有时也会滚动融入 7 日回购资金支撑额外的债券仓位，此时更容易出现收益率倒挂亏本的情况。个别资金面紧张的时期较难融到隔夜资金，也不得不通过滚动操作 7 日回购融入资金。

② 对于低等级私募债投资者而言，上交所协议回购价格能够在一定程度上反映其融资成本。

杠杆息差策略本质上是一种进攻型策略，也就是说，它更加适合在预测未来利率下行，债券价格上升的情况下使用。如果没有注意到未来利率的波动趋势，杠杆息差策略会对那些市值法估值的账户带来巨大的亏损风险。杠杆比例越高，市场波动导致亏损的概率越大，如图 8-5 所示。

根据监管规定和投资偏好，各类账户仓位限制不同，集合类账户的最大仓位为 140%，单一持有人账户最大仓位为 200%，银行和券商自营仓位在 100%～400%。

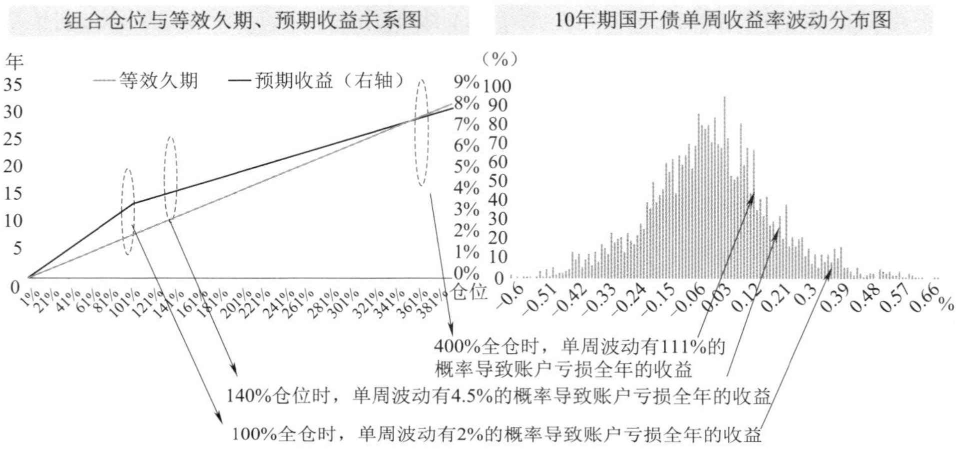

图 8-5　杠杆率越高，亏损的概率越大

数据来源：WIND。

虽然更高的杠杆限制可以在资金价格相对较低的时候给投资组合带来更多收益，但是在利率上行期间，也会给账户带来更多亏损。以自营的 400%仓位为例，这个时候组合加了 3 倍杠杆，相当于原始资金 3 倍数量的债券都是依赖回购融资支撑的。假设回购融资成本为年化 2%，购买的 10 年期国开债券收益率为 3.5%且不波动①，那么每年的静态年化收益率为 8%左右。但是，根据无风险利率过往 10 年的波动历史，有 11%的单周上行波动在 25BP 以上。由于债券收益率上行，其价格下跌，这个概率意味着，如果保持 400%的仓位不做调整，每两个半月就会发生一次可能导致失去全年收益，甚至亏到本金的亏损。这里用 10 年期国开债券收益率的波动代替无风险利率的情况，由于别的债券收益率本质上只是在无风险利率上面叠加期限利差和信用利差，因此可以认为，即使没有购买 10 年国开债券，而是购买了信用债、地方政府债或者是其他债券，在类似的杠杆水平上也会面临相同的亏损风险。

所以，在采用杠杆息差策略的时候，一定不能只关注收益，要时刻紧盯市场资金价格和债券无风险利率的走势和波动。只有在预计利率将维持稳定或者下行的时候才能增加杠杆率，

① 假设 10 年期国开债券的修正久期为 8 年。

一旦市场资金或者债券利率将要上行，要及时调仓，降低杠杆率。

8.1.3 新老活跃债券品种套利策略

由于利率债能提供近似纯粹的无风险收益，直接反映无风险利率的波动趋势，所以许多基于无风险利率变化趋势的波段交易都是使用利率债作为交易工具。其中，每年新发行的利率债，尤其是 10 年期的品种，最受到波段交易者的青睐，交易最为频繁普遍。所以，一般来说，新发行的 10 年期国债和 10 年期国开债的流动性最好，流动性利差最少，综合收益率也最低。大多数情况下，新发行的 10 年期国债或者国开债的收益率都显著低于已经发行一段时间的老券，哪怕这个时候由于老券距离发行已经过去了一段时间，剩余期限比新券更短①，但其收益率也可能比新券高到 15BP 左右。

以 2017 年到 2019 年的几次新旧交替债为例，如图 8-6 所示，在 2017 年 8 月之前，市场上最新的 10 年期国开债是 170210，它是当时的活跃券，拥有最高的流动性。所以，收益率在所有剩余期限 8～10 年的国开债中最低，基本代表了 10 年期国开债收益率曲线的水平。但是，在 8 月底，新一期的 170215 发行出来，由于新债券的定价基于承销团的投标，而承销团为了完成指标往往会踊跃申购，导致中标价格低于市场同期的利率，所以新券的收益率一开始就比老券低一些。当新的 170215 发行完成以后，大部分的波段投资者均会陆续将过往的 170210 持仓转换为流动性会变得更好的 170215 持仓，所以这样的流动性改善就成为一种自我实现的预言（self－fulfilled prophecy）。

图 8-6 活跃券的新老交替过程

数据来源：中债估值中心。

随着越来越多的活跃交易者持有 170215，其流动性确实变得更好了，所以其收益率随着流动性利差的缩小而进一步下降，而老券 170210 的流动性随着交易者的换仓而越来越差，收益率也越来越高。当这样的差距达到顶峰的时候，170215 的收益率要比 170210 低 14 BP 左

① 在收益率曲线斜率为正的情况下，一般而言，期限越短，收益率越低。因此，此处现象反常，说明流动性溢价覆盖了期限利差。

右。虽然 170215 这个时候的期限是 9 年零 9 个月，而 170210 要比它短一些，只有差不多 9 年零 5 个月。随后，这两只债券的利差基本保持稳定，直到更新的 180205 发行，170210 和 170215 均慢慢成为同一类的老券，由于期限相近，所以收益率开始趋同，最后几乎完全一致，如图 8-7 所示。

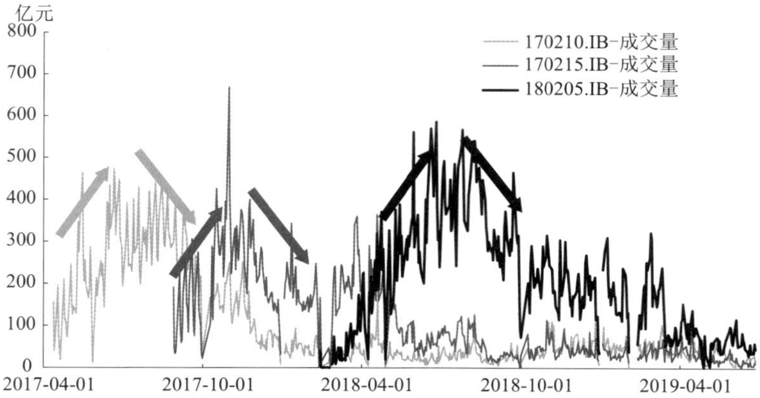

图 8-7　流动性利差变化的直接体现是对应债券成交量先高后低的变化

数据来源：WIND。

多次类似的换券之后，聪明的投资者观察到了这种老券逐渐丢失流动性，收益率高于新券，新券发行后流动性变好而收益率降低，但在更新的券发行以后逐渐也成为老券从而收益率再随之增高的现象，从而开发了新老活跃品种套利策略。

从策略开发的角度，投资者只需要观察新老品种的收益率利差：以 170210 到 170215，最后再到 180205 的三只活跃券的两次换券为例，就能观察到比较明显的利差先走高到 14 BP 左右，再缩小到 0 的过程。根据流动性变换速度的快慢，这样的全过程可能持续 3 个季度到 1 年左右。如果旧的活跃券本身发行量较小，那么这样的过程可能转换得快一些；如果旧的活跃券本身是经过多次增发，属于发行量较大的券种，那么这样的过程可能持续得久一些。很多时候，财政部为了维持一两只债券的活跃程度，很可能选择增发当前的活跃券，采用相同的代码和票面利率，而不是发行新代码同期限的债券取代老券，活跃券套利的投资者需要特别注意这一点，并据此修改对策略中关键时点的时机预判。

由于我国的利率债通过市场承销团成员投标发行，承销团成员背负着一定的承销指标，投标量往往远大于发行量，所以新券的投标出来的发行价格往往低于市场同期限的债券，新旧券初始利差为正（步骤 1）。随着新券成交量走高，逐步替代老券成为活跃券，老券收益率上升，新券收益率下降，新老券利差扩大，最大可扩大到 15 BP 左右（步骤 2）。随着更新的债券发行，原新券逐步失去其主力活跃券地位，其收益率渐渐与原老券趋同，利差减小（步骤 3），具体如图 8-8 、图 8-9 所示。

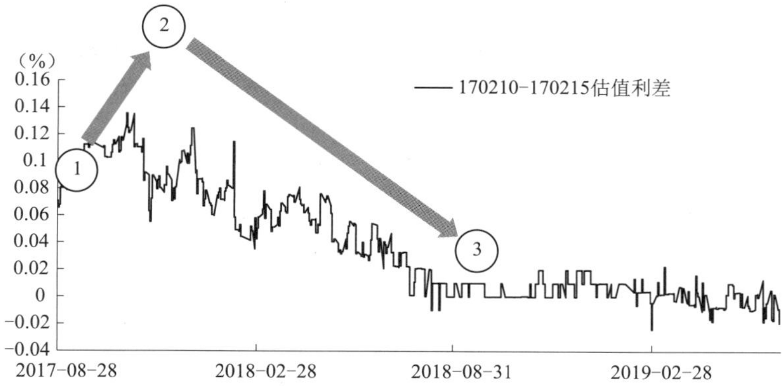

图 8-8 170210 与 170215 的利差先上后下,最后归于 0

数据来源:中债估值中心。

图 8-9 170210 与 170215 的利差变化

数据来源:中债估值中心。

如果债券的投资者预测到了以上三个步骤的变化,就可以在新活跃券发行的时候,通过债券借贷或者买断式回购,借入老活跃券再卖空,同时购买新的活跃券。这样,规避了利率曲线的变动风险,同时能够吃到新券收益率下降,老券收益率上行的双边的资本利得。当利差上升到顶点约 14 BP 左右时,开始反向操作,买入老活跃券,通过债券借贷或者买断式回购卖空新活跃券,在规避利率波动风险的同时赚取利差缩小收益。一般老券,在失去活跃券地位后的一到两年内,在市场上都有较多的成交和报价,虽然不如新券那么活跃,但也能基本不用担心卖空后无法买回的逼空风险。在完美操作的情况下,新老活跃品种套利策略相比单纯持有的多头策略,能无风险地增加年化收益 2%以上,是比较理想的套利策略。

8.1.4 派息前后买卖避税策略

派息前后买卖避税是一个历史很悠久的策略,最早主要流行在交易所市场。债券全价由代扣所得税、实得票息与净价三部分构成,如图 8-10 所示。因为根据《中华人民共和国企业所得税法》的规定，债券的票息收入需要缴纳所得税①。除了部分机构投资者会每天计提所得税以外，其他投资者均要等到派放利息的那一天才会扣税。由于债券的交易是净价报价、全价交易，净价和全价之间相差的金额是应计利息，所以对于那些不是按日计提所得税的投资者而言，如果选择在付息日之前提前将债券卖出，那么可以从买家那里收到全额的扣税前的应计利息。因此，对于受到付息日扣税影响的投资者而言，在付息日前几天将债券卖出，待付息后再将债券买回的操作，能够起到规避所得税、扩大收益的作用。

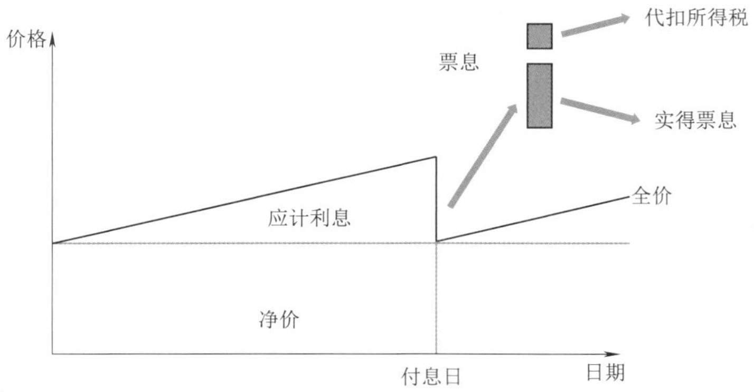

图 8-10　债券全价的构成

事实上，由于抱有这种想法的投资者较多，在交易量相对较小的交易所市场，这种在关键时点前后统一卖出再买入的操作，已经显著影响了债券的价格。举个例子，06 三峡债这类交易所交易的高等级企业债，如图 8-11 所示，由于拥有较多的个人投资者，在债权登记日之前的集中卖出往往造成价格下跌、在除息日后的集中买入往往造成价格上涨的变化趋势比较明显。所以，理论上，即使是不受到扣除所得税影响的资产管理类非法人投资者，或者并非在付息日当天扣税而是已经按日计提的投资者，往往也能利用这个规律提前对相应的债券进行卖出，待价格下行后再买入，赚取价差收益。如价格波动偏离税收的合理利差，也可能出现超跌回调的交易机会。

但是，需要注意的是，随着交易所近年不断提高债券市场合格投资者的认定标准，并将个人合格投资者投资范围限制在少数 AAA 级的大公募债券，现在交易所债券市场的个人参与越来越不活跃了。由于为了避税而卖出的投资者中，大多数都是小机构或者个人投资者，所以目前避税效应带来的价格波动已经越来越小，适用面也越来越窄。因此，如果读者想尝试这个策略，一定要仔细选择合适的债券品种，并进行一段时间的回溯，确保这个策略有效后，再操作。

---

① 机构自营需缴纳 25%的企业所得税；个人需缴纳 20%的个人所得税；非法人产品户再投资端免收所得税。

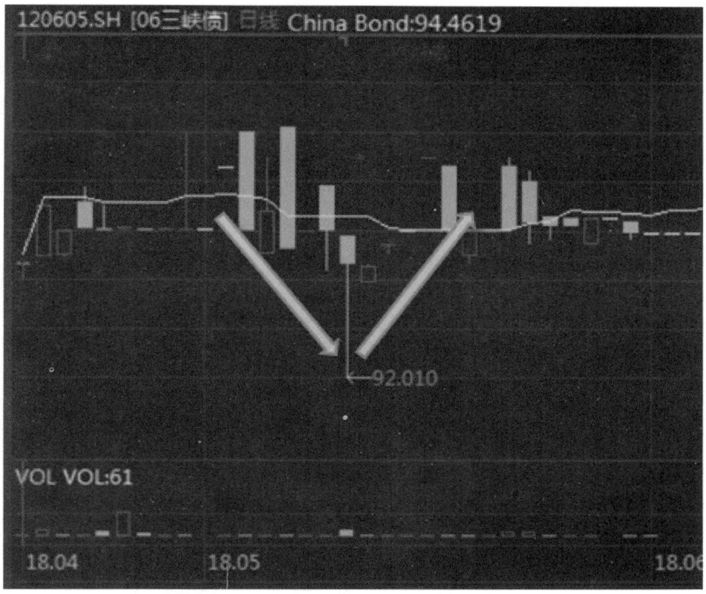

图 8-11 交易所债券在付息前后的价格波动(以 06 三峡债为例)

数据来源:WIND。

8.2 收益率曲线动态策略

上文在收益率曲线静态假设下,介绍了四个实用策略。那么,在更贴近现实的收益率曲线波动的前提下,又有什么交易策略呢?

由于债券本身是一种具备相当流动性、有着成熟市场进行交易的证券产品,并不是所有债券都是买入就持有到期,而是二级交易相当的频繁,无风险收益率曲线本身也处于时时刻刻不断变动之中。在这种情况下,债券的投资者,不论有意还是无意,都不可避免地涉及债券的波段性交易。那么,如何掌握收益率的波动规律,在这种波段交易中获利呢?首先要学会收益率的分析方法,对关键期限的利率和资金利率进行有效的预测,在这种有效预测的基础上,再进行收益率变化的三种分类,最后应用三种不同的交易策略获得盈利。

8.2.1 关键期限无风险利率预测

10 年期国债的利率,代表着免税的无风险利率。该利率的水平从构成上是基本面、货币面和利率水平等大类指标中的先导因子,以及代表市场情绪的扰动因子,共同作用的结果,如图 8-12 所示。

其中,基本面对利率水平影响的效果时间和周期都最长,部分经济增长指标的领先性可能达到数月,甚至数季度之久。通胀和货币供需类的指标主要在一个月左右长度的区间内对无风险利率施加影响,而政策利率和市场利率,以短端货币市场的利率为主,对长端无风险利率的领先时间基本等于利率波动从短端到长端传导所需要的时间，从几日到几十日不等。利率分析，首先需要尽可能多地收集对无风险利率存在合理经济学影响逻辑的因子，升频或者降频后形成与想要预测的无风险利率同等长度的数据序列，然后对这些时间序列数据进行前后依次平移，并测试它们的相关性，找出在合理经济学影响逻辑的周期内最显著相关性的平移距离，最终保留那些呈现明显的领先性且强相关的因子。

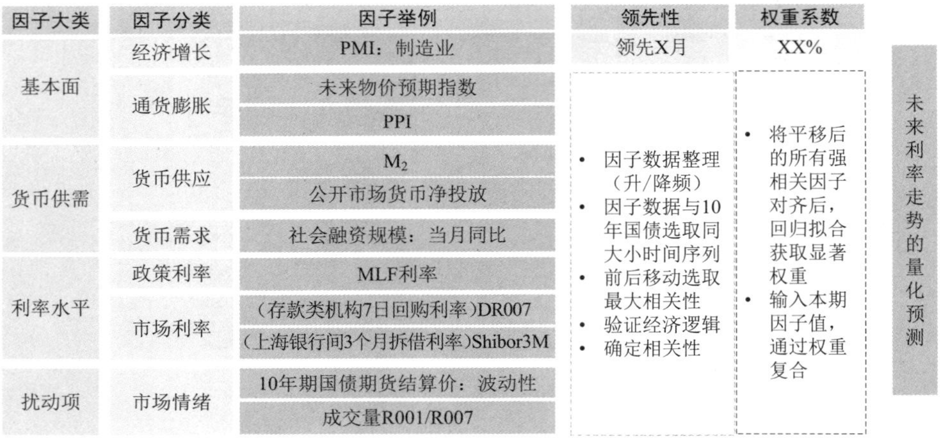

图 8-12　利率预测的因子选取

此外，可以通过回归拟合的方法测试各个因子的权重，同时检验研究选择的这套指标组是否真的拥有对想要预测的 10 年期国债足够的解释能力，通常用调整后的 R^2 表示。还需要注意的是，大多数因子对 10 年期国债的影响能力是线性的，比如资金价格 DR007 的影响，就是领先的正相关，但是个别因子的解释能力并不是线性，比如 PMI 指标的影响，更多地以当前 PMI 和上期 PMI 的差值变动体现，而且在过高或者过低的时候，效果可能出现钝化，同等数值变动的影响可能并不会保持一致，这也需要注意。利率预测因子的整合过程如图 8-13 所示。

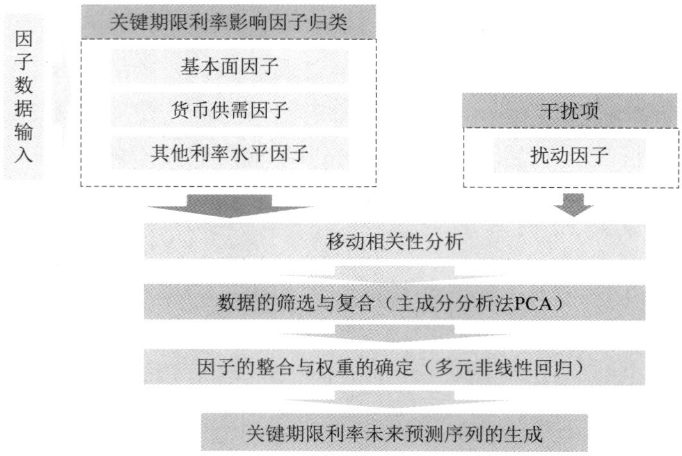

图 8-13　利率预测因子的选取与整合

在量化数据处理和分析时，以下三点需要特别注意。

首先，在移动相关性分析时，一定不能盲目地选择相关度最显著的值，而是需要验证两个指标之间是否真的存在清晰的前后传导逻辑，而且一定要查验两个指标平移后的曲线图，看图像的走势是否相近。因为关联性在很多时候具有欺骗性，一些关联性极高的前后平移方式，很可能只是由于可用区间数据较短，或者其他巧合的原因导致的偶然结果。如果不注意这点，容易错误地收录进一些无关指标。

其次，当一个模型收罗进大量的输入数据来预测一个指标的时候，常常会遇到输入因子相关性极大，甚至具有类似共线性的特征，导致拟合出的权重不稳定的问题，这就可以借用 PCA 方法进行复合、降维，提高预测的效率和精度。

最后，根据货币政策、财政政策以及监管规定，需要定期调整因子的选择和因子的权重。与之前根据行业构建的信用模型不同，对于利率的分析模型，受到不同政策规定的影响更大，也更加频繁。比如，之前被认为是货币政策风向标的央票发行利率，就因为央票的停发而不再有效；再比如，之前对货币供需影响较大的存贷比限制，后来也被废除了，这个因子的影响力也就明显下降。所以，对于已经构建好的利率预测模型，也需要定期地调整因子和权重，以保证其在当前的环境下，能够继续有效；因子的权重也需根据当前的市场情绪进行调整。同时，值得一提的是，干扰因子的大小对利率的预测结果起乘法作用，而其他类因子多为加法作用。

8.2.2 资金价格量化分析

如果说之前 10 年期无风险利率的预测主要用于资产端策略的运作，那么资金价格则体现了负债的机会成本，对于加杠杆策略和整体组合流动性的管控具有重大的意义。

一直以来，资金价格的波动都极大，大多数债券市场的从业人员都只能根据零散的信息进行一些方向性的、整体水平性的模糊预估，或者在一些市场众所周知的日历时点做一些择时的预判，而没有办法对其进行稳定、有效、精确的预测。

为了解决这一问题，在此利用量化的方法，通过滤波，将受到多方面因素影响的资金价格曲线，分为三个子曲线，分别是：①由经济基本面和货币供需决定的资金价格趋势曲线，②由特定日历时点效应影响而成的周期曲线(往往以“年”为一个完整周期，以“季”和“月”为子周期)，③受到市场非理性情绪和不可预知的市场参与者的行为导致的噪声曲线。研究者在预测资金价格时，主要分析趋势曲线和周期曲线，就能在很大程度上形成对资金价格的准确量化预测。下面以 GC001 为例，可见资金价格走势实质是趋势、周期和噪声三条子数据的有机结合，如图 8-14 所示。

首先，来看资金价格趋势曲线的预测方法。其实和长端无风险利率的预测方法非常类似，也是从基本面、货币供需和利率水平这几大类指标中寻找显著相关的领先因子，对过往的资金价格曲线进行拟合，确定权重，然后通过这些领先指标近期的变化量，对未来的价格走势进行定量的预测。但是，需要注意：资金价格受到货币供需、政策利率和市场领先利率影响极大，而受到低频的基本面指标的影响较小。主要是因为货币供给和政策利率受到货币政策的影响，对资金价格的影响更加直接，传导路径更为清晰；而经济增长和通货膨胀这类基本面因子需要首先传导至央行的政策函数，再通过央行和市场的共同反应才能起作用，所以对于资金价格影响权重较小。

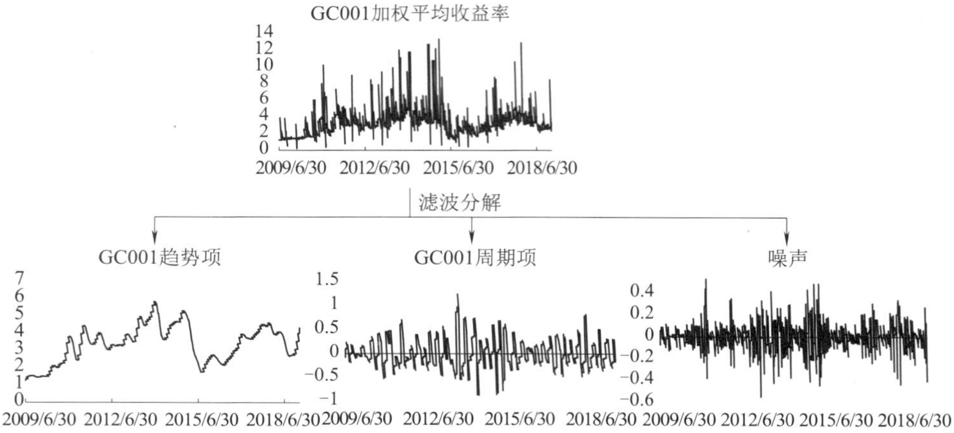

图 8-14　资金价格走势解析(以 GC001 为例)

同时，还需要注意的是，对于资金价格的扰动影响因素非常多，除了诸如市场价格波动率、市场整体回购融资情况，如图 8-15 所示，这些体现短期情绪和需求的情绪指标外，还有其他一些非量化的因素，也会明显影响资金价格的趋势，包括央行对公开市场操作质押物范围的调节，回购质押券质押比例的重大变化，市场近期的特定风险因素，比如资管新规发布，对结构化融资的限制等。这些事件对于长端无风险利率的影响可能会在一段时间内缓慢释放，但对于资金价格的影响往往要猛烈得多。虽然这些事件驱动的因素可预测性较差，但是在事件发生后，仍可以对其传导时间、传导方向和传导烈度进行评估，对当前资金价格预测进行修正，改善预测的准确性。

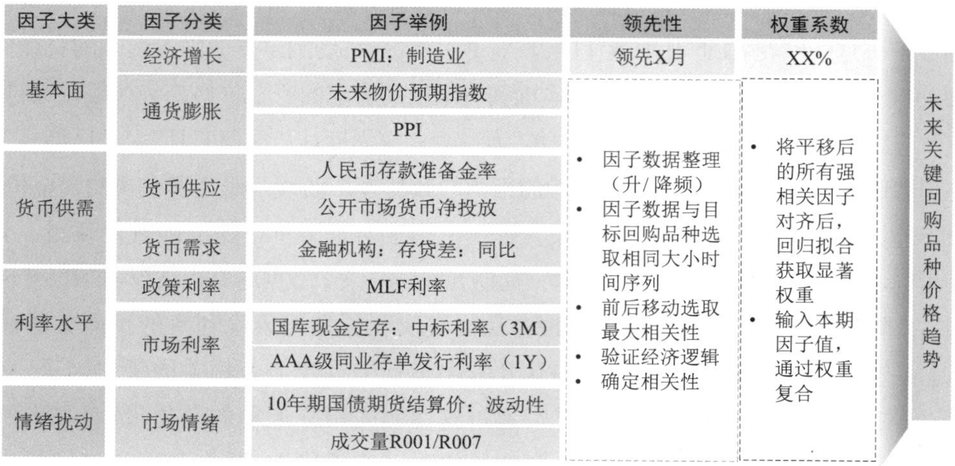

图 8-15　资金价格的趋势项因子拆分

在对基本面驱动的资金价格趋势项进行有效预测后，再考虑能够在日历时点对资金价格产生周期性影响的因素。首先，可以将周期性影响因素分为月度因素、季度因素和年度因素。其中，月度因素包括缴税因素，一般发生在月中；每个月的具体日期，每年年初会公布在税务局官网。然后，还有缴准因素，也就是银行在每月上、中、下旬分三次向央行补足存款准备金，对资金市场带来的周期性影响。随着统计技术的发展，大多数银行内部都是按日考核，所以缴准因素现在的影响已经较小了。最后，就是个别银行会在月末对现金比例这类指标进行考核，包括一些资管类产品月末需要出月报，可能出于报表展示的原因，对月末时点的持仓进行调整，也会使月末时点资金面产生向上的波动。

季度因素更加显著，首先是每季度缴纳的土地增值税对资金面造成的压力。由于人民银行代理国库，所有收上去的税，都进了央行系统而不在市场流动，所以可以认为缴税实际上起到了回收流动性的作用。其次是 MPA 考核的因素，由于我国银行间是主要的资金交易市场，而银行间市场的主要参与者银行，均受到 MPA 考核的约束，所以这个因素的影响更大。虽然按照 MPA 考核的规定，季度的考核结果是该季度每个月结果的平均值，但是从经验上看，MPA 的影响更多地体现在季度末的时点。

此外，就是年度扰动的因素。包括一年一度的企业所得税补缴，每年节假日的因素，尤为明显的是春节、五一、十一这类假期，因为不确定因素较多，大量投资机构集中进行长期回购跨过节日，导致回购价格突升。当然，还有就是众所周知的年关效应了，因为年底结算的影响，年末资金价格也总是会周期性地明显上行。

在对全年的月度、季度和年度周期性扰动项，如图 8-16 所示，进行整理以后，就能够建立一张包括全年的所有工作日和节假日的日历，并对各个影响因素对应的日期点进行标注。但是，需要注意，由于跨过关键月末、季末或者节假日时点的市场回购数量较大，在关键时点以后的几个交易日内，也会有回购到期需要大量续借的需求，所以时点扰动的效果往往会影响到对应时点后的数天。

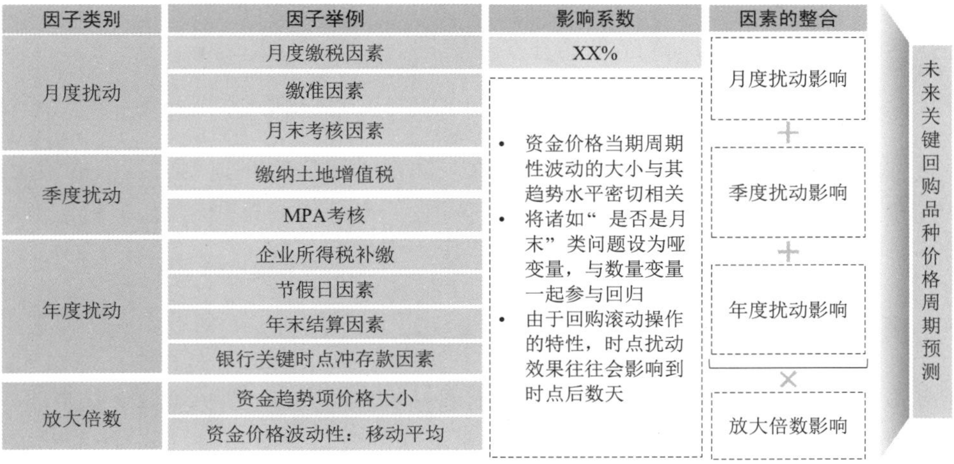

图 8-16 资金价格的周期项因子拆分

从历史上看，以上这些月度、季度和年度的扰动因素的影响大小，往往和当前的资金价格整体水平成正比，也就是说，在资金整体水平较高的情况下，月度、年度等的扰动影响会更大。所以，将资金价格趋势项大小和市场情绪，也就是波动性，加入模型，作为系数，与月度、季度、年度扰动叠加后的影响值相乘，就能够得出在未来资金价格的周期性波动预测。

在得出资金价格趋势预测曲线和资金价格周期预测曲线后，将这两条曲线叠加，就能够得到资金价格的整体预测值，如图 8-17 所示。

在实际操作中，能够大幅领先资金价格的高频数据较少，大部分的高频领先指标只领先数日到几个月的长度。所以，在生成预测曲线的时候，预测结果长度越短，有效的影响因子越多，其预测的精度也就越高；而随着预测区间的拉长，越来越多的影响因子开始失效，则预测的精度也越来越低。在记录预测结果的时候，要体现这种精度的丢失，就要注明误差区间、宽度以及缺失因子的标准差计算。随着因子纷纷失效，误差区间越来越大。

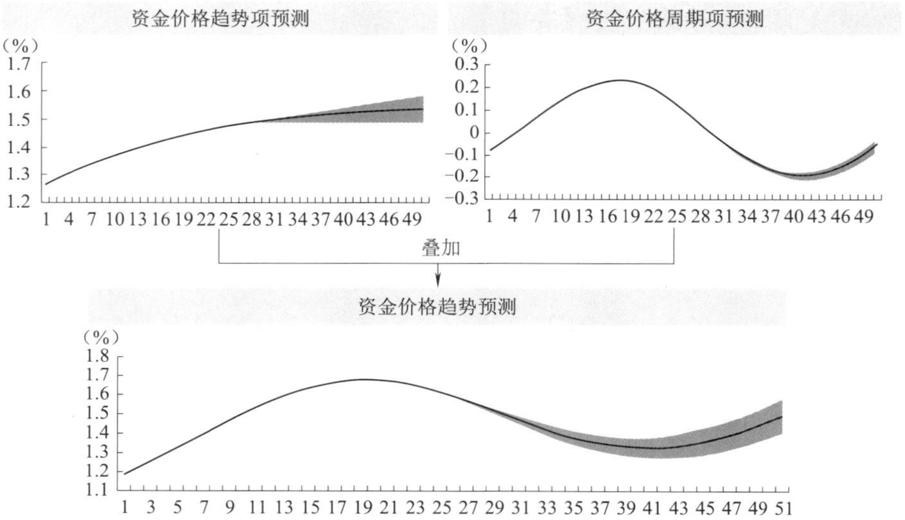

图 8-17　将趋势项与周期项的叠加成最终预测曲线

考虑到因子有效性丢失以及难以解释的噪声因素无法囊括在预测模型内的情况，一般预测长度超过一个月以后，就会基本丧失使用价值；一个月内的预测结果，大致能够吻合实际的资金价格水平。

8.2.3　债券波段交易策略(收益率曲线平移)

在对无风险利率和资金价格做出一定期限的量化预测之后，能够知道收益率曲线长短端的变化趋势，据此就能判断出收益率曲线未来形状的变化方向，并根据曲线形状的变化，有针对性地进行波段操作。收益率曲线上、下平移对应的波段策略如图 8-18 所示。

一般来讲，由于以百分数计算的债券买卖价差约等于债券久期乘以买卖时收益率的差额[1]，所以当长端收益率下行时，可以大规模地购置长久期债券，待长端收益率下行到位后，将其卖出，从而赚取资本利得。而当短端资金价格下行时，预示着借钱加杠杆的成本会大幅降低，在长短端收益率价差维持相对稳定的情况下，增加杠杆率，收取期限利差，可以增厚收益。这种收益率曲线平行下移的情况往往发生在经济滑坡的中期，长端因经济危机下投资再生产对资金的需求降低而下行，短端资金价格因央行宽松的货币政策而逐步走向低位。

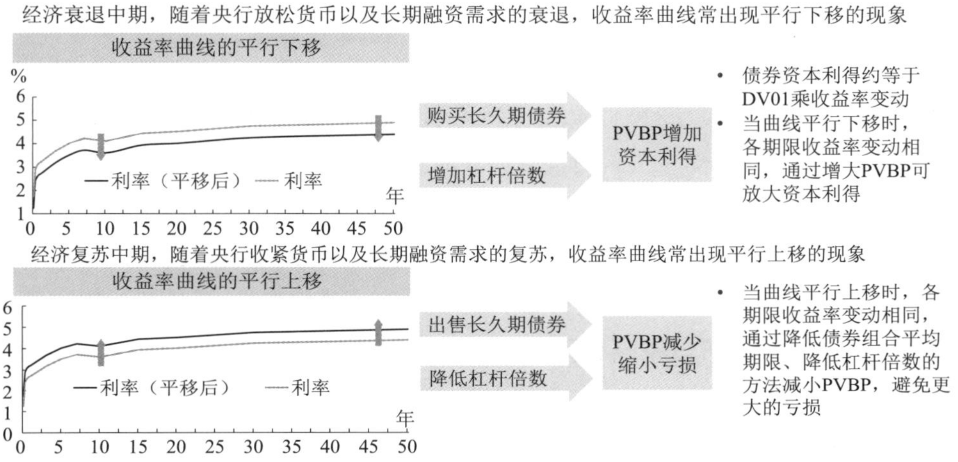

图 8-18 收益率曲线上、下平移对应的波段策略

而当经济处于复苏的中期，随着长期投资复苏，实体经济对资金需求增加，长期收益率上行，同时央行退出宽松的货币政策，导致资金价格上行。在这种情况下，应该降低组合的久期，避免或减少浮亏，同时，持有短期的债券还能够很快到期变为现金，待收益率上行以后再投资更高收益的资产。根据资金价格收紧的情况，降低杠杆，减小负债端的支出。

不论是加减杠杆，还是增加或减小债券组合久期，最直接的影响是改变了组合的PVBP，也就是 Price Value per Basis Point。收益率每变化 1BP，债券组合价值的变动，等于“组合久期×0.000 1×组合总值”。购买长期债券后，组合久期增加，PVBP 增加；加杠杆买债后，组合总值增加，PVBP 也增加。

所以，在收益率曲线平行下移时，应该采取进攻性操作，增加 PVBP；在收益率曲线平行上移时，应该采取防守性操作，减少 PVBP。当然，预测到收益率曲线的变化后，如果短期因为流动性没有办法很快调仓，也可以用国债期货来对冲收益率曲线变化，具体方法可参见后面的国债期货相关章节。

---

① 凸性引起的价格变动较小，此处可以忽略。

8.2.4 债券波段交易策略(收益率曲线斜率变动)

在经济复苏的中后期，市场上优质的投资机会已经被充分挖掘，长端无风险收益率在巨大的融资需求下，已经达到历史的高位，随着长期投资者大量买入，收益率已经较难继续提高。此时，更多的融资需求往往来自资质较差的发行人。所以，此时市场的长端无风险收益率呈现区间震荡形态，中低等级信用债收益率持续走高，溢出的融资需求体现为信用利差的上升，而不是无风险利率的上行。同时，央行的货币政策从宽松转为中性，再转为收紧，用以约束泡沫的扩大，挤出无效融资。所以，资金价格和短端利率明显上行，在长端收益率相对稳定的情况下，收益率曲线变平。此时，应该购买长期限的债券，通过降低杠杆倍数，或者利用利率互换等方法，降低资金价格上涨带来的负面影响。在经济膨胀泡沫破裂后，长端收益率会下行，在高位买入的长端债券能够收获丰厚的资本利得。

相对应的，收益率曲线变陡的情况往往发生在经济复苏的中前期，央行维持宽松的货币政策，短端收益率维持低位。随着经济复苏，市场上出现大量新增优质投资机会和融资需求。所以，中长端收益率明显上行。此时，应该出售甚至借券做空长久期债券，同时建立中短期债券的组合，甚至可以视隔夜价格和一年左右的债券价格的利差，进行小规模的杠杆息差策略操作，以增厚收益。此外，期限较短的组合也有着较好的再投资潜力。收益率曲线斜率变化对应的两类波段策略如图 8-19 所示。

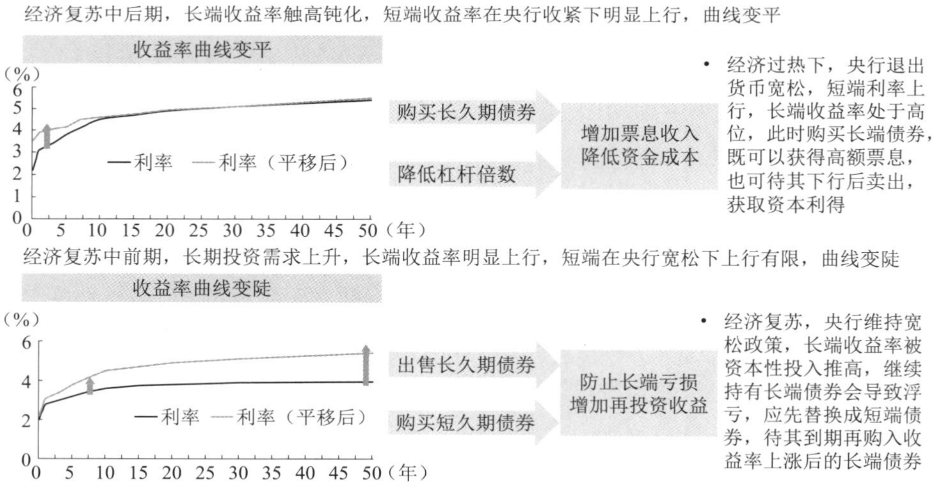

图 8-19　收益率曲线斜率变化对应的两类波段策略

8.2.5 债券波段交易策略(收益率曲线曲率变动)

收益率曲线的曲率有两种变化方式：变凹与变凸。

变凹往往发生在经济过热的中后期。资金价格在央行紧缩的货币政策下继续上行，而中长端因为之前提到的原因，高位钝化，甚至会出现短端利率超过长端的倒挂现象。这种情况下，应该将组合调整为子弹型的持仓方式，也就是减少短端和长端的债券仓位，将主要仓位集合在中等长度期限的债券中，并且通过降低杠杆的方式减少资金价格猛烈上涨带来的额外开支。同时，投研人员也需要认识到，这种收益率曲线很平，甚至倒挂的情况是很难长期持续的。经济过热产生的泡沫和过量的杠杆在收紧的货币政策下被挤出，长端收益率在失去投资支撑后快速下行。而短端下行的速度则取决于央行政策放松的速度，如果央行的提前调控能导致货币的快速宽松，则收益率曲线会因长短端的下行而变凸；如果央行调控滞后，则会产生长中短端均下行的曲线平移的情况。

如果遇到曲线变凸的情况，应该将原来集中在中等期限债券的子弹型持仓转化为持有长端和短端期限的哑铃型持仓，这样可以收获两端收益率下行的资本利得。同时，基于资金价格将明显下行，并在整个衰退的周期都处于低位的情况，甚至可以通过正回购增加杠杆率，购买更多的长端债券，增厚收益。当然，改变长中短各期限的利率暴露不单单购买或者卖出对应长度的债券这一种方式，还可以通过国债期货、利率互换等方式准确获得对应的利率风险暴露，同时也能够尽可能地减小现券交易带来的流动性不足的问题。收益率曲线曲率变凹与变凸对应的两类波段策略如图 8-20 所示。

收益率曲线的变化，是和经济的周期性波动密切相关的。对收益率曲线形状变化的预判，本质上就是对当前所处经济周期的位置和未来经济周期轮动趋势的预测。读者也可以参考之前的经济周期和美林时钟部分内容，以加深对经济运行逻辑的理解，更好地分析当前所处的经济环境。

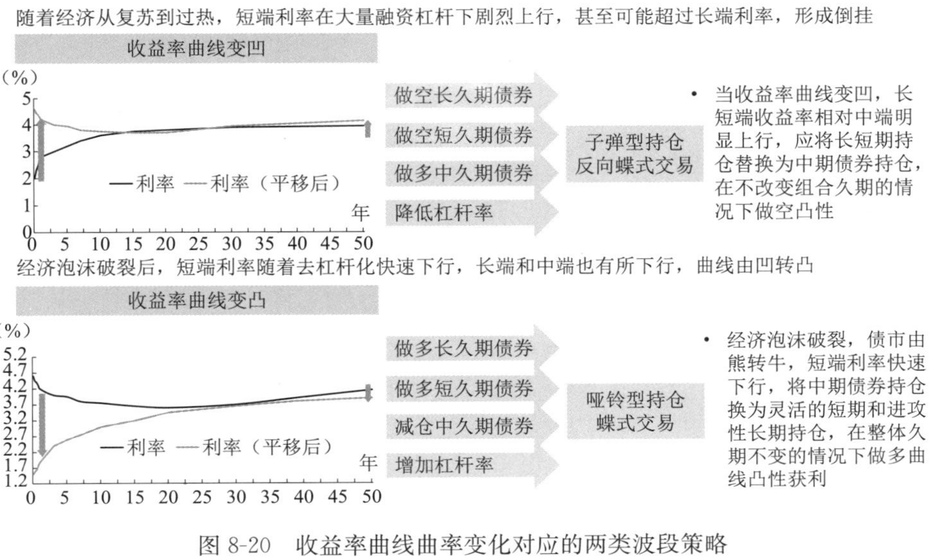

图 8-20 收益率曲线曲率变化对应的两类波段策略

本章小结

本章介绍了在收益率曲线不变的假设下的4个债券投资策略，然后在充分解释了收益率曲线量化预测方法的前提下，介绍了3种曲线变化中应该采取的不同组合结构和波段交易对策。

由于现实中的收益率曲线既有相对稳定的形状规律，又在经济基本面的影响下处于永恒的变化之中，实际的债券投资策略可能是本章介绍的诸多策略的有机结合，而且还要复杂得多。但是，对于广大读者来说，能够理清思路，将复杂的组合策略解构为多个简单策略之和，才是最优、最系统的学习方式，进而能在债券行业获得丰厚的回报。

09

第 9 章 国债期货交易

国债期货是债券市场最常见的衍生品。作为交易所内竞价交易的品种，具有常规场外债券所缺少的透明度、流动性与便利性。

基于国债期货的诸多优势，债券市场的参与者广泛使用这个品种进行套保、套利和投机操作。对国债期货诸品种的充分利用已成为复杂交易策略的基石。

9.1 国债期货介绍

在国内，人民币市场的国债期货一般是指在中国金融期货交易所（中金所）上市交易的2年、5年和10年期国债期货。国债期货作为衍生品的一种，并不是普通投资者耳熟能详的投资品种，我们首先来看国债期货品种的一些基本概念。

9.1.1 国债期货市场的基本规则

国债期货代码的命名规则见表9-1，TS代表2年，TF代表5年，T代表10年。如果是2019年3月交割的10年国债，那么代码就是T1903.CFE。可供交易的合约月份是接下来的3月、6月、9月、12月中最近的三个月份；如果是2018年11月24日，交易所交易的10年期国债期货代码就是T1812.CFE，T1903.CFE，T1906.CFE（下文出于叙述方面将CFE略去），到了2018年12月14日，T1812，T1903，T1906到了最后一个交易日，进入交割阶段，12月19日为最后一个交割日。同时，在12月17日，也就是T1812，T1903，T1906最后一个交易日的下一个交易日，周一，新的合约T1909，T1903，T1906将开始上市交易，依次滚动。

从表9-1中可以看到，2年期、5年期和10年期合约的面值，保证金率和涨跌停板都是不一样的。这主要是因为短期国债久期较短，面对平行的收益率曲线变动时，需要增加杠杆率来提升其波动性。在国债期货保证金的设置上，我国主要参考了美国，保证金基本上可以在99%的置信区间内覆盖损失，同时也能覆盖一个涨跌停板。

表9-1　目前可供交易的三个国债期货品种

选　项	2年期国债期货 TS+4位年月.CFE	5年期国债期货 TF+4位年月.CFE	10年期国债期货 T+4位年月.CFE
合约标的	面值200万元，票面利率3%的名义国债	面值100万元，票面利率3%的名义国债	面值100万元，票面利率3%的名义国债
保证金率	0.5%～1%	1.2%～2%	2%～3%
涨跌停板	前结算价±0.5%	前结算价±1.2%	前结算价±2%
可交割券	发行期限不高于5年，到期月份首日剩余期限为1.5～2.25年的记账式国债	发行期限不高于7年，合约到期月份首日剩余期限为4～5.25年的记账式国债	发行期限不高于10年，到期月份首日剩余期限不低于6.5年的记账式国债
合约月份	3月，6月，9月，12月中最近三个月循环		
交易时间	交易日9:30～11:30，13:00～15:15，最后交易日9:30～11:30		
交割方式	到期月份滚动交割，卖方举手，交易所根据“申报意向优先，持仓日最久优先，相同持仓日按比例分配”的原则匹配买方，最后交易日中未平仓的集中交割		
最后交易日/交割日	合约到期月份第二个星期五/最后交易日后第三个交易日		

在可交割券方面，中金所对三种不同的合约都给出了具体的交割券的规则，请读者注意两点。①交割券都是记账式国债，而只在银行柜台市场交易的储蓄型凭证式国债是没有

办法进行交割的。②可交割券不单有剩余期限的规定，也有发行时间的规定，主要是考虑到很久以前发行的债券往往缺少流动性，用来交割对空头和多头都不方便。所以，对最早发行时间进行了限制。即使是这样，很多满足条件的，在中金所可交割券列表中的债券也还是缺乏流动性。所以，实际交割的债券大多是满足条件的、流动性最好的最廉券。

在交易时间上，国债期货的交易时间和证券交易所一起开始①，晚 15 分钟结束。合约在非交割的月份，保证金率使用较低档；在交割月份，保证金采用较高档。比如，T1812 国债期货合约，在 2018 年 11 月及以前，都是采用 2%的保证金率，在 12 月开仓时，采用 3%的保证金率。合约进入交割月份后，有滚动交割和集中交割两个阶段。在最后交易日前是滚动交割，采用卖方举手的规则，即卖方向交易所报告自己的交割意向，交易所根据“申报意向优先，持仓日最久优先，相同持仓日按比例分配”的原则匹配买方；最后交易日中未平仓的，采取集中交割。这其实就给了期货的卖方一个时机选择权，可以提前一到两周完成交割义务。

我国国债期货，最开始只有 5 年期一个品种，于 2013 年上市交易。上市初期，交易量并不是非常理想，直到 10 年期国债期货的品种在 2015 年上市以后，才把交易量逐渐带高。10 年期国债期货是所有品种中的主力，不论持仓量还是交易量都是最高的。2 年期国债期货于 2018 年 8 月才开始交易，目前，市场还不是非常活跃，日均持仓量还不高。如图 9-1 所示为各品种日均持仓量对比。另外，虽然每天国债期货的持仓量都是上万的量级，但是实际进入交割的合约非常少②。一般一个合约的交易量和持仓量在到期前一到两个月就开始下滑，进入到期月后，因为多头有被动交割的风险，交易变得非常不活跃。另外，中金所的国债期货有两个账户类型，套期保值账户和投机账户。套期保值账户如果没有遵守套期保值的规则，持仓量超过申请的额度，会被交易所关注③。

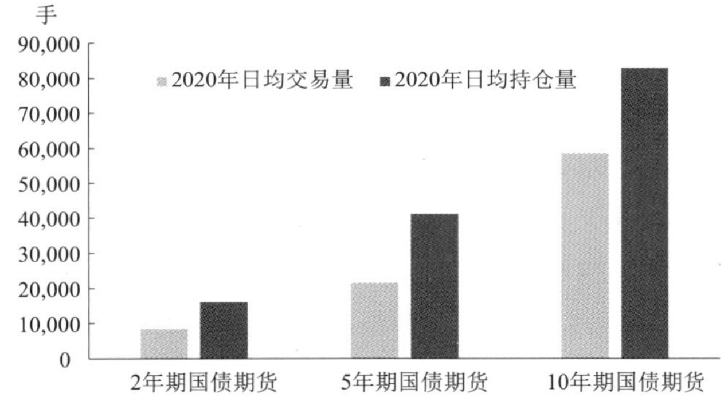

图 9-1 国债期货各品种日均持仓量对比

数据来源：WIND。

---

① 在 2020 年 6 月及之前，国债期货比证券交易所早 15 分钟开市，但为了防止部分投资者提前获知央行每日早上 9 点 30 分公布的公开市场操作信息，抢跑国债期货市场，从 7 月 20 日开始，国债期货开市时间也调整至 9 点 30 分。

② 过往 5 年合约平均每期交割 673 手，最多交割 2 121 手；过往 10 年合约平均每期交割 832 手，最多交割 1 865 手。

③ 套期保值账户，需要根据账户现货数量向交易所申请套期保值额度。投机账户，交易限额一般月份 2 000 手，交割月份 600 手。超过规定的，交易所可采取限期调整、谈话提醒和限制开仓等措施。具体参见《关于金融期货套期保值交易管理要求的通知》。

9.1.2 国债期货各品种特征描述

对上市交易的三个国债期货品种进行具体的波动性和活跃度统计分析，能让读者在未来交易时，特别是进行国债期货市场中常见的日内交易时，做出更加有效的判断。

1. 10 年期国债

因为期货本质上是零和博弈，所以它的平均日变动接近零，也就是说，如果这个市场是有效的，那么没有人能在这个市场长期盈利。10 年期国债期货平均日变动的绝对值为 0.21%，日变动 90%的置信区间为－0.46%～0.42%，如图 9-2 所示。也就是说，一般来说，每日的价格波动会在正负 0.21%左右，10 个交易日中有 9 个交易日的价格变动都在－0.46%～0.42%范围内。

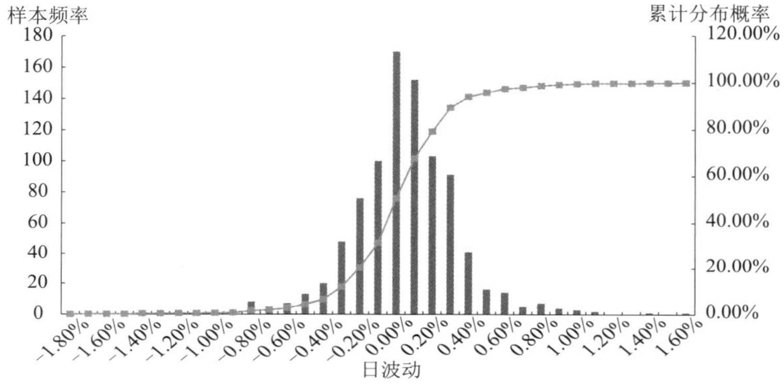

图 9-2 10 年期国债期货每日价格变动分布图

数据来源：WIND。

如图 9-3 所示，为最大离散图。10 年期国债期货 90%的每日上下行区间在0.62%以内，也就是说 10 天里面有 9 天的价格最高点比最低点高 0.62%以内。这些数据，能够对投资者的交易决策做出重要的指导。如果投资者持有多头的头寸，目前的价格已经相比昨天的价格上升了 0.42%，那么可以认为现在是很好的止盈机会，因为从统计学来说，价格继续上涨的概率不到 1/10。如果持有空头的头寸，目前的价格和今天的最高点相比已经下降了 0.62%，那么这也是一个很好的止盈点，因为价格继续下行的概率不到 1/10。根据相同的概念推演，也可以算出应该在什么时候进行止损。

2. 5 年期国债

5 年期国债期货从 2013 年 9 月 6 日开始交易，是最早交易的品种。在过往交易日中，价格平均日变动为 0.15%，90%的日变动发生在－0.35%～0.34%。由于 5 年期品种的底层国债久期较短，其价格的日波动性小于 10 年期国债期货；但是由于其保证金率为 1.2%，而 10 年期国债期货为 2%，在同等资金占用的情况下，5 年期国债期货的头寸其实会有更大的波动性。如图 9-4 所示，为 5 年期国债期货每日价格变动。

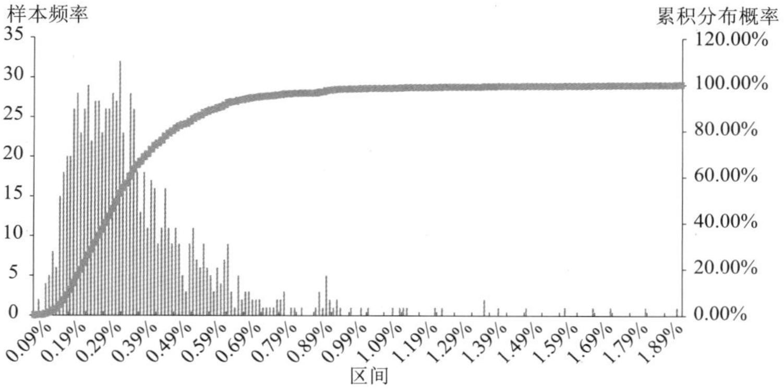

图 9-3　10 年期国债期货日内价格变化最大离散图

数据来源：WIND。

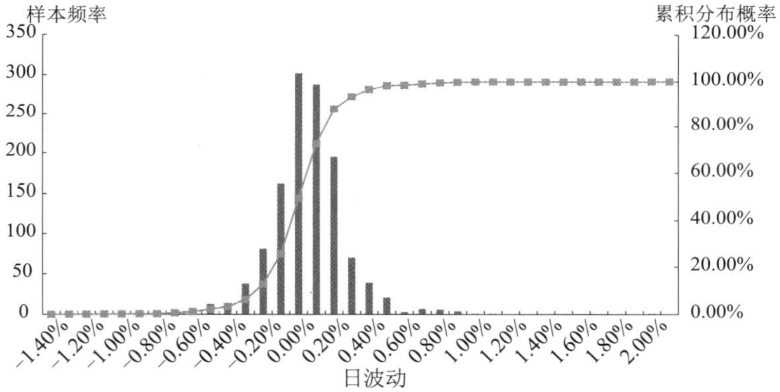

图 9-4　5 年期国债期货每日价格变动

数据来源：WIND。

在 90%情况下，5 年期国债期货的每日上、下行区间为 0.53%，算上保证金的杠杆效应，波动也大于 10 年期国债期货。用一个例子做比较，如果账户 A 满仓 5 年期国债期货多头，账户 B 满仓 10 年期国债期货多头，而且两个账户都是在日最高点建仓，那么从统计学角度来看，A 账户有 10%的概率遭受 44%以上的单日亏损，B 账户有 10%的概率遭受 31%以上的单日损失。所以从波动性来看，5 年期国债期货其实更加适合投机者，但代价就是市场交易量不如 10 年期那么高。图 9-5所示，是 5 年期国债期货日内价格变化最大离散图

3. 2 年期国债

2 年期国债期货从 2018 年 8 月 17 日开始交易，至本书成书为止，平均日变动约为 0.051%，90%的日变动发生在−0.12%～0.12%。如图 9-6 所示，虽然到目前交易日还不算多，但其分布规律已经非常类似正态分布，并趋于稳定，故图 9-6能够较为准确地体现 2 年期品种价格变动的内生分布情况。

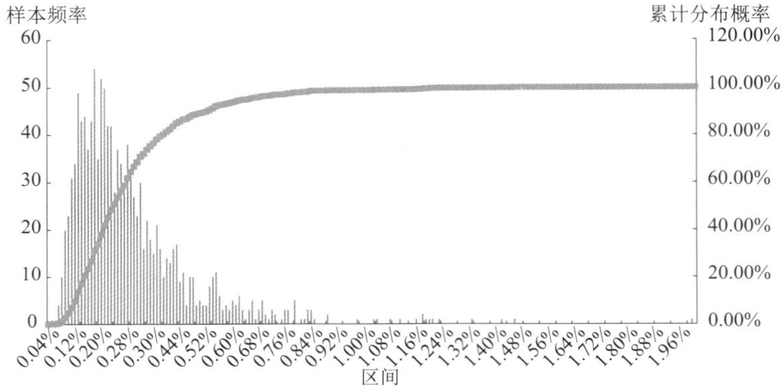

图 9-5　5 年期国债期货日内价格变化最大离散图

数据来源：WIND。

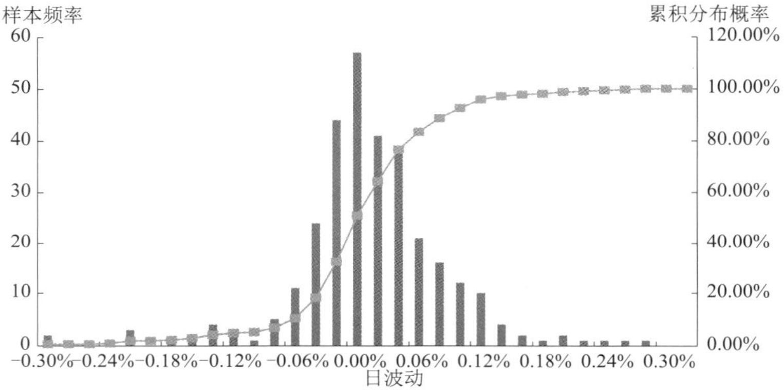

图 9-6　2 年期国债期货每日价格变动

数据来源：WIND。

如图 9-7 所示为最大离散图，2 年期国债期货 90％的每日上下行区间在0.14％以内，算上杠杆效应后，每日的波动率均小于 5 年期和 10 年期的国债期货品种。

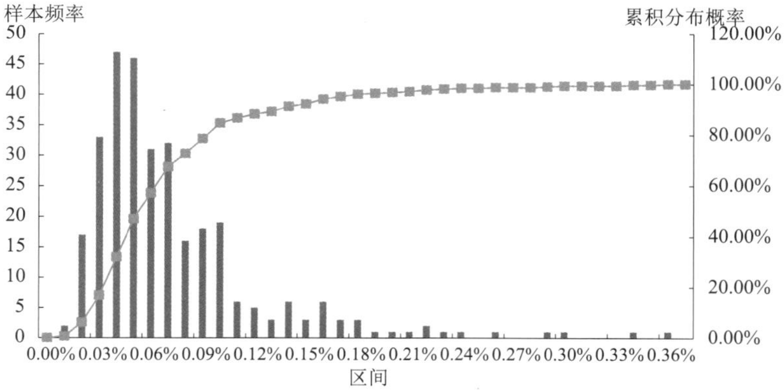

图 9-7　2 年期国债期货日内价格变化最大离散图

数据来源：WIND。

9.1.3 国债期货的监管

国债期货的交易人员需要特别注意监管政策的影响。在我国进入结构性调整以来，监管政策一直是市场波动最大的推手之一。

因为国债发行的主体是财政部，流通的银行间市场属于人民银行，国债期货作为金融衍生品交易的中国金融期货交易所由证监会批准，所以其实这个市场呈现协作监管的场面，证监会是监管的牵头机构。如图 9-8 所示，是国债期货的跨市场监管协作机制的解析图。

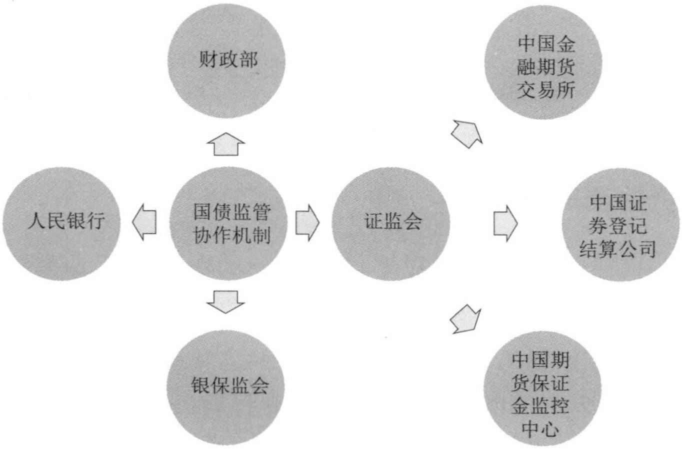

图 9-8 国债期货的跨市场监管协作机制

由于期货的高杠杆性，如果监管体系不够完善，出现问题的影响就会很大①。现在，为了维持市场稳定，监管部门可以采取多种规则变更的方式对市场进行影响，包括调节国债期货的保证金率；调整国债期货的保证金档位数，从三档变成现在的两档等。同时，监管部门也会对价格累计变动幅度、成交持仓比（维持在 0.5 左右）、期现价格偏离度和市场舆情进行监控。所以，这也是从业人员要必须密切关注的信息。

9.2 国债期货交易

见表 9-2，国债期货交易大抵可以分为三类，(1)套期保值，即利用国债期货空头对冲持仓中的多头的利率风险。(2)组合交易套利，即利用国债期货市场定价的无效性，通过构建国债期货组合来赚取定价修复的利润。其中套利又可分为三个小类：①基差交易，是利用

① 感兴趣的同学可自行搜索“327 国债期货事件”。

期货和现货价格的偏离获利；②跨期交易，是利用到期月份不同的合约价差修复而获利；③跨品种套利，是利用相同月份2年、5年、10年这三个品种的价差修复而获利。当然，在实际交易过程中，也有可能将这三种套利方法混合使用。(3)投机性交易，即利用期货代替现货，来实现交易员对未来利率走势的判断，获得资本利得。由于国债期货的保证金率很低，在对未来预期正确的情况下，国债期货组合的获利能力远高于现券组合。

表 9-2　国债期货交易的种类

国债期货交易的种类	收益来源	
套期保值	通过期货头寸对冲现货债券的利率风险	
组合交易(套利)	基差交易	收益来自基差的波动/收缩和卖方选择权价值的变化
	跨期交易	收益来自跨期价差的变动
	跨品种交易	收益来自收益率曲线形状和斜率的变化
投机性交易	收益来自收益率曲线的方向性移动和关键期限收益率的波动	

9.2.1　国债期货的套期保值

套期保值是所有类型的期货市场最核心、最原始的功能，即为现货的多头或空头提供一个有效对冲其标的在未来市场价格变化的手段。

1. 国债期货套期保值的目的

落实到固定收益市场，国债现货的多头有以下几种动机参与套期保值。一个是银行间市场和银行柜台市场国债做市商①，一般是银行和券商的自营部门，需要持有一定数量的做市债券作为底仓。因为做市业务主要靠买卖价差盈利，需要规避这部分底仓的利率风险，所以需要卖空国债期货合约来对冲。对于债券投资组合来说，也经常需要对冲利率风险，以应对未来预期的收益率变动。这个时候也会适当地卖出部分期货合约降低账户的整体久期。另外，对于出现浮盈的债券账户，如果需要减仓来将浮盈变现，却因为债券账户流动性的原因无法快速卖出现券，可以考虑先卖出一定数量的国债期货来锁定当前的价格，以方便未来慢慢地出售债券。如果出售时间较长且期间收益率上升，债券价格下行，那么国债期货的空头仓位将产生正收益，保证之前的盈利不受影响。同样的道理，也可以用国债期货来合理避税，因为国债的票息虽然免税，提前出售产生的资本利得是需要额外交增值税的，所以对于浮盈的国债头寸，可以通过国债期货来锁定这部分浮盈，现券持有到期获取票息收益，资本利得通过期货实现。

2. 国债期货的对冲效果

一般套期保值都使用5年和10年期的国债期货，一方面是因为2年期国债期货上市不

① 随着衍生品市场的发展，参与国债收益互换等衍生产品做市的做市商也可以通过国债期货进行对冲。

久，交易量还不大；另一方面也是因为 2 年期国债期货久期太短，有效对冲现货的久期需要的合约数量较多。例如，假设收益率曲线平行移动，要对冲1 000万元期限为 10 年的现货，大约需要 20 万元购买 10 手 10 年期国债期货头寸，需要 24 万元购买 20 手 5 年期国债期货头寸，需要 25 万元购买 25 手 2 年期国债期货头寸。

如图 9-9 所示，现货价格和转换因子调整后的期货价格，基本是同步移动的。5 年与 10 年期品种的期现走势相关系数在 98%以上，故期货可以起到非常良好的对冲现货的作用。2 年期品种由于开始交易时间相对较短、活跃度低等原因，期现走势虽然大致同向，但仍有一定的偏离，对冲效果相对弱一些。

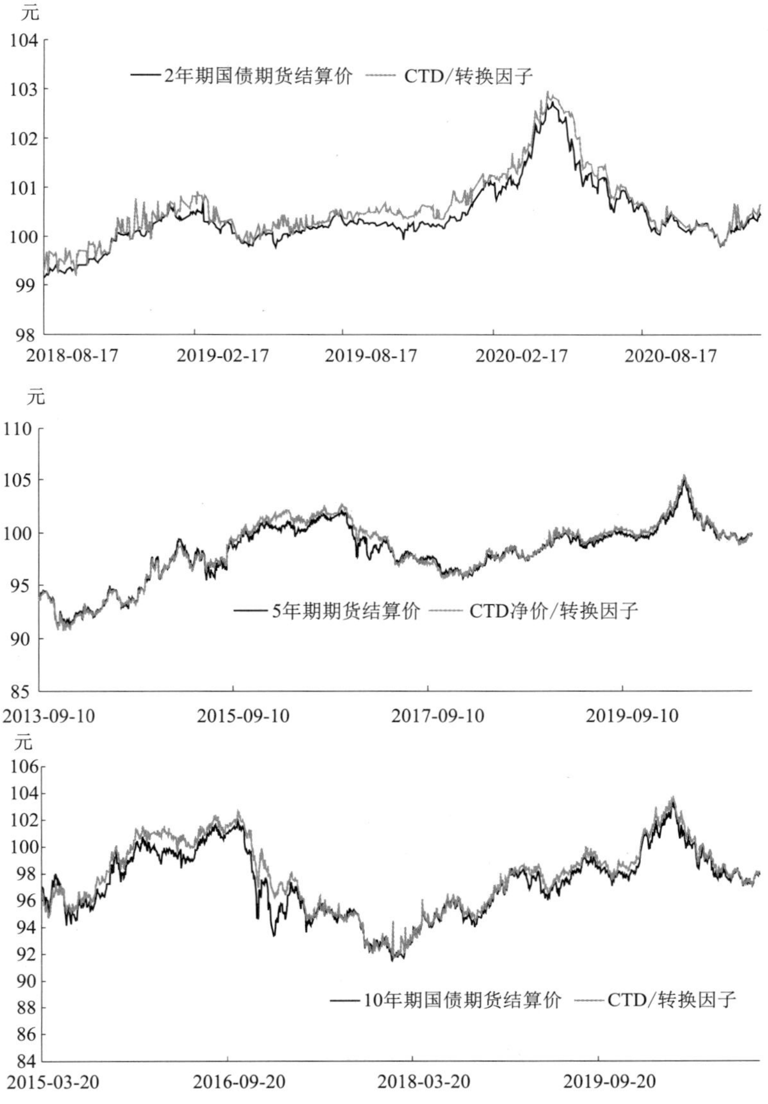

图 9-9　2 年、5 年、10 年期国债期货品种期货—现货价格走势对比图

数据来源：WIND。

3. 国债期货套期保值的计算方法

一般计算套期保值所需的合约数有两种办法，即久期法和基点价值法。久期是用来衡量债券现金流加权到期时间的指标，由于现金流回收得越晚，折现后的当前价值受到期间利率影响越大。所以久期越长，受到的利率风险就越大。基点价值也是用来衡量利率风险的指标，代表收益率变动一个基点，也就是 0.01%时债券全价变动的百分比。一个债券组合的基点价值等于这个债券头寸总金额乘久期再乘万分之一。仔细观察如图 9-10 所示的公式会发现，套期保值的久期法和基点价值法本质上是一样的，都是需要套保的现货总金额和单笔国债期货价格的比率，乘上现货和期货的利率风险度量的比率，不论这个风险度量是久期，还是基点价值。

组合久期/基点价值法

$$h=\frac{P}{F}\times\frac{D_P}{D_f}$$

$$=\frac{P}{F}\times\frac{D_P}{D_{ctd}} \quad \text{（组合久期法）}$$

$$=\frac{P\times D_P\times 0.000\,1}{\frac{P_{ctd}}{CF}\times D_{ctd}\times 0.000\,1}$$

$$=\frac{DV01_P}{DV01_{ctd}}\times CF \quad \text{（基点价值法）}$$

注：

h：套期保值比率

P：被套期保值债券的全价

F：国债期货价格

D_P：被套期保值债券的组合久期

CF：最廉券的转换因子

$DV01_P$：被套期保值债券的基点价值

$DV01_{ctd}$：最廉券的基点价值

$D_f=D_{ctd}$：国债期货的久期=最廉券的久期

理论上在到期日：$F=\frac{P_{ctd}}{CF}$

图 9-10 国债期货套期保值久期法/基点价值法计算公式

读者参考

举例：利用 10 年期国债期货进行套期保值

投资者在 2019 年 6 月 28 日持有票面金额总计 10 亿元的 19 附息国债 06（代码为 190006.IB，每张面额 100 元，共持有 10 000 000 张），该债券在当日的估值收益率为 3.225 1%，全价为 100.866 5，久期为 8.373 9 年，基点价值为 0.084 5 元/BP。在该日，10 年期国债期货的活跃品种为 T1909，当日结算价为 97.495，其 CTD 最廉券为 180011.IB，最廉券久期为 7.525 3 年，基点价值为 0.077 9 元，转换因子为 1.052 3，一手合约名义金额为 100 万元。则需要卖出多少份 T1909 合约？

久期法：

$$=\frac{100.866\,5}{97.495}\times\frac{8.373\,9}{7.525\,3}\times 1\,000\,000\,000\div 1\,000\,000$$

$\approx$1 151 手

基点价值法：

$$=\frac{0.084\,5}{0.077\,9}\times 1.052\,3\times 1\,000\,000\,000\div 1\,000\,000$$

$\approx$1 141 手

一般而言，利用久期法计算出的所需合约数量会略超过基点价值法的结果，但差异一般较小。其差异主要原因为①久期衡量的是债券全价对利率变动的敏感度，而此处使用的结算价 97.495 为净价（因为国债期货采用净价报价法），所以造成公式中的分母偏低。②实际操作中国债期货的结算价和估值全价未必符合 $F=\frac{P_{\mathrm{ctd}}}{CF}$ 的理论关系。

4. 关键期限久期/关键期限基点价值法

上文介绍的久期法和基点价值法有一个致命的缺陷就是，需要假设收益率曲线的变动是平行移动的。比如，投资者持有 1 000 万元久期为 10 年的债券，以及1 000万元久期为 5 年的债券，那么这两者的组合久期为 7.5 年。如果用 10 年期国债期货去对冲，假设最廉券的久期正好也是 10 年，那么就需要名义价值为 1 500 万元的国债期货的空头来对冲。这样，在 10 年久期国债收益率和 5 年久期国债收益率都上升 1 个基点时，国债期货的空头收益正好能抵消现券的亏损。然而，在现实中，很可能发生 10 年收益率上升，5 年收益率却毫无变化的情况。在这种情况下，要完美对冲，就需要对债券组合分别进行关键期限久期的计算，也就是对目前国债期货品种，2 年、5 年和 10 年的进行偏微分，分别计算当 2 年期收益率、5 年期收益率和 10 年期收益率变动一个基点时，债券组合的价值变动。实际操作中，这么精确地计算和操作往往较为复杂，所以只需要在债券组合内将不同债券最近的期限，分别开空相同数量的国债期货空头合约即可。比如，在上面的例子中，可以卖空1 000万元的 10 年合约和 1 000 万元的 5 年合约来更加精准地对冲利率风险。因此，可以总结出关键期限久期、关键期限基点价值法的特点，如图 9-11 所示。

关键期限久期/关键期限基点价值法

- 假设收益率曲线中的关键期限的收益率移动一个基点，对应关键期限国债期货的价值的变动应与现货组合价值的变动抵消。所有关键期限基点价值之和等于组合的基点价值
- 目前，国债期货已有2年、5年和10年三个品种，已是一套较为完整的收益率曲线关键期限组合。未来中国金融期货交易所将上线30年国债期货，进一步完善收益率曲线的构建

关键期限久期/基点价值法的优势

- 不必如同关键久期法一般，假设收益率曲线平行移动，能够较好地应对曲线形状和斜率的变化
- 对冲国债期货品种按照现货的关键期限基点价值的权重，分布在收益率曲线上，在对冲组合久期风险的同时，能够很好地对冲组合的凸性

关键期限久期/基点价值法的不足

- 组合对冲较为复杂

图 9-11　关键期限久期、关键期限基点价值法的特点

5. 利用国债期货进行久期调整

久期调整实际上是债券投资者实现自己对未来预期的一种策略。比如，那些流动性不佳的配置型利率债和信用债的投资经理，随着经济的复苏和通胀的上行，他们认为利率下

行的周期已经结束了，应该缩短组合的久期，减小利率风险敞口，但是，由于他们的持仓都是无法短时间变现的债券，或者就算变现，他们也没有其他更好的投资标的，那么他们就可以通过卖空一定数量的国债期货空头来降低账户的整体久期，并保留原持仓内债券的信用利差、流动性利差等收益。

如图 9-12 所示，利用国债期货进行组合久期调整的公式，本质上和图 9-10 套期保值的公式是一样的，区别在图 9-12 的套期保值等同于将组合目标久期 D_1 调整为 0。

$$n=\frac{(D_1-D_0)\times P_0}{D_{ctd}\times F}$$

注：

n：购买的国债期货数量

P_0：现组合总市值

F：国债期货价格

D_1、D_0：当前组合久期、目标组合久期

$D_f=D_{ctd}$：国债期货的久期=最廉券的久期

图9-12　利用国债期货进行久期调整的计算方式

9.2.2　国债期货的组合交易

如果说套期保值的根本目的在于对冲风险，那么非套保交易则大多是逐利性的，而这些交易又基于其方式的不同，可分为套利性交易和投机性交易。由于国债期货的便捷性，逐利性的交易往往以多个交易组合的复杂形式出现。

1. 国债期货基差交易

国债期货的基差套利是使用最广泛的国债期货套利交易。基差是国债期货价格和现货价格经过转换因子调整后的差额，这个差额在交割之前会一直存在。如图 9-13 所示，是国债期货基差的计算公式。

国债基差（Bond Basis)，就是国债现货和国债期货的价格之差

$$\text{Bond Basis}=P-F\times CF$$

P：国债现货净价

F：国债期货价格

CF：转换因子（精确到小数点后4位）

$$CF=\frac{1}{(1+\frac{r}{f})^{\frac{xf}{12}}}\times\left[\frac{c}{f}+\frac{c}{r}+\left(1-\frac{c}{r}\right)\times\frac{1}{\left(1+\frac{r}{f}\right)^{x-1}}\right]-\frac{c}{f}\times\left(1-\frac{xf}{12}\right)$$

r：目前合约名义国债的票面利率3%

x：交割月到下一个付息月的月份数

n：剩余付息次数

c：可交割国债的票面利率

f：可交割国债每年付息次数（我国国债一般每年付息1或2次）

可交割国债的票面利率越高，转换因子越大

图 9-13　国债期货基差计算公式

如图 9-14 所示，历史上绝大多数时期基差都为正，且绝对值在 2 块钱以内；但在某一些时间，基差也较为普遍地出现了负数的情况。由于到了交割日，现货价格一定等于交割结算价乘转换因子，即基差应该收缩为零，故当基差显著偏离零时，可以持有现货和期货的组

合头寸，通过基差的收缩获得无风险利润。

当基差显著偏大时，交易员预期基差未来会收缩，那么就可以进行反套卖出基差，即卖出国债现货同时买入国债期货；当基差显著低于零时，交易员预期基差未来会上升逼近零，那么就可以进行正套买入基差，即买入国债现货同时卖出国债期货。如图 9-15 所示，买入国债现货，并卖出国债期货的操作做多/买入了基差，可被称为正套；卖出国债现货，并买入国债期货的操作做空/卖出了基差，可被称为反套。

对于正套者而言，持有国债现货，卖出了国债期货的操作锁定了未来的卖出价格，完全规避了风险。所以在一个理想的有效市场中，此类交易的定价应对符合无套利定价原则。同时，因为持有国债的收入与投资者的资金成本，很可能并不完全相等，比如，通过正回购融资的价格往往低于持有国债的收入，根据无风险套利的定价理论，基差的公允价格中应该体现这部分 Carry 收益的现值给买入基差的一方带来天然收益，所以投资者在判断基差是否公允时，实际上参考的是净基差，即基差减去 Carry 的价值。

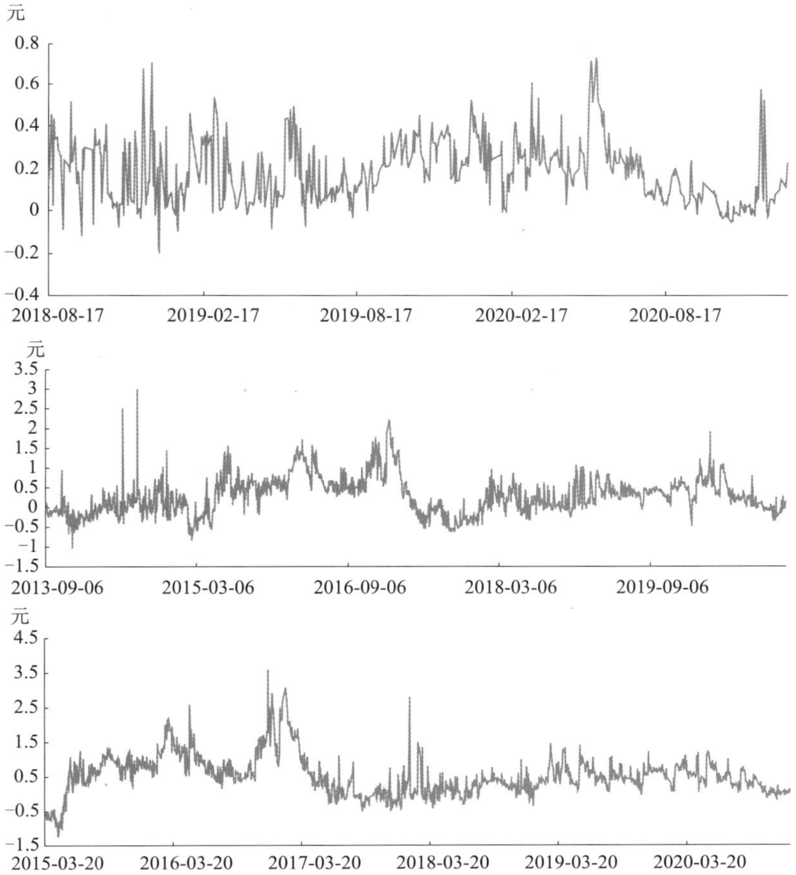

图 9-14　国债期货基差历史变化情况

数据来源：WIND。

同样的逻辑也适用于反套交易。反套者借入国债现货并卖空，同时利用国债期货的多头头寸锁定未来购回国债现货的价格。在无风险套利的定价假设下，交易者在反套期间可获得卖空所得资金产生的收益，但需要支付国债现货收益率，会产生 Carry 成本。在反套者不承担额外投资风险的情况下，卖空国债现货所获得资金只能投资获取短期无风险资产，比如回购收益，其价格往往低于国债现货的收益率，故 Carry 为负。这部分 Carry 成本也应该被反套者纳入期现的定价当中，成为基差计算的一部分。

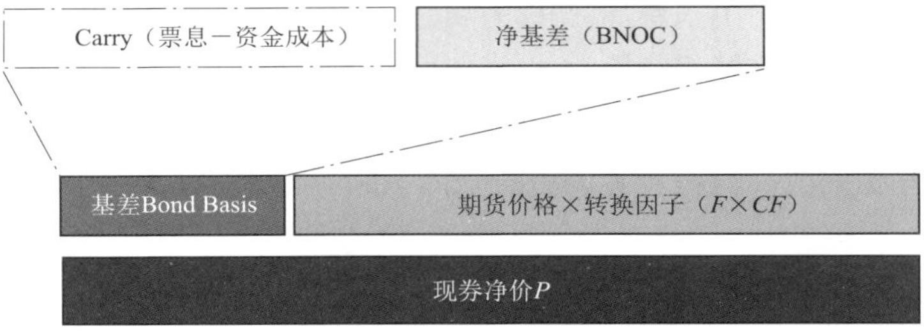

图 9-15　基差可以拆分为 Carry 和净基差两个部分

例如，假如正套方借钱买入国债现货，卖出半年后到期的国债期货实现正套买入基差，根据无风险套利定价原理，这一方由于没有承担任何风险，没有投入任何资本金，所以他们的期望收益为 0；但假如国债现货的票息为 4%，市面上的资金成本为 2%，那么他们持有该头寸半年到期后，却能够获得 1%的 Carry 收益，这就违背了无套利定价原理，所以当前的公允现货价值应比期货价格（乘转换因子后）高 1%。这样，当组合到期后，现货和期货头寸交割后将亏损 1%，正好和该投资者这半年获得 1%的 Carry 收益彼此抵消，从此符合无套利定价的原理。（这里暂时不考虑国债期货卖方选择权对基差价值的影响。）

读者参考

Bond Basis＝Carry ＋ Option

- Option：卖方的交割期权，包含品质期权，即在一篮子可交割券中挑选最廉券 CTD 交割；时机期权，即在交割月份选择最优的日期交割。
- 最廉券（Cheapest－to－Delivery）：根据现货价格、当前期货价格和转换因子可锁定持有某只债券到交割的隐含收益率（IRR），IRR 越高，对现货的买方和期货的卖方越有利。IRR 最高的为最廉券。
- 净基差（Basis Net of Carry，BNOC）：Basis-Carry。也可以用净基差最小的办法判断最廉券。
- 经验规则：当合约对应国债收益率大于等于 3%时，久期最大的国债为最廉券；当收益率小于等于 3%时，久期最小的为最廉券。实际交割时，卖方一般会挑选一篮子债券中流动性最好的最廉券交割。
- Carry-票息收益－资金成本，是基差买入方持有国债现货的收益。
- 资金成本一般使用银行间 7 天质押式回购利率。

因为中国金融期货交易所国债期货采取卖方举手的规则[①]，所以卖方拥有时机期权，可以在交割月份选择最优的日期交割；同时，卖方还拥有品质期权，即在一篮子可交割券中挑选最廉券 CTD 交割，这个期权的定价到目前业内还没有定论，一般认为净基差就是卖方期权价值的体现。因为在交割日净基差收敛至零，那么买入基差的正套方，一定会选择最后计算出来净基差最小的债券作为最廉券交割。同时，买入基差的正套方持有现货的多头和期货的空头，他们在未来需要将持有的现货按照约定的价格交付给对手方，由于他们拥有交割的选择权，出于理性考虑，他们一定会选择能给他们持有的这段时间带来最大收益的债券交割，这个收益在当前是可以计算的，称为隐含收益 IRR，所以 IRR 最大的债券也是最廉券。当然在实际交割时，还需要考虑债券的流动性，往往会选择交割流动性好的债券。

(1)国债期货基差交易：正套

正套是买入国债现券，卖出国债期货的期现组合交易。首先因为买入国债现券锁定了现价，卖出国债期货锁定了未来卖出价格，所以正套交易者持有现货到交割的这段时间的收益率被锁定了，就是隐含收益率 IRR，如果这个隐含收益率比该时间段的资金成本高，那么正套者可以借钱来买现券，再卖出期货，从而实现完美的无风险套利。因为，一般债券市场的投资者都是通过回购融入 1～7 天的资金，并不断滚动来支持长期的融资，所以正套者需要对未来一定时间的平均 7 天回购利率有较为准确的估计[②]，以免出现月末、季末流动性紧张，导致融资成本飙升，甚至导致违约的情况发生。

读者参考

隐含收益率 IRR 的计算

- IRR＝期货价格转换因子－现货价格(净价)＋票息
- 假如一只国债现价为净价 100 元，年付票息 3%，国债持有者卖出半年后到期的国债期货，国债期货的成交价格为 99.8 元，国债期货到期时使用该券交割，转换因子为 1.01，则该正套期现组合的 IRR 为：(99.8×1.01－100＋1.5)×2＝4.596%

正套资本利得等于国债期货从高估收敛至 CTD 现券市值带来的基差缩窄。由于期货比现货弹性更大，在熊市反弹或者熊牛转换初期，期货走势强于现货，基差(期货价格×转换因子－现货价格)明显过高，是构建正套的较好时机。此外，还需要对现券、期货的流动性做评估，通常合约持仓要 1 万手以上，对应现货选取最新或者次新券，才能确保交易头寸构建的通畅性。

如图 9-16 所示，是 2016 年中以来各品种国债期货的 IRR 和 7 天回购利率走势图。实线框代表适合反套的区间；虚线框代表适合正套的区间。可以看到历史上正套的机会(IRR 持续高于 7 天回购利率的时期)并不多，主要是因为正套交易是国债期货空头和现货的多头操作的组合，实施相对简单，一旦有无风险套利机会，就很快会有正套者出现，并充分利用

---

① 合约进入交割月份后至最后交易日之前，卖方可自选日期提交滚动交割申请，交易所将为卖方的有效申报寻找买方持仓进行配对交割，故买方即使未申报交割意向，也有可能被动交割。

② 隔夜(1 天)回购价格波动极大，所以在分析时更多地研究 7 天回购品种。

套利机会使得市场回归公允定价。同时还需要考虑到卖方期权的价值，降低了空头卖方获得显著大于资金成本的 IRR 的可能性。

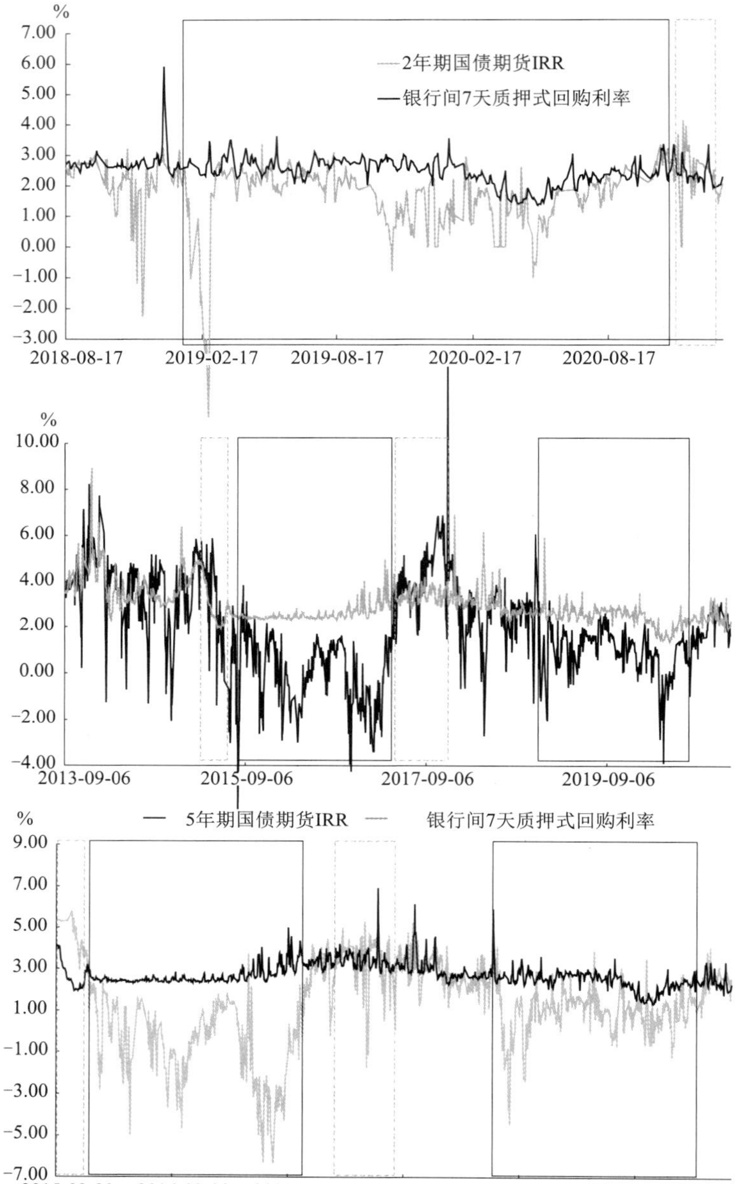

图 9-16　各品种 IRR 与回购利率对比图①

数据来源：WIND、中国货币网。

① 图表的 IRR 基于 CTD 和中债估值计算，因为期货的 CTD 每天都会变化，且中债估值有时无法反映实际成交价格，故 IRR 有时会有较大的波动。

对于交易员来说，如果能够对未来资金成本构建稳定的预期，同时确定当前的 IRR 高于策略预期持续时间的平均资金成本和交易费用，那么就可以大胆进入正套交易。如果 IRR 未来波动下行，可以提前平仓获得超额收益；如果无法提前平仓，也可以持有到期获得稳定的基差回归收益。需要注意的是，要重视债券的流动性问题，避免出现找到合适的目标债券，却因为购买现券成本过高，或想提前平仓，却发现无法按照最优价格卖掉现券而影响最终受益的问题。

如图 9-17 所示，正套交易可以分为建仓期(虚线左侧)和平仓期(虚线右侧)两个阶段。

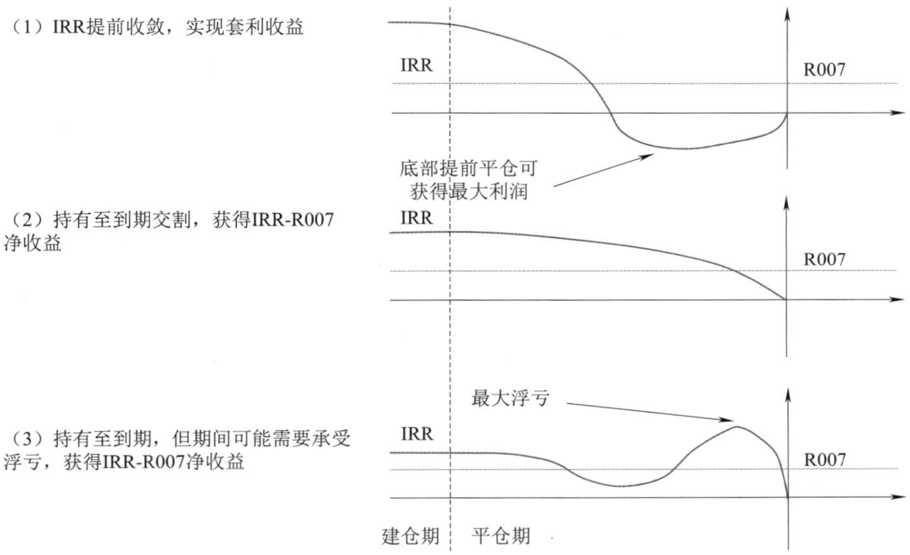

图 9-17　正套交易的操作流程和可能的结果

建仓期：资金预期相对平稳，IRR 保持相对平稳在 R007 之上，根据自身融资成本、免税效应进行调整。建仓时，期货、现货都需保证流动性，严格控制交易摩擦。

平仓期：IRR 迅速下行，第一种场景是提前实现套利收益，平仓退出；第二种场景是持有至到期，获得 IRR 收益；最后一种是相对不理想的情况，可能需要忍受基差大规模缩小带来的浮亏，但最后仍然会收获锁定的 IRR 收益。

由于实物交割机制，三种情况下净基差均会收敛至 0。

(2)国债期货基差交易：反套

反套可以看作是正套的对手方，即卖空现券，买入期货。但是其计算公式除了把正套所有项都变一个符号外，还需要考虑借券卖空时的债券借贷成本①，这个成本的大小，

① 比如，通过买断式回购进行债券借贷，债券借方出资，成为买断式回购的逆回购方，债券贷方提供债券，接受资金，双方在买断式回购的存续期内交换债券和资金的所有权，但由于此类回购的目的是债券借贷，逆回购方会指定质押的券种，回购的价格也会显著低于以融资为目的的普通回购，其价格和公允回购价格的差额即为债券借贷的成本。

没有公允价格，取决于该债券的流动性，以及反套方和债券提供方的商谈，所以在交易前要好好考虑。借贷债券的流动性与借贷的成本是反套交易比正套交易难做的重要原因。同时，借券卖空时，有可能遇到到期买不到现券还券的逼空风险或者借券卖空交易无法续期的风险，同时持有期货多头意味着，实际交割时会受到期货空头时机选择权和品质选择权的不良影响，如果最廉券发生变化，又买不到卖空的现券，反套方会承担巨大的违约风险。

反套 Carry＝R007－借贷成本－IRR。

“R007－借贷成本”是借券卖空获得的现金收益。

反套资本利得是国债期货从低估收敛至 CTD 现券市值所带来的基差走扩。为了保持交易头寸构建的通畅性，需要对现券、期货的流动性做评估，通常合约持仓要 1 万手以上，对应现货选取最新或者次新券。反套的基本面背景：期货比现货弹性更大，是反套空间存在的关键。在熊市（期货贴水）或者牛熊转换初期，期货走势弱于现货，从而存在一定的反套机会。

如图 9-16 所示，适合反套的时期（实线框）明显多于适合正套的时间（虚线框），这是因为反套交易涉及借券卖空，交易摩擦成本较大，实际操作难度较高，所以理论套利空间也较大。

因为反套方受到之前提到的多个不确定性的影响，所以当利润边际足够高时，梯度逐步建仓。当 IRR 上行时，需要快速平仓收割盈利，因为一旦进入交割月份，一方面净利差波动会很大，同时何时交割，交割什么券掌握在期货空头手中，不确定会非常强。如图 9-18 所示，反套交易也可以分为建仓期（虚线左侧）和平仓期（虚线右侧）两个阶段。

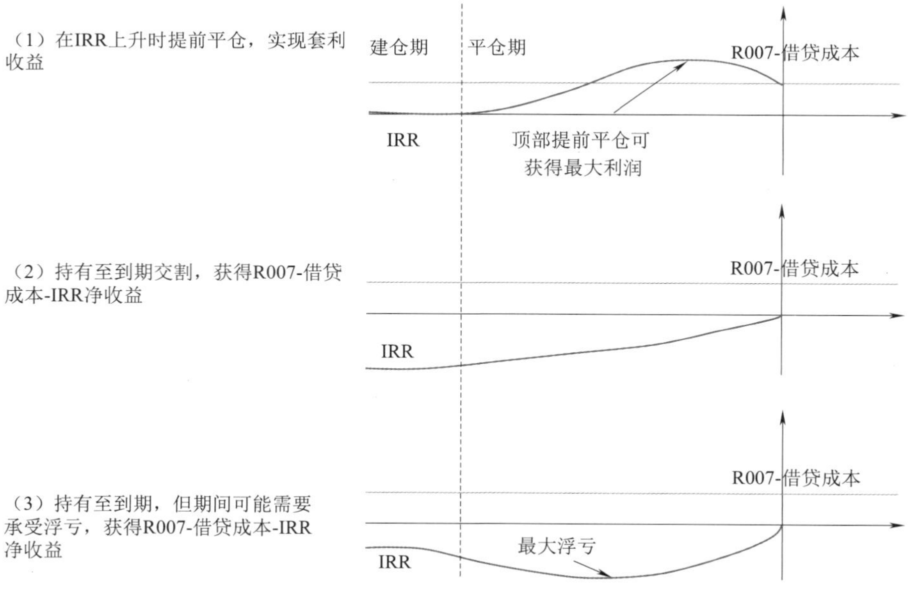

图 9-18　反套交易的操作流程和可能的结果

建仓期：建仓时机点位无定论，反套估值风险大，最好梯度式建仓。建仓时期货、现货都需保证流动性，严格控制交易摩擦。

平仓期：IRR 迅速上行，第一是提前实现套利收益，平仓退出，反套提前收敛有赖于市场环境变化；如果未出现提前收敛，则要等到主力合约切换后 4～5 个交易日才能实现利润。第二是持有至到期。获得 R007－借贷成本－IRR 净收益。第三是比较不理想的情况发生，获得 R007－借贷成本－IRR 净收益，但可能需要忍受基差大规模缩窄带来的浮亏，且交割获取的现券与卖空债券很可能不一致。

2. 国债期货跨期交易

因为目前同一时间市场上交易的同一品种的合约只有三只，所以一般所说的跨期交易，会采用主力合约和次主力合约。当这两个合约的价格差额偏离正常值，那么可以认为有合适交易机会出现。如图 9-19 所示，F_1 减 F_2 是两个合约的价格差额，通过分解可以得到第二个公式，由于卖方选择期权 $Option_1$ 和 $Option_2$ 在离交割月份较远时，基本可以认为是等价的，所以第三项彼此抵消，只剩下第一和第二项，将图 9-19 与图 9-13 的净基差公式进行对比就会发现，跨期价差约等于两个月份净基差 BNOC 的差额。

$$F_1-F_2=\frac{P_1}{CF_1}-\frac{P_2}{CF_2}+\left(\frac{Carry_2}{CF_2}-\frac{Carry_1}{CF_1}\right)+\left(\frac{Option_2}{CF_2}-\frac{Option_1}{CF_1}\right)$$

$$\text{跨期价差}=\left(\frac{P_1}{CP_1}-F\frac{Carry_1}{CF_1}\right)-\left(\frac{P_2}{CF_2}-F_2-\frac{Carry_2}{CF_2}\right)+\left(\frac{Option_2}{CF_2}-\frac{Option_1}{CF_1}\right)$$

$$\text{在交割月份前：}\frac{Option_2}{CF_2}-\frac{Option_1}{CF_1}\longrightarrow 0$$

图 9-19　跨期价差计算公式

由于净基差都有到期收敛至零的特性，而且两个相邻的合约交割至相差 3 个月，所以在距交割月较远时，跨期价差基本保持稳定。当接近交割月份，由于卖方举手的规则，期货多头开始移仓，主力合约持仓量开始下降，次主力合约持仓量上升，变为主力合约，近月的净基差扩大，远月净基差缩小，可以做空近月合约，做多远月合约，$BNOC_1$ 扩大，$BNOC_2$ 缩小，跨期价差的空头获利。

卖出跨期价差(short the spread)：卖出近月合约，买入远月合约，

$$profit=BNOC_1-BNOC_2$$

进入交割月时，近月合约卖方期权时间价值迅速衰减，同时净基差 $BNOC_1$ 迅速收敛至零，跨期价差多头获利。

买入跨期价差(long the spread)：买入近月合约，卖入近月合约，

$$profit=BNOC_2-BNOC_1$$

如图 9-20 所示，我国的国债期货市场中确实存在新旧活跃品种更替时，新旧品种净基差差额的规律波动，但在实际按照该操作交易时需要尤其注意旧合约流动性的影响，特别

是进入交割月份后，旧合约流动性迅速下降，日内波动极大，导致该策略的交易成本明显上升。

另外，个人投资者不能持仓进入交割月份，大多数经纪商会在交割月前最后一个交易日对个人投资者的头寸进行强平，也限制了国债跨期交易策略的适用面。

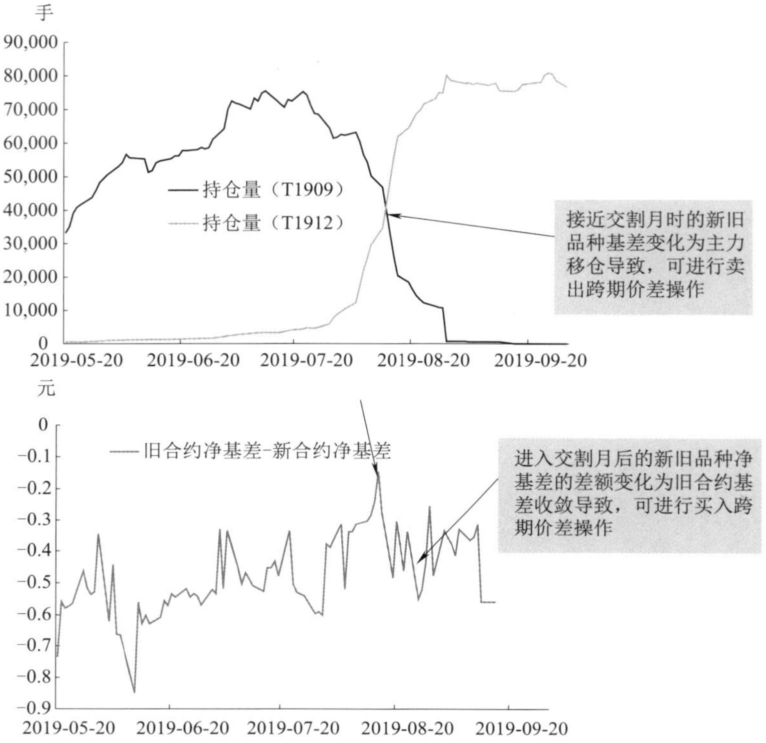

图 9-20　新旧品种净基差变化和持仓量关系对比（以 T1909 和 T1912 为例）

数据来源：WIND。

3. 国债期货跨品种交易

国债期货的跨品种交易可能是基本面驱动的，也可能是短期供求和事件因素驱动的。由基本面引起的交易机会将放到投机性交易中讲解，这里主要指短期供求和事件因素引起的获利机会。

首先，跨品种交易的获利来源是收益率曲线形状和斜率的变化，所以交易员在构建交易组合的时候，需要完全对冲收益率曲线平行移动的利率风险。目前，主流的组合品种是利用 10 年合约和 5 年合约这两个品种。所以在构建组合时，经验上使用公式(1)确定开仓 5 年和 10 年合约的比例，确保组合的久期接近零。

$$\frac{10\text{ 年期国债期货数量}}{5\text{ 年期国债期货数量}}=\frac{1}{2}\times\frac{\text{TF 结算价}}{\text{T 结算价}} \qquad \text{公式(1)}$$

虽然现在 2 年期合约交易还不够活跃，但如果我们把 2 年期合约考虑进策略中，和其他两种合约组合时，开仓数量的比例应该满足第(2)，(3)个公式。由于 2 年期品种面额为 200 万，因此在跨期价差配比上，与其他品种有所差别。

$$\frac{10\text{ 年期国债期货数量}}{2\text{ 年期国债期货数量}}=\frac{1}{5}\times\frac{\text{TS 结算价}}{\text{T 结算价}}\times\frac{1}{2} \qquad \text{公式(2)}$$

$$\frac{5\text{ 年期国债期货数量}}{2\text{ 年期国债期货数量}}=\frac{2}{5}\times\frac{\text{TS 结算价}}{\text{T 结算价}}\times\frac{1}{2} \qquad \text{公式(3)}$$

债券发行的供求因素是导致收益率曲线斜率变化的重要因素，因为利率是资金的价格，资金的价格是资金的供求决定。央行的货币政策通过资金面影响资金的供给，财政部的国债发行影响资金的需求。对于目前较常见的 5 年 * 10 年的国债期货跨品种交易来说，直接的影响因素就是 5 年期和 10 年期国债的发行。如图 9-21所示，一般来说，5 年和 10 年付息国债发行节奏基本一致。但是如果有特别国债发行（比如 2017 年第三季度），会促使相对应期限的收益率走高。另外，需要注意的是，我国的地方债也体现着国家信用，享受免税优惠，和国债基本是同类，同时地方债发行期限也涵盖 10 年、5 年和 2 年这几个期限，而且每年的地方债往往会集中在前三个季度的几个月内大量发行。2018 年和 2019 年的情况表明，地方债的发行对收益率曲线变化有较大的影响。另外同属无风险债券的国家开发银行、农业发展银行、中国进出口银行等政策性银行债的发行结果[①]对无风险利率曲线也有较大影响。

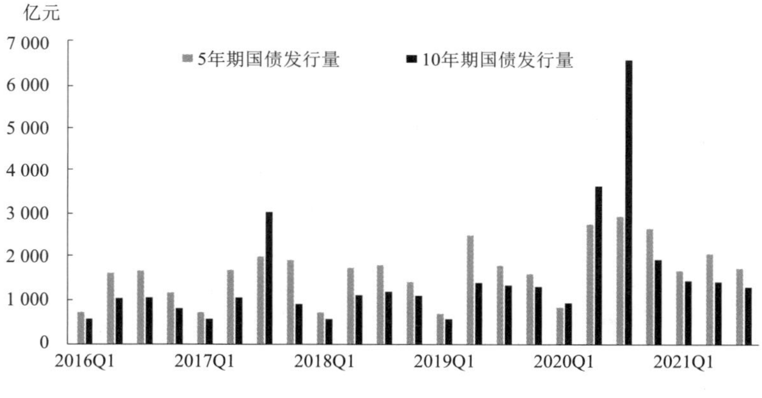

图 9-21　2016 年至 2019 年 5 年期和 10 年期国债发行量

数据来源：WIND。

影响收益率曲线斜率的第二个因素是基本面和事件驱动的，如图 9-22 和表 9-3 所示，以 10 年期和 2 年期代表收益率曲线的长端与短端，在基本面事件驱动下推动收益率曲线斜率高低往复变化。

① 根据笔者经验，利率债发行价格和预期价格的对比、发行时投标的倍数和边际倍数，都对国债期货的价格走势具有重要影响，但投标倍数等数据暂时还没有清洁的数据源，故没有汇总作图。

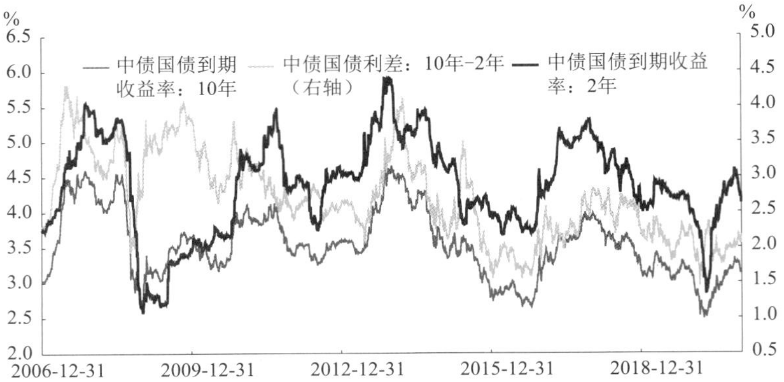

图 9-22　收益率曲线斜率变化图

数据来源：中债估值中心。

表 9-3　收益率曲线斜率变化和基本面事件对照表

10 年国债—2 年国债利差大额变动情况			
区间起点	**区间终点**	**利差变动(BP)**	**基本面事件**
2007 年 6 月 21 日	2008 年 1 月 24 日	−99	加息周期，3 次上调基准利率，短端快速上行，曲线走平
2008 年 10 月 8 日	2009 年 2 月 5 日	172	降息周期，多次降息降准，短端快速下行，曲线牛陡
2010 年 7 月 7 日	2010 年 7 月 13 日	−109	货币政策基调慢慢转向，短端上行
2010 年 7 月 13 日	2010 年 11 月 4 日	47	紧缩预期抬升，经济增长强劲，加息后长债上行大于短债
2010 年 11 月 4 日	2010 年 12 月 27 日	−92	紧缩政策正式出台，连续上调存款准备金率后短端利率走高
2011 年 4 月 20 日	2011 年 9 月 14 日	−72	资金面收紧，央行加息，短端利率再度冲高
2011 年 9 月 14 日	2011 年 11 月 15 日	64	资金面带动票据发行利率松动，通胀预期转向，短端降幅更多
2012 年 2 月 17 日	2012 年 7 月 17 日	54	欧债危机爆发，对基本面走弱担忧加剧，降准后短端快速下行
2012 年 7 月 17 日	2012 年 9 月 13 日	−60	降准预期落空，逆回购利率上调，资金面收紧，短端利率上行
2013 年 12 月 25 日	2014 年 3 月 27 日	96	资金面不断改善，回购利率一路下行，短端利率大幅下行
2014 年 3 月 27 日	2014 年 5 月 30 日	−71	通缩数据下长端快速下行，货币政策导致短端下行有限
2015 年 3 月 24 日	2015 年 6 月 15 日	103	降准后资金面带动短端利率下行，地方债供给带动长端上行
2015 年 6 月 15 日	2015 年 10 月 14 日	−92	经济疲软叠加股市暴跌的避险情绪，长债下行
2017 年 2 月 3 日	2017 年 6 月 14 日	−65	货币政策转向，MLF、OMO 利率均上调，曲线倒挂
2017 年 12 月 25 日	2018 年 5 月 9 日	54	定向降准后短端利率快速下行，曲线走陡
2018 年 5 月 9 日	2018 年 6 月 22 日	−42	经济数据走弱，贸易摩擦升温，长债利率下行
2018 年 6 月 22 日	2018 年 8 月 7 日	52	再次降准，叠加 OMO 连续大额净投放，短端利率快速下行
2020 年 2 月 4 日	2020 年 5 月 1 日	+71	疫情后的降准和减存款准备金利率将短端利率拉至历史最低位

因为长期限收益率受经济基本面影响更大，短期利率受到资金面影响更大，央行和政府的政策效果从短端传导到长端要较长的时间。比如，如果对央行宽松资金面的操作能够提前预判布局，就可以通过做多 2 年或 5 年合约，做空 10 年合约获得利差收益。

4. 国债期货投机交易

国债期货的投机性交易是诸多国债期货交易中最为吸引人，也是最容易上手的一种。因为目前按照中金所的规定，只要保证金账户中保持 5 个交易日有不低于 50 万的资本金，通过一个较为简单的期货知识测试，同时具有 10 个交易日、20 笔以上的仿真交易记录就可以开户。

另外，国债期货的交易成本也非常低，5 年期和 10 年期合约名义金额 100 万元，交易费用只要 3 元，而且平今仓不需要手续费。作为对比，如果在银行间买现券，买入 100 万元交易手续费 2.5 元，过户结算费用每笔 150 元，双方收费，卖出时再收交易手续费 2.5 元和每笔 150 元的过户结算费用。

而且国债期货由交易所担任中央对手方，对保证金进行逐日盯市，交易方便，对手方违约风险远低于现货市场。此外，对于单个券种来说，流动性比标准化的国债期货差得多。所以，国债期货对机构和个人而言，都具有明显的准入、成本、流动性和可靠性的优势。

由于长期国债收益率代表长期融资成本，受经济增长、物价水平和融资杠杆率等宏观经济影响。历史数据表明，经济升温、物价上涨时，国债收益率走高，经济转冷、通缩紧缩时，国债收益率回落。所以，相信那些对未来宏观经济走势有更深洞察与预见能力的交易者们，可以使用国债期货替代现货，实现他们基于宏观趋势判断的盈利策略。

一般以 10 年为代表的长期国债收益率代表长期融资成本，和经济景气程度密切相关。如果经济不景气，那么可以想象，融资建厂房、购买昂贵的生产性机器的需求会相应地下降，则长期国债收益率会走低。如图 9-23 所示，经济增速是利率变动的主要驱动因素之一。

图 9-23　经济增速是利率变动的主要驱动因素之一①

数据来源：WIND、中债估值中心。

① 利率的驱动因素请参见第 6 章。

2 年及以内的中短期收益率受到资金面影响很大，所以当央行进行货币政策操作，市场出现重大融资需求，比如债券发行量突升，甚至股票市场有大量股票上市，很多投资者进行短期融资打新股等，都会对短期利率产生波动性影响。如图 9-24所示，在不同经济时期，收益率曲线的水平和斜率形状各异。

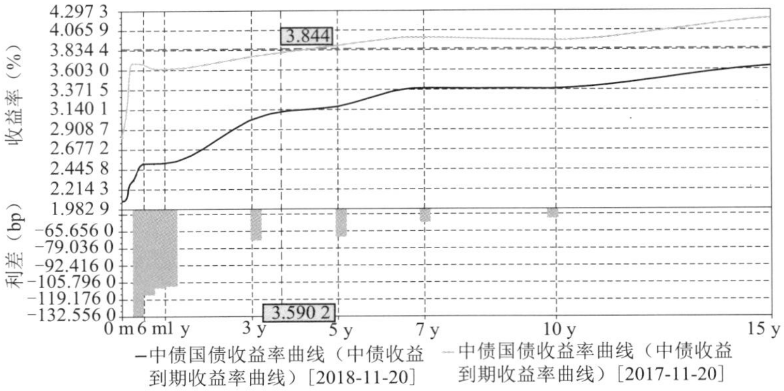

图 9-24　在不同经济时期，收益率曲线的水平和斜率形状各异

数据来源：中债估值中心。

除了收益率曲线关键期限的绝对水平，其相对利差（收益率曲线的斜率）也是重要的宏观经济领先指标。具体来说，10 年期国债收益率和 2 年期国债收益率的利差，体现了经济周期性波动的规律。

因为对于现代市场经济来说，从市场需求提升，到企业获利加大成本投入再生产，到国家根据市场波动出台平滑经济活动的政策，这每个环节之间的传导，都需要时间和摩擦，这样的滞后导致经济周期性波动的产生。深究周期理论，可以讨论短周期、长周期和超长周期这些复杂的概念。投资中一般关注经济在 3～4 年左右的库存周期。如图 9-25 所示的美林时钟是最经典的周期模型，提供了解释现实中经济波动的基础逻辑。一般来讲，经济在加速增长时期，收益率整体上行；在衰退时期，整体下行。但是，因为央行货币政策和国家财政政策的影响，短端收益率和长端收益率的移动并不同步，这导致了曲线斜率的变化。所以，如果能够对目前的经济形势产生充分认识，对未来预期有准确的估计，那么就可以在 2 年、5 年、10 年的短、中、长期国债期货的相应仓位设置头寸，捕捉到这种收益率曲线的平行变化和斜率变化，并从中盈利。

如图 9-26 所示，收益率曲线的平行变化往往是在较长的时间段（比如几个季度或一年）内发生的，交易者可以通过持有 10 年期国债的多/空合约，来吃到曲线上下行的全部波动收益。如果技术分析能力较强，也可以利用均线、成交量等技术工具，在长期持有的区间内进行短暂的反向操作或日内操作，应对市场情绪影响的短期价格回调。

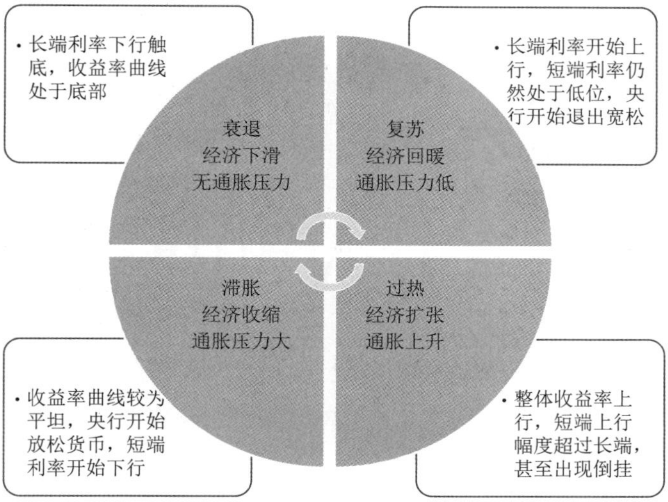

图 9-25 美林时钟提供了解释现实中经济波动的基础逻辑

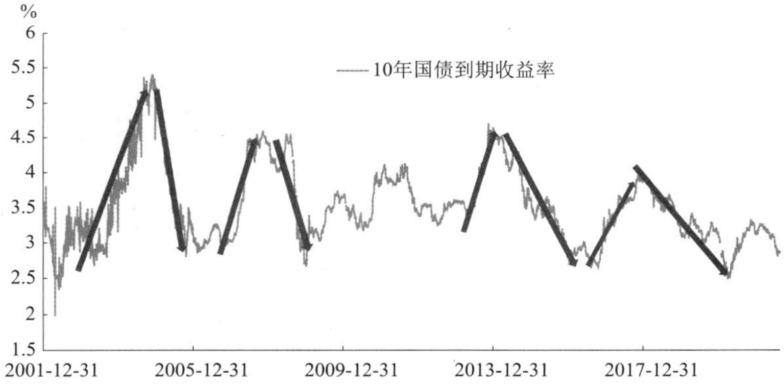

图 9-26 10 年期国债收益率的中长期趋势较为明显

数据来源：中债估值中心。

如图 9-27 所示，收益率曲线斜率的变化往往发生较快，持续时间较短，多出现在债券市场风格（牛熊）转换时期。与方向性持有 10 年国债的投机交易相比，针对收益率曲线斜率变化的投机交易大多为基本面因素驱动，较难使用技术面进行日内操作，故只推荐短线操作。

从微观来看，国债市场的参与者（主要为银行）的投资行为以及国债的收益率受到多因素的影响：

（1）央行货币政策（公开市场操作、存款准备金率、窗口指导）的直接影响，故国债收益率和市场资金面松紧有较强的正相关性；

（2）监管政策的影响，例如，当信用债、信贷的监管指标收紧，会驱动银行转向不占用风险资本的国债，导致收益率下行；

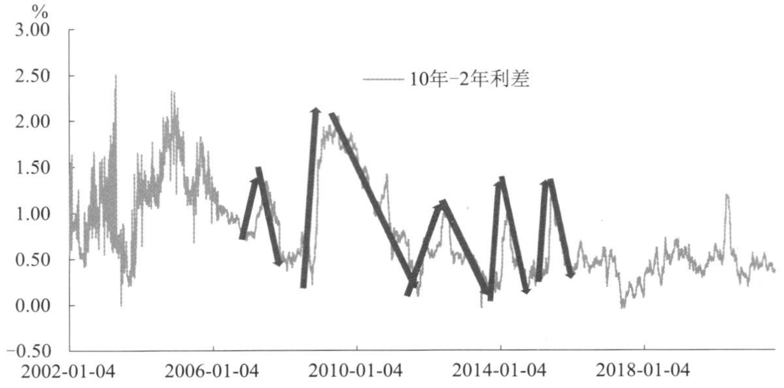

图 9-27　曲线斜率的变化呈现短期波动和阶段震荡的交替形势

数据来源：中债估值中心。

（3）国债供给的影响，当政府增发国债、地方债、政金债时，往往会导致收益率上行。

如图 9-28 所示，10 年国债收益率走势和资金价格基本同向移动，但是移动具有一定的滞后性，体现短端向长端的传导。

图 9-28　资金价格略领先于 10 年国债利率

数据来源：中债估值中心，中国货币网。

本章小结

本章介绍了国债期货的基本概念、三个主流的国债期货品种及其发展的历史和现状，然后讨论了国债期货的主流交易模式、交易策略以及其驱动因素和分析思路。国债期货市场是目前一个最大的利率衍生品市场，机构与散户、避险者和投机者均活跃参与，目前在定价有效性和流动性方面已俨然有超越现券市场之势。因为本书定位为债券现券的投资，故而只安排了一章介绍国债期货，但对于读者而言，这是一块不可或缺的能力拼图，需用心深入研究。

第 10 章 从鸡蛋到篮子——债券投资组合管理

投资是买方市场最为精华的部分，也是最为高深的学问，在交易和研究愈发流程化的今天，债券的投资管理仍然是一门艺术，而不是技术。

对于金融从业者而言，或许能在从业最初的两三年就学完所有的基础知识，但是投资能力的培养，却是一辈子也难言完成的修行。

本章主要围绕着常见的净值型投资组合展开，从投资组合的核心要素和比较基准讲起，向读者详细说明超额收益的拆分与能赚取超额收益的方法；然后讲解覆盖投资组合表现的评判方法以及组合流动性的管理工具；最后本章会介绍成本法及净值法投资组合的主要构建思路。

10.1 投资组合的识别与分析

识别内行与外行最主要的区别是，外行遇到一款投资产品，问的第一个问题往往是：这个产品投资收益怎么样；而内行首先会问的是：这个产品投什么，然后才会去问收益情况。

10.1.1 从投资组合的核心要素到业绩比较基准

在构建债券或者其他所有种类的投资组合时，最先需要确定的事情就是这个组合的投资策略文档。这个文档中会详细说明，投资者出了钱，想在多长的周期中投资什么类型的资产，承担多大的风险，来获取什么水平的报酬。这种获取回报与承担风险的意愿具象化的表现就是投资设定，即投资范围、投资限制以及申赎相关流动性的规则。

1. 投资范围

它一般用来列举投资组合可以投资的资产品种，规定会详细到是在交易所还是银行间，还是柜台市场或者其他市场发行的债券产品。如果投资的是货币类的产品，会详细规定正、逆回购的期限。如果投资人对流动性要求较低，或者风险偏好较高，还会特别规定是否能够投资非公开发行的债券或者资产支持证券。一般而言，投资人的风险偏好越高，其投资范围越广，囊括的品种越多。

2. 投资限制

它体现了对投资范围的约束，比如，投资人因为自身的一些意愿或者受到国家的指导规定，可以约定具体哪些行业的债券是不能投资的。为了体现投资人对流动性的偏好，也经常能见到投资人对组合的平均剩余期限，或者短期资产的比例下限进行约束。同时，为了在满足投资者风险偏好的同时，达到其对收益率的要求，投资限制中经常会对组合中各类信用评级的债券的比例进行限制，而且这种限制往往是基于债券组合的资产净值的，比如，要求 AAA 级及以上债券的比例不得低于资产净值的 20%，或者 AA 级及以下等级的债券比例不得高过 10% 等。这都能帮助投资人给投资经理划定较为明确的投资范围，确保组合的风险偏好和投资人的初衷相同。另外，投资者还能限制债券组合的杠杆率，以此约束投资经理不过多地承担利率风险，并尽可能地降低组合回报的波动性。一般而言，投资人的风险偏好越低，流动性偏好越高，投资限制也就越多。如图 10-1 所示，是投资范围、投资限制和申赎约定的样例。

3. 申赎限制

除此以外，对于那些有多个投资人出资的集合或者基金类债券组合，为了保护所有投资者的收益[①]，往往会对资金的申购和赎回设定限制，比如，每月、每季度甚至每年只有特定的几天能够申购或者赎回，而且单笔申购或者赎回占组合资产净值的比例往往也有上限或

---

① 比如，假设当前 1 个月期限债券收益率为 3%，2 周期限的债券收益率为 2.5%。投资组合中绝大多数投资者的投资期限都在 1 个月以上，只有一个投资者申购后在 2 周内就赎回了，那么这个“短线”投资者事实上占了别的“长线”投资者的便宜，因为他投资的钱只能够购买 2.5%收益的债券，但因为投资组合中 3%收益债券的存在，使得该“短线”投资者的实际收益高于 2.5%。申赎限制和封闭期的约定一定程度上预防了此类事件的发生。

者下限要求。这是因为债券市场流动性有限，如果发生大量的申购，债券组合找不到优质的资产会发生欠配的情况，拉低整体的收益；而如果短时间内赎回过多，则会被动地拉高杠杆率或者不得不贱卖一些资产，这也会增加其他投资者的风险，降低他们的收益，所以，必须对申赎的频率和规模进行限制。此外，一些债券组合还会在产品的开头设定封闭期，以减小投资经理的压力，能够在相当长的一段时间内不被资金的进出所困扰，能够安心地进行组合的建仓。

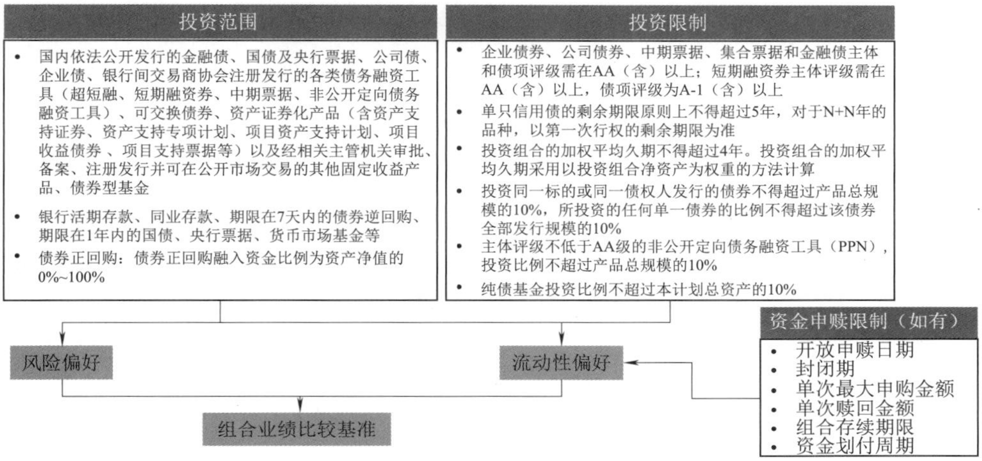
投资范围
国内依法公开发行的金融债、国债及央行票据、公司债、企业债、银行间交易商协会注册发行的各类债务融资工具（超短融、短期融资券、中期票据、非公开定向债务融资工具）、可交换债券、资产证券化产品（含资产支持证券、资产支持专项计划、项目资产支持计划、项目收益债券 、项目支持票据等）以及经相关主管机关审批、备案、注册发行并可在公开市场交易的其他固定收益产品、债券型基金
银行活期存款、同业存款、期限在7天内的债券逆回购、期限在1年内的国债、央行票据、货币市场基金等
债券正回购：债券正回购融入资金比例为资产净值的0%~100%
投资限制
企业债券、公司债券、中期票据、集合票据和金融债主体和债项评级需在AA（含）以上；短期融资券主体评级需在AA（含）以上，债项评级为A-1（含）以上
单只信用债的剩余期限原则上不得超过5年，对于N+N年的品种，以第一次行权的剩余期限为准
投资组合的加权平均久期不得超过4年。投资组合的加权平均久期采用以投资组合净资产为权重的方法计算
投资同一标的或同一债权人发行的债券不得超过产品总规模的10%，所投资的任何单一债券的比例不得超过该债券全部发行规模的10%
主体评级不低于AA级的非公开定向债务融资工具（PPN），投资比例不超过产品总规模的10%
纯债基金投资比例不超过本计划总资产的10%
资金申赎限制（如有）
开放申赎日期
封闭期
单次最大申购金额
单次赎回金额
组合存续期限
资金划付周期
风险偏好
流动性偏好
组合业绩比较基准

图 10-1　投资范围、投资限制和申赎约定的样例

结合投资范围、投资限制和申赎限制，就能够总结出这个组合的整体风险偏好和流动性偏好，然后才能根据这种偏好有针对性地开展债券组合的投资，所有的投资收益的比较也只能在相同的风险偏好标准下进行。例如，不能因为一个垃圾债组合的投资业绩比利率债组合高，就认为垃圾债组合是更好的投资，或者垃圾债组合的投资经理具有更高超的投资能力，因为在不考虑投资设定和风险的情况下谈收益，是没有意义的。

4. 业绩比较基准

那么怎样才能知道这个投资组合做得好不好呢？最直观的办法就是选取一个客观的、事先设定好的模拟组合，也就是业绩比较基准进行对照，也依此作为实际债券投资组合的标杆。对于投资经理而言，让自己的业绩达到并超过业绩比较基准，是最终的目标。

读者参考

业绩比较基准的理想与现实

在 CFA 协会的规定中，一个良好的业绩比较基准(Benchmark)需要有 7 类特性，分别是：组合创立之初事先的约定(Specified in Advance)，投资范围和限制与实际组合一致(Appropriate)，可以高频率的计算(Measurable)，计算要素和权重是清晰的(Unambiguous)，业绩基准中当前包括的证券是可知的(Reflective of Current Investment Opinion)，投资经理应对使用相同投资设定超过业绩比较基准负责(Accountable)，业绩比较标准是可实际投资的(Investable)。

把满足这七个条件的业绩比较基准作为对照组，将投资经理实际管理的投资组合作为实验组，然后进行对比分析，就能很容易地看出投资经理是如何跑赢基准，创造超额收益的。然而，在我国的投资领域，选用的业绩比较基准往往和CFA协会的规定有较大的差别。以业绩比较基准较为透明的公募基金为例，大多数货币基金的比较基准都是银行活期存款，但是从实际组合来看，货币基金组合中实际只会投资极少比例的活期存款，以至于比较基准对业绩衡量并没有实际参考价值(Not Appropriate)。大多数中长期纯债基金采用了中债综合指数作为比较基准，但实际上，由于中债综合指数具有超过2万只成分债券，并不具有可直接投资性(Not Investable)。所以，目前在国内市场中，投资能力最常用的衡量方式是投资经理管理的投资组合收益在相同投资设定的所有组合中的收益排名，而不是其收益超过基准的绝对水平，而机构内部对投资经理的考核标准往往基于其管理组合创造的收入(管理费+超额业绩提成)的规模。

10.1.2 超越基准：超额收益的分解

一般而言，业绩比较基准都是公开的参照物，比如，已经编制好的中债或者中证指数，或者根据某些到期收益率加权后配置成的虚拟持仓，或者是指数、虚拟持仓以及一些回购利率的平均。这里采用最为简单和宽泛的业绩比较基准：中债—综合财富(总值)指数。这个指数是债券市场使用最多的宽基指数之一，编制的意图是尽可能地模仿债券市场的整体走势，包括除资产支持证券、美元债券、可转债以外剩余的所有公开发行的债券。同时，这个指数作为“财富类”的指数，也考虑了到期债券的再投资收益，所以作为约束宽松型的债券投资组合的业绩比较基准非常合适。

从图10-2的指数增长可以看到，从2002年1月4日这个债券指数的基准日起，其数值围绕着票息波动上升，体现了固定收益类资产稳健的收益特性，成分债券总共2万多只，基本涵盖了市场中大部分的存续债券，所以这个指数的收益情况，可以近似看作是债券市场大盘的收益情况。但要注意的一点是，由于绝大多数债券投资组合可以购买银行存单，相当一部分可以买非公开发行的债券，所以，要真实地体现纯债类组合的收益基准，一般需要把中债—综合财富(总值)指数、中债—同业存单指数和非公开定向债务融资工具综合指数等按照比例加权平均，才能作为基准，更好地体现相同投资范围内资产的整体收益情况。

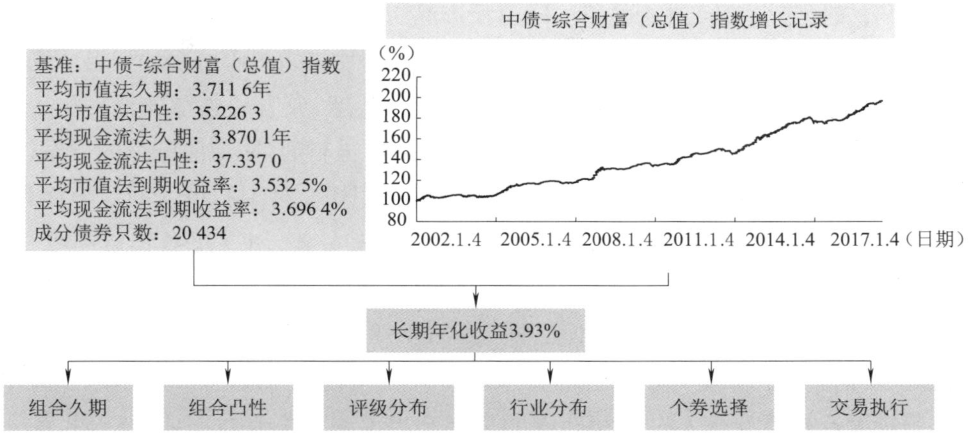

图 10-2 虚拟组合“中债综合财富指数”的收益分解

回到使用中债一综合财富(总值)指数作为投资组合基准的这个例子。投资经理的职能是构建债券的投资组合,那么既然基准已经选好了,最简单的方法就是按照指数来配置就可以了,指数里面有哪些成分,组合就配哪些成分;指数里各个成分是什么样的比例,投资组合的各个成分就做成什么比例;最后得出的收益一定能和基准指数的收益很接近,这种类型的配置方法叫被动投资。但是对于债券投资经理来说,完全根据基准来进行投资配置并不可取,原因之一在于债券的流动性都很差,就拿中债一综合财富(总值)指数来说,里面有 2 万多只成分债券,很多债券发行出来以后就被投资人持有到期了,其中绝大多数债券在市场上是日常没有成交的，所以完全根据基准的成分配置会出现买不到的问题。原因之二在于,按照基准配置是最为简单、最不加挑选的方法,没有办法体现投资经理的投资水平,再考虑到流动性和交易成本,按照基准指数配置出的债券组合,收益一定不如指数组合本身的收益,所以为了创造超过基准的收益,投资经理必须对基准组合的诸多方面进行优化。

系统来说,在投资基准组合之上的调整方向有几个方面:组合久期调整、组合凸性调整、评级分布调整、行业分布调整、个券选择调整和交易执行的优化①。

1. 组合久期调整:债券投资的最核心成分

首先,是对组合久期的优化管理,这点经常被认为是债券投资中最为重要的内容。正如前文所介绍的,债券大部分收益来源于基于收益率曲线的无风险收益,所以对无风险收益目前位置的判断和未来水平的预测,是做好任何类型债券投资的最关键的事情。

① Campisi 于 2000 年提出的模型从组合总收益的角度进行拆解,债券组合的总收益被分解为收入效应(票息效应、价格收益),国债效应(久期管理、期限结构),利差效应(权重配置、个券选择)。在 Campisi 模型中,票息效应与价格收益形成静态的无风险收益,收入效应+国债效应中大盘自身的久期与期限结构变化导致的收益波动=债券市场的系统性风险 Beta。本文的超额收益分解模型,抛去了债券组合中的 Beta 部分,并在 Alpha 的来源中加入行业利差与交易执行效率两项内容,更贴近人民币市场实际。

对于每日按照市值变动进行估值的净值型产品组合而言，对收益率曲线上行或者下行的准确预测，可以用来放大资本利得或者减小债券的浮亏。如图 10-3 所示，当预测收益率曲线未来要下行时，采取进攻型策略，拉高债券组合的久期，或者通过增加杠杆购入长期债券的办法，提高组合的 PVBP；在预测收益率曲线未来要上行时，采取防守型的方案，减小债券组合的久期，或者降低原有的杠杆率，降低组合的 PVBP。对于利率债的组合而言，由于利率债的票息一般均比较低，所以久期管理几乎是跑赢大盘、创造超额收益的唯一办法。对于信用债而言，虽然票息能够占全部组合收益的三分之二以上，但是优秀的久期管理和未来收益率预测，仍然是达到优秀收益必不可少的条件。

对于成本法估值的债券产品组合而言，对当前收益率水平的认知和对未来收益率变化的预测，是准确选择债券购入时间和期限的关键。当预测未来收益率要上行时，先不急着配置长期资产，而是持有短期资产来追求更高的再投资收益；当预测未来收益率要下行时，则反其道而行之，加杠杆配置长期高收益的资产。这样不论未来持有到期，还是实现资本利得后卖出，都是创造超额收益的好办法。

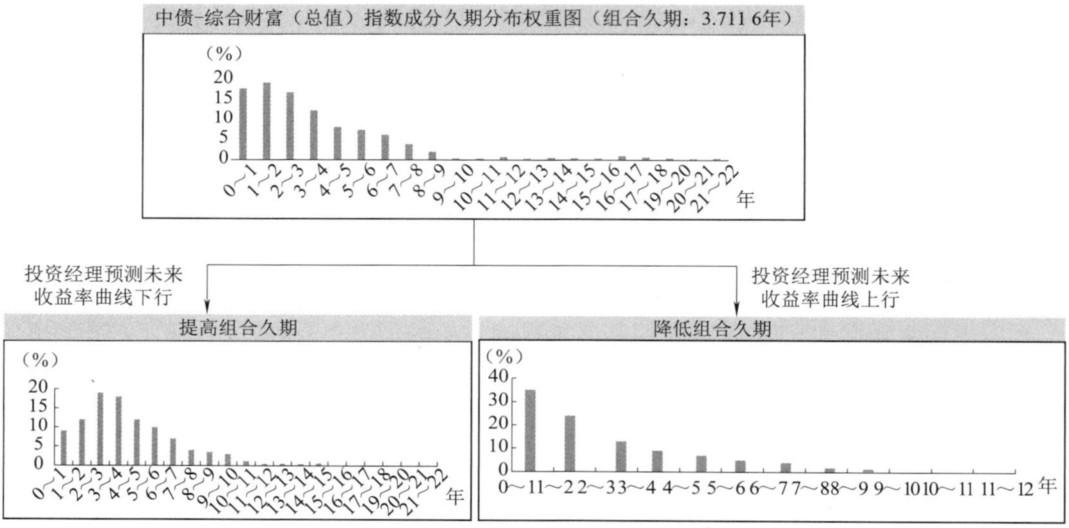

图 10-3　通过久期调整创造超额收益

2. 组合期限分布的调整：细微之处的优雅

创造超额收益的第二种方法就是组合期限分布的调整。如图 10-4 所示，对组合的凸性调整可以应对收益率曲线曲率的变化。也正前文提到的，在收益率曲线变凸时采用哑铃型的持仓，增加长端和短端获取相对收益的机会；当收益率曲线变凹时，采用子弹型的持仓，避免收益率两端上行带来对应期限持仓债券的浮亏。此外，当收益率曲线将要发生平行移动的时候，还可以通过减小中等期限债券的配置，增加短期和长期债券配置的方法，提高债券组合的凸性。相同情况下，凸性更大的债券组合在收益率曲线下行时获得的资本利得更多；在收益率曲线上行时，承受的浮亏更少。所以综合来看，面对不断变化的收益率曲线，合理地进行组合持仓的期限结构调整，也是创造超额收益跑赢基准的重要办法。

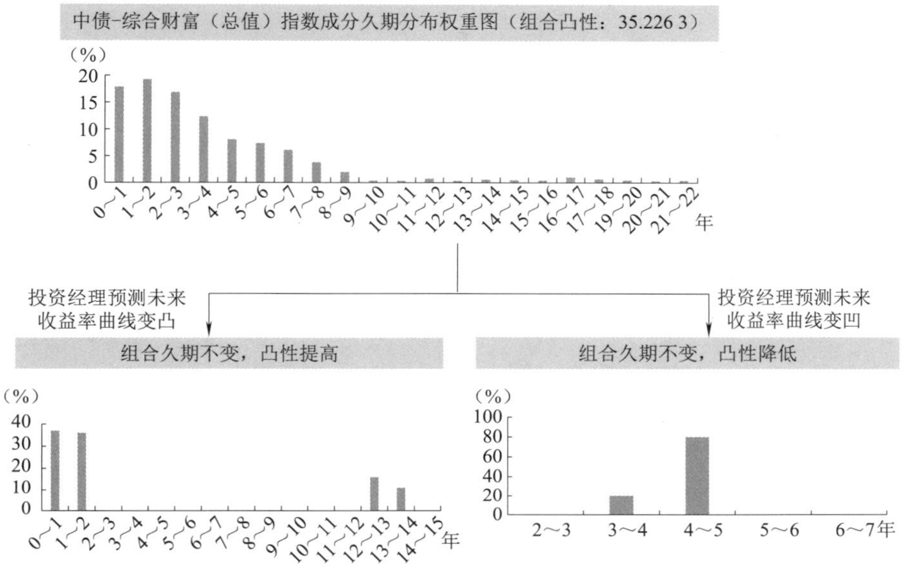

图 10-4　对组合的凸性调整可以应对收益率曲线曲率的变化

此外，对组合中不同到期时间债券的比例进行调整，还能够更好地应对投资人赎回。比如，在平时持有长期限的债券获取更丰厚的期限利差，但在年末这类集中赎回的关键时点之前，将长期债券换为年底前到期的短期债券。这样做虽然暂时减少了一段时间的票息收入，但是年底到期债券兑付的资金可以更好地应对投资人的赎回，减小年末资金紧张时点的负债成本，同时在年底也可能会出现更好的再投资机会。

3. 信用评级分布：利差的舞蹈

获取超额收益的第三种方法就是，准确预测未来各个评级信用利差的变化，据此有针对性地调整债券组合中对应各个评级的债券比例。前文介绍过信用利差的概念，也就是信用债券收益率高于无风险利率的部分。一般而言，评级越低的债券，其信用利差越大。然而，随着经济的周期性波动、对应评级的发债主体偿债能力的趋势性变化和市场情绪的起伏，各个评级的债券的信用利差也会随之有规律地波动。具体来说，在债券牛市，利率处于下行区间，债券的投资者为了获取资本利得，会提高配置债券的比例，也就是仓位，甚至会利用较低的资金成本加杠杆买券。同时，企业在资本市场融资也变得容易，偿债能力也间接地提升。在这种市场乐观的购买情绪，叠加企业偿债能力回升的时候，像 AA＋，AA 或者 AA－这种中低评级的信用债的信用利差就会大幅度减小，而 AAA 级的信用债本来相对无风险利率的信用利差就不大，在牛市中信用利差下降的幅度也会有限，所以在牛市中，中低等级的信用利差下降幅度一般要大于高等级信用债。鉴于此，预测到这种变化的投资经理，会像如图 10-5 所示，增加债券组合中低等级信用债的比例，而相对地减小高等级信用债的比例，以获得更大的资本利得。

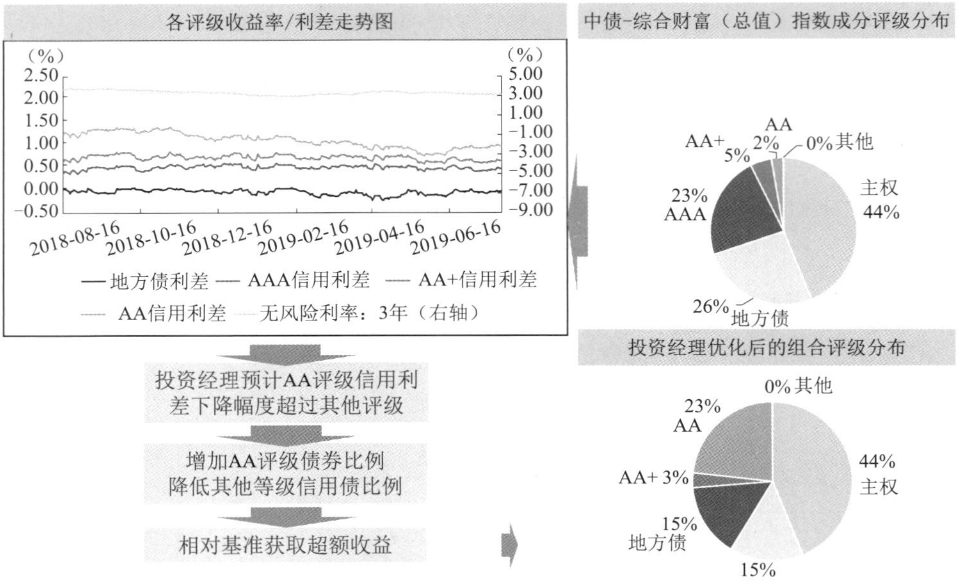

图 10-5　在牛市信用修复过程中增配低等级信用债券，可获得超额收益

数据来源：WIND、中债估值中心。

相对的，当市场进入熊市，各个等级的信用利差都会增加，其中 AAA 级信用债由于流动性较好，而且这些发债企业都是地位稳固的行业龙头、央企或者地方重要国企，所以其信用利差上涨幅度相对较小。但是，那些信用评级较低的企业，尤其是民营企业、某些产能过剩或者衰亡行业的企业，其本身资金流就不宽裕，当债市融资成本上涨时，再融资成本升高对其压力更大，因此这些中低评级企业的信用利差的上升幅度会大幅超过那些 AAA 评级的企业。准确预测这种未来变化趋势的投资经理，会减小债券组合中中低等级信用债的比例，而相对增加高等级信用债的比例，来减小债券组合可能会产生的浮亏。

因此，根据信用利差的变化趋势，适时调整各个信用等级的债券比重，也是获取超额收益的重要来源。

4. 行业配比调整：水晶球中的未来

对于信用债而言，除了不同评级的债券信用利差会发生差异性走势外，不同行业的发债主体的信用利差也会在不同的经济环境中发生明显的差异性走势。在上文中，介绍了经济的周期性波动规律，包括以 3～4 年为单位的库存周期等。在这种经济的周期性上下行中，各个行业受到波动的影响是不同的。对于那些周期性行业来说，比如房地产、材料、能源、可选消费等行业，经济下行时其经营情况受到的利空影响很大，在经济上行时其经营情况受到的利好影响也很大，所以，它们的信用利差也会随之大幅度上升或者大幅度下降。而对于一些非周期性的行业，比如医药、公用事业、电信服务等，这些行业的上下游供给和消费者的需求相对比较稳定。当经济下行时，它们经营情况受到的利空效果更小；当经济上行时，它们经营情况受到的利好也不是很明显。因此，它们的信用利差随着经济周期变化而改变的幅度也越小①。一般认为，购买周期性行业的发债公司属于进攻型投资策略，把购买非周期性，或者叫跨周期性行业的发债公司，归为防御型投资策略。

所以，如果投资经理能形成准确的宏观经济预判和对当前所处的经济周期阶段的判断，那么，他就可以对债券组合进行适时的调整。如图 10-6 所示，在经济下行之前，购买受经济下行不良影响较小的跨周期行业，减小信用利差扩大带来的亏损；在经济快速复苏前，购买受到经济上行利好影响较大的周期性行业，能扩大信用利差缩小带来的资本利得。

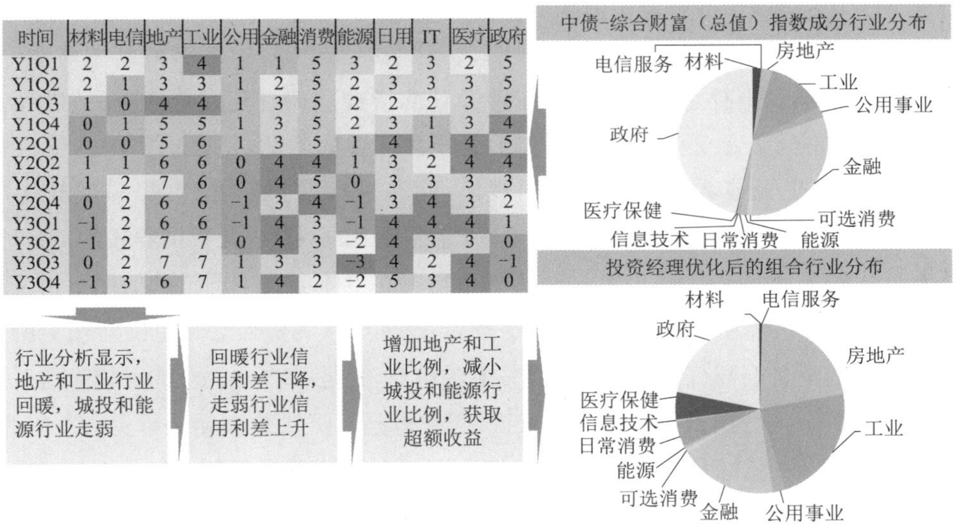

图 10-6 增配信用资质改善的行业可以获取利差下行收益

数据来源：WIND。

在我国，这种行业信用资质的周期性变化，既受到经济自身周期性波动的影响，也受到国家宏观调控和相关监管政策的影响。例如，比较明显的是自 2016 年以来，出于“降温”房地产市场的目的而对房地产企业融资进行约束，由于银行对房地产企业的贷款受到限制，房地产企业不得不以很高的价格从人民币债券市场甚至海外债券市场融资，当这种融资难成为行业的普遍现象时，整个房地产行业的信用利差就被推高了。另一个很类似的情况就是，从 2015 年底开始的供给侧改革，导致钢铁煤炭有色等“两高一剩”行业

---

① 除了“周期性行业”和“非周期性行业”外，在周期性行业内部也可以进行细分。一般认为，在一个库存周期中，需求减小导致的衰退往往首先影响下游行业，然后通过供求关系影响上游；需求回升导致的复苏也往往首先从下游开始，向上游传导。此规律具有扎实的逻辑支撑，但在实际金融市场中并不总是兑现。

融资难度剧增，在违约数量不断增多和越来越大的再融资需求的压力下，这些过剩产能行业的信用利差被明显推高。预判准确、消息灵通的投资经理能够在信用利差上升前规避这些行业的债券，待信用利差达到最高点、开始恢复之前，配置这些收益率已经很高的债券，增厚组合的收益，或者波段卖出赚取资本利得，从而实现远高于基准的超额收益。

5. 信用主体筛选：穿越雷区

除了行业配置比例选择以外，更细分地创造超额收益的办法就是更加细致的信用主体筛选，来规避违约债券可能带来的损失。

通常意义上，绝大多数可能发生违约的主体都会被债券研究员挡在门外，也就是业内常说的信评筛选（信评）那道门槛，但这并不能减轻投资经理对信用筛选的责任。恰恰相反，一旦发生违约事故，投资经理往往是第一责任人。

一般而言，单参照债券基准指数来看，每年发生违约的数量在指数比例的0.03%以内，但是国内过往的人民币债券的违约情况表明，一旦债券发生违约，能够得到的清偿部分，往往不足原票面价值的十分之一。或许对于债券基准指数这种有几万个债券的，已经充分分散的组合而言，完全损失0.03%的价值并不是非常严重的问题，但是现实中的绝大多数债券组合只有几十亿元或者小几百亿元的规模，而在进行债券配置时，每只债券一般都有1 000万元以上，甚至几亿元的持仓，所以一旦债券组合中的一只或几只债券违约，对这个组合的打击是巨大的。更何况除了违约以外，还有相当多的主体会发生严重的信用下滑，比如，从原来AAA的资质下滑为AA－，甚至A＋的资质，这种严重的资质恶化也会对债券的估值收益率产生几百甚至上千BP的影响，对应到债券的价值，就是10%～50%的亏损。这对于一个每年主要依靠3%～5%票息的债券组合来说，同样也是不可接受和无法承受的。因此，如图10-7所示举例，剔除违约债券不单是创造超基准收益的手段，更是投研人员生存的底线。

所以，投资经理要和信评一道担起对债券资质的判断和鉴别的责任，除了协助信评剔除会违约的债券以外，投资经理还需要根据自己的判断，剔除那些经营情况恶化，会明显影响融资成本和偿债能力的公司，配置那些经营状况将要改善、信用评级有望上调、收益率有望下降的公司。只有这样，才能在准确预估经济走势和行业利差走势的情况下，进一步增强债券整体收益，超越基准。

6. 交易执行策略：把握市场脉搏

获取债券组合超额收益的最后一种途径是，提高交易的执行效率，减少交易成本。由于债券市场流动性很弱，以收市价计算的债券价值很可能偏离市场公允价值较远，所以对于净值型债券组合而言，一般每日的收益和净值增长情况，都是基于当天的估值计算出的①。

---

① 一般在银行间市场交易的债券参考最新中债估值，在沪/深交易所交易的债券参考中证估值或中债估值。没有估值的采用摊余成本法计算当天价值。

在理想情况下，债券的买单和卖单应该分布在债券的估值两侧，这样长期来看，买方和卖方较为均匀地承担了部分交易成本，最终使得债券估值能够较好地体现债券的公允价值。但是在实际交易中，债券的买单或者卖单可能偏离估值很远，比如，在市场行情高涨时，市场上的卖单价格①均低于估值收益率；在市场行情萧条时，买单的价格均高于估值收益率。如果买方在市场行情高涨时贸然去“吃掉”卖家低于估值的卖单，或者卖方在市场行情萧条时贸然去“吃掉”买家的高于行情的买单，那么这样的交易会对债券组合造成额外的亏损。相反，如果买方能抓准时机，以高于估值收益率的价格买到目标债券，或者卖方能以低于估值收益率的价格卖出自己的债券，那么会给债券组合的收益带来一笔可观的资本利得。

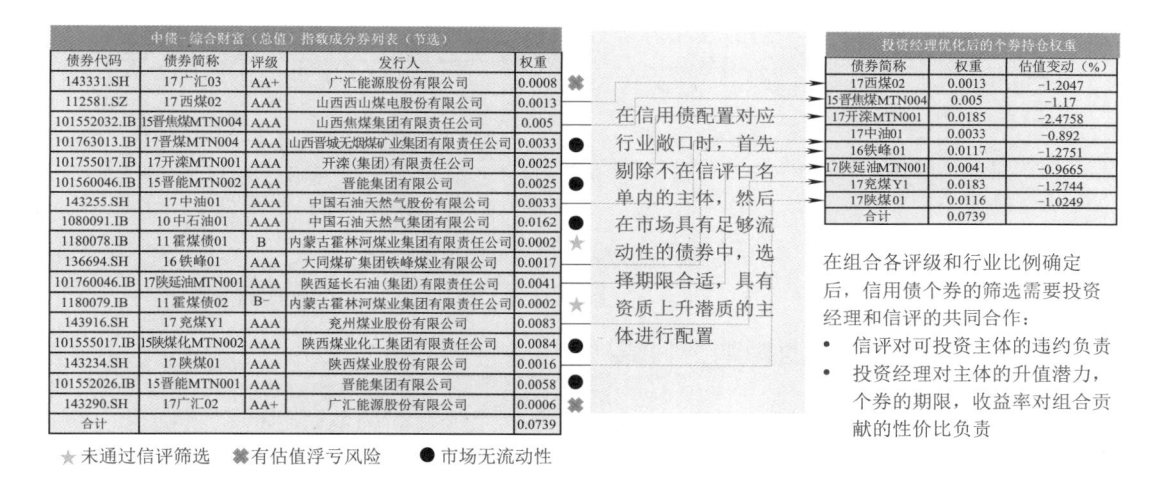

中债-综合财富（总值）指数成分券列表（节选）

债券代码	债券简称	评级	发行人	权重	
143331.SH	17广汇03	AA+	广汇能源股份有限公司	0.0008	✖
112581.SZ	17西煤02	AAA	山西西山煤电股份有限公司	0.0013	
101552032.IB	15晋焦煤MTN004	AAA	山西焦煤集团有限责任公司	0.005	
101763013.IB	17晋煤MTN004	AAA	山西晋城无烟煤矿业集团有限责任公司	0.0033	●
101755017.IB	17开滦MTN001	AAA	开滦（集团）有限责任公司	0.0025	
101560046.IB	15晋能MTN002	AAA	晋能集团有限公司	0.0025	●
143255.SH	17中油01	AAA	中国石油天然气股份有限公司	0.0033	
1080091.IB	10中石油01	AAA	中国石油天然气集团有限公司	0.0162	●
1180078.IB	11霍煤债01	B	内蒙古霍林河煤业集团有限责任公司	0.0002	★
136694.SH	16铁峰01	AAA	大同煤矿集团铁峰煤业有限公司	0.0017	
101760046.IB	17陕延油MTN001	AAA	陕西延长石油（集团）有限责任公司	0.0041	
1180079.IB	11霍煤债02	B-	内蒙古霍林河煤业集团有限责任公司	0.0002	★
143916.SH	17兖煤Y1	AAA	兖州煤业股份有限公司	0.0083	
101555017.IB	15陕煤化MTN002	AAA	陕西煤业化工集团有限责任公司	0.0084	●
143234.SH	17陕煤01	AAA	陕西煤业股份有限公司	0.0016	
101552026.IB	15晋能MTN001	AAA	晋能集团有限公司	0.0058	●
143290.SH	17广汇02	AA+	广汇能源股份有限公司	0.0006	✖
合计				0.0739	

★未通过信评筛选　✖有估值浮亏风险　●市场无流动性

在信用债配置对应行业敞口时，首先剔除不在信评白名单内的主体，然后在市场具有足够流动性的债券中，选择期限合适，具有资质上升潜质的主体进行配置

投资经理优化后的个券持仓权重

债券简称	权重	估值变动（%）
17西煤02	0.0013	-1.2047
15晋焦煤MTN004	0.005	-1.17
17开滦MTN001	0.0185	-2.4758
17中油01	0.0033	-0.892
16铁峰01	0.0117	-1.2751
17陕延油MTN001	0.0041	-0.9665
17兖煤Y1	0.0183	-1.2744
17陕煤01	0.0116	-1.0249
合计	0.0739	

在组合各评级和行业比例确定后，信用债个券的筛选需要投资经理和信评的共同合作：

- 信评对可投资主体的违约负责
- 投资经理对主体的升值潜力，个券的期限，收益率对组合贡献的性价比负责

图 10-7　剔除违约债券是创造超基准收益的手段和投研人员生存的底线

数据来源：WIND。

那么对于投资经理而言，如何实现这种资本利得呢？首先，要对当前的市场情绪有敏锐的感知，在大家恐慌、大量抛售的时候，不应该跟风抛售，甚至可以推迟之前的出售计划，相对的，在市场高歌猛进的时候，则要小心安排自己的购买计划，防止买入价格被压低太多的债券。当然，这种等待不应该是盲目的，因为很多时候，出售或者购入的机会转瞬即逝，如果为了战术性的机会拖延太久的时间，很可能会错过战略性的机会。因此，对于投资经理而言，需要全面把握交易的节奏，在抓牢投资机会的同时，给交易执行恰到好处的时间。同时，投资经理也应该对市场的流动性深度有准确的预测，如果配置的金额过大，则根据市场每天的交易量，将一笔大量的债券交易任务分配在数日中渐次完成，防止己方的交易需求影响市场价格，最后使得自身承受过多的交易成本。所以，如图 10-8 所示，交易成本控制并不完全是交易员的工作，而应该结合到投资经理的策略之中。

① 一般而言，债券市场交易均以收益率报价。

以上介绍了创造超额收益的六种方法，接下来分析这六种方法对债券投资组合收益的影响。

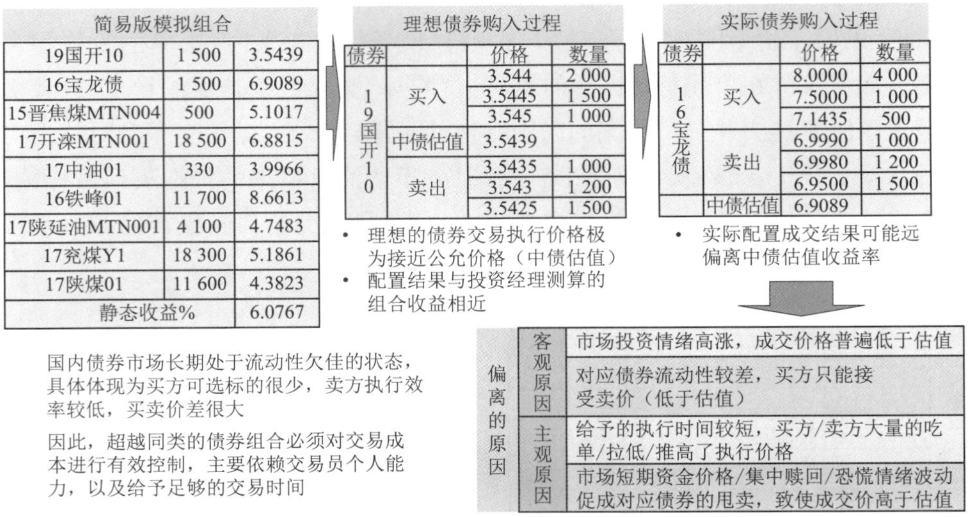
简易版模拟组合
19国开10 1 500 3.5439
16宝龙债 1 500 6.9089
15晋焦煤MTN004 500 5.1017
17开滦MTN001 18 500 6.8815
17中油01 330 3.9966
16铁峰01 11 700 8.6613
17陕延油MTN001 4 100 4.7483
17兖煤Y1 18 300 5.1861
17陕煤01 11 600 4.3823
静态收益% 6.0767
理想债券购入过程
债券 价格 数量
19国开10
买入 3.544 2 000
3.5445 1 500
3.545 1 000
中债估值 3.5439
卖出 3.5435 1 000
3.543 1 200
3.5425 1 500
• 理想的债券交易执行价格极为接近公允价格（中债估值）
• 配置结果与投资经理测算的组合收益相近
实际债券购入过程
债券 价格 数量
16宝龙债
买入 8.0000 4 000
7.5000 1 000
7.1435 500
卖出 6.9990 1 000
6.9980 1 200
6.9500 1 500
中债估值 6.9089
• 实际配置成交结果可能远偏离中债估值收益率
国内债券市场长期处于流动性欠佳的状态，具体体现为买方可选标的很少，卖方执行效率较低，买卖价差很大
因此，超越同类的债券组合必须对交易成本进行有效控制，主要依赖交易员个人能力，以及给予足够的交易时间
偏离的原因
客观原因
市场投资情绪高涨，成交价格普遍低于估值
对应债券流动性较差，买方只能接受卖价（低于估值）
主观原因
给予的执行时间较短，买方/卖方大量的吃单/拉低/推高了执行价格
市场短期资金价格/集中赎回/恐慌情绪波动促成对应债券的甩卖，致使成交价高于估值

图 10-8　通过交易成本控制创造超额收益

10.1.3　超额收益各来源影响力估算

一般而言，对于净值型债券组合来说，对债券组合久期的调整是创造超额收益的最主要来源。

如果是长期的利率债组合，由于票息很低，只有2%～3%左右，所以90%以上的收益来源就靠在准确预测利率基础上的波段操作，也就是在利率下行时购买长久期债券，并在利率触底后卖出赚取资本利得。以10年期国开债券为例，其修正久期大约在8年左右，在满仓不加杠杆的情况下，如果能在每年100 BP～300 BP的上下波动中"吃到"150 BP左右，就能创造12%左右的资本利得，结合3.5%的票息，即每年的整体收益在15%左右。对于中短期配置型组合，如果能准确预测利率走势，在利率高点满仓买入，那么和在期限内均匀建仓相比，也能创造100 BP～150 BP的超额收益。

评级分布的配比也是相对容易创造超额收益的环节。一方面，各个评级信用利差跟随经济基本面和债市整体行情的周期性变化规律相对比较明显，一般而言会略滞后于无风险利率绝对水平的上行与下行。将AAA级与AA一级相比，从历史的绝对值来看，AAA级的信用利差低于AA一级120 BP～270 BP左右，并且趋势性明显，在一个趋势区间内[①]的波动性较低，所以对各个评级的债券比重进行调整，很容易能创造100 BP以上

① 一般以一年作为一个考察期。

的超额收益。

但同时，读者也应该意识到，除了市场周期性变化的影响外，随着我国债券市场化进程的加快和违约的常态化，各个评级之间会更加具有区分度，信用利差的差别也会逐步扩大。这种经济周期波动和违约常态化的双重影响，更加明显地体现在 2018 年初至 2019 年中的债券市场。2018 年开始，债券市场进入违约潮，在对违约的恐慌下，低评级债券的利差相对于高评级明显上升。到 2018 年下半年，AA－的信用利差比 AAA 级信用利差高 280 BP 左右。但是，随着国内经济增速的放缓，央行的降息，AA－级别的利差在债券牛市的情绪下，随着无风险利率的下降开始收缩，直到 2019 年下半年，AA－级别信用利差和 AAA 级信用利差的差值回落到 240BP 左右。所以，总的来说，除了注意实际违约率以外，在进行信用比例优化时，还需要考虑经济基本面和债市情绪对利差的影响。

行业选择创造超额收益相对复杂一些，虽然从历史数据来看，周期性行业的利差波动趋势明显，波动值也很大，但是在实际操作中难度较大。第一个原因是，债券市场的流动性较差，大多数存量债券每日没有成交，也没有买单或者卖单，所以，如果调整较大的话，投资经理从一种风格的行业配置转换到另一种风格的行业配置会特别困难与缓慢，很容易错过合适的调整窗口。第二个原因是，投资经理的投资决策会受到投资范围和投资限制的约束，比如，不少银行出资人会事先约定好不能购买哪些行业的债券，或者个别行业的公司数量较少，如说电信行业，这种情况下投资经理由于集中度的限制，就不能按照模型的优化结果重仓这个行业。最后，还有信评的约束，很可能导致投资经理错过仅存的几个增配目标行业的机会。

尽管有以上这些困难，对行业整体资质的观察仍然是投资经理必做的功课，一方面是为了寻找少量行业利差变动创造超额收益的机会，另一方面，对衰弱行业的跟踪也能避免对应公司经营状况恶化导致的违约。

针对期限结构分布创造超额收益的策略，就收益率曲线的陡峭程度的变化历史来看，每年有 100 BP～250 BP 的变化空间，但是由于债券市场较差的流动性，只有能够快速调仓的利率债组合，才可以通过即时调整组合结构的分布，实现曲线形状变化的收益。在重仓的长期利率债的组合中，对曲线形状变化的利用可以增厚 50BP 以上的年化超额收益。

信用筛选策略依赖信评的协助，而且从数量比例来看，对一个充分分散风险后的组合影响不大，毕竟目前国内债券的整体违约率还是较低的。但是对于净值型的债券组合而言，除了通过规避违约创造的超额收益以外，持仓债券的评级上升收益和评级下调损失也是很大的。目前我国人民币市场中，发生过评级上升的主体大约在全部信用主体的 3.5％左右，发生过评级下降的主体大约在全部信用主体的 3％。因此综合来看，通过投资经理对主体的筛选，规避违约债券和评级下调债券，增配有评级上升收益的债券，每年能够新增的超额收益大约在 5 BP 到 10 BP 左右。

交易执行的环节也一样需要交易员配合，从技术上，运用时间加权或者成交量加权等拆单方法，减小交易成本。但也需要投资经理对市场情绪的敏锐判断和对配置时机、节奏的把握。对于信用债这种流动性较差的品种，避免大量的吃单；而对于回购类的资产，则需要交易员对日内资金面的准确判断，一般日内的回购价格波动较大，且较难发现有效的规律，经常出现早上钱紧，下午钱松，或者早上钱松，下午钱紧的现象。日内发生的资金面松紧度转换，一般是中短期资金市场趋势转换的标志[①]。优秀的资金交易员能够根据经验对这种转换进行提前预判，从而在一日之中，以更高的收益率出逆回购，更低的资金成本借正回购。综合来看，良好的交易执行在长期能够带来的超额收益大约在 10 BP 到 20 BP 之间。如图 10-9 所示，是创造超额收益的 6 种方式总结图。

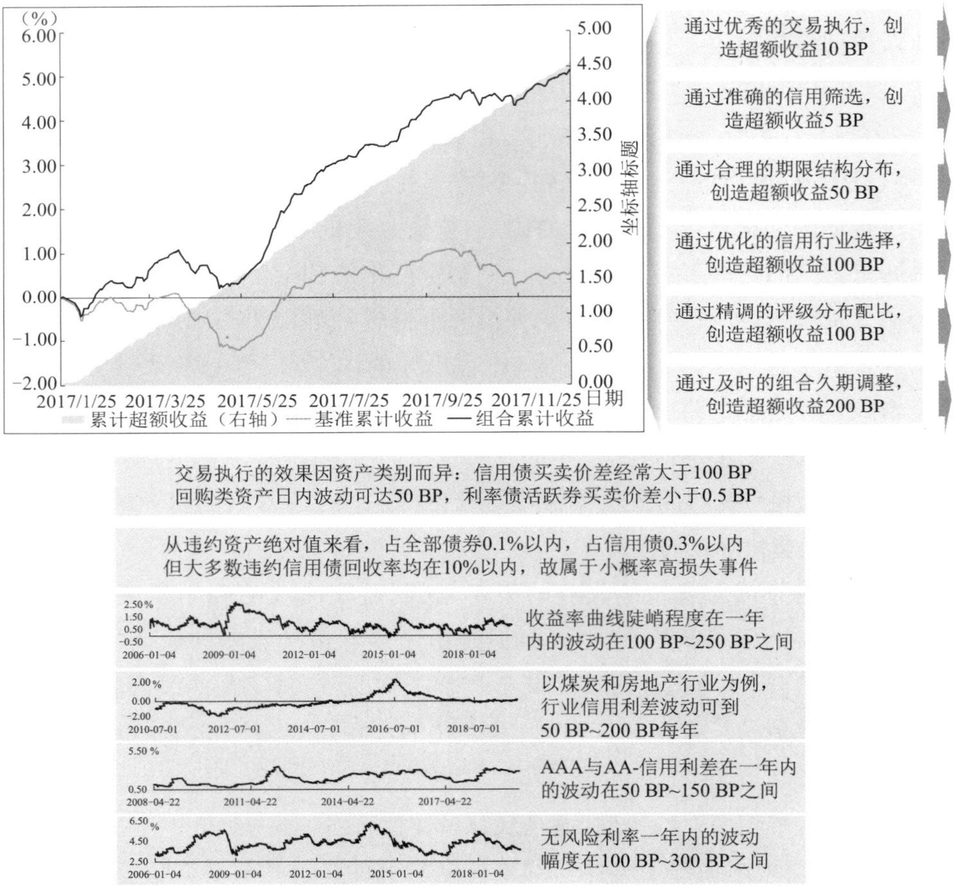

图 10-9　创造超额收益的 6 种方式

① 比如，在连续一周资金面的紧张后，如果某日上午延续资金紧张的局面，下午资金面有所放松，则第二天开始资金面很可能会持续放松。

10.1.4 组合表现评估:夏普与信息比率

在债券的投资组合管理中,虽然有 6 种创造超额收益的办法,但在进行投资组合评估和业绩归因时,往往因为机构管理的债券组合详细持仓不对外公布的原因,无法根据此类超额收益分解的方法认清债券投资管理人的真正优势,只能根据其定期公布的资产净值和回报率进行风险收益的性价比评估。

1. 夏普比率

不论是债券组合的投资管理①,还是股票、期货或者其他的投资管理,本质上就是希望在承担尽可能小的风险情况下,赚取最大的回报。为了衡量一个债券组合是否很好地实现了这个目标,可以使用夏普比率。用债券组合的年化收益,减去年化的无风险收益,这样就算出了债券组合作为一个风险投资品赚到的额外收益,再用这个额外收益除以组合的风险,也就是组合每日收益标准差乘上每年天数的平方根。这个比率体现了承担相同比率的风险,债券组合可以赚到的超额收益。

$$\text{夏普比率(Sharpe Ratio)}=\frac{\text{组合额外收益}}{\text{组合风险}}=\frac{R_{\text{组合收益}}-R_{\text{无风险收益}}}{\sigma_{\text{组合收益}}}$$

在比较不同组合的夏普比率时,永远是越高越好。如果把承担的风险看成一种代价,那么夏普比率越高,说明投资经理承担相同的代价,能够赚取更多的收益。即使对于一个非常希望赚取高收益,而不那么在乎负债端成本变动风险的投资者而言,哪怕原来的组合收益并不是很高,只要夏普比率高,也能够通过借入资金,加杠杆的方式很轻松地扩大组合收益,并且加杠杆后的组合风险,也要比其他夏普比率不高的组合低得多。

2. 信息比率

第二个可以用来衡量一个债券组合表现的指标是信息比率,这个指标更加适用于那些对标明显的债券投资组合。比如,在公募基金中,经常会见到高评级中短期产业债基金、中长期金融债基金等,这些债券基金会明确地以中债一公司信用类债券财富(1 年以下)指数,中债一金融债券总财富(7～10 年)指数等这些窄基指数作为基准,甚至一些投资范围特别小的组合,可能会以中债一长三角公司信用类债券财富(总值)这种特别具有针对性的指数作为基准。

当参考的基准特别具体和明确的时候,用超越无风险利率的额外收益来评估一个组合的表现就不是太合适了,因为组合的投资范围被基准指数的范围严格限制住了,并不一定能够买无风险债券。同时,用纯粹的组合收益的波动来衡量风险也不合适,因为很多风险是基准本身固有的,而不是投资经理的投资决策带来的。

---

① 夏普比率和信息比率不适用采用(摊余)成本法估值的债券组合或者估值频率较低、估值公允性较低的股权基金等投资方式。最主要的原因是净值波动过小,导致分母过小,比率值过大。

$$\text{信息比率(Information Ratio，简称 IR)}=\frac{\text{主动收益}}{\text{主动风险}}=\frac{R_{\text{组合收益}}-R_{\text{基准收益}}}{\sigma_{\text{组合收益}-\text{基准收益}}}$$

信息比率就很好地解决了这个问题。首先，用组合收益减去基准的收益，这样就算出投资经理相对这个基准创造的超额收益，然后用这个超额收益除以组合每日收益减去基准收益的标准差，这个标准差代表了投资经理因为自己的投资决策带来的额外波动。在投资学上这种相对基准的额外波动风险叫跟踪误差(Tracking Error)。所以综合来看，相对基准的超额收益和相对基准的额外风险的比值，就代表了投资经理的决策对于基准的提升或者下降。高明的投资经理只需要在基准上增加一点小小的额外波动，就能创造大量超过基准的收益。因此，信息比率也是越高越好。

无论是夏普比率还是信息比率，根本上都是希望找出相同收益的情况下，承担更小风险的组合，或者说，在相同风险的情况下收益更高的组合。如图 10-10 所示，左图的组合在收益相同的情况下，收益的波动小得多，所以总是优于右图的组合，这也是人性的风险厌恶所决定的。

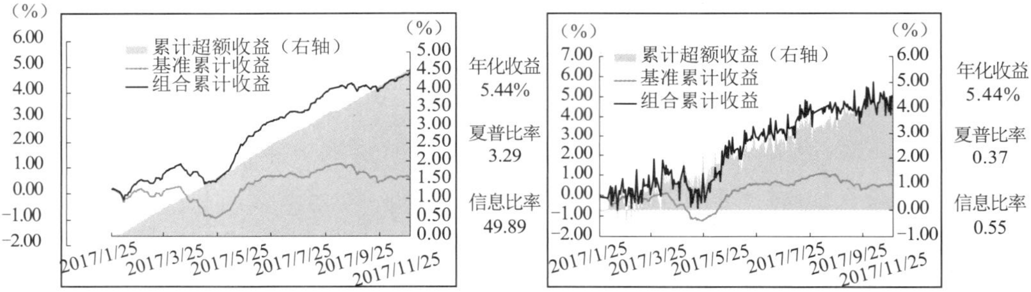

图 10-10　相同收益下，组合波动越小越好

除了夏普比率和信息比率外，衡量组合表现的指标还有特雷诺比率、强森 alpha 等，基本都脱胎于资本资产定价模型，但是大多数都更加适用于股票组合而不是债券组合。所以对于绝大多数净值型债券组合，只需要比较夏普比率即可对于有相同风格和投向的债券产品，只需要比较信息比率(基准是对应的风格指数)即可。

10.2　投资组合的构建与管理

上节介绍了对债券投资组合的识别，包括其要素和特征，以及基于这些要素和特征能采取哪些具体的手段对组合进行管理，以及这些手段的效果，最后介绍了两种主流的组合表现评估方式。如果说上一节是向大家解释“小提琴、风琴和萨克斯等乐器的作用”，那这一节投资组合的构建与管理的内容则主要向大家介绍如何“利用这些乐器组成一个管弦乐队，以及这样的乐队应该如何演出”。

10.2.1 流动性管理三个法宝

在大多数投资场景中，并不是投资者将一笔钱给投资经理后，等着最后的收益就完事了。事实上，这笔钱进了投资组合后，投资者可能会因为各种原因想要赎回资金。例如，对个人投资者而言，可能会因为孩子要读书，或者外出度假需要取出款项；对于机构投资者而言，可能会因为想要实现已经取得的收益落袋为安，或者是因为机构需要应付年末的开支等而赎回资金。所以，对于投资经理来说，绝不能够将债券配置满仓而完全不考虑满足这些赎回的需求，否则，投资者将不敢再进行后续投资，或者会要求更高的投资回报来弥补他们流动性的损失①。

但是通常来说，投资经理也无法预备太多的现金来应对赎回的需求，因为现金的收益极低②，预备现金的比率太高会拉低组合的整体收益率。平衡流动性压力和收益率要求的操作叫作流动性管理。良好的流动性管理能够在维持较高收益的同时，确保应对投资者合理的赎回要求，不发生爆仓。

这里介绍三种常用的方式来应对投资者的赎回要求，进行流动性管理。

1. 正回购加杠杆

最简单的方式就是平时满仓配置债券，当投资者需要赎回的时候，通过正回购借钱交还给投资者。由于债券的银行间市场是 T+0 交割的，资金到账非常方便，对债券组合资产端的影响也很小。但因为正回购的价格受到市场资金价格的波动很大，如果价格过高，则成本太大，这样就会产生很大的利率风险。在个别市场紧张的时候，可能借不到钱，存在爆仓风险。如果连续几次都靠这种方式借钱兑付赎回，也可能存在杠杆超限的风险。正回购借款操作如图 10-11 所示。

图 10-11 正回购借款

① 投资者对长封闭期的产品往往会期望更高的收益率。

② 一般而言，活期存款利率在 2%以内。

2. 逆回购流动性储备

第二种方法比较折中，通过维持一定的逆回购的头寸来应对赎回。逆回购是一种收益率低于长期债券、高于现金，而且期限一般很短的资产。如果组合中维持相当比例的逆回购，并通过 1 天至 14 天的短期期限，不断滚动，那么可以保证在大多数时候，每天都有一定的逆回购资金到期，可以用来应对赎回。而且由于逆回购也有比活期存款高不少的收益，在个别资金紧张的时点甚至收益高过一般的债券，所以对组合的收益率也不会有太大的向下压力。但是缺点在于，逆回购期限很短，不断滚动需要的操作较为频繁，而且投资经理也需要花时间进行逆回购指令的生成，会占用投入投资研究上面的时间。逆回购管理模式如图 10-12 所示。

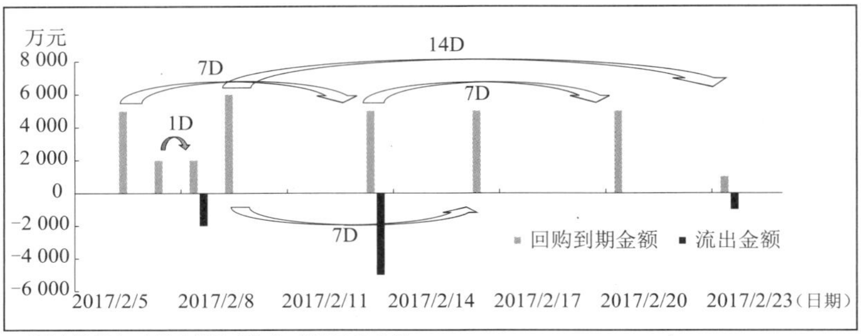

通过维持相当比例逆回购应对赎回的方法：

- 最为安全；
- 在资金价格较高时可创造超额收益；
- 长期来看回购价格低于债券，影响组合收益；
- 频繁的回购交易增加了操作成本。

图 10-12　逆回购管理

3. 现金流匹配法

最后一种方法如图 10-13 所示，称为现金流匹配法，即，在预先知道未来的具体哪些时间点需要支付多少现金的情况下，可以针对性地购买在对应日期到期的债券，这样到期的债券兑付后拿到的现金正好可以用来支付赎回款。这种方法不需要预留收益较低的逆回购资产，也不需要进行正回购来承担额外的资金利率风险，对组合收益的影响最小；但是对现金流和资产到期台账的规划要求最高。事实上，除了个别机构投资者以外，绝大多数投资者的赎回具有较强的不确定性。如果对接的销售人员和投资经理都不知道投资者什么时候赎回，现金流匹配的方法就较难实现。况且，就算提前知道了赎回会在年末、季末或者某个节假日之前发生，也知道赎回的金额；但是一般而言，正好在年末或者季末之前到期的债券，其收益率也会比正常的债券低一些，从而导致采用现金流匹配法进行流动性管理的债券组合收益下行。

以上介绍的三种流动性管理方法，都各有其优缺点和不同的适用场景。实际的投资中，需要根据不同的赎回和流动性要求、客户的黏性以及申赎安排的准确度，综合运用这三种方法，来进行流动性管理。

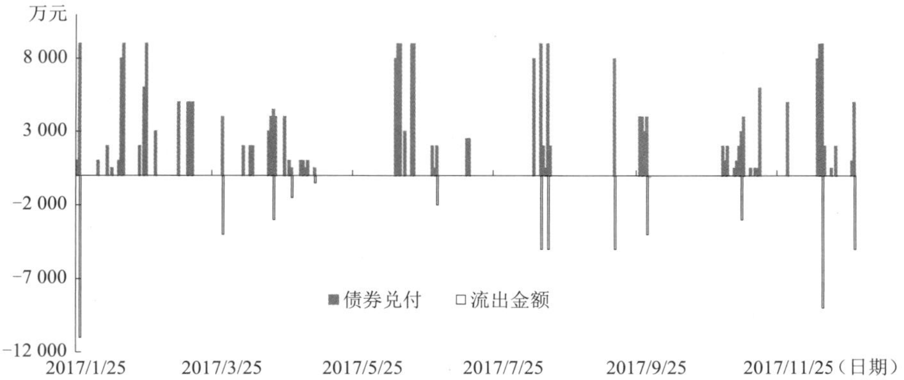

通过匹配到期资产现金流应对赎回的方法：

- 对现金流台账规划要求最高；
- 对组合收益率影响最小；
- 在赎回不确定性较高时很难实施；
- 部分节前/季末前到期债券可能收益率稍低。

图 10-13　现金流匹配法

10.2.2　成本法组合的资产配置优化

上文系统地介绍了如何对一个净值型的组合进行投资管理、流动性管理、创造超额收益。但由于债券是固定收益类资产，一般有明确的到期期限和确定的现金流。在债券市场中，还有一类组合叫作摊余成本法的组合，比如，绝大多数的货币基金、部分带有封闭期的纯债基金和进入配置账户的自营账户都用这种方法进行会计核算。摊余成本法核算的本质是，假设所有购入的债券都会持有到期，那么，这个债券对组合贡献的收益，只和购入时的到期收益率有关，与购入以后每日的波动无关。

对于这种类型的债券组合进行投资管理，在确保排除其违约风险的情况下，不需要考虑其未来评级上升收益或者评级下降的损失，也不需要考虑在无风险利率上升或者下降时，是否会产生浮亏或者浮盈，而是可以把债券组合的配置问题简化为一个基于未来利率预测线性优化的问题。如图 10-14 所示，最左上方是虚拟当前的组合持仓配比表，一般以两个星期或者一个月作为一个周期，对组合的大类资产配比调整。右上是在这个周期内，各种类型的债券能够提供的收益，以及收益对应的债券的期限。基于这两个信息，通过单纯形法（Simplex algorithm）可以将资产配置的问题转化为有约束的线性规划问题。

线性规划的目标是最大化组合的收益，也就是各类资产收益的权重比例加权平均。线性规划的约束条件是组合杠杆比例，比如，正回购的权重不能超标，所有资产的平均剩余期限不超过上限，ABS、利率债等具体的资产比例都在投资限制规定的比例区间内等；同时，要考虑各类资产的流动性因素，比如，在目前的组合中有 35%的同业存单，而假如同业存单的流动性系数是0.7，也就是说在两周的一个周期长度内，最多卖出70%的同业存单。

当前组合持仓比例表		
资产类别	比例	平均收益率
利率债	10.00%	2.25%
信用债AAA	15.00%	3.60%
信用债AA+	25.00%	3.90%
信用债AA	15.00%	4.95%
ABS	5.00%	5.25%
同业存单	35.00%	2.90%
逆回购	15.00%	2.86%
正回购	20.00%	2.50%
组合费前收益		3.69%

规划周期内资产再投资价格			
资产类别	期限$Term_i$	收益率R_i	流动性系数
利率债	10Y	2.40%	0.8
信用债AAA	5Y	3.90%	0.4
信用债AA+	3Y	4.10%	0.3
信用债AA	3Y	4.90%	0.2
ABS	3Y	5.20%	0.1
同业存单	270D	2.90%	0.7
逆回购	7D	2.70%	-
正回购	1D	2.50%	-

每类资产配置目标权重为：X_i　　计算：Max（$\sum R_i \times X_i$）

约束条件：$\sum X_i + X_{repo} <$（1+正回购上限）

$\sum Term_i \times X_i <$ 加权期限上限

$X_{ABS} <$ ABS比例上限，$X_{rate} >$ 利率债下限etc.

For all i，$\Delta X_i \geq -X_i^{Current} \times Liquidity\ Index_i$

优化后组合持仓比例表		
资产类别	比例	平均收益率
利率债	5.00% ↓	2.40%
信用债AAA	20.00% ↑	3.90%
信用债AA+	35.00% ↑	4.10%
信用债AA	35.00% ↑	4.90%
ABS	15.00% ↑	5.20%
同业存单	15.00% ↓	2.90%
逆回购	15.00%	2.70%
正回购	40.00% ↑	2.50%
组合费前收益		4.67%

图10-14　在已知目前组合和可投资域的情况下进行资产配置优化

在考虑到这些限制之后，线性规划方法会自动计算出收益最高的大类资产配比。在决定大类资产比例的基础上，投资经理只需要在各类资产之中按照行业、信用分析的方法进行个券选择和交易优化就可以获得最高的收益了。

而且线性规划方法还有极强的拓展性。比如，AAA级信用类资产可以细分为短期、中期和长期的AAA级信用债而再进行优化，这样线性规划法还能解决期限结构配置的问题。同理，如果根据行业细分，那么还能解决行业配比的问题，以此类推。

之所以摊余成本法的债券组合能使用这么简单有效的资产配置方法，主要是因为摊余成本法估值下债券收益的确定性，减小了市场价格波动对组合表现的干扰。所以，摊余成本法债券组合的净值曲线，一般都是一条斜向上的直线，基本没有波动。对于这种组合，夏普比率和信息比率会接近无穷大，所以不适用。在衡量成本法组合的表现时，只比较绝对收益就可以了。而线性优化将绝对收益作为唯一的目标函数，在构建逻辑上和摊余成本法的衡量标准相吻合，是最为直观的投资优化方法。

10.2.3　纯债组合的主要配置方略

纯债组合一般指投资范围包含利率债、信用债、ABS、同业存单、回购以及仅在建仓期可以购买货币基金的债券。部分组合可以在一级申购或在二级市场购买可转债，也可以以套保为目的，持有国债期货头寸。虽然都属于固定收益类产品的范畴，但可转债和国债期货的波动性要比普通债券和回购等资产大得多，故这里只讨论以普通债券为主的投资组合，不讨论高波动的纯可转债组合与国债期货投机组合。这里，我们介绍三类主流的纯债投资组合配置形态。

1. 纯利率/类利率投资组合

纯利率和类利率投资组合主要指，只投资利率债、地方债以及一些具有支柱性作用的极高资质的大国企或央企(比如中央汇金、国家铁路、国家电网、国有银行等)债券，不承担信用风险，而主要通过波段、择时来捕捉利率变动产生的资本利得，提高整体收益的债券组合。此类的债券组合的代表产品包括公募基金中的债券指数或指数增强基金、公募和私募基金中以银行或保险为目标客户的纯利率债券组合以及银行、保险或券商的自营部门中投资于纯利率债的子账户。

如图 10-15 所示，此类组合主要投资于利率债和基本没有信用风险的金融债、超 AAA 主体发行的类利率的信用债，此类债券的收益基本等于无风险收益，而且一般期限较长，只通过持有到期的方式很难获得让人满意的回报，所以一般需要通过进行或短或长的波段交易与择时配置来捕捉利率变动带来的资本利得，通过资本利得增厚组合的整体回报。

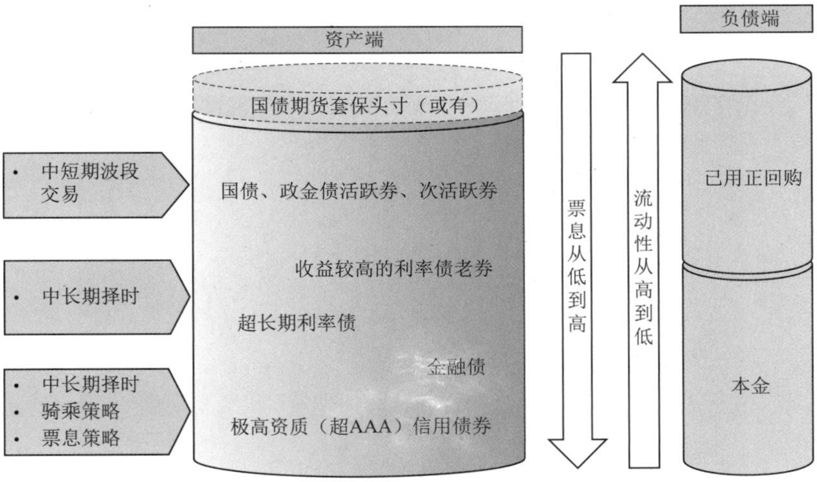

图 10-15　纯利率/类利率组合的典型构建方案

大多数中短期波段交易都是通过利率债的活跃券完成的，比如国债，国开债在 1 年、3 年、5 年、7 年、10 年等期限最新一期发行的目前市场成交量最大的品种。如图 10-16 和图 10-17所示，利率债最新的活跃券名单可以在 Qeubee 和 WIND 终端的利率债板块查阅到。这些利率债活跃券流动性最好，市场随时都有买盘与卖盘，买卖量大且买卖价差很低，所以可以用于持有期在数周到数日不等的短期波段交易，甚至可以用于日内的波段反向交易。如果投资经理的操作风格和操作频率对流动性没有那么高的要求，也可以通过已经发行了一段时间或由农发行、进出口银行发行的次活跃券来完成波段交易的操作，此类债券虽然流动性略弱，但静态收益率一般比活跃券略高。

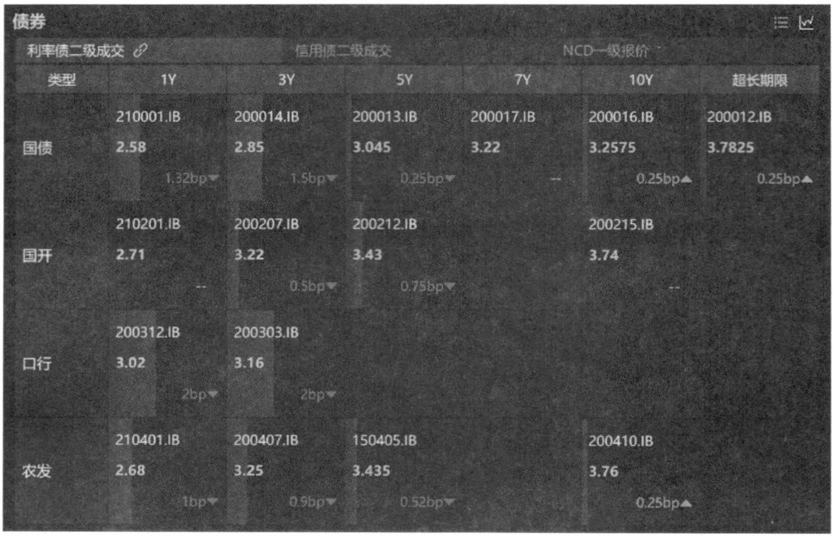

债券

利率债二级成交 | 信用债二级成交 | NCD一级报价

类型	1Y	3Y	5Y	7Y	10Y	超长期限
国债	210001.IB 2.58 1.32bp▼	200014.IB 2.85 1.5bp▼	200013.IB 3.045 0.25bp▼	200017.IB 3.22 --	200016.IB 3.2575 0.25bp▲	200012.IB 3.7825 0.25bp▲
国开	210201.IB 2.71 --	200207.IB 3.22 0.5bp▼	200212.IB 3.43 0.75bp▼		200215.IB 3.74 --	
口行	200312.IB 3.02 2bp▼	200303.IB 3.16 2bp▼				
农发	210401.IB 2.68 1bp▼	200407.IB 3.25 0.9bp▼	150405.IB 3.435 0.52bp▼		200410.IB 3.76 0.25bp▲	

图 10-16　利率债活跃券列表

数据来源：Qeubee。

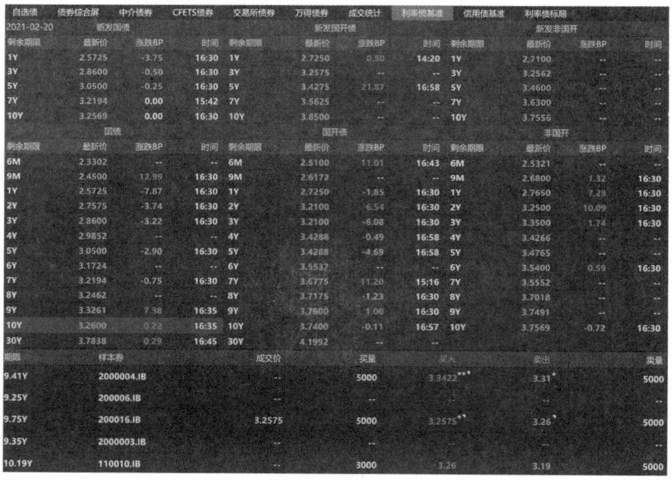

自选债 | 债券综合屏 | 中介债券 | CFETS债券 | 交易所债券 | 万得债券 | 成交统计 | 利率债基准 | 信用债基准 | 利率债标局

2021-02-20

新发国债				新发国开债				新发非国开			
剩余期限	最新价	涨跌BP	时间	剩余期限	最新价	涨跌BP	时间	剩余期限	最新价	涨跌BP	时间
1Y	2.5725	-3.75	16:30	1Y	2.7250	0.50	14:20	1Y	2.7100	--	--
3Y	2.8600	-0.50	16:30	3Y	3.2575	--	--	3Y	3.2562	--	--
5Y	3.0500	-0.25	16:30	5Y	3.4275	21.87	16:58	5Y	3.4600	--	--
7Y	3.2194	0.00	15:42	7Y	3.5625	--	--	7Y	3.6300	--	--
10Y	3.2569	0.00	16:30	10Y	3.8500	--	--	10Y	3.7556	--	--

国债				国开债				非国开			
剩余期限	最新价	涨跌BP	时间	剩余期限	最新价	涨跌BP	时间	剩余期限	最新价	涨跌BP	时间
6M	2.3302	--	--	6M	2.5100	11.01	16:43	6M	2.5321	--	--
9M	2.4500	12.99	16:30	9M	2.6172	--	--	9M	2.6800	1.32	16:30
1Y	2.5725	-7.87	16:30	1Y	2.7250	-1.85	16:30	1Y	2.7650	7.29	16:30
2Y	2.7575	-3.74	16:30	2Y	3.2100	6.54	16:30	2Y	3.2500	10.09	16:30
3Y	2.8600	-3.22	16:30	3Y	3.2100	-6.08	16:30	3Y	3.3500	1.74	16:30
4Y	2.9852	--	--	4Y	3.4288	-0.49	16:58	4Y	3.4266	--	--
5Y	3.0500	-2.90	16:30	5Y	3.4288	-4.69	16:58	5Y	3.4765	--	--
6Y	3.1724	--	--	6Y	3.5537	--	--	6Y	3.5400	0.59	16:30
7Y	3.2194	-0.75	16:30	7Y	3.6775	11.20	15:16	7Y	3.5552	--	--
8Y	3.2462	--	--	8Y	3.7175	-1.23	16:30	8Y	3.7018	--	--
9Y	3.3261	7.38	16:35	9Y	3.7600	1.00	16:30	9Y	3.7491	--	--
10Y	3.2600	0.22	16:35	10Y	3.7400	-0.11	16:57	10Y	3.7569	-0.72	16:30
30Y	3.7838	0.29	16:45	30Y	4.1992	--	--				

期限	样本券	成交价	买量	买入	卖出	卖量
9.41Y	2000004.IB	--	5000	3.3422**	3.31*	5000
9.25Y	200006.IB	--	--	--	--	--
9.75Y	200016.IB	3.2575	5000	3.2575*	3.26*	5000
9.35Y	2000003.IB	--	--	--	--	--
10.19Y	110010.IB	--	3000	3.26	3.19	5000

图 10-17　利率债活跃券列表

数据来源：WIND。

但短期波段操作是极耗费精力的策略，而且目前国内活跃的利率债品种日成交量仍然较低，如图 10-18 所示，最活跃的 10 年国债与国开债品种日均成交量也就在小几百亿元到大几百亿元之间，这意味着单一投资者单日的交易容量可能只有几亿元到小几十亿元，再大的买卖单就会产生高昂的交易成本。此外，由于短期波段操作往往需要通过长期债券品种，借助期限放大利率波动带来的资本利得，这类操作会显著地加大组合回报的波动性。综合考虑以上这些原因，单纯通过短期波段交易很难有效对一个较大的债券组合进行管理。

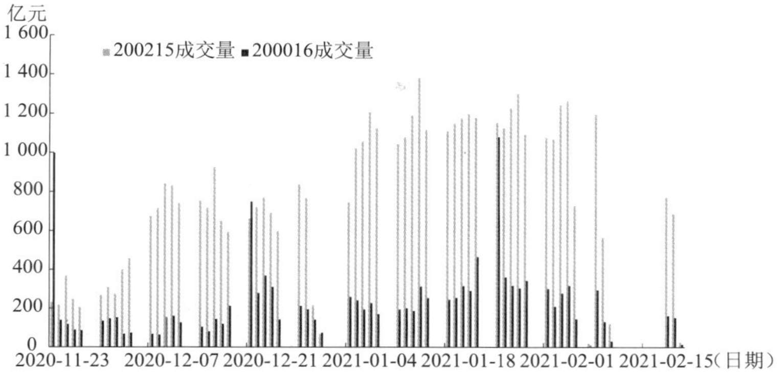

图 10-18 利率债活跃券的日成交量举例

数据来源：WIND。

所以，在进行纯利率债组合投资管理时，往往只会安排一小部分资金进行短期波段交易，更多的资金会投资于不会频繁交易的利率债老券、超长期利率债以及金融债和高等级信用债等类利率品种。这些债券品种的静态收益比利率债活跃券更高，能够提供较为稳健的票息收益。同时，投资经理也可以操作这些债券进行骑乘策略以及中长期择时策略，包括根据收益率曲线水平、斜率与曲率变化而进行的调整组合久期、进行组合长中短端债券配置布局，将组合调整为子弹型或哑铃型等一系列的操作。如果说短线交易主要依赖投资经理对市场情绪和动量变化的捕捉，那么中长期择时操作则主要依赖投资经理对基本面的判断，对交易的节奏和时效性要求更低，建仓和调仓可延续的时间更长，策略能容纳的规模更大，故更加适合使用具有较好的票息收益与适中流动性的非活跃利率债和类利率的高资质债券完成。如图 10-19 所示，短期波段一般捕捉市场的短期波动，所持续的时间比与中长期择时操作短得多，所以可以适用流动性更强，但票息收益略低的债券品种。

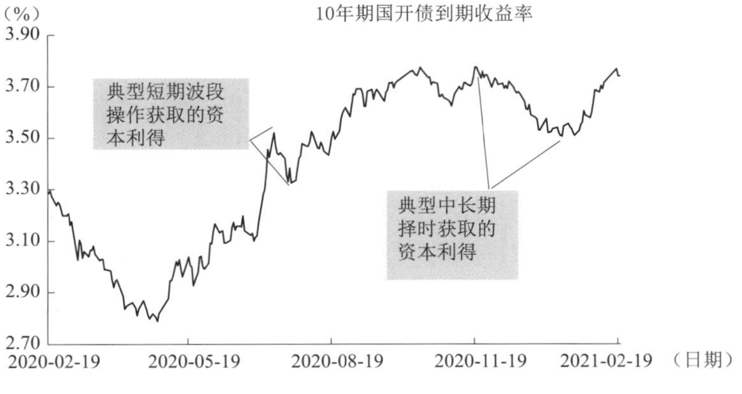

图 10-19 短期波段与中长期择时操作捕捉不同长度区间的资本利得

根据合同的规定，部分债券组合还可以通过国债期货进行套期保值，在投资经理强烈不看好未来债券市场的情况下，如短时间内无法快速清空现券，可以利用国债期货空头，对冲利率风险敞口，快速调整组合久期。

值得一提的是，纯利率组合的债券资质都非常高，流动性也非常好，没有变现压力，而且是市场认可度非常高的质押物，所以可以通过较高的杠杆放大票息收益。在现实中，不论是券商自营资金还是公募基金，能够观察到此类型组合普遍杠杆率较高的情况。

2. 信用债底仓＋波段增强投资组合

第二类较常见的债券投资是信用债底仓＋波段增强型投资组合。此处的底仓指，主要提供稳健的票息收益，以持有到期为主，出售获利为辅的配置型债券仓位，一般占整个组合的大头。底仓能够为整个组合提供稳定的基础收益，且降低了组合日收益的波动率，减小组合回撤的概率。除了信用债底仓以外，还会准备部分仓位配置高波动的债券品种，进行波段操作，增厚组合收益，这些高波动的债券品种往往分为利率债增厚与可转债增厚两种。

（1）信用债底仓＋利率债波段增强组合

信用债底仓＋利率债波段增强组合是纯债投资组合中最常见的配置方案，如图 10-20 所示，主要配置信用债以及 ABS 或私募债等底仓债券，并配置部分利率债增厚收益。利率债的一般特点是流动性好，可快速买入/卖出，期限有长有短，能很方便地进行调仓，缺点在于利率敞口较大，价格波动较大，票息收益低。信用债的优点在于票息收益高，受利率变化影响滞后，价格波动小，缺点在于期限集中在 5 年以内，可选余地少，流动性弱，调仓不便，且有违约风险。

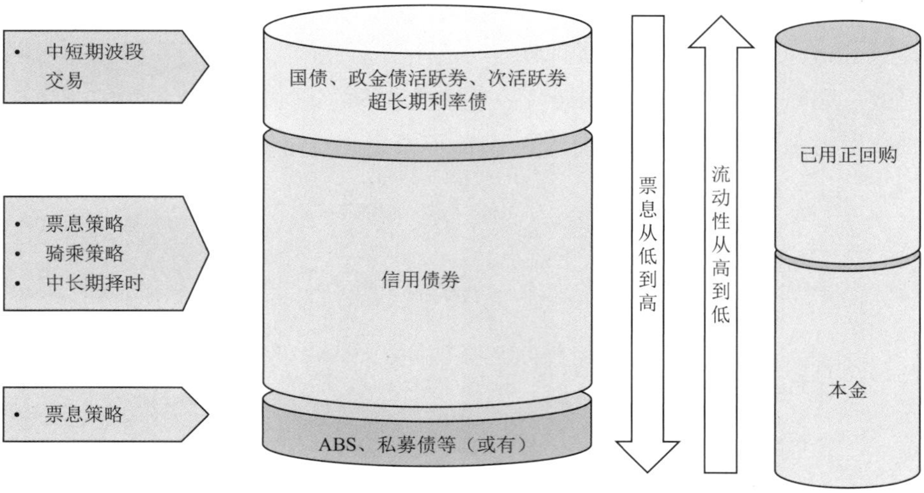

图 10-20　信用债底仓＋利率债波段组合的典型构建方案

该方案的利率债部分仓位可以通过快速买卖长期债券很方便地调整组合久期，施行收益率曲线策略，保留了快速捕捉利率变化资本利得的能力，同时，这部分利率债品种的高流动性也可以作为赎回时的变现储备，或者作为优质质押物以降低正回购借款的成本，提高杠杆息差策略的利润空间。

该方案的信用债底仓则能够赚取信用利差，同时作为每日票息收益贡献的绝对大头，可以降低每日收益的波动率，提高组合整体的夏普比率，改善投资者的体验。如图 10-21 所示，利率债的波动率与票息收益的比率最高，而信用的属性越强，资质越弱，其价格波动率与票息收益的比率越低，足以证明在组合中加入的信用债比例越高，信用等级越低(在信用债不爆雷的情况下)，组合整体的收益波动比表现会越好。

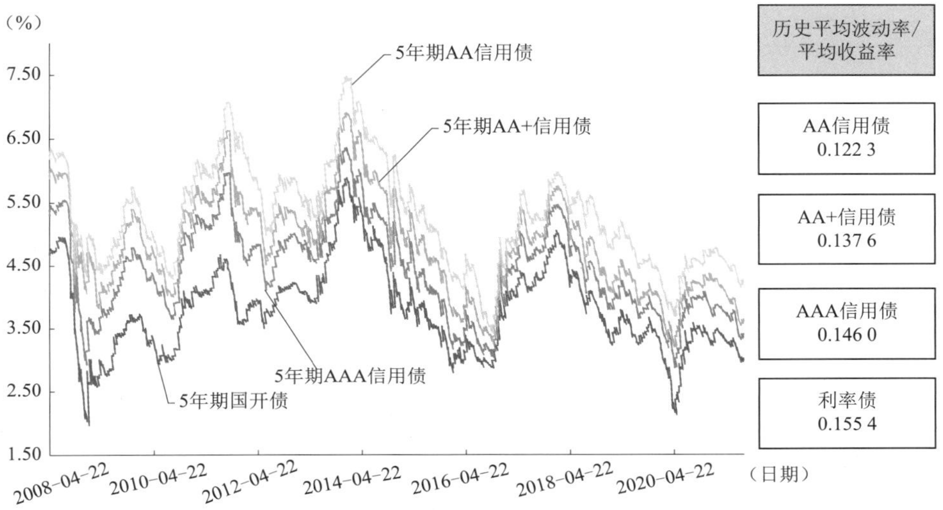

图 10-21 各信用等级债券的波动收益比示意图(以 5 年期为例)

虽然信用债底仓＋利率债波动增强的组合结合了利率债和信用债两者的优点，但真正能同时做好利率和信用的投资经理其实并不多。以目前绝大多数投资经理的成长路径来看，大多数出身于宏观研究员、债券交易员的投资经理更可能擅长对利率走势判断，而大多数出身于财会、信用研究员或者行业研究员的投资经理更可能擅长信用债投资。判断利率走势需要紧跟央行动态和市场情绪，是一个需要长时间在办公室“盯盘”才能培养出的技能；而有效选择收益高的信用债，往往需要做到对发债主体的有效分析和跟踪，是需要大量的会计报表阅读以及到实地调研才能培养出的技能，所以在投资经理的成长路径上有明显的差异。现实中，如果让一个投资经理来管理，难免顾此失彼，如果让两个投资经理合作管理，则很可能会存在一些协作上的问题，导致整体配合效果较差，所以综合来看，这对投资经理的经验和能力圈有很苛刻的要求。

(2)信用债底仓＋可转债波段增强组合

信用债底仓＋可转债波段增强组合是近几年纯债投资组合中比较流行的配置方案，如图 10-22 所示，主要配置信用债券，少量配置可转债，并可以通过杠杆策略增厚收益。

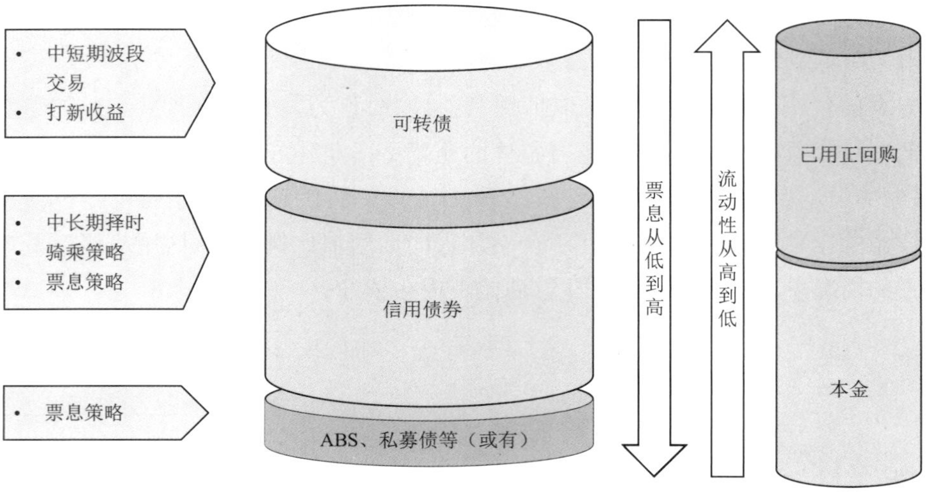

图 10-22　信用债底仓＋可转债波段组合的典型构建方案

在 2017 年以前，可转债并不是一个主流的投资品种，2015 年与 2016 年发行规模均不足 200 亿元，平时很多可转债既买不到量，也很难快速卖掉，对于大多数投资者而言，只是参与可转债的打新，赚一点打新收益。但从 2017 年开始，可转债发行量快速提升，到 2020 年，可转债年发行总量已接近 3 000 亿元。可转债虽然名义上是债券，但因为其股性的存在，市场波动较大，能够进行波段操作，同时借助交易所内的竞价平台，可以快速地买入或变现，而且也是交易所正回购借款的合格质押物，可以很方便地进行正回购加杠杆的息差策略，故受到全市场的关注，也受到了很多债券投资经理的青睐。如图 10-23 所示，可转债的高波动性相比纯债更加适合波段操作，也为债券组合提供了间接参与权益市场的渠道，故被很多投资经理选为增强纯债组合收益的有效工具。

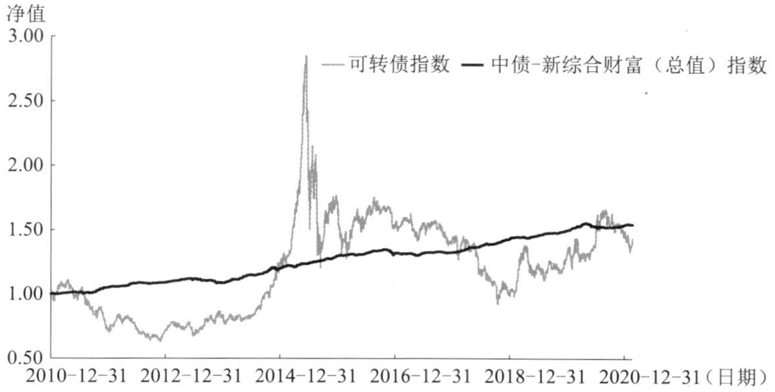

图 10-23　可转债与纯债波动对比

可转债属于具有一定权益属性的投资品种，在大体投资思路上，既可以从隐含波动率与转股溢价率的角度进行分析，也可以按照类似选股的思路，寻找预期表现较好的板块或者个体进行投资。在做好信用准入的前提下，小仓位的转债能够带来较好的收益增强，而且债底和票息的存在也可以保证其不会过多地拖累组合整体收益。

但与利率增强型组合一样，可转债的增强组合也存在着单一投资经理很难兼顾的问题。由于目前转债信用违约事件较少，可转债投研工作对从业人员的信用分析能力要求并不高，而信评出身的投资经理在面对可转债这一较新的品种时也需要时间来磨炼新的投资技能，故信用债底仓＋转债波段增强型组合的成功运作对投资经理能力圈要求也较为苛刻。

3. 纯信用债加杠杆组合

纯信用债组合是最朴素简单的配置方案，常见于稳健型的债券品种，比如，委外的债券组合、理财替代的公募基金、私募基金和券商自营的高收益债组合等。如图 10-24 所示，为纯信用债组合的典型构建方案，此类组合主要配置信用债，根据组合的负债端稳定性决定配置多大比例的 ABS 或私募债等低流动性资产作为底仓，采用多大的杠杆率。如果是开放式基金，底仓与杠杆比例会更低，以应对可能的赎回，如果是专户或封闭式基金，赎回压力较小，则底仓与杠杆的比例可以越高。

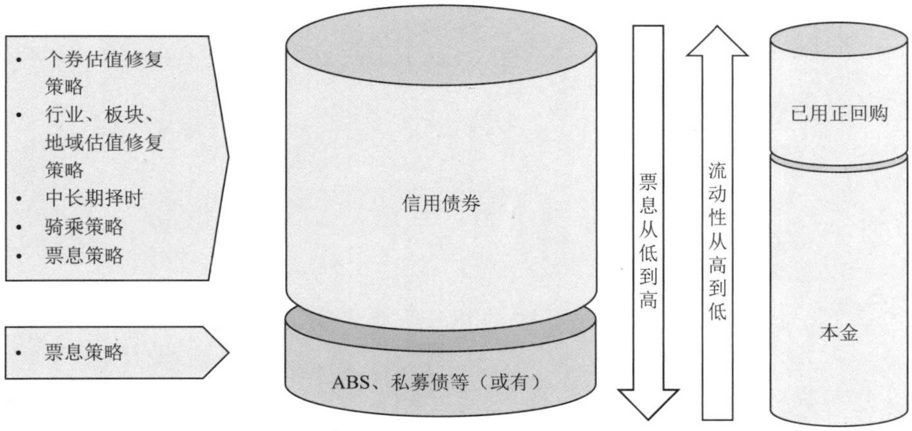

图 10-24　纯信用债组合的典型构建方案

纯信用债组合以信用挖掘为主，大多采取自下而上的策略，主要寻找到期收益率高的个券，在经过仔细信用分析，控制违约风险后进行精细化配置，并充分分散单一个体的集中度风险，尽可能减小某个主体违约对整个组合的影响。在把握个券资质的基础上，不定期的捕捉一些行业性和地域性的估值修复机会，比如，2016 年至 2017 年过剩产能行业的估值修复机会，在地产周期低谷时捕捉地产债的整体资质修复机会等。

纯信用债组合在管理时也偶尔可以采用中长期择时或骑乘等策略，但很难大规模运作，主要是因为信用债交易不活跃，有浮盈的债券很难短时间卖掉，卖掉了以后也会面临再投资的问题：如果组合空仓过久，会造成较多的票息损失。此外，在纯信用债组合中在多大程度上能采用杠杆息差策略取决于信用债券的资质(组合中高等级债券的比例)，一般垃圾债是没有办法作为质押物的，中等资质债券作为回购质押物时，回购的成本也会很高，导致息差减小，影响杠杆息差策略的效果。

本章小结

本章介绍了对债券组合投资影响较大的四种因素，创造超越基准收益的6种方法，债券组合表现的评估；介绍了债券组合的流动性管理方法，成本型债券组合的线性规划优化以及目前最流行的几种纯债组合的管理方式。

投资是一门非常深的学问，对于投资经理而言，当他们的决策会实实在在直接影响资产的价值时，所有的决策都需要非常谨慎，并对市场未来永恒的未知保持敬畏。债券作为固定收益型产品，由于票息的存在，其投资组合的构建思路和股票投资组合的构建思路或许略有不同，但是在承担系统性风险上也有相通之处。(底仓)市场风险+(增强)超额收益的投资理念，不但适用于债券投资组合的构建，而且还可以衍生到其他种类投资组合的构建中去，完善大类资产配置体系。

第 11 章 火力升级——债券的量化投资

量化投资并不是一种孤立的投资研究方式，而是一个完整的投资操作体系，需要数据底层、逻辑策略中间层和输入输出最外层等诸多个环节进行配合，才能够实现。

本章将向读者介绍如何使用最新的技术工具，构建量化投资体系，研发量化投资策略，并解决研发中可能出现的问题。

本章先介绍量化投资系统的架构：数据支撑层、计算层和应用展示层概念及作用，该如何利用 Python、SQL 和 Excel 等计算机软件去搭建。然后展示两个债券量化投资策略的简单样例，教读者如何进行投资策略的研发、回测和调参。

在学会了单个策略的研发之后，读者可以继续学习如何从投资组合管理的角度，将多个量化投资策略从上到下、从大到小、从长到短进行叠加，协同运作。同时，我们将量化投资与主观投资进行对比，以加深读者的理解。最后将从基本面分析和数据挖掘的角度，介绍两个比较有前景的交易信号发生器，引发读者进一步的思考。

11.1 量化投资系统

与定性投资注重构建叙事体系、发掘市场主要矛盾不同，量化投资更注重定量计算与系统性分析，框架性地对市场进行判断，这种全面而综合地将诸多影响因素按照清晰明确的逻辑和权重整合到一套完整的投资决策生成机制之中的过程，就是搭建量化投资系统的过程。量化投资系统的搭建既存在于计算机数据中，也存在于投研人员内心里，并跟随其经验的积累与认知的更新不断迭代。

11.1.1 量化投资系统架构

一般的大型计算机软件可以分为三层：最外层的是前端界面，负责数据的展示，并接受用户的信息输入；中间层是计算层，负责从数据库和网络中提取数据，进行业务逻辑运算，并向显示的前端输出结果；最下面是数据层，包括数据文件和数据服务器等储存数据，供计算层调用功能。一个完整的量化投资系统也包括类似的三层结构。

1. 架构总览

如图 11-1 所示，量化投资系统架构和一般多元的软件架构较为类似。最上层是应用和展示层，显示目前的组合情况，包括持仓列表、分析指标、概览图像等，为投资经理提供一个完整的投资仪表盘，同时也提供相应的按钮，录入区域，导入等功能，接受投资经理的输入信息以及研究员提供的供计算层使用的预测数据等信息。如果这个量化投资系统没有和交易系统直接连接，那么应用展示层还应该提供接口以读取成交结果，并更新量化投资系统的存量数据。

中间计算层是量化投资系统最核心的部分，它包括各个策略和逻辑模块以及调度模块，也包括更基础的建模模块。所有的分析、计算和逻辑相关的环节都应该在计算层实现。

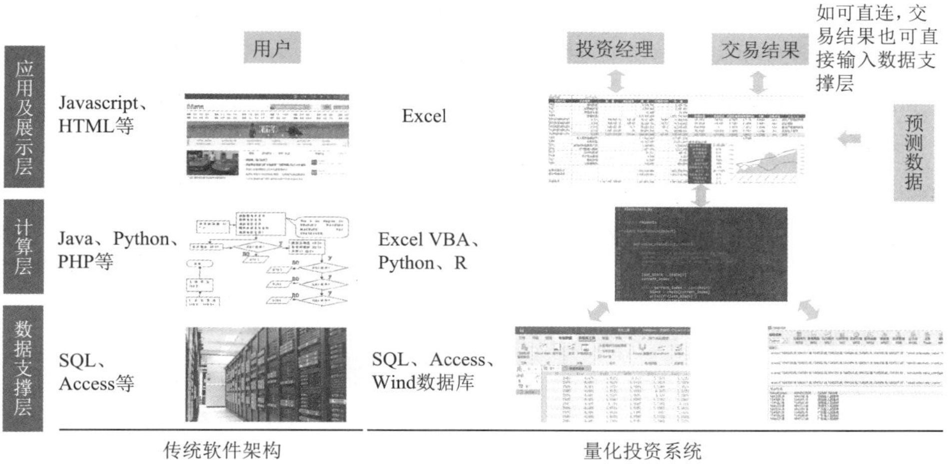

图 11-1　量化投资系统架构和传统软件架构较为类似

底层数据支撑层为整个量化投资系统提供数据输入、数据的初步处理和储存功能。它的质量保证了整个量化投资系统运行的稳定性。也许有人会觉得数据管理是非常底层和后台的工作，但是事实上，拥有别人没有的数据，其实是投资取得成功无可替代的因素，也是不可缺少的硬实力。

2. 搭建工具

那么，如果要自建量化投资系统，需要用哪些工具呢？

如果是简易的自建量化投资系统，可以使用 Excel 进行展示。Excel 并不是只适用于最基础工作的软件，量化投资也并不意味着所有的操作都需要编程完成，很多时候，编程语言与 Excel 的结合往往使效率更高。很多国际大投行、买方的量化部门也常常会使用 Excel 进行高级运算，甚至一些策略的回测。事实上，Excel 的自带模块可以实现绝大多数显示层所需的功能，让投资经理看到所需看到的一切，而且其最大的优点是简单、便捷与美观。当然，如果有专业 IT 人员参与开发量化投资系统，那么应用展示层也可以做成更加完善的程序界面。

计算层所需要的功能更加复杂，Excel 自带的函数已经不能满足策略逻辑实现的需要，这个时候就需要利用编程语言，最常用的实现工具是 VBA、Python 和 Matlab 等语言，笔者用得最多的是 Python 和 VBA。Python 和 VBA 都能很好地从 wind API(APPlication Programming Interface)里面提取数据，也能和 Excel 文档进行协同交互。VBA 的优势是上手非常简单，而且可以对 Excel 文档进行直观的单元格操作，但是 VBA 中能够支持的拓展功能包不多，很多复杂的统计和数据分析功能无法使用。另外，现在微软公司不再继续更新 VBA 了，运行时经常出现一些错误，可靠性不高，而且程序必须依附于 Excel 文档存在，在调用其他程序和表格时必须打开相应的 Excel 文档，这样使执行效率较慢。

相比之下，Python 在拓展功能的多样性、程序执行的可靠性和执行效率上均有很大优势，而且 Python 的社区非常活跃，在程序开发时遇到的绝大多数问题都可以在网上找到解决方案。在进行大规模的数据处理时，可以将输入的数据转化为矩阵，进行代数运算。数学上的抽象性带来了更高的计算效率，这也是 VBA 无法比拟的。

数据支撑层能通过外部数据库、API 提取、Excel 储存和本地数据库等方式实现。如果对数据的本地储存没有特别的要求，最简单的方式就是使用外部数据提供商的数据库服务，或者利用 API 即时提取数据，但如果需要把数据保存在本地，就需要考虑储存数据的问题。传统投资机构的大部分数据会储存在 Excel 和 Word 等文件中，但是 Excel 和 Word 本质上是为了方便用户进行手动处理而开发的办公程序，存在读取不便、打开缓慢、无法处理大数据等问题，所以最好的实现方式是建立本地的数据库。

3. 各层中的内部功能结构

如图 11-2 所示，从功能上来看，量化投资系统的三个层面在内部又细分成不同的功能模块。

如前文所述，应用及展示层为投资经理提供了仪表盘和方向盘，投资经理在应用和展示层能够一目了然地查看其管理组合的详细信息、资金流入流出信息以及各种风控指标信息。同时，投资经理还能在这个层面对投资组合进行投资指令的录入、试算，并最终确定当天的投资指令。

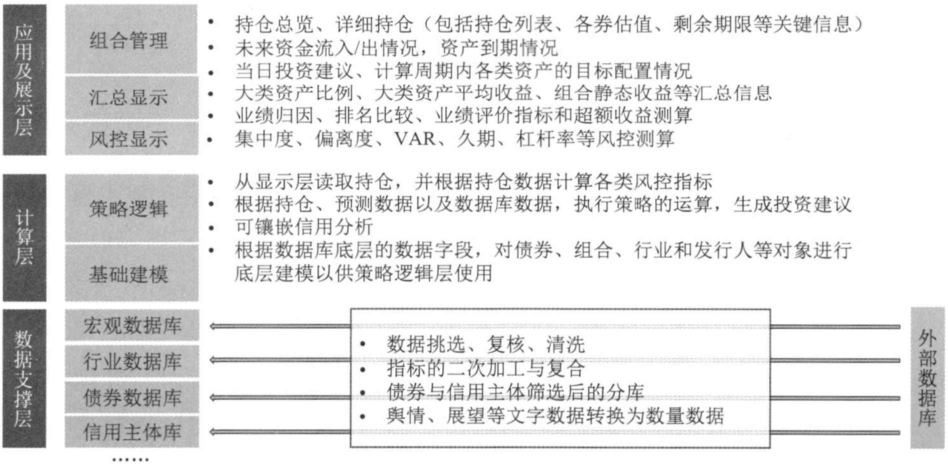

图 11-2　量化投资系统各功能模块示意图

计算层也可以分为上下两个模块，下层是基础建模层，也就是计算层程序的基础架构，包括利用 Python 定义的 Class 类，或者利用 VBA 定义的 Type 类功能。在这个层面，投资系统的开发者可以教会计算机识别什么是债券，比如，在这个量化投资系统里，拥有票面利率、发行时间、到期时间等属性的东西叫债券；也可以定义什么是投资组合，什么是发行人，并且可以调用数据库中的数据，来创建这些定义的实例，并最终为上层的策略逻辑调用。上层的策略逻辑层将下层生成的实例进行逻辑运算，比如，应用到各个策略模块当中，最终将结果显示在前端的应用及显示层。

数据支撑层需要对外部读取的数据进行归类、二次加工和储存。尤其是对于通过自建数据库保存的数据，需要做到根据计算层策略的需要分为宏观、中观、债券、主体和行情等类别，并且存有不同频率的版本，计算层直接调取即可，无需每次开发时重新费时费力地进行清洗数据。

11.1.2 数据支撑层

任何量化投资系统都离不开数据的支持，稳定准确的数据也是有效投资决策的前提，故基于量化的投资分析体系一定不能忽视底层数据的支撑作用。

1. 数据输入渠道分析

传统的投资，尤其是传统的股票投资中，对数据的要求并不大，很多投资者觉得有个 Wind，甚至只要一个同花顺，再加上一个 Office 办公软件就可以满足绝大多数的投资和研究需求，但是量化投资的数据需求要大得多。以 Wind 为例，其本身只是一个数据的终端窗口，基础的 Wind 账号无法查看 Wind 中的所有数据，会出现在查看时数据页面被锁住的情况，想要打开那些页面获得更多的数据信息，需要单独购买，比如 Wind 自己整理得来的 EDB 宏观数据；也有些数据是向市面上第三方数据提供商购买后授权通过 Wind 终端查看的，比如，中债中证的估值数据和券商研报数据等。除此以外，还有很多独立的数据提供商，比如财汇或者聚源，需要使用单独的终端或者数据库连接后读取其数据。

从数据提供商处买到数据以后，传统投资研究机构最常用的做法是每次使用时均从数据商处提取，然后再保存到本地的 Excel 中。但是 Excel 系统不能满足自动化提取、展示、编辑或者自动化更新数据的需求，多个 Excel 一起打开还会经常性导致系统卡死，而且 Excel 程序的低效是在底层的，堆高电脑的配置很难解决问题①。如果用户需要在不同种类的数据里各提取一小段时间的数据，Excel 需要打开多个文件，容易卡死。并且 Excel 的数据储存格式不能保证常常相同，一些不经意的单元格增、改、删就可能打乱整个数据表格，不正确的数据格式也会让Excel内部公式出现类型异常的错误②。最后，Excel 的显示和储存有上限，最多约 104 万行数据，对于一些低频的宏观、中观数据的保存可能还够用，但对高频行情数据来说可能就无法承载。

所以，对于规模较大的数据，推荐自建数据库进行数据的储存和管理，第一次通过 API 或从直连的数据库中提取数据，经过数据整理以后，变成自己想要的清洁数据，保存在自建的数据库中，供逻辑计算层调用。数据的清洗和整理，包括对原始数据进行去零、插值、统一频率或者单位这样的数据整理工作，也包括对原数据进行滤波或者标准化，最后形成新的衍生数据的

---

① Excel 开启缓慢的主要原因包括：开启时需要启用的插件过多，包括安装 Wind、同花顺 iFind 和 Qeubee 等软件以后在 Excel 中嵌入的 API 模块；文件中过多的数据内链和公式；Excel 程序本身需要单独开启多线程计算功能，而且对处理器多线程的利用效率较低，VBA 不支持多线程计算。

② 根据笔者的实际体验，Excel 的数据格式功能可靠性不高，经常出现更改数据类型后实际并不生效的情况，还需要另外使用分列功能重新生成。可靠性低的数据类型定义常常导致 Excel 函数和 VBA 语句在执行数据运算和比对时发生错误。

数据加工。如图 11-3 所示是数据支撑层的数据输入、处理、储存与输出的示意图。

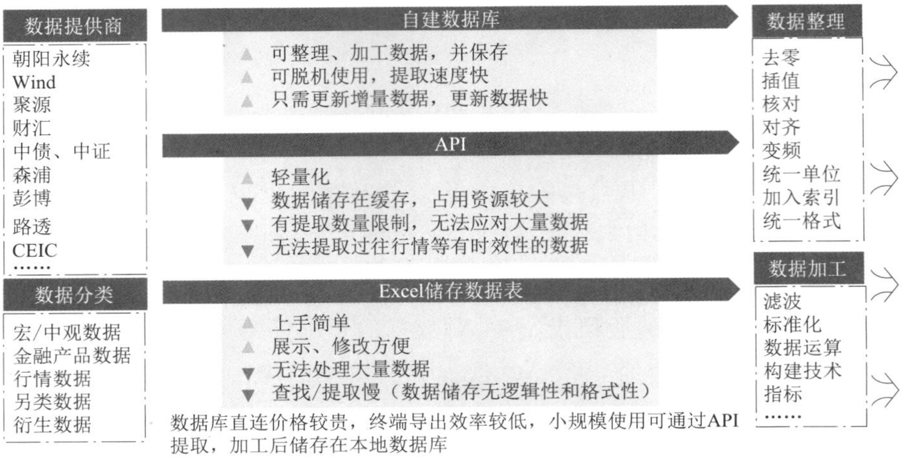

图 11-3　数据支撑层的数据输入、处理、储存与输出

API 本质上是从一个封装好的程序中提供一个窗口，让用户能够用函数或者设定好的编程语言和这个程序进行数据交互。数据提供商的数据库直连服务往往价格较为昂贵，而通过 API 提取数据再保存到本地是最经济高效的获取数据方式。

2. Excel API 提取

通过 Excel 的 Wind 插件提取数据是最常用的数据提取方式，其使用方法非常类似 Excel 的自带函数。在已登录 Wind 的情况下，可以使用函数搜索的方式找到自己需要的功能函数，并直接输入参数，或者将参数设定为 Excel 表格中其他单元格的数据，最终在 Excel 的对应单个单元格中显示数据，点击单元格右下角并拖动，还可以如同 Excel 函数一般，批量自动填充其他单元格。

函数搜索功能的数据主要涵盖 Wind 终端中各个板块的数据浏览器的数据。如图 11-4 所示是 Wind Excel API 中的函数搜索功能展示。

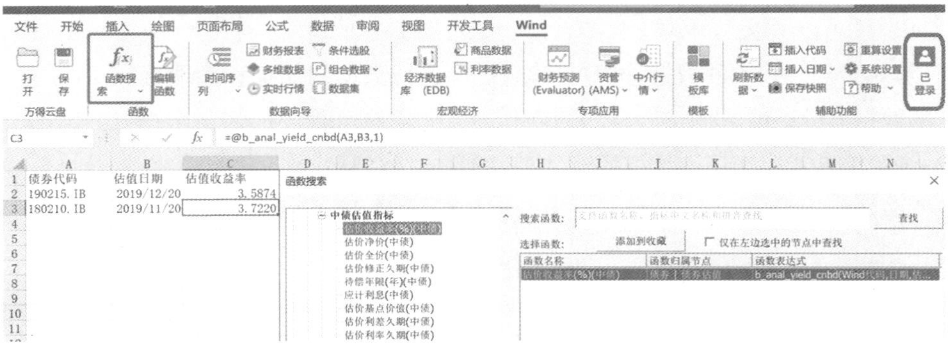

图 11-4　Wind Excel API 中的函数搜索功能

除了函数功能以外，如果想要一次性提取一组数据或者一条数据的时间序列，就需要用到第二板块“数据向导”。这个功能板块覆盖的数据面既包括了数据浏览器的数据，也包

括了板块的统计数据、F5 的证券行情量价数据以及证券的 F9 深度资料数据。

第三个板块宏观经济是用插件函数的方式提取 Wind EDB 经济数据库中的数据，既包括诸如 CPI、PPI 这种宏观经济数据，也包括“乘用车销售增速”这种中观的行业数据。在利用 Wind API 提取完后，此类数据会自动在当前或者空白的Excel表格中显示，而且能够自动更新到最新的日期，所以这个板块的功能常被用来构建保存在本地的 Excel 数据库。

第四个专项板块的资管组合管理和财务预测功能在债券投资中使用的较少。Wind Excel API 各子功能介绍如图 11-5 所示。

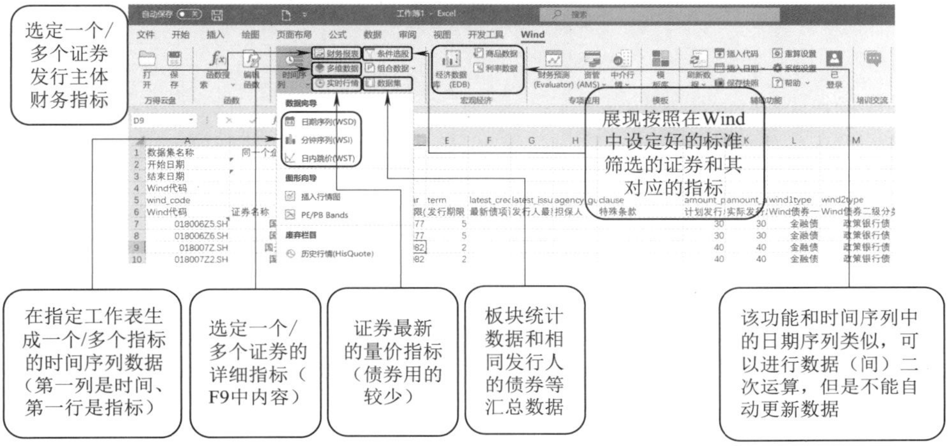

图 11-5　Wind Excel API 各子功能介绍

3. Python API 提取

在量化投资中，另一种更加直接、约束更少的数据提取方式是打通 Wind 和 Python 这两个软件，实现数据的直连，这就要用到 Python API。Python API 的功能和 Excel 的 API 很类似，都是通过函数的方式提取数据，用户可以通过 API 接口中的代码生成器功能，搜索自己需要的数据对应的函数语句，然后只要将参数填入函数之中就可以了。

如图 11-6 所示，Wind 终端的代码生成器提供了语句查询功能。在 Wind 终端的代码生成器中可以对生成的代码进行试运行，以确保结果是自己想要的内容。在确认语句无误后就可以将其复制进 Python 开发环境中执行。

如图 11-7 所示右上角，在运行之前，首先需要让 Python 开始运行库 WindPy，并启动 w 功能，即“w. start()”，然后就能将 Wind 函数提取到的数据赋值给Python新建的变量。在图 11-7 这个例子中，笔者提取了“13 天津港 MTN002”，“13 赣州发展 MTN001”和“14 国开投 MTN001”这三只债券从 2019 年 11 月 24 日到 2019 年 12 月 23 日的中债估值数据，并将读取到的 WindData 类型的数据赋值给变量 estimated_yield。通过 print 功能可知，estimated_yield 包含三个列表，分别是这三个债券的代码、时间序列、数据列表，其中数据列表又包含了三个子列表，依次是这三个债券估值的时间序列。了解了提取到的数据结构，就可以将这个 estimated_yield 数据转换为 Python Pandas 库中最常用的 Dataframe 型数据，进行后续的数据处理。

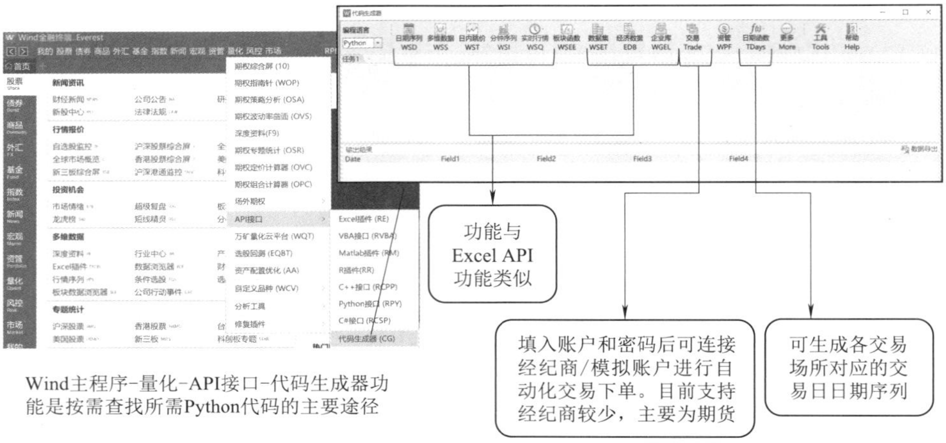

图 11-6　Wind 终端的代码生成器提供了语句查询功能

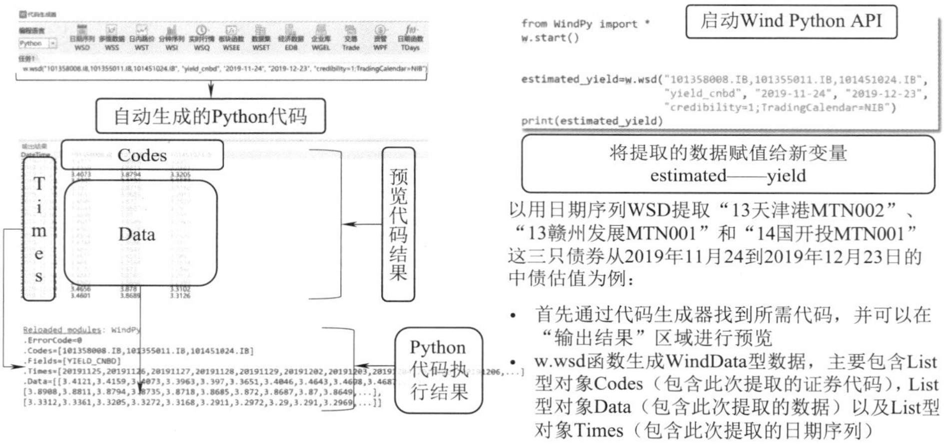

图 11-7　将 Wind 代码生成器中查询到的语句录入 Python 执行并显示

4. Wind 终端提取

最后一种数据的提取方式，就是直接利用 Wind 的数据终端软件的提取按钮进行提取，如图 11-8 所示，包括 Wind 的 EDB 板块、数据浏览器板块、行情板块、专题统计板块和债券定价分析板块，虽然手动提取看起来是最低效的提取方式，但是可提取的数据范围是最大的：专题统计和定价分析板块的数据是终端提取独有而 API 没有覆盖的。

5. 数据的储存

在了解了如何提取数据以后，接下来就可以把这些数据导入数据库。大型投资机构往往有专职的数据库管理员 DBA，负责数据库的创建和维护工作，并对不同的用户设定不同的使用权限。如果读者出于投资研究的目的而自建本地的数据库，则需要自己完成数据库的创建和维护工作。市面上大多数的金融数量型数据，都是以 DBF、Excel 或者 CSV 格式保存的数据文件。对于这些数据文件，可以使用 MySql 或者 Access 这类的关系型数据库进行储存。除了这些金融数量数据以外，还有一些另类数据，比如卫星图像、爬虫爬取到的大段文字数据、研报、财报或尽调报告等数据，则更多地储存在 MangoDB 这类的非关系数据库中。本书侧重讲解关系型数据库。

关系型数据库的表现形式和 Excel 的表格很类似，但是和 Excel 表格中可以随心所欲地在任意单元格写数据不同，关系型数据库中的数据都严格地按照行与列的对应关系储存，每一列都有明确的表头注明这一列的内容，并存在一个主键数据列，用来快速定位每一行的内容。例如，如果想将图 11-8 中的三个债券数据储存到数据库，日期就可以作为主键，用户在进行数据查询的时候先确定查哪些日期的数据，就可以毫无异议地锁定对应的行。

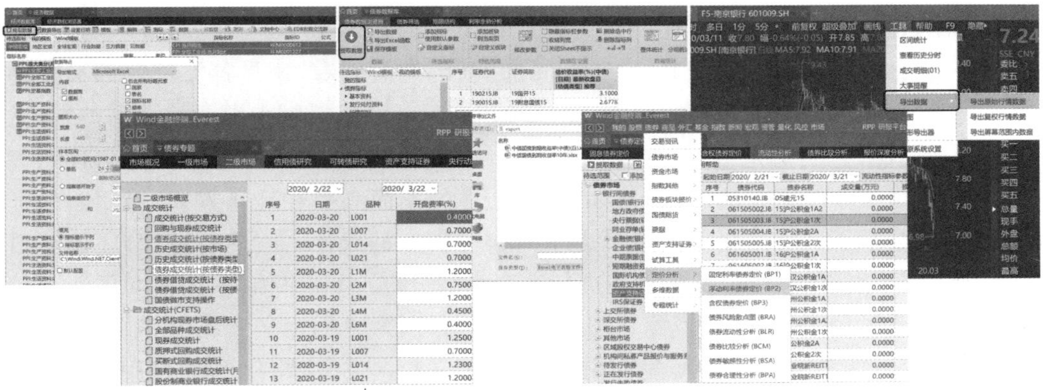

图 11-8　Wind 终端的债券数据提取方式

在完成数据库的导入和创建以后，投研人员可以在未来重新将其导出成Excel文档，供各种计算和量化策略程序调用，也可以直接在 Python 程序中链接数据库直接查看。如图 11-9所示，为数据的储存和调用示意图。

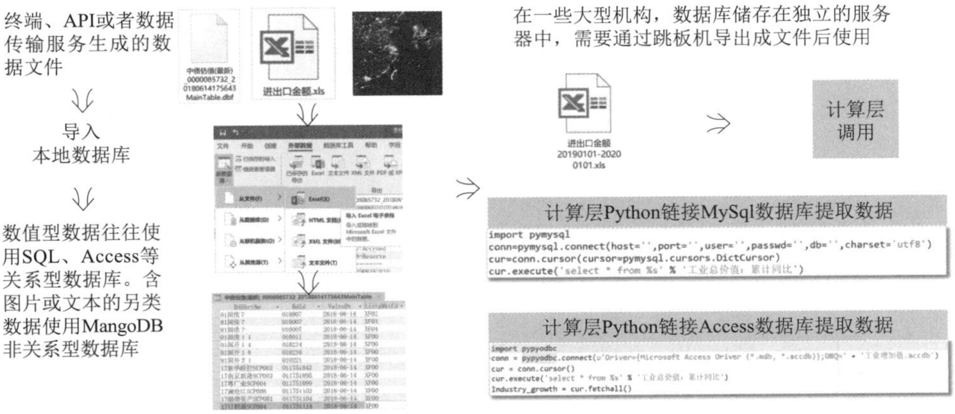

图 11-9　数据的储存和调用示意图

11.1.3 逻辑计算层

在建立坚实的底层数据基础以后，量化投资系统就可以在计算层对这些数据进行调用，并在其基础上赋予投资相关的逻辑，并进行分析与运算。

1. 基础数据建模

量化债券投资本质上是更优化的组合管理，是从上到下的投资管理方式。所以要从组合的角度把每个债券的影响都考虑在内，这就需要用到面向对象的编程。首先需要让计算机知道什么是组合，也就是在 Python 程序中定义组合这个类型的数据。这种数据类型的定义可以包括很多自带的属性，包括成立日期、比较基准，这些是内置不会改变的属性，也可以有资产列表和负债列表这种可以通过买卖等方法改变的变量。

除了组合这个数据种类外，还需要为资产和负债分别定义类别，比如，资产类的数据，它有一些自带的属性：资产的交易场所、起息时间、到期时间等，这是各类资产都具有的属性，所以资产是一种父类的类别。在资产的基础上，还可以定义更小类别的数据类别，比如债券或者逆回购，它们都是资产的一种，和资产一样拥有交易场所、起息和到期时间等属性，但是它们也有一些特有的属性，比如代码、债券的票面利率和计息方式、逆回购的抵押物等，即子类继承了父类的全部属性①，但也有自己特有的属性。同样的道理，还能够根据组合管理的需要对子类数据，比如债券进行进一步细分，分为利率债、信用债和同业存单等孙类的数据，或者公司债、企业债等更细小的类别，分别为它们定义专属的属性，或是可执行的方法命令。如图 11-10 所示，是利用 Python 定义数据类型以供计算时调用的演示图。

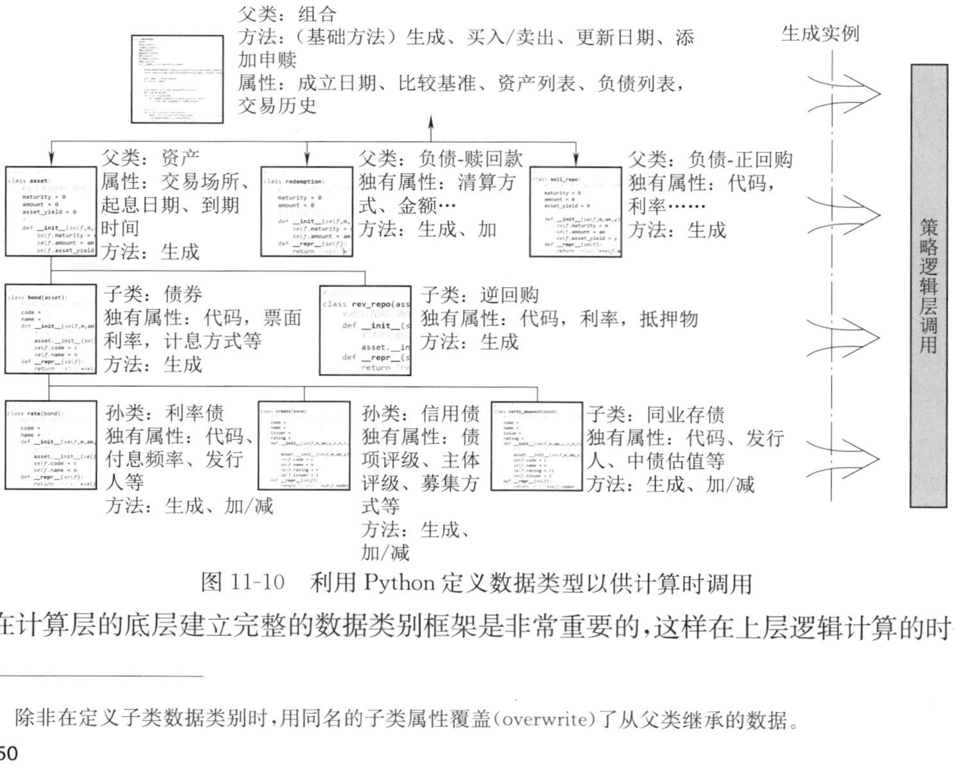

图 11-10　利用 Python 定义数据类型以供计算时调用

在计算层的底层建立完整的数据类别框架是非常重要的，这样在上层逻辑计算的时候，就

① 除非在定义子类数据类别时，用同名的子类属性覆盖（overwrite）了从父类继承的数据。

不用反复执行相同的计算命令，从而简化了程序的复杂度，增加了可靠性。

2. 逻辑策略模块

策略计算分为两个部分，一个是业绩分析方面的计算模块，包括业绩基准比较、业绩归因分析计算、历史回顾等内容。这部分内容主要用于投资经理的分析与反思，和当期投资关系较小。另一个是和投资相关的策略模块。因为绝大多数债券的组合管理无法离开自上而下的模式，所以一切决策从大类资产的配置开始，根据流动性要求、风险偏好要求、对未来的预期决定配置多少信用债、逆回购或者其他资产，然后再在各类资产下应用更细分的策略，比如利率债波段、信用债行业轮动和评级分布策略等。这些细分的策略在与目前的持仓以及市场的报价数据结合后，能够生成初步的投资决策，将投资决策放入风控模块中进行筛选，再根据风控结果进行调整，最后输出投资决策建议，投资决策执行后会产生风控结果和组合结构试算结果。如图 11-11 所示，为策略模块调用数据生成实例，进而运算并输出投资结果示例。

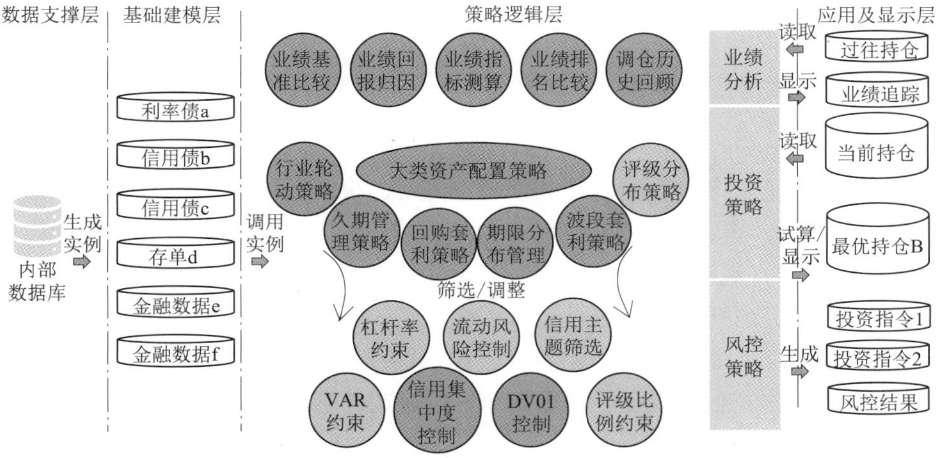

图 11-11　策略模块调用数据生成实例，进而运算并输出投资结果示例

11.1.4　应用及展示层

量化投资系统的最外层——展示层，是为投资经理提供的仪表盘功能。如果公司没有从第三方购买更高级的债券组合投资管理系统的话，事实证明 Excel 可以很好地完成任务，而不用开发更复杂的图形分析程序。如图 11-12 所示，组合横截面管理界面的绝大部分类似一个升级过后的产品估值表，既包括传统估值表中的数量、金额和成本等信息，在右侧还增加了从数据库中提取的估值、久期、评级和行业等数据。在界面的最左侧，使用了 Excel 的分级显示的分类汇总功能。这样投资经理在操作的时候可以很方便将某一类资产展开或者折叠，查看详细或者汇总信息。

右下位置加入了静态收益率测算、评级和行业分布等信息的显示，并可以随时利用计算模块进行更新试算。最右下角是利用 Excel 的日程表功能制作的现金流量显示信息，资产到期产生正现金流、赎回或者负债还款产生负现金流，利用下拉条还可以很方便地选择过往的某个日期时间段，或者以周、月或者季度等不同的单位进行查看①。

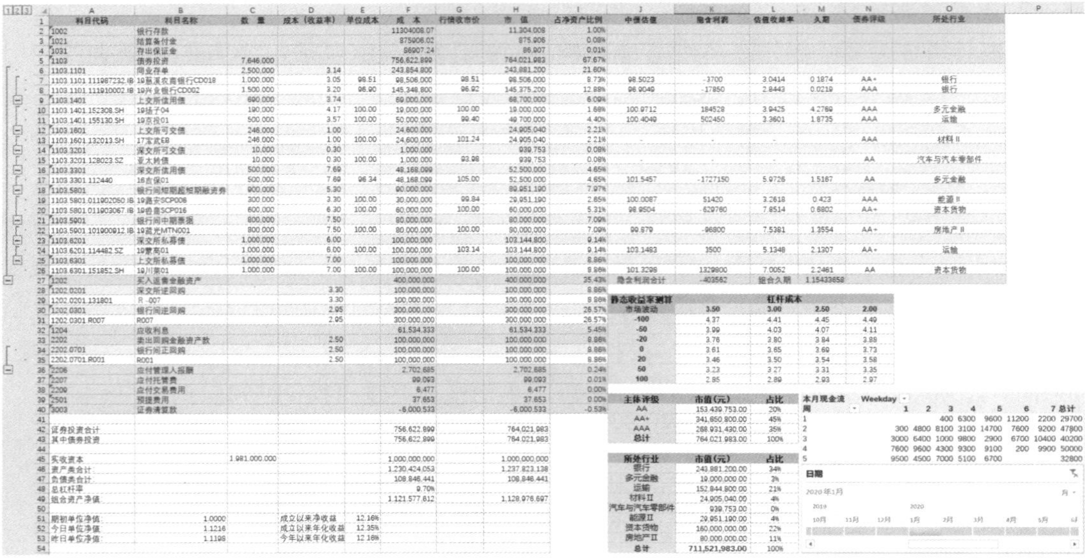

图 11-12　组合的管理与显示——横截面

应用和展示层还应该包括组合纵向的切面分析，也就是基于时间序列的各类数据显示，如图 11-13 所示。笔者比较常用的图像包括组合净值和基准的比较图 a，它用于评估表现的优异性，也可以直观地看到历史上的回撤情况、组合久期和市场利率的对比。图 b 可以看出这个组合是否预判到市场的变化而调整久期，还有组合中信用债的行业权重变化图 c，大类资产的权重变化图 d，用于回顾和验证过往的投资逻辑，最后查看一下资金价格图 e 和未来的现金流水图 f，帮助投资经理更好地进行流动性管理。

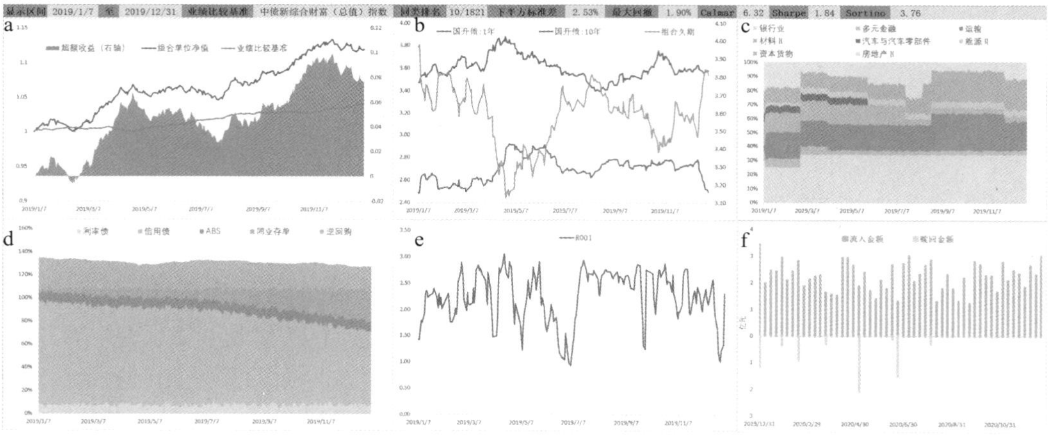

图 11-13　组合的管理与显示——纵截面

① 常用两种方式显示未来现金流的到期结构：日历表的方式，包括 orion 等投资系统采用，优点是可以很方便地看出在关键时点（月、季、年末）的流入流出金额；如图 11-13 所示，横轴为未来天数的柱状图的方式显示，优点是可以在一张图中看出现金流、资产久期结构、资产负债匹配程度等众多信息。

11.2 量化投资策略

上文分别展示了量化投资系统，包括数据支持层、计算层和显示层的基本结构，其目的是提供开展量化投资的基础工具，而实际投资运作离不开具体投资策略的运用，故以下内容主要帮助读者了解并最终掌握量化策略的运作。

11.2.1 策略与逻辑模块的应用与回测样例

在系统性的债券投资中，投资策略的运行往往嵌套在自上而下的整体框架内，每个策略既是自成一体，能独立运作并创造超额收益的模块，同时也与其他策略协同运作，共同为组合管理的目标服务。

1. 基础策略演示

这里以一个极简单的跨市场套利策略为例，演示量化策略模块的运作方式，以方便读者快速熟悉量化策略的思维方式。比如，债券的不同场所套利策略，上文向读者介绍了部分企业债和利率债是同时在银行间和交易所流通的，当银行间的价格和交易所偏离较大的时候，就有较为明显的套利空间，从数据上来看，交易所的债券偏离公允价格的情况较多，但是量都比较小。假如有 100 万元的可用资金，大类资产配置模块就分配了 8.5 万元的 DV01 额度用于这个策略的实施。首先，投研人员需要通过量化投资系统提取进行这个策略所需要的数据，也就是交易所和银行间的行情报价数据。由于这些数据是实时的，故只能直接利用 API 的方式提取。

在获取了数据以后，由于交易所的利率债较少，研发中只需要写一个囊括所有 Offer 价格的交易所利率债的循环就可以了。

[1]“For i in B”，程序会对交易所利率债的 offer 列表 B 中每一只债券采取以下的措施。

[2]“If B(i). y>C(i). y+ $\sqrt{3}$ * E(i. d) +0.1% or B(i). y>D(i). y+ $\sqrt{3}$ * E(i. d)”：如果债券 i 的交易所 Offer 价格比其中债估值收益率加上其估值收益率 3 个交易日的波动率要高 10BP 以上，或者此只债券 i 的交易所 Offer 价格比其银行间的 bid 价与其估值收益率 3 个交易日的波动率还要高，那么可认为这个债券符合转托管套利的条件。

[3]然后需要判断现有的组合持仓列表加上债券 i 以后，DV01 是不是会超过 85 000 元，对应的语句是“If DV01(A. b. append(i,v))<85,000”。

[4]如果不超过，则现有持仓的资金减去购买该债券所需要资金，现有持仓的债券列表中加入对应 Offer 量的该债券，“@组合 A：资金 a=a−v * n1；持仓 b：append(i,v)”。

[5]最后统一把所有持仓中的债券进行转托管，再在银行间挂 Offer 单处理，“Offer(i, v, D(i). y，银行间)”。

如图 11-14 所示，是一个量化策略最简单的演示，用来帮助读者熟悉量化策略的数据读取方式、逻辑判断表达方式以及更新变量的方式。这个策略逻辑的最核心语句就是中间列的第二个方块，也即语句[2]"如果此只债券 i 的交易所 Offer 价格比其中债估值收益率加上其估值收益率 3 个交易日的波动率要高 10BP 以上，或者此只债券 i 的交易所 Offer 价格比其银行间的 bid 价与其估值收益率 3 个交易日的波动率还要高"则考虑进行套利。但是这个判断语句是怎么来的，为什么要高 10BP 才能符合套利要求？这就涉及量化策略开发中的逻辑构建与调参的环节，下文将用一个稍加复杂的量化策略来演示量化策略开发中的细节。

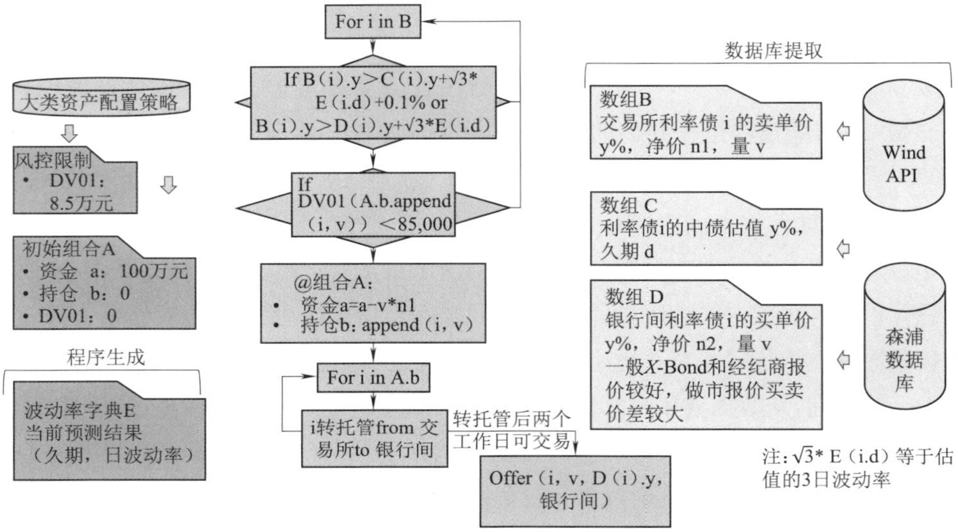

图 11-14　跨场所套利策略的运作结构演示

2. 10 年期国债波段策略的研发实例

这里介绍一个更加复杂，也更加具有大规模可操作性的利用对物价指数的预测，进行利率债波段投资的策略。众所周知，名义无风险利率等于真实无风险利率和物价增速之和，在真实无风险利率受经济内生增速影响变化相对较小的情况下，名义无风险利率受到物价增速的较大影响。所以，从经济学逻辑的角度，能够通过预测物价增速的变化，来预测无风险的利率债收益率的变化，并据此实现利率债的波段性交易获利。

最全面、最综合的物价指数，是季度公布的 GDP 平减指数，但是这个指数的公布时间是滞后的，而且频率太低，用于波段交易的预测目的没有意义。实际分析中，可以用月频的 CPI 和 PPI 的预测数据加权后编制复合指标，对物价整体增速水平进行预测。

CPI 与 PPI 的预测数据可以是通过投研机构内部模型预测得出①，如果没有内部预测的数据，也可以使用卖方券商研报的预测数据，这些数据往往会提前一个月在各自的宏观研报上公布。一般券商预测的数值，虽不能保证和真实值完全一致，但是在方向变化上的

① 本书的宏观章节介绍了多种预测 CPI 与 PPI 的方式。

准确度是相对较高的。在当前这个策略中，物价变化的绝对水平并不重要，交易信号由物价变化的方向生成，所以，只要使用能够提示方向变化的扩散指标预测就可以了。

如图 11-15 所示，首先提取 CPI 与 PPI 的过往预测数据，本展示中提取了从 2002 年 1 月 9 日到 2015 年 1 月 30 日的数据。在编制物价复合指数时，给 CPI 赋权 r；r 是一个大于等于 0，小于等于 1 的常数。给 PPI 赋权为 1－r。这样就生成了这个时间段的物价预测数据。r 是这个策略回测中需要确定的第一个变量，在后文会演示该如何确定 r 的值。

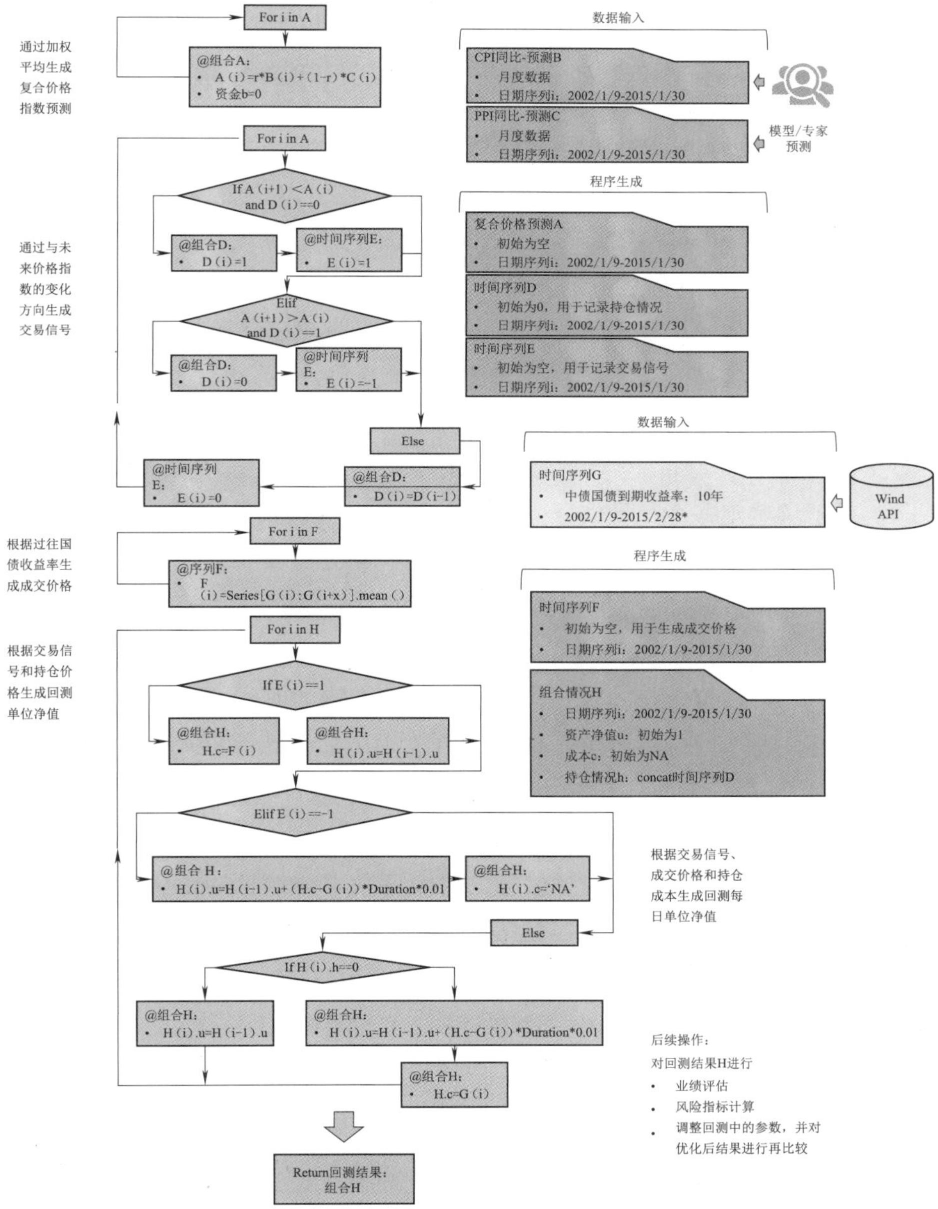

图 11-15 量化利率债波段策略逻辑流

然后，利用程序生成一个空白的时间序列 D，时间是从 2002 年 1 月 9 日到 2015 年 1 月 30 日，用来记录回测中持仓的情况。出于简化的目的，时间序列 D 只能为 0(代表空仓)或 1(代表满仓)这两个数值。如果预测下个月物价增速会变低，而且目前是空仓的状态，那么把记录交易信号的时间序列 E 的当前日期的值设为 1，同时把时间序列 D 当前日期的值设为 1，即满仓，对应语句为“If A(i+1)<A(i) and D(i)==0；@组合 D：D(i)=1；@时间序列 E：E(i)=1”；相对的，如果预测下个月物价增速会变高，而且目前是满仓的状态，那么就把记录交易信号的时间序列 E 的当期数值设为－1，同时把时间序列 D 的当前日期的值设为 0，对应语句为“Elif A (i+1)>A(i) and D(i)==1；@组合 D：D(i)=0；@时间序列 E：E(i)=－1”。

在其他任何情况下，都不产生交易信号，即记录交易信号的时间序列 E 的当期数值为 0，记录持仓信息的时间序列 D 当期数值等于前一期的数值，对应的语句为“Else；@时间序列 E：E(i)=0；@组合 D：D(i)=D(i－1)”。这样程序在历遍所有日期之后，就得到了完整的交易信号记录表 E 与持仓信息记录表 D。

接下来，需要生成回测中要用到的另外一个重要数据，即交易的成交价格数据，时间序列 F。这里可以认为市场上当天 10 年期国债的平均交易价格等于其每日的中债估值。交易信号产生后，在当天开始的 x 个交易日内等量的完成所有的交易执行。时间序列 G 就是从通过 wind API 或者从 Wind 数据库中提取的中债估值数据[①]。通过当天到 x 日的中债估值的平均，就能够确定每个交易信号执行后的交易价格，也就是时间序列 F。x 是这个策略回测中需要确定的第二个变量。后文会演示该如何确定 x 的值。

在生成了交易信号的时间序列 E 和成交价格的时间序列 F 后，接下来就可以进行回测了。另外，为了回测，需要再生成一个空白的组合 H。可以利用之前计算层中基础建模中的定义数据类型的方法，这个空白“组合”数据的日期和别的时间序列一样，都是 2002 年 1 月 9 日到 2015 年 1 月 30 日，单位净值在 2002 年 1 月 9 日时为 1，其他日期初始为 0，持仓情况等于之前的时间序列 D(对应语句为“持仓情况 h：concat 时间序列 D”)，还有一个单独的变量，上一日成本 c，初始为空或 NA。

然后，可以利用循环依次历遍交易信号的时间序列 E，如果当天的交易信号等于 1，也就是当天买入，则组合中当天的单位净值等于上一日的单位净值，因为理想状态下当天按照均价买入这个动作本身不会产生盈亏，成本 c 等于当天的交易成本 F。对应的语句为“If E(i)==1；@组合 H：H. c=F(i)；@组合 H：H(i). u=H(i－1). u”。

如果当天的交易信号等于－1，也即是当天卖出，则组合当天的单位净值等于上一日的单位净值加上当天和上一日中债估值 G 的差，乘以 10 年期国债的久期再乘以 0. 01。对应的语句为“Elif E(i)==－1；@组合 H：H(i). u=H(i－1). u+(H. c－G(i)) * Duration *

① 中债国债到期估值收益率数据要比回测周期略长，因为最后一天的成交价格需要用到未来几天的市场均价。

0.01;@组合 H:H(i).c='NA'"。这里出于简化的目的,10 年期国债的久期 Duration 可以用常数 8.75 来代替。

最后一种情况下,如果当天的交易信号等于 0,也就是当天没有交易;如果当天的持仓为 0,也就是空仓无交易的情况,则当天的单位净值等于上一日的单位净值,组合价格没有变化。如果当天的持仓为 1,也就是满仓无交易的情况,则当天的单位净值等于上一日的单位净值加上当天和上一日中债估值的差,乘以 10 年期国债的久期再乘以 0.01。最后,将组合中的成本变量 c 更新为当日的中债估值。

至此,一个完整的回测逻辑就写完了。最后程序生成了一个完整的组合数据 H,包括每天的持仓情况、单位净值情况和成交情况。利用每天的单位净值,就可以进行后续一系列的业绩评估和风险指标计算,比如年化收益率,Sharpe 比率等。

3. 量化策略中的调参与验证

特别注意的是,在上述的回测逻辑中,还有两个关键的数值没有确定,即物价预测复合指数中的权重 r,以及在交易执行时在未来 x 日内完成交易的 x。以下向读者演示该如何确定这两个参数,也即调参的过程。

如图 11-16 所示,左上是中债 10 年期国债到期收益率曲线。左下是采用 r 等于 0.8 时,综合价格预测指数的图像以及根据其走势生成的成交信号。由于 r 可以采用很多值,这只是其中的一种图像情况,目前还不知道这个是否是最优的 r 值,需要进一步确定。

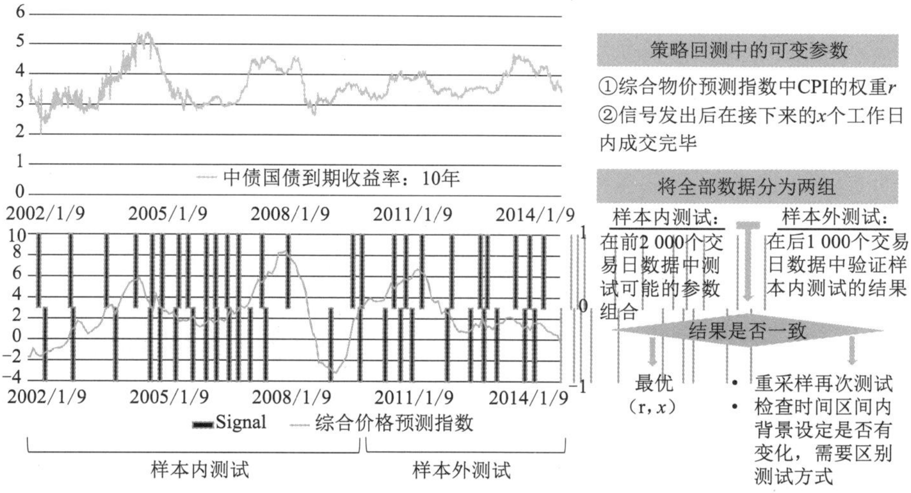

图 11-16　对样本进行分割测试以验证结果

那么怎么确定呢?一个比较简单的办法就是把所有可能的 r 值和 x 值都写出来,利用计算机的快速运算能力,逐个尝试,算出在整个时间段内带来最高收益率的 r 与 x 组合。但是这样的尝试方法,有可能导致过度优化,也就是说,程序可以算出在整个历史区间内表现最好的参数,但是没有人知道这个最优的参数在未来新的数据中是否仍然是表现最优的。

换句话说，如果未来不是历史的有效重复，那么在历史数据中最优的参数，在未来数据中很可能并不是最优的参数。

为了避免这个问题，就需要把已经获得的数据分为两份，一份数据时间长度多一些，可能占总数据的三分之二，计算机先在这段数据中进行调参和优化，这叫样本内测试。第二份三分之一的数据，在第一步优化的时候完全不使用，等到样本内优化结果出来以后，再用第二部分数据去做验证，看看是否和样本内测试的结果相同。这个用于验证的部分工作，叫样本外测试。

如果样本内测试和样本外测试的结果吻合，那么可以认为这里找到了最优的 r 与 x 参数组合，结果是有效的。如果样本内测试和样本外测试的结果不吻合，那么这里认为样本内测试的结果是无效的。无效的原因可能有很多种，一种可能是样本内的异常值 Outlier 太多，导致参数的优化过程被这种特异性影响，出现了过度优化的错误。遇到这种情况，研究者可以对测试的数据进行重新采样，比如把数据全部打乱以后，再重新分为样本内和样本外两个组再次测试，或者将全部的数据均分成 N 小组，每次挑选其中的 $N-1$ 组做样本内测试，另外一个组做样本外测试。具体如何采样应该根据数据量的大小决定，如果数据量实在太少，还可以通过 bootstrapping 的方法，让计算机根据现有数据的分布概率随机再次生成相似的数据以供测试。有兴趣的读者可以自己尝试。

另外，一个可能导致样本内测试和样本外测试结果不一致的原因是，样本前后发生了显著的背景设定变化，比如法律法规、政策规章或者经济逻辑改变了。如果把改革开放前的某个经济数据和改革开放后的某个经济数据放在一起回测，一定会发现某些关键参数的最优解怎么调都不一致，因为同样一个数据，其背后的经济逻辑已经发生了改变。所以如果发现最优解不一致，也可以从是不是有背景设定改变这个角度深入分析，如果确实有，那么需要针对不同的背景逻辑开发不同的量化策略。

在当前的这个例子里，把前 2 000 个交易日的数据做样本内测试，把后 1 000 个交易日的数据做样本外测试，最优的结果是一致的。如图 11-17 所示，左侧的两张三维曲面图所示，最优的 R 与 x 值的组合发生在两张图的红五角星的位置，也就是在 $R=0.4$，x 等于 2 的时候，样本内回测的收益率是 21%左右，样本外回测的收益率是 10%左右，分别达到了两个回测中的最高点。至此，该策略的调参和验证环节全部完成。

总结一下，这个量化利率债波段策略，通过 40%和 60%的权重加权 CPI 和 PPI 的预测，创造复合物价预测指标，并在指标下行的时候买入，在上行的时候卖出 10 年期国债，在交易信号发生后的 2 天内执行完成，这个策略 3 000 个工作日的样本中创造了 30%的超额收益，年化超额收益 2.03%。

这个超额年化的收益数字并不算太惊人，但考虑到此策略中并没有计算债券的票息收益，也没有计算杠杆，而且交易频率很低，在 3 000 个交易日中只发出了 70 次交易信号，在实际操作中如果叠加其他策略使用，可以为整体组合收益提供良好的增益①。

① 本回测测试了从 2002 年至 2015 年这 13 年间的数据。2015 年以后，市场的关注点从名义经济增长转移到“货币＋信用”模型中代表信用扩张的社融等数据上，物价增长更多的是由供给不足而不是消费过度导致的。市场一般认为，供给不足导致的物价上涨不会带来央行货币政策的收紧，对利率上行的推动也有限。

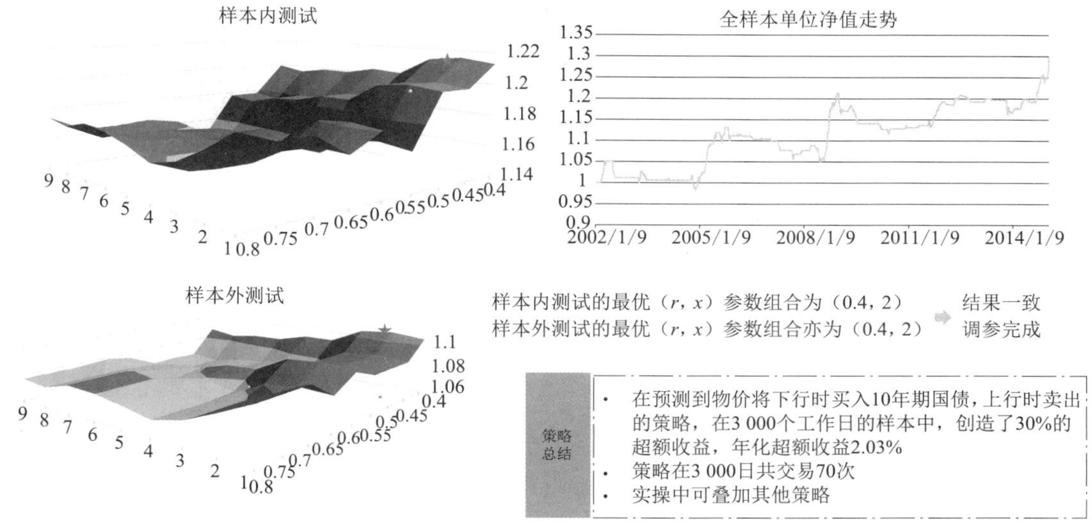

图 11-17　样本内测和样本外测试结果一致，验证了调参结果的可靠性

11.2.2　量化投资策略的叠加

如图 11-18 所示是策略叠加的一个简单示意图。对于一些风格比较明显的组合管理而言，实际可能并不会用到图中的所有策略，比如，一个封闭的利率债组合可能就完全不会用到信用评级和产业周期轮动的内容。但是一般来看，一个债券组合中很难单纯地只执行一个策略，而是为了不同的目的，比如票息、流动性或者偏离度等，不可避免地配置很多类资产，每种资产适用不同的一种或多种策略，不同策略的信息更新频率也不同，执行的周期也不尽相同。所以，规模较大的投资组合量化管理，往往要对多个策略叠加执行。

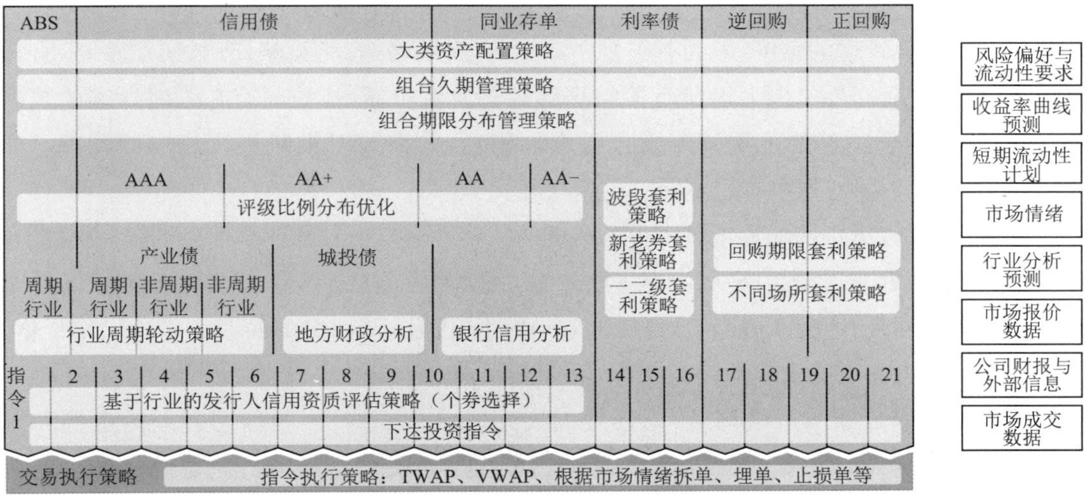

图 11-18　自上而下的管理体系与组合管理中投资策略的叠加

首先是大类资产的配置策略。一方面，这个策略的实施受到组合流动性要求和风险偏好等组合内生性质的要求。在这些要求中，有一些是不变的，比如，大多数债券型产品有明确的投资范围和投资比例限制要求；也有些会随时改变的因素，比如，开放性债券基金和一些债券专户都有按约定或者随时申购及赎回需求。另一方面，受到市场宏观因素变化和各类资产价格变化的影响，比如，在利率的最低位，就应该减少长期限的利率债的投资，而寻找一些对利率不太敏感、有票息利差边际保护的品种等。

其次，在确定大类资产的最优配置比例后，比如，确定配置 60%的信用债仓位后，再考虑在这个类型的资产内应该如何进行细分的投资：这 60%的信用债中应该配置多少 AAA，多少 AA+，多少 AA，应该配置产业债还是城投债等，这就取决于信用利差、回购质押价格、行业利差，还有行业分析等更加偏中观数据的输入；最后再在细分的配置比例中利用信用分析模型的分析结果，寻找合适的发行人，以及这个发行人发行的合适的债券。关于量化信用分析模型的构建，读者可以参照第 7 章信用债的量化分析与投资相关的内容。

最后是交易执行环节的一些细分策略，比如，该如何挂单来尽可能减少交易的流动性成本，是用时间加权 TWAP，还是数量加权 VWAP，需不需要报条件单 OCO（One Cancels the Other 的简称，OCO 订单即选择性委托订单，是指将两个止损单或限价单组合成一个 OCO 订单发出委托，其中的一个订单成交或部分成交时，另一个订单则自动撤销），或者加入止损、止盈这类的埋单等。所以量化债券的投资管理体系是一个从大到小，从上到下，细分配置比例后用大策略套入小策略的投资管理体系。

除了少数特定的垃圾债的组合外，系统性的、严谨的债券组合管理一定是自上而下的。不论个券本身的性价比如何，如果不符合大类资产配置比例或者久期、期限管理的方向，往往综合来看对整个组合而言起着负作用，而且几十 BP 的性价比在和市场方向相反时也很容易被淹没。

从实际组合管理的角度，因为有很多个策略，有大策略，有小策略；有长周期策略，有短的波段策略；没有必要每天去对所有策略进行重算或者更新，往往只有在策略所需的数据有了更新，或者子策略的上层策略发生重大调整后，才需要对策略进行相应的调整。如图 11-19所示，不同的策略有着不同的更新时间。

一般而言，大类资产配置策略和组合久期的调整往往半个月到 1 个月会更新一次，没有办法更短，因为调仓、收券或者买卖券需要时间，同时等存量的逆回购等资产到期也需要时间。但也不能更长，因为一般而言，月频的宏观数据，以及央行 MLF 每月中旬的操作价格，都意味着大的方向可能出现微调。

如果是评级分布的策略调整，则需要的周期就更长一些，因为信用利差的走势和宏观经济的大方向密切相关，受高频数据影响有限。非常类似的还有行业轮动、城投、产业债和银行主体的信用筛选策略，因为相关财务报告的数据更新都相对较慢，基于财务数据的信用模型的结果往往需要一个季度甚至半年才会有小的更新，等年报的全面数据出来以后才会有大的更新。当然，平时投研人员也会对信用主体的资质进行跟踪，包括网上的舆情、QQ/微信群的讨论信息，还有实地调研等，这些也是很重要的考虑因素，但不属于量化投资的范畴，此处不过多讨论。

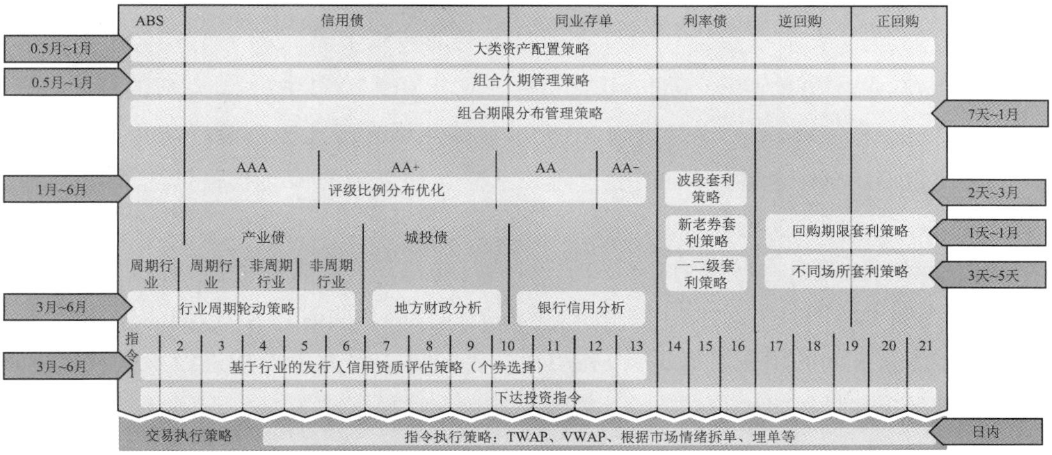

图 11-19　不同的策略有着不同的更新时间

调整频率最高的，就是技术面的波段策略和交易执行的一系列挂单策略。这些策略读取的是日内量价数据，需要随时根据量价变化而调整。

11.2.3　量化投资与主观投资的对比

笔者认为主观投资与量化投资最主要的区别在于思维方式的不同。人脑对世界的主观认知，往往深受某些重大事件的影响，而忽略了对其他相同事件的观察与总结。比如，可能投资经理在刚入行的时候经历了一次或几次资金面紧张导致的债券市场大跌（也就是收益率大幅上行）的事件，之后这个投资经理就会一直有一种资金面的大幅紧张一定会导致债券收益率上行的主观印象，进而引起其投资行为的变化。但如果他对这个逻辑进行一个策略的历史回测就会发现，单纯依赖资金面的波动，设定一个阈值来定义交易信号，长期来看并不能确保稳定盈利。所以，有的时候一些孤立事件体现的因果关系从长期来看是不成立的，一些看上去显而易见的逻辑关系，在回测中可能也得不到印证①。

第二个比较重要的区别在于对金融数据的解读和理解不同。人的大脑对关系的理解往往是线性的，比如，人一般能很好地理解自变量 A 导致了因变量 B，A 上涨会导致 B 上涨这种比较简单的线性因果关系，但如果自变量 A、B、C 能够共同对因变量 D 起作用，而且 A、B、C 给的信号不一致，甚至自相矛盾，人们往往就难以预测 D 的走势。有的研究员还发明一套关于主要矛盾的理论，比如 A、B、C 都和 D 正相关，但 A 上涨了，B、C 下降了，最后 D

---

① 这类感知的错误（Cognitive errors）在行为金融学中叫代表性偏差（Representative Bias）。

也上涨了，研究员就会说，在当前市场情况下 A 是主要矛盾，B 和 C 不是主要矛盾；下次如果 A、B 上涨了，C 下跌了，因变量 D 也跟着下跌了，研究员们就会说这个时候 A、B 不是主要矛盾了，C 是主要矛盾。与其去相信这种事后诸葛亮式的主要矛盾，不如直接坦白地承认，人的主观意识很难理解这种受到多种因素影响的因变量的非线性变化。

除此以外，人的大脑也很难理解具有延时效果的逻辑关系。有个很有名的心理学实验，设置三盏灯并对应三个开关，每个开关在打开或者关闭 10 秒钟后，其对应的灯才会亮起或者熄灭，仅仅是这个简单的延时设定，绝大多数被测试者就无法搞清灯和开关的对应关系了。经济数据的解读也是这样，很多逻辑关系被各种复杂的传导线路打乱了，以至于人们很难看情数据之间真实的联系。

量化投资更加倚重对数据的分析和统计，通过构建复合指标、相关性分析和降维等方式，能够对多因素的因果关系建立清晰的模型并加以预测。同时，利用移动相关性测试，可以发现不同因素之间的领先滞后关系，利用计算机的算力对大量指标进行关联性探索，还能发现新的经济传导逻辑。总的来说，量化投资和主观投资的第二个不同点，就是对金融数据的使用和分析方式不同。

第三区别是投资指令的生成方式不同。主观投资的指令生成比较随意，比如，投资经理原来想以中债估值收益率卖掉 1 个亿债券，但是交易对手最后非要估值加 10 个 BP，投资经理可能“临机一动”，先卖掉 3 000 万看看情况。至于为什么是 3 000 万而不是 4 000 万，其实并没有明确的理由。但是量化投资就不一样，任何决定都应该是有数据依据的，由模型算出来的。因为很多时候很小的价格变动就能导致当日投资最优解发生变化，很可能模型的计算结果是，如果出售收益率增加了 10 个 BP，根本就不应该继续出售了。这种全盘的快速重新试算的能力和快速转换思路的能力，是主观投资不大可能具备的。

这也引出了量化投资的第四个优势，即对组合全局有更强的把握。尤其是对于一些受到监管和风控指标较多的公募基金，投资经理在考虑要不要买入一只新的债券的时候，很难在头脑中对整个组合买入之后的情况进行完整的试算，如果漏算了一两个指标，很容易发生事故。此外，如果组合很大，也容易发生一叶障目，导致整个组合偏离目标配置程度过高的问题。比如，一个上百亿的组合，有几百只债券，投资经理可能对一些券只有一些模糊的印象，买过以后根本不会记得。但量化的组合投资就能够很好地解决这个问题，因为对所有监管、风控指标的试算，对集中度的试算和大类资产比例的控制，可能只要几秒钟就能完成，这在很大程度上弥补了人脑不够用的弱点。

但是主观投资也不是没有优势，有经验的投资经理要比机器能更很快地适应多变的市场环境。特别是当重大事件发生时，计算机是没有预案的，根本无法应对，而且很多模型中经常使用的逻辑关系、描述性统计结果，在极端情况发生时都不再有效。尾部风险，或者黑天鹅的出现能彻底改变原有的叙事逻辑，而在这种情况下，主观投资可能更有优势，毕竟经济逻辑是人思维的产物，而计算机本身，无法独立地编辑新的经济逻辑线条[①]。

最后，值得注意的是，债券量化投资不等于债券自动化交易，更不等同于高频交易。由于债券交易主要发生在场外，大部分情况下需要交易员参与洽谈，这意味着债券投资过程中不可避免地会有人为干预的成分，尤其是在交易时间有限、流动性有限的情况下，人为干预能够大幅提升投资的效率。

此外，债券的量化投资和股票的量化投资是既有区别，又有联系的：股票的量化投资侧重于因子的开发和配置；债券的量化投资更多的是自上而下的系统性大类资产配置，策略的拆分和叠加，以及精选个券创造超额收益等过程。

但部分类型的股票和债券组合中也有相似之处，量化的股票投资中，诸如风险中性的策略会通过股票多头+股指空头的方式对冲大盘的波动影响，创造纯粹的 alpha；而量化的债券投资中，也常用国债期货对冲无风险利率波动，以创造纯粹的信用利差，或期限利差等收益。

股票和期货的量化策略历史要比债券的量化历史长得多。在未来，这个行业很可能会继续对股票和期货的量化策略进行吸收学习，形成更好的债券量化投资体系。如图 11-20 所示，是主观投资与量化投资区别汇总图。

主观投资	量化投资
分析侧重点不同	
• 投资经理职业生涯中的个别重大事件往往会对其投资行为有深远的影响	• 注重较长时间区间内回测结果与普适性规律
金融数据的解读方式不同	
• 买/卖方研究员在研究会议中对金融数据进行叙述和解读，此类会议的阐述逻辑往往具有故事性，数据可能因故事的需要而被曲解 • 数据公布后市场的价格波动往往会被投资者认为是市场对信息的理解，这种猜测的结果会进一步影响投资者的行为，从而产生共振，扩大市场的非理性波动	• 注重基于经济学逻辑的统计描述、领先/滞后分析和相关性分析 • 往往把多个经济数据制成复合指标，对目标价格走势进行更准确的预测
交易指令的生成方式不同	
• 交易指令的生成基于投资经理经验，常根据市场情况临时更改要素	• 交易指令的科目、数量、价格和执行周期均基于模型的测算与策略的叠加结果，当市场发生变化后需要重算，确保投资结果的最优性
对投资影响的把控程度不同	
• 新成交对原组合的关联性风险、流动性、久期、集中度等指标都有影响，主观决策时容易顾此失彼	• 计算机可迅速对模拟成交后的组合进行试算，确保投资指令对投资组合的优化性
对经济逻辑变化的容忍和敏感度不同	
• 有经验的投资经理能在市场基础设定发生重大改变时，快速发现新环境下的主导逻辑，并改变投资风格，机器不能代替人梳理经济逻辑	• 基于统计、数据分析的策略往往在平常运行良好，在波动性剧增、尾部风险丛生的时期可能出现匪夷所思的错误。在黑天鹅发生、监管法规改变、市场风格突变后，可能需要大量时间对模型进行重整

图 11-20　主观投资与量化投资区别汇总

① 一切的数据分析，本质上均基于历史的走势将“均值回归”的假设，但现实中，历史是前进的，过往的规律并不总是会重复；历史上，每 10 天发生 3 次的事件在未来并不一定会以 30% 的概率继续发生。在风平浪静的时期，人们在基于历史数据进行预测（forecasting）时，更容易轻松地看出多个事件、多项数据的因果关系，梳理出逻辑线条和数据规律，从而进行预测。在这样的预测中，计算机的大数据处理能力将极大地提高预测的速度和准确性，而在外部环境波涛汹涌，不断有新事件发生，刷新从业者认知的时候，更应该注重对当前所发生事件的逻辑梳理、解读和实时预测（nowcasting）。

11.3 几种有前景的基本面信号生成思路介绍

在初步构建了量化投资的运作框架后，就可以输入一些值得探索的想法和思路，进行具有收益创作力的研究和探索。在这里，笔者给出几种基于基本面分析的主流策略构建思路，以帮助读者更快入门量化策略的研发。

11.3.1 从 FED 模型到 ERP 指标

虽然 FED 模型常被称为美联储模型，但其最初是由德意志银行的美国经济学家爱德华·亚德尼(Dr. Edward Yardeni)根据艾伦·格林斯潘(Alan Greenspan)于 1997 年撰写的一篇报告推测出的。美联储从未正式承认使用该模型进行市场的估值分析。

FED 模型的基本思想是，比较 10 年期国债收益率与上市公司的盈利收益率(即市盈率 PE 的倒数)，当股票的盈利收益率比 10 年期国债收益率高时，FED 模型认为此时股市处于被高估的状态，反之，则认为处于低估状态。

FED 模型通过将股票与债券收益率直接进行比较，来判断市场高估或低估的做法可能颇具争议。比如，如图 11-21 所示，在我国这样的发展中国家，股市盈利收益率可能长期均远高于 10 年期国债收益率。但它提供了一个非常好的投资分析思路，即股票和债券这两类主要证券投资品种的收益率是一个很好的判断资产相对吸引力的方法。在 FED 模型的基础上，股权风险溢价 ERP(Equity Risk Premium)指标应运而生。

图 11-21 我国股市盈利收益率长期高于 10 年国债/国开债收益率

数据来源：WIND、中债估值中心。

ERP 指标通过计算股票的盈利收益率相对 10 年国债的超额收益，衡量股权风险溢价的对应收益。当 ERP 处于低位时，股票股权风险溢价吸引力低，债券收益吸引力相对较高，说明当前的股票被高估，而债券被低估，则投资者倾向于增配债券，减配股票。反之，则说明股票被低估，而债券被高估，投资者倾向于减配债券，增配股票。

如图 11-22 所示，从过往 10 年的历史来看，ERP 指标不论对股市走势，还是债券市场走势都有较好的方向性预测效果。图中，在 2011 年中、2014 年初、2015 年中和 2018 年初等时点，均为 ERP 指标的相对低点，说明股票市场相对吸引力不高，利好债券市场；随后就发生了较为明显的债券收益率方向性下行，债市走牛的行情。

图 11-22 股市 ERP 对债券收益率的走势有较好的预测作用

数据来源：WIND、中债估值中心。

一个拥有坚实经济学逻辑解释和良好后验收益表现的指标，如同一个等待进一步挖掘的宝藏，投资者可以在这之上通过对指标进行技术分析、数据挖掘、参数调整和回测等手段，生产更有效、更精准的交易信号生成器，以对投资形成更有效的指导作用。这里笔者只是抛砖引玉，后续工作方向和细节处理方式，还有待读者结合自身情况进一步完善。

11.3.2 债券收益的“Sharpe Ratio”

除了 ERP 指标外，在债券收益率本身的走势上也有很多文章可做。比如，可以利用债券收益率对其波动率的覆盖比率，构建类似“Sharpe Ratio”的指标，衡量债券市场的配置价值，并借助其配置吸引力的强弱，发现合适的买入时机。

债券作为固定收益类的资产，其收益的稳定性对投资者而言非常重要。除了小部分纯利率债波段投资者以外，其他大多数的信用债和信用＋利率债组合的投资者都非常依赖票息收益，以力争其投资组合净值每日都能取得符合预期的平稳增长。

在这种依赖稳健票息收益的投资思想下，指望收益率快速下行带来的牛市能够持续是一件不现实的事情。因为债券票息收益率的绝对水平越低，其对债券收益率波动造成的债券价格波动的覆盖能力越弱，所以当收益率快速下降后，每日市场价格的轻微变化造成的亏损，就有可能超过当日票息收益的保护，导致当日净亏损的发生。债市多头投资者的安全边际更低，多头投资者更难坚守其持仓，牛市的可持续性也随之降低，最终导致债券市场发生转向。相反，当债券静态收益对利率波动的覆盖率快速提高时，债券多头投资者的安全边际增厚，做多动力更强，可能成为市场由熊转牛的信号。

这种信号的有效性在信用类债券中表现得更为明显，而利率债由于波动率相对更高，覆盖率的变化更不稳定，错误信号较多。

如图 11-23 所示，如果以 5 年期 AA 级信用债为例构筑信号，从过往 10 年历史来看，当收益对波动的覆盖率上升至 0.8 附近时，市场随后均发生了不同程度的上涨（图中浅色圆圈）；当收益率对波动的覆盖率下降至 0.4 以下时，市场随后均发生了不同程度的下跌（图中深色圆圈），唯一的例外出现在 2015 年（椭圆圈），覆盖率在 0.4 附近的低部波动，而债券整体却并未如模型所预测的发生反转，而是经历了将近两年的牛市。导致这种背离的因素之一可能是股灾的影响。在股票泡沫破裂后，避险资金的涌入以及央行宽松的货币政策导致债市内生的运行规律暂时失效。

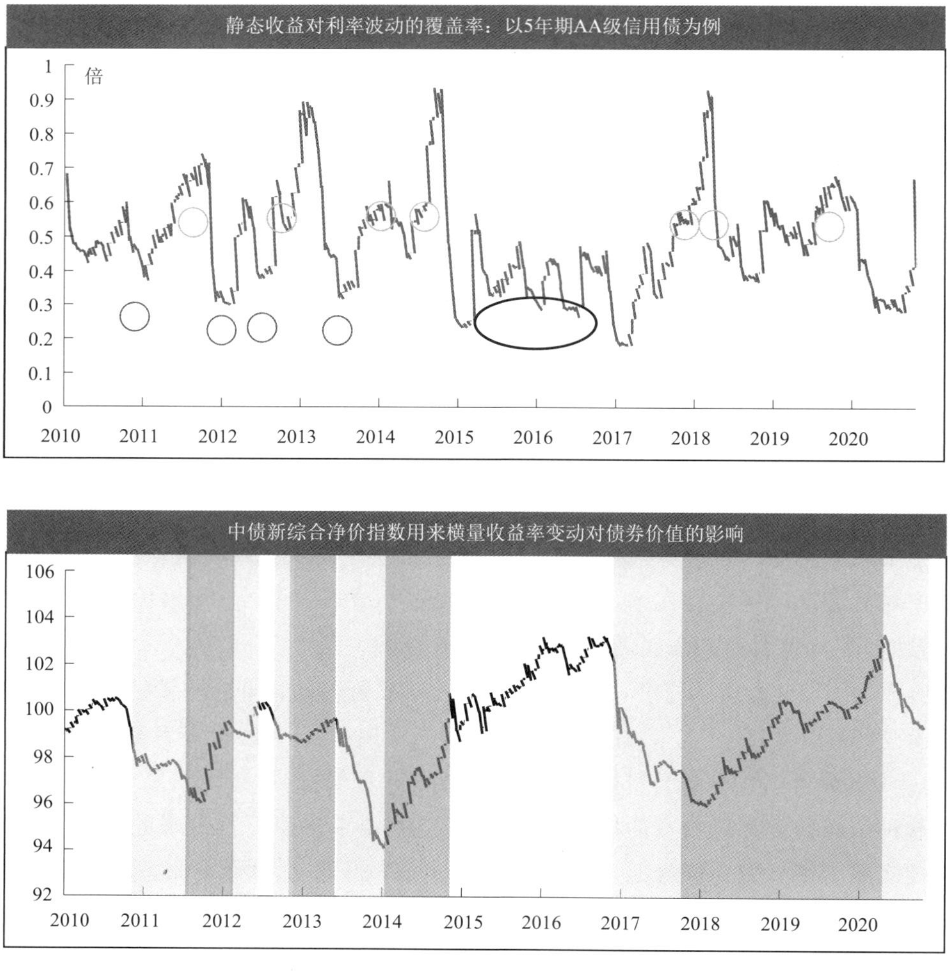

图 11-23 票息对波动的覆盖率有市场拐点预测效果

数据来源：WIND。

11.3.3 其他期限、品种利差的分位数指标

除此以外，债券市场的大多数投资者也非常喜欢使用不同期限利差、品种利差的历史分位数指标。比如，当10年期的长期债券收益率高于1年的短期债券收益率的利差达到历史最大的（比如）90%分位数以上时，买入长期债券，卖空短期债券，比例为两者久期的倒数，使得整个组合的久期中性化，对冲收益率曲线平行移动的敞口，只赚期限利差修复的资本利得。

对于信用品种也可以采取类似的判断依据，比如在牛市中后期，中低等级信用债的利差明显缩小，当其绝对值降低到历史最低的（比如）10%时，认为中低等级信用利差已经不足以覆盖真实的信用风险溢价，故应该降低中低等级信用债的配置比例。

诸如此类的利差指标还有很多，从笔者的经验来看，这类指标在大多数时候都是比较有效的。但从量化投资的角度，读者还需要注意以下三个问题。

（1）长期来看，历史分位数的极值往往是一个配置/减配的有效信号生产器，但这个信号只能告诉使用者："现在配置，未来大概率会获利"，但却不能明确指出这种分位数极值的回归需要多长时间。如果投资者无法长期坚守自己的观点和仓位的话，很可能发生市场判断正确，却因无法忍受浮亏，提前平仓而导致亏损。

（2）在使用这类历史分位数指标时，投资者内在隐含的投资逻辑是相信未来的债券市场，乃至宏观经济，存在内生的均值回归规律：当利差扩大到历史最高值时/缩小到历史最低值时，总会回归其历史平均值。而当随着中国跨入中等收入国家，乃至发达国家，更加注重经济发展的质量而非数量，经济增速不可避免地放缓。此外，我国的监管体系也会相应地提出新规则、新办法。如果未来整个宏观经济和金融运行逻辑都发生了改变，那么相关的收益率或利差还会回归到过往的均值吗？这是所有计划采用历史分位数指标的投资者需要思考的问题。

（3）在通过回测获得最佳的投资信号触发门槛或触发逻辑时，也较难避免数据挖掘和过拟合的问题。比如，假如从过往5年回测结果来看，当10年至1年利差分位数达到历史94%分位数时，买入10年债券所获得的盈利最大。但如果投资者贸然将94%设为信号触发门槛，而没有充分验证清楚该数值的设置逻辑的话，就无法保证"过往的最优"一定是"未来的最优"，最终导致一个回测结果完美的投资策略，发生实盘失效的情况。

本章小结

本章从债券组合管理的角度，介绍债券量化投资系统的搭建、量化策略的开发以及量化策略的叠加与运作，并将量化与主观投资进行了对比。最后向读者提供了几种基本面量化投资信号的研发思路，引发读者进一步的思考。

第 12 章 基于 Python 的量化投研工具箱

不论是在债券、股票，还是衍生品领域，金融市场的投资与研究都是建立在数据分析基础上的严谨工作。因此利用计算机程序语言等工具高效对数据进行深入研究，提取所需的关键信息，已经成为投研人员技能包中的重要组成部分。

投资策略的研发如同做菜，需要优质的原材料（数据），将材料洗净切片（数据的预处理），甚至熬制成卤汁或高汤（数据挖掘和机器学习建模），最后才能烧成一道完美的菜肴（策略研发和应用）。

本章将重点介绍五类数据科学领域最常用的机器学习算法，包括两种数据预处理算法（HP 滤波与 PCA 主成分分析法），以及三种预测或分类算法（线性/Lasso 回归，支持向量机、决策树与随机森林）。这五种算法是在学术界和金融工程领域应用最多的，也是表现效果最好的，能够基本满足投研人员对于数据的分析和预测需求。

在数据分析中，要做到对每种分析算法都“知其然，也知其所以然”，才能举一反三，游刃有余地处理种类繁多的海量金融数据，应对不断变化的各种分析需求。在每种算法的介绍中，我们将首先了解它们的构建逻辑、适合应用的场景、适合处理的数据以及各种参数的效果。然后，我们将以 Python 语言为例，展示可直接引用的代码以及这些代码执行后产生的结果。

12.1 数据的预处理——HP 滤波

我们生活在一个复杂的世界中，这个世界中的事物都是不断变化的，而这些种种变化往往又都受到多种因素驱动，甚至无法解释的随机性的影响，最终呈现出一种难以言喻的复杂波动性。

在金融市场中，这种复杂的波动性尤为明显地体现在各种金融数据中。比如，债券投研人员天天都会接触的回购收益率、存单收益率等价格型指标，GDP、CPI 增速等比率型指标和社会融资、回购或债券融资总量等数量型指标，它们的变化既受到宏观因素的影响，具有长期的趋势；又受到中短期市场日历效应的影响，体现周期性的波动。

这种情况下，可以利用滤波器将指标分解成多个成分，单独分析。HP（Hodrick—Prescott）[①] 滤波就是分析同时具有长期趋势和短期周期特性的时间序列数据最常用的工具之一。如图 12-1 所示，HP 滤波将 GC007 的时间序列数据拆解成长期趋势、周期波动和无序噪声三项。

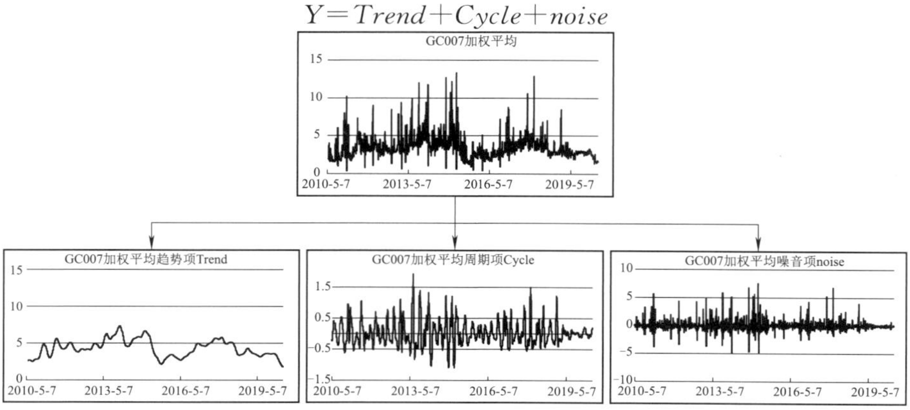

图 12-1　HP 滤波将 GC007 的时间序列数据拆解成长期趋势、周期波动和无序噪声

数据来源：WIND。

① 利用 Hodrick—Prescott Filter 对宏观经济数据进行分析的方法由经济学家 Robert J. Hodrick 与诺贝尔经济学奖得主 Edward C. Prescott 于 1997 年在论文 *Postwar U. S. Business Cycles: An Empirical Investigation* 中首次提出。

由于 *noise* 噪声项的期望值为 0，当我们找出 *Trend* 趋势项时，用原曲线减去趋势项就得到了 *Cycle* 周期项。这样单次 HP 滤波可以将一条时间序列数据拆解为一条趋势项时间序列和一条周期项时间序列。如果选择合适的参数对趋势项进行再次滤波，可以进一步分离出时间序列中含有的跨度更长的周期，所以 HP 滤波方法非常适合对多种经济周期叠加影响下的宏观经济数据分析。

12.1.1 HP 滤波的目标函数与求解

当我们对一条波动性较大的曲线进行分析时，常会遇到这样的两难抉择：如果我们想让模型解释因变量的细微波动，我们可以让拟合出的曲线尽可能地贴近原曲线，这样能提高训练集中自变量的解释能力，但是也会有过拟合的风险。相对的，如果我们想刨去曲线中和大趋势无关的短期波动，那么拟合出的曲线势必会和原曲线有较大的差异。HP 滤波的目标函数就是基于对这种两难的平衡考虑而构建的。

如图 12-2 所示是 HP 滤波方法的目标函数与参数。

- y_i 是原曲线的每一个数据点，一共有 n 个这样的数据点。
- t_i 是 HP 滤波分离的趋势项的数据点，一共也有 n 个这样的数据点。

HP 滤波的目标函数可以分为两个部分，第一部分是原曲线每个数据点与 HP 滤波趋势项的差的平方和。这项体现了 HP 滤波分离的趋势项和原曲线的吻合程度：越小，说明趋势项与原曲线越吻合；当趋势项等于原曲线时，此项等于 0。

HP滤波的目标函数：$M=\min\left(\Sigma_{i=1}^{n}(y_i-t_i)^2+\lambda\times\Sigma_{i=3}^{n}[(t_i-t_{i-1})-(t_{i-1}-t_{i-2})]^2\right)$

❶ 代表Trend与Y的吻合度　❸　❷ 代表Trend曲线的平滑程度

❶ $\Sigma_{i=1}^{n}(y_i-t_i)^2$ 越小，则说明Trend趋势项与原数据Y的吻合程度越高，当其等于0时，Trend趋势曲线和原数据Y完全一致。

❷ $\Sigma_{i=3}^{n}[(t_i-t_{i-1})-(t_{i-1}-t_{i-2})]^2$ 越小，则说明Trend趋势曲线越平滑，当其等于0时，Trend趋势为一条直线。

❸ λ 为平滑参数，使用者可以根据原数据的特性和自身对趋势项平滑度的需要调整 λ 。一般而言，λ 越大，滤波器产出的Trend曲线越平滑；数据的频率越高，需要的 λ 值越大。

HP滤波常用的 λ 数值：
年度数据：100
季度数据：1 600
月度数据：14 400

图 12-2　HP 滤波方法的目标函数与参数

第二个部分是趋势项数据点的斜率差的平方和。此项体现了趋势项的平滑程度：趋势项和原曲线越接近，不同数据点之间斜率变化越大；趋势项越不平滑，则此项值也越大；当趋势项越接近一条直线，越平滑时，不同数据点之间斜率变化越小，此项值也越小。

为了在第一部分和第二部分之间进行取舍，就需要对第二部分赋予一个权重进行调节，这就是平滑参数 λ 。由于 HP 滤波的目标是最小化第一部分和第二部分之和，而第一部分和第二部分是此消彼长的关系，所以平滑参数 λ 越大时，第一部分越大，第二部分越小，趋势项越接近一条直线；平滑参数趋势项 λ 越小，第一部分越小，第二部分越大，趋势项向原曲线收敛。

在宏观经济分析中，会产生不同频率的时间序列数据，对应这些不同频率的数据，也需使用不同数值的平滑参数 λ 进行分析。图 12-2 是欧美学术界在分析不同频率参数时常用的 λ 的取值①，大家可以用作参考。但实际在分析国内数据时，由于国内农历节假日期和公历日期的偏移，统计口径变化导致国内相同频率的数据波动率可能与国外不一致等原因，需要反复测试以选用最优 λ 的取值。

在明白 HP 滤波的目标函数构建原理后，接下来就是利用数学方法对给定 λ 值的目标函数进行推导和求解，该过程主要利用线性代数完成，较为复杂，读者了解即可。

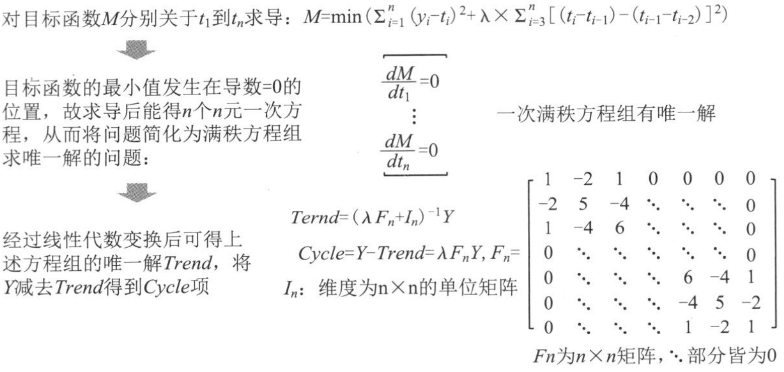

图 12-3　HP 滤波目标函数的推导求解过程

在求函数最小值时，最常用的方法就是求导，因为函数的极值往往发生在函数一阶导等于 0 时。HP 滤波的目标函数也不例外。如果对原函数分别关于 t_1 到 t_n 求导，并设结果为 0，则会产生 n 个导数方程。由于原函数为二次函数，求导后则为一次函数，所以对导数方程的求解过程，就转变为对 n 个 n 元一次方程的求解过程。根据数学知识可知，一次满秩方程组一定有唯一解，所以这个方程组的解，使得导数为 0 的 t_1 到 t_n 的时间序列，就是我们想要的趋势项的取值。

经过线性代数转换后，可解出趋势项 $Trend$ 等于 $(\lambda F_n + I_n)^{-1}Y$ ，将原曲线 Y 减去趋势项就得到了周期项 $Cycle$ 。

由于 HP 滤波在计算周期项时并没有对其周期性进行强制规定，而是简单地认为噪声

① 年度和季度数据的最佳 λ 取值可参照最初的论文 *Postwar U. S. Business Cycles: An Empirical Investigation*, Robert J. Hodrick and Edward C. Prescott (1997)。月度数据 λ 使用 14400 可参考 *Time Aggregation and the Hodrick-Prescott Filter*, *Agustín Maravall and Ana del Río* (2001)，也有文献建议使用 129600。

为 0 的情况下，分离出趋势项以外的数据均是周期导致的，所以在对于一些明显存在大量无法解释的日常波动的数据进行分离时，可以先使用较小的 λ 值进行初步滤波。此时滤出的 *Cycle* 实际就是“毛刺”最多的噪声部分，需要将其抛去，然后才在初步分解后的 *Trend* 结果中，进行正式的趋势项和周期项的分解。

12.1.2 利用 Python 实现 HP 滤波分解

虽然 HP 滤波的代数求解方式较为烦琐，但在诸多编程语言中已经有成熟的模块功能可以直接使用，故实现其功能的代码其实相对简单。实操中，数据分析者更多的精力会花在指标的选取和参数的调整上。

社会融资数据是在进行债券市场分析时最核心关注的指标之一，其总量既随着时间的流逝而增大，体现了我国社会主义市场经济不断增长的长期趋势特征，也会在每个自然年度内因季节导致的融资需求的波动而呈现有规律的波动特征，即所谓的周期性。所以此处以 Python 为例，向大家展示如何利用 Wind 的 Python API 与 statsmodel. api 中的 hpfilter 功能对提取的社会融资月度数据进行拆解，以便后续进一步的分析与预测。

在运行如图 12-4 所示的代码后，将生成的趋势项 y_trend，周期性 y_cycle 与噪声项 y_noise 分别复制并作图，以查看效果。

```
8  import pandas as pd
9  import statsmodels.api as sm
10 import datetime
11
12 from WindPy import w
13
14 w.start()
15
16 y_name='社会融资规模：当月值'
17
18 y_index="M5206730"
19
20 start_date='2002-01'
21
22 end_date='2020-05'

24 fetch=w.edb(y_index,start_date,end_date,'Fill=Previous')
25
26 y_data=pd.DataFrame(fetch.Data[0],index=pd.to_datetime(fetch.Times),columns=[y_name])
27
28 y_primary=sm.tsa.filters.hpfilter(y_data,5)[1]
29
30 y_cycle,y_trend=sm.tsa.filters.hpfilter(y_primary,1500)
31
32 y_noise=y_data-y_trend-y_cycle
```

导入*pandas*包，并将其引用名分别命名为pd
导入*statasmodels*包中的api模块，并将其引用名命名为sm
导入*datetime*包
从*WindPy*库中导入*w*包
开始运行*w*包
第12、14行为*Wind* API启动的标准语句
将要提取的指标名赋予变量*y_name*
将要提取的指标代码赋予变量*y_index*（可以在*Wind*的代码生成器找到指标对应的代码）
将该指标数据提取的开始日期赋予变量*start_date*
将该指标数据提取的结束日期赋予变量*end_date*
通过万得*EDB*函数提取目标时间区间的社会融资数据。如有数据缺失，默认填入前一条数据。将提取的数据赋值给 *fetch*
将*fetch*转换为 *DataFrame*，并赋值给 *y_data*通过 statsmodels包中的*hpfilter*功能对 *y_data*进行 λ 值为5的初筛，用于筛去原数据中过于异常的部分，将初筛后的结果赋值给 *y_primary*
用 *hpfilter*功能对 *y_primary*进行 λ 值为1500的精筛，生成趋势项和周期项，分别赋值给变量 *y_trend*和 *y_cycle*
用原数据 *y_data*减去 *y_trend*与 *y_cycle*，所剩的结果即为噪音项 *y_noise*

图 12-4 HP 滤波的 Python 代码展示

如上文提到的，我们先将 λ 值设为 5，对社会融资数据进行初步滤波，剔除毛刺，然后再对初滤的 *Trend* 结果进行 $\lambda=1\ 500$ 的二次滤波，滤出的趋势项结果即为如图 12-5 所示的 *Trend* 曲线，既反映了长期增长的趋势，也体现了由于经济短期下行导致的小幅回落。

作为对照，我们可以把 $\lambda=5$，$\lambda=1\ 500$ 过滤两次的结果与对月频数据常用的 $\lambda=14\ 400$ 和 $129\ 600(=1\ 600\times4^4)$ 过滤一次的结果进行对比。如图 12-6 所示，λ 越大，过滤出的 *Trend* 曲线越平滑，和原数据的契合程度越低，无法如同 $\lambda=5$，$\lambda=1\ 500$ 的方法般体现社会

融资数据中约 3～4 年左右间隔分布的小幅回落的趋势。

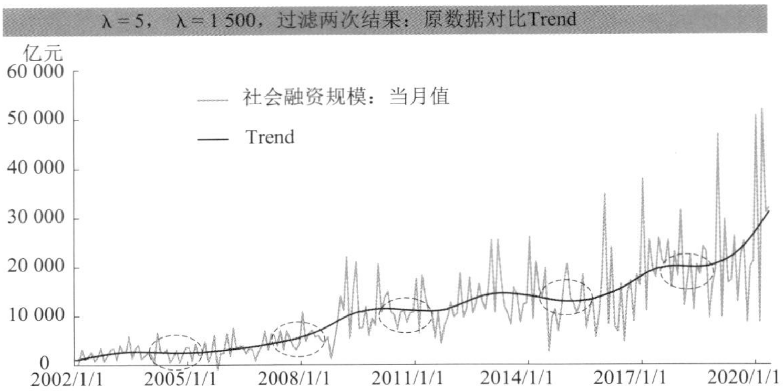

图 12-5　对社会融资数据进行两次 HP 滤波后的趋势项与源数据对比

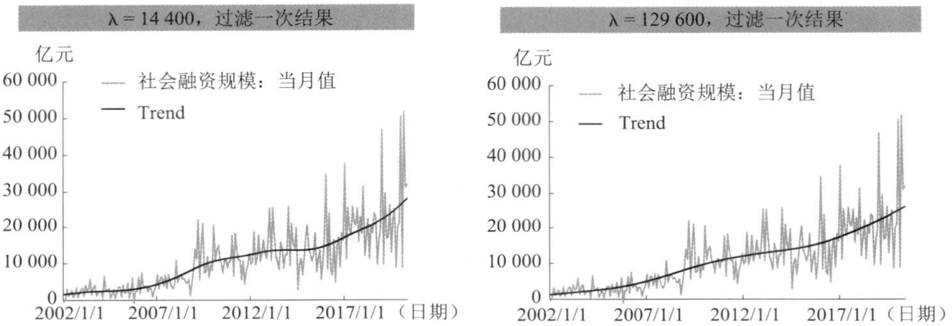

图 12-6　对社会融资数据进行 1 次滤波的趋势项结果对比

真正体现过滤两次方法效果的是周期项的结果。如图 12-7 所示，经过 λ＝5，λ＝1 500 的两次过滤后，产生的 *Cycle* 项表现出非常明显的以一年为单位的周期性特征：每年社会融资峰值主要发生在 1 月至 3 月间，谷值主要发生在 8 月至 10 月间[①]，故可以认定，本次 HP 滤波较为成功地分离了社会融资数据的趋势和周期项变化。对比图 12-8 中 λ＝14 400 和 λ＝129 600，过滤一次的传统滤波方式，对应的周期项结果较为杂乱无章，无法看出明显的周期特征，故可以认定并不适合用于国内社会融资数据的趋势—周期分离操作中。

在本次 HP 滤波对社会融资数据的处理中，还可以发现，除了年度高低变化的周期外，社会融资数据还存在 3～4 年更长时间段的周期性变化。这种社会融资数据的 3～4 年的周期性变化，是否对应着所谓的库存周期的变化规律；能否对获得的数据曲线进行进一步过滤，分离库存周期的 Cycle 曲线；这些问题就留给读者进行更深入的思考和尝试。

除了 HP 滤波方法以外，在同一个包 statsmodels 中也有 tsa. seasonal. seasonal_de-

① 唯一一次的偏离主要发生在 2017 年，此部分社会融资下降的滞后并没有被 M_2 或固定资产投资的同向变化所印证，可能是影子银行等业务导致的（请参见宏观经济基本面分析一章的相关部分内容）。

compose 功能，能够对时间序列进行趋势、周期和噪音的分解，并支持加法分解和乘法分解，但这个功能分解出的周期项过于规整，当数据的周期发生偏移或异常值过大时（此类现象在经济和市场数据中经常发生），分解效果不够理想。

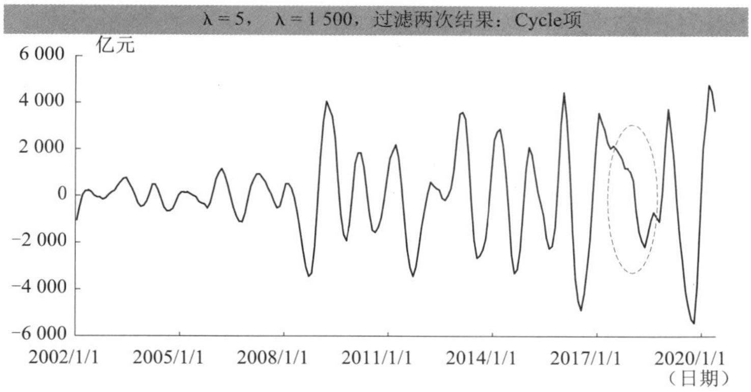

图 12-7　对社会融资数据进行 2 次 HP 滤波后的周期项结果

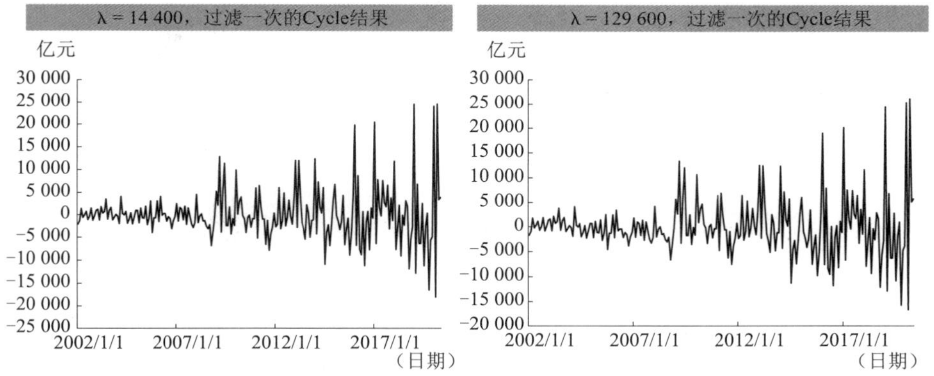

图 12-8　对社会融资数据进行 1 次滤波的周期项结果对比

12.2　数据的集成与降维——PCA 主成分分析法

我们在上文介绍了各个经济指标的驱动因素、相关性和彼此是通过怎样的链条相互传导的，不难发现，即使是一个简单的末梢经济指标或价格指标，往往也受到十几个，甚至几十个其他上游因子的影响而发生变化。比如，10 年国债收益率，受到的三驾马车驱动、通胀和货币等因素的影响产生变化。而这些因子之间又往往有非常强的相关性，甚至共线性，比如通胀和消费之间的正相关性，通胀和货币的正相关性等。这种自变量的关联性会对我们后续的分析产生负面的影响，比如线性回归的结果会因为自变量的强相关性而变得极不稳定等。

除了宏观经济分析以外，这种因自变量过多、相关性过强导致的问题在利用金融工程预测资产价格时尤为明显。证券的价格除了受到宏观指标的影响外，还受到行业指标、公司特有的财务指标以及过往的技术面的指标影响，全部列举出来可能会有上百种，甚至上千种。在利用金融工程的方法进行量化投资时，需要考虑的资产太多，往往无法挨个进行经济逻辑验证，对因子进行剔除，只能将能搜罗到的因子全部放入模型中。

这个时候，就需要对高维度的输入数据进行降维，利用机器，找出成百上千个因子里面最具有影响力的，剔除影响力相对较弱的。Principal Component Analysis主成分分析法就是实现这种功能的好方法。

主成分分析法属于无监督降维算法，通过计算因子间相关性，找出具有更直接影响力的因子，降低分析的复杂度。

如图 12-9 所示是 PCA 降维方法用于数据降维的最简单的示意图。左图是在三维空间中分布的一组数据，每个数据点需要用(x,y,z)三个指标来描述，数据分析较为复杂。

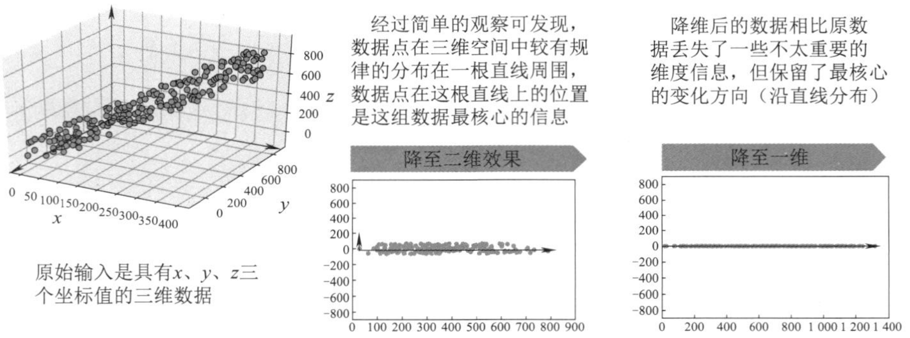

图 12-9　PCA 将三维数降为二维甚至一维数据且保留了原数据的主要特征

通过观察不难发现，这组数据中的数据点都是围绕着从左下到右上的趋势线分布的，除此之外，数据点似乎没有其他明显的分布规律。所以我们只要将坐标系进行一定的旋转，使得这条趋势线落在坐标轴的一个平面上，就可以将这个三维数据转变为二维数据，也就是 12-9 图中间的这张图。坐标轴转换以后，数据组丢失了不太重要的、本就杂乱无章的、垂直方向上的分布数据，但仍然保留了最重要的“沿斜线分布”的特征。

如果再对坐标系进行进一步变换，使得趋势线落在坐标轴上，那么就能进一步将数据组降到一维，也就是 12-9 图中的右图。数据点均按照原来的顺序分布在一条直线上，最重要的特征被保留下来，其他方向的分布特征已经消失了。我们只需要知道数据点在直线上的位置这一个数据，就可以在图中找到这个数据点，所以对其进行数据分析非常简单。

去璞存真，这就是数据降维的真谛。

12.2.1　PCA 方法的数学推导与求解

我们将上述简单的三维数据的降维示例推广到更通用的维度。

假设原始样本数据集 M 是一个 $m \times n$ 的矩阵，即该样本集包含 m 个样本，每个样本有 n 个参数，我们想将这个样本降维到 $n*$ 维，$n*$ 小于 n。即我们在保留 m 个样本的情况下，想用更少的 $n*$ 个参数体现样本的特点。PCA 方法发现样本特点的途径之一是，通过计算数据间的协方差发现不同数据维度间的关系，将彼此协方差较高的数据维度进行合并，突出数据分布差异更大、特征更明显的维度。如图 12-10所示为原始数据矩阵 M 的示意图。

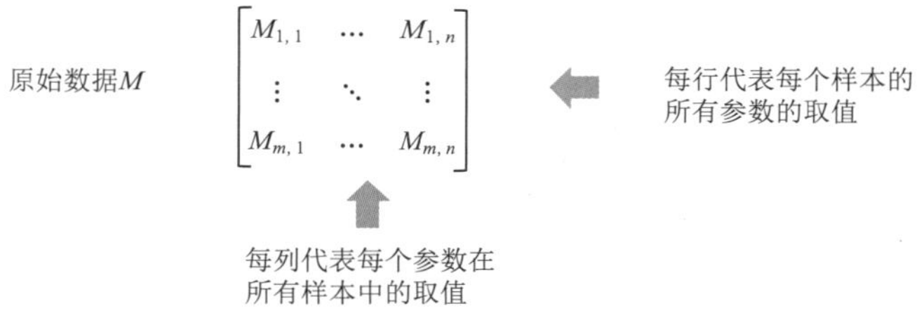

图 12-10　原始数据矩阵 M

1. 数据的标准化

如果原始数据中各个维度的数据存在较大的维度或数据性质差异，则在 PCA 处理之前需先对其进行标准化处理。例如，如果样本中包括公司的营业收入（亿甚至百亿级的数字），也包括公司的资产负债率指标（一个大于 0 小于 1 的小数），如不进行数据标准化，直接将这两组数据输入模型分析，资产负债率指标数据差异的意义（因为其绝对值过小）将被营业收入指标的数据波动覆盖。最终扭曲了 PCA 方法中寻找关键变化因素的过程，从而产生错误结果。

常用的数据标准化方式是，将原数据矩阵中的每个值减去所在列的均值，再除以所在列的标准差，此操作称为 Z—Score 标准化。如图 12-11 所示是从原始数据矩阵生成均值序列与标准差序列的过程。如图 12-12 所示是基于图 12-11 的结果，对原始数据矩阵进行 Z—Score 标准化的过程。

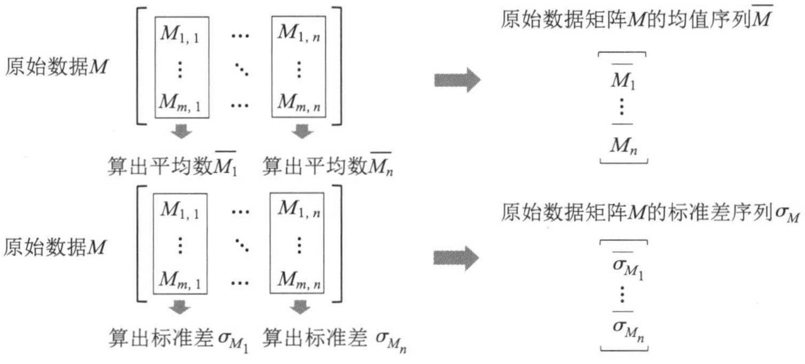

图 12-11　原始数据矩阵的均值序列与标准差序列

各种各样的数据经过 Z—Score 标准化后，均被转化为均值等于 0，标准差等于 1 的标准化数据，其协方差只会体现数据围绕均值的分布差异性特征，而不会受到数据量级或绝对大小的影响，这样再用 PCA 或其他方法进行数据分析时会有更好的效果。

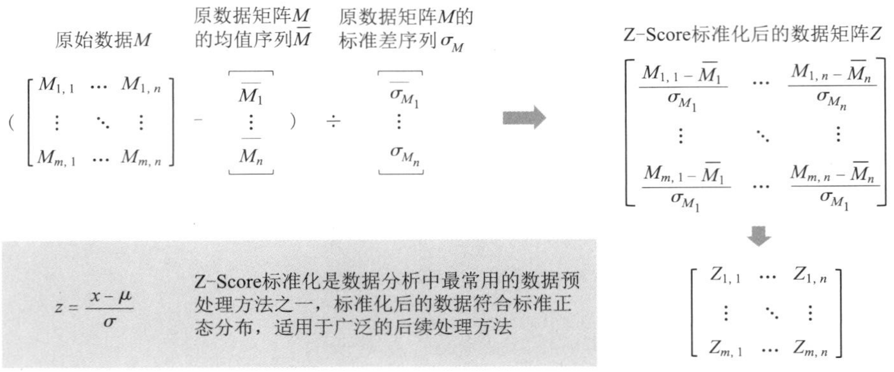

图 12-12　对原始数据矩阵进行 Z—Score 标准化

2. 通过协方差矩阵求样本矩阵的特征值与特征向量

在标准化数据矩阵的基础上，我们可以通过计算协方差矩阵的方法发现原样本数据的分布特征。如图 12-13 所示，协方差矩阵 Cov(Z)揭示了原样本中 n 个维度数据之间的相互关系，矩阵左上到右下对角线上的数据 $Cov(Z_i, Z_i)$ 等于 Z_i 列的方差，其他位置的数据 $Cov(Z_i, Z_j)$ 则等于 Z_i 列与 Z_j 列的协方差。协方差(绝对值)较大的两列数据维度提供的信息重复程度较高，在用于数据分析时徒增了分析的复杂程度，导致多重共线性等问题，且并不能提高分析结果的准确性；协方差小的两组数据提供了不同的信息，可以提高模型分析的效率。

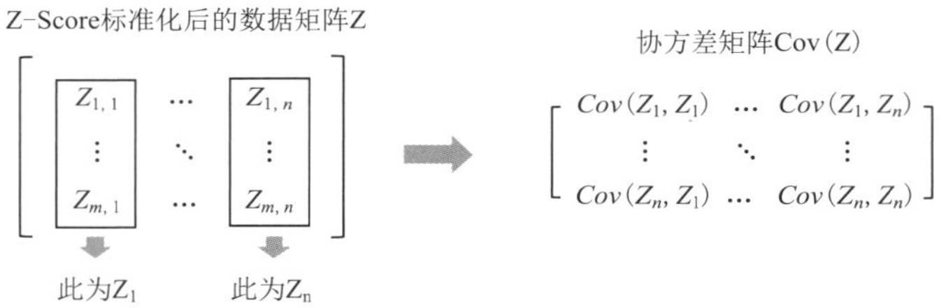

图 12-13　根据标准化后的数据矩阵 Z 计算协方差矩阵 Cov(Z)

例如，如果我们要对债券利率的驱动因素进行分析，因子库中既有 DR007，也有 GC007，这两者高度正相关，标准化后协方差很大，体现的信息较为重复，在模型中一起出现时就会降低处理的效率，对结果的提升也极为有限。一个有经验的分析者可能只会选取这两个指标中的一个放入模型进行分析。但如果分析者经验有限，或原数据中因子太多，或在其他情况下，很难做出明确的取舍时，就需要通过协方差矩阵，定量地帮助我们进行判断。通过 PCA 方法将这两者代表的信息进行合并，形成更少、更综合的数据维度。

在得到协方差矩阵后，如图 12-14 所示，就可以通过计算协方差矩阵 Cov(Z)的特征值和特征向量的方式，定量地确定原数据各维度参数变化的主要矛盾和次要矛盾。特征向量互为垂直关系，体现了数据可能的变化方向。一般而言，特征向量的维度和原数据的维度相同，如果原数据中存在完全具有共线性的维度，则特征向量的维度比原数据的维度小。

特征值和特征向量一一对应。特征值越大的特征向量越能代表数据变化的主要因素；特征值较小的特征向量的维度信息多已体现在其他维度中，可以舍弃。将原有的 n 维数据降至 x 维，就选择特征值前 x 的对应的特征向量。如降至 1 维，即只需选择 EigenValue^{max} 和对应的 EigenVector^{max} 。

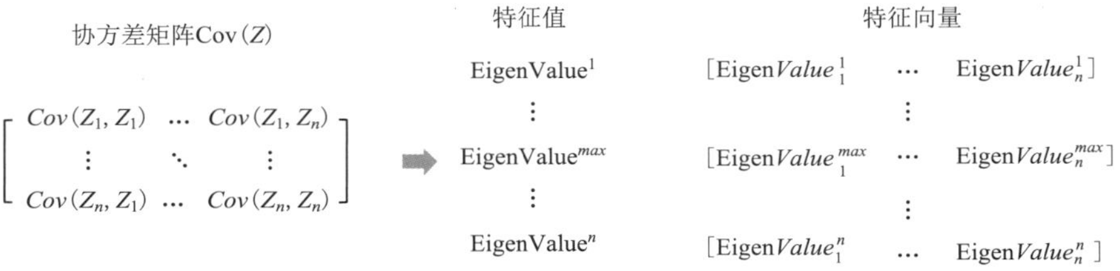

图 12-14 根据协方差矩阵 Cov(Z)计算特征值和特征向量

3. 通过散布矩阵求样本矩阵的特征值与特征向量

通过协方差矩阵计算特征值和特征向量的优点在于较为直观，符合分析逻辑，缺点在于协方差的计算量较大，多维度数据的处理耗时长。另一种计算量较小的方法是如图 12-15 所示，通过矩阵 Z 的转置矩阵Z^T与 Z 进行点乘，从而计算散布矩阵 S。

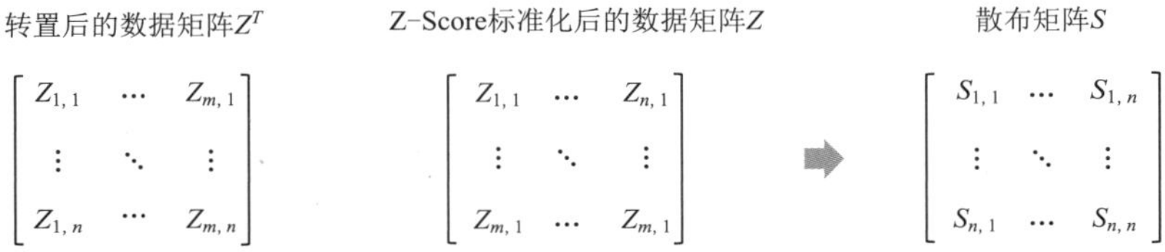

图 12-15 计算散布矩阵 S

散布矩阵等于协方差矩阵乘系数($n-1$)，故散布矩阵与协方差矩阵的特征值、特征向量相同。如图 12-16 所示，也可以通过此方法计算特征值与特征向量。

图 12-16 通过散布矩阵计算特征值与特征向量

4. 计算降维后的新数据

如图 12-17 所示，将特征值从大到小排序后，可以根据想要降到的维度，或Kaiser—Harris准则，选择特征值大于 1 对应的特征向量，组合成新的矩阵，与原数据矩阵进行点乘，就能够得到调整后的数据 M'。如果降维后的数据需要进一步进行分析，也可以将标准化的数据矩阵乘特征向量，得到降维后的标准化数据矩阵。

$$\underset{\text{原数据}M}{\begin{bmatrix} M_{1,1} & \cdots & M_{1,n} \\ \vdots & \ddots & \vdots \\ M_{m,1} & \cdots & M_{m,n} \end{bmatrix}} \quad \underset{\text{特征值最大的特征向量}T}{\begin{bmatrix} \text{EingenVector}_1^{max} \\ \vdots \\ \text{EingenVector}_n^{max} \end{bmatrix}} \Rightarrow \underset{\text{调整后的数据}M'}{\begin{bmatrix} M_1' \\ \vdots \\ M_m' \end{bmatrix}}$$

图 12-17 将原始数据矩阵 M 与转置的最大特征向量点乘得到降至一维的调整后数据 M'

此处还是选用上文中演示的将三维数据降至一维的例子。如图 12-18 所示，原三维数据 $M(m\times3)$ 在与特征值最大的特征向量(3×1)点乘后，变成一个一维的矩阵$(m\times1)$，对应右图分布在直线上的 m 个数据点。

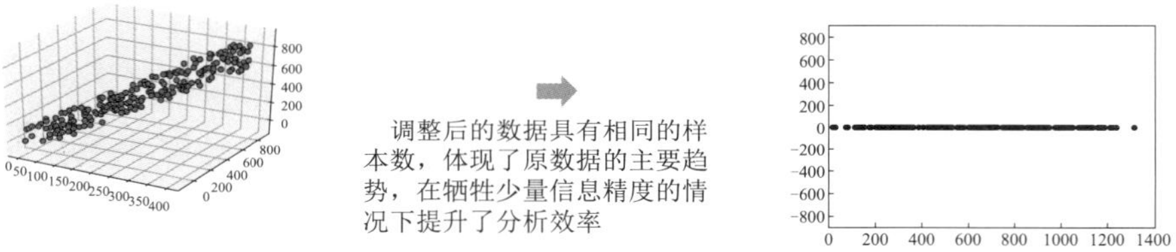

图 12-18 三维数据被降至一维

12.2.2 利用 Python 语言实现 PCA 方法

我们以一个实际的债券信用分析场景为例，向大家展示如何利用 Python 语言对债券相关数据进行降维。

如图 12-19 所示，提取 Wind 的二级行业材料 II 中的 224 个债券发行主体，以及对这个行业较为重要的 30 个财务指标，将其导入 Excel，经过数据清洗后，形成可供 Python 读取的数据源文件。财务指标的选取，可以一开始就参考专家的意见，挑选对行业信用影响较大的几十个指标；也可以采用海选法，在可获取的较为完整的数据源中搜罗尽可能多的指标输入，不影响 PCA 的降维效果，但是计算时间可能较长（这主要取决于计算机的性能）。

我们将提取出的数据文件和用于测试的 Python 程序放在同一个文件夹中，这样可以省略在 Python 程序中定义读取数据文件路径的步骤，也方便调试。然后我们执行以下代码。

	营业总收入（亿）	所有者权益（亿）	资产负债率（%）	净短期债务	少数股权/所有者权益（%）	营业收入增长率（%）
安徽海螺水泥股份有限公司	753.1	894.1	24.71	(191.4)	2.09	34.65
安徽省司尔特肥业股份有限公司	26.0	33.3	24.70	(4.7)	1.24	(7.64)
安徽皖维高新材料股份有限公司	47.1	48.2	45.56	20.9	0.00	32.80
安泰科技股份有限公司	46.6	45.7	41.98	6.2	12.41	18.83
鞍钢股份有限公司	843.1	499.7	43.52	142.4	0.46	45.66
鞍钢集团有限公司	1, 878.3	701.0	70.34	1118.7	9.96	34.96
鞍山钢铁集团有限公司	917.9	748.1	57.45	623.3	9.47	19.41
奥瑞金科技股份有限公司	73.4	56.8	59.17	15.3	1.22	(3.37)
宝鸡钛业股份有限公司	28.8	34.2	45.92	7.5	4.44	14.58
宝山钢铁股份有限公司	2, 895.0	1, 644.3	50.18	734.0	2.87	55.88
保利久联控股集团有限责任公司	68.5	30.3	60.32	5.5	16.42	29.78
北方铜业股份有限公司	184.9	44.4	65.58	47.3	0.15	16.56
北京金隅集团股份有限公司	636.8	511.6	69.89	354.6	8.08	33.39
北京首钢股份有限公司	620.5	264.2	72.78	266.8	7.53	43.97
北京颖泰嘉和生物科技股份有限公司	61.4	40.4	67.94	4.9	2.73	34.71
本钢集团有限公司	523.4	297.5	74.88	652.1	4.60	15.14
本溪钢铁（集团）有限责任公司	421.1	113.1	84.97	410.0	4.11	35.91
郴州市金贵银业股份有限公司	113.0	35.4	60.46	(4.1)	2.61	43.93
……						

……30个财务指标

224个发行主体

图 12-19 224 个主体的 30 个指标数据形成了一个 224 × 30 的矩阵

如图 12-20 所示中的代码从"材料 2. xlsx"中提取了数据，通过 dataframe 的转换，形成了 224 × 30 的数据矩阵 input_data，并计算出了其相关性系数的矩阵 corc_matrix。如图 12-21 所示，我们可利用 Excel 红绿图功能分析其结果。

```
import numpy as np                      导入numpy和pandas这两个包，并将其引用名分别命名为np与pd
import pandas as pd

excelfile="材料2.xlsx"                  输入源数据文件的文件名

df=pd.DataFrame(pd.read_excel(excelfile,sheet_name=0))    利用pandas将源数据文件中的sheet1转换为DataFrame，并赋值给df

df_matrix=df.values                     将df转换为matrix，并赋值给df_matrix

input_data=df_matrix.transpose()        将df_matrix转置，并赋值给input_data，便于计算相关性

corc_matrix=np.corrcoef(input_data)     计算input_data这个矩阵中每行的相关系数，即各个财务指标的相关系数
```

图 12-20 利用 Python 读取数据文件，形成数据矩阵，并计算协方差矩阵

按照上一节提到的步骤，我们先利用 Python 对数据进行标准化，得到新矩阵 df_deformed，然后可以用协方差矩阵的方法计算特征值和特征向量（图 12-22 代码中方法一的部分①），也可以用散布矩阵的方法计算特征值和特征向量（方法二的部分）。这两种方法产出

① 在方法一、二中分别用 matrix. transpose()与. T 计算转置矩阵。此处的效果相同，但在多层嵌套的矩阵转置时应使用 transpose()方法。

的结果(df_eigen_val 与 df_eigen_vec)相同。

	营业总收入(亿)	所有者权益(亿)	资产负债率(%)	净短期债务	少数股权/所有者权益(%)	营业收入增长率(%)	资产总额增长率(%)	短期有息债务占比	近3年经营性现金流净额/短期有息债务	资产总额增长率(%)-调整	速动比率
营业总收入(亿)	1.00	0.72	0.75	0.55	0.20	0.21	-0.01	0.05	0.10	0.04	-0.19
所有者权益(亿)	0.72	1.00	0.54	0.70	-0.03	-0.01	0.08	0.13	-0.02	0.01	-0.10
资产负债率(%)	0.75	0.54	1.00	0.73	0.35	0.23	0.08	0.17	0.10	0.16	-0.35
净短期债务	0.55	0.70	0.73	1.00	-0.05	-0.05	0.20	0.30	0.09	0.18	-0.09
少数股权/所有者权益(%)	0.20	-0.03	0.35	-0.05	1.00	0.07	-0.09	0.01	0.00	0.01	-0.50
营业收入增长率(%)	0.21	-0.01	0.23	-0.05	0.07	1.00	-0.05	-0.09	0.07	0.06	-0.10
资产总额增长率(%)	-0.01	0.08	0.08	0.20	-0.09	-0.05	1.00	0.67	0.36	0.44	0.19
短期有息债务占比	0.05	0.13	0.17	0.30	0.01	-0.09	0.67	1.00	0.43	0.54	0.15
近3年经营性现金流净额/短期有息债务	0.10	-0.02	0.10	0.09	0.00	0.07	0.36	0.43	1.00	0.86	0.19
资产总额增长率(%)	0.04	0.01	0.16	0.18	0.01	0.06	0.44	0.54	0.86	1.00	0.22
速动比率-调整	-0.19	-0.10	-0.35	-0.09	-0.50	-0.10	0.19	0.15	0.19	0.22	1.00
应收账款周转率-调整	0.08	-0.01	0.25	0.07	0.12	-0.04	-0.02	-0.03	-0.01	0.02	-0.23

30列数据 …

⋮ 30行数据

相关性数值位于-1到1之间，负值代表负相关，正值代表正相关。如高相关的指标较多，则代表数据需要进一步降维。（可将该表用红绿图显示以方便识别）

如非对角线单元格存在接近1的数值，则说明该两条财务指标相关性过高，表达信息有重复

图 12-21　提取的 30 维数据彼此相关性的红绿图，红、绿分别代表正、负相关

```
21 df_std=np.array([np.std(df_matrix[:,i]) for i in range(df_matrix.shape[1])])
22
23 df_mean=np.array([np.mean(df_matrix[:,i]) for i in range(df_matrix.shape[1])])
24
25 df_deformed=(df_matrix-df_mean)/df_std
```

计算原数据中每一列的标准差，形成新序列df_std

计算原数据中每一列的均值，形成新序列df_mean

将原数据矩阵df_matrix减去均值序列df_mean，再除以标准差序列df_std，得到新矩阵df_deformed

方法一

```
27 df_cov=np.cov(df_deformed.transpose())
28
29 df_eigen_val, df_eigen_vec = np.linalg.eig(df_cov)
```

将标准化后的新数据矩阵df_centralized转置，并计算其协方差矩阵df_cov

利用numpy.linalg中的eig功能计算协方差矩阵df_cov的特征值和特征向量

方法二

```
27 df_scatter=np.dot(df_deformed.T,df_deformed)
28
29 df_eigen_val, df_eigen_vec = np.linalg.eig(df_scatter)
```

将转置后的df_deformed与df_deformed点乘，得到散布矩阵df_scatter

利用numpy.linalg中的eig功能计算散布矩阵df_scatter的特征值和特征向量

图 12-22　利用 Python 对数据进行标准化并计算特征值和特征向量①

在 50 维的运算中，协方差矩阵在 Python 中的预算时间约为千分之二秒，散布矩阵的运算时间可以忽略不计。当维度扩大后，这种耗时差异会更加明显。读者可以根据分析的类型尝试后自行决定使用哪种方式计算。

然后，如图 12-23 所示的代码，我们就可以根据特征值的大小，对特征向量进行排序，再根据排序的结果，确定将原始数据降至多少维更为合适。

```
31 df_eigen = [(np.abs(df_eigen_val[i]), df_eigen_vec[:,i]) for i in range(df_matrix.shape[1])]
32
33 df_eigen.sort(reverse=True)
```

取特征值的绝对值后，和特征向量形成对应的Tuple（元组）

根据特征值的绝对值从大到小的顺序进行排序

图 12-23　建立特征值和特征向量的对应关系，并根据特征值排序

如图 12-24 所示，一种方法是根据 Kaiser－Harris 准则，如果特征值大于 1，则认为数据在这个方向上的变动信息是有意义的，表现出足够有效的数据特征，应该被保留。而如果特征值小于 1，则说明这个方向上的变动并不是数据的主要变动方向，而是其他维度独立数据变动后的残差，可以被舍去。

另一种方法是制作碎石图，如图 12-24 所示中的右图，根据特征值从大到小排序，以体

① 在 21 到 25 行代码中所描述的标准化过程，可以在 Python 中使用 sklearn 包中的 preprocessing()函数实现相同的效果。

现信息丢失程度与所需数据维度的取舍关系，将坡度由断崖式下降转变为平缓的那个拐点作为降维的终点。因为在那个点之前的数据维度体现的信息较多，如果删去则信息损失较大，而那个点以后的维度数据所含的信息已经很少了，可以全部舍去。

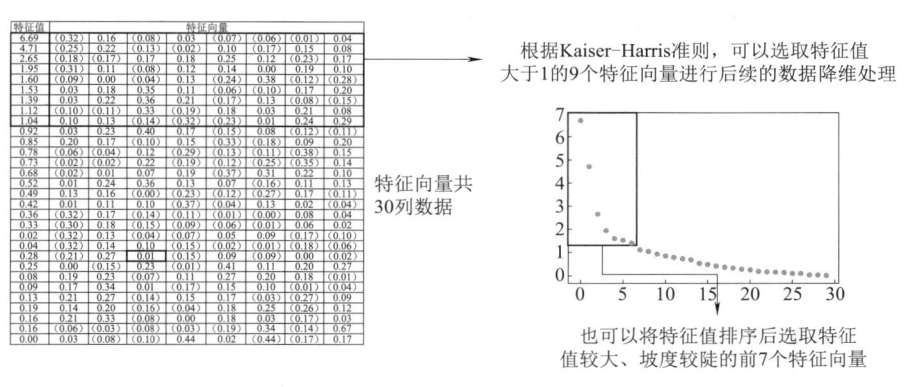

特征值	特征向量							
6.69	(0.32)	0.16	(0.08)	0.03	(0.07)	(0.06)	(0.01)	0.04
4.71	(0.25)	0.22	(0.13)	(0.02)	0.10	(0.17)	0.15	0.08
2.65	(0.18)	(0.17)	0.17	0.18	0.25	0.12	(0.23)	0.17
1.95	(0.31)	0.11	(0.08)	0.12	0.14	0.00	0.19	0.10
1.60	(0.09)	0.00	(0.04)	0.13	(0.24)	0.38	(0.12)	(0.28)
1.53	0.03	0.18	0.35	0.11	(0.06)	(0.10)	0.17	0.20
1.39	0.03	0.22	0.36	0.21	(0.17)	0.13	(0.08)	(0.15)
1.12	(0.10)	(0.11)	0.33	(0.19)	0.18	0.03	0.21	0.08
1.04	0.10	0.13	(0.14)	(0.32)	(0.23)	0.01	0.24	0.29
0.92	0.03	0.23	0.40	0.17	(0.15)	0.08	(0.12)	(0.11)
0.85	0.20	0.17	(0.10)	0.15	(0.33)	(0.18)	0.09	0.20
0.78	(0.06)	(0.04)	0.12	(0.29)	(0.13)	(0.11)	(0.38)	0.15
0.73	(0.02)	(0.02)	0.22	(0.19)	(0.12)	(0.25)	(0.35)	0.14
0.68	(0.02)	0.01	0.07	0.19	(0.37)	0.31	0.22	0.10
0.52	0.01	0.24	0.36	0.13	0.07	(0.16)	0.11	0.13
0.49	0.13	0.16	(0.00)	(0.23)	(0.12)	(0.27)	0.17	(0.11)
0.42	0.01	0.11	0.10	(0.37)	(0.04)	0.13	0.02	(0.04)
0.36	(0.32)	0.17	(0.14)	(0.11)	(0.01)	(0.00)	0.08	0.04
0.33	(0.30)	0.18	(0.15)	(0.09)	(0.06)	(0.01)	0.06	0.02
0.02	(0.32)	0.13	(0.04)	(0.07)	0.05	0.09	(0.17)	(0.10)
0.04	(0.32)	0.14	0.10	(0.15)	(0.02)	(0.01)	(0.18)	(0.06)
0.28	(0.21)	0.27	0.01	(0.15)	0.09	(0.09)	0.00	(0.02)
0.25	0.00	(0.15)	0.23	(0.01)	0.41	0.11	0.20	0.27
0.08	0.19	0.23	(0.07)	0.11	0.27	0.20	0.18	(0.01)
0.09	0.17	0.34	0.01	(0.17)	0.15	0.10	(0.01)	(0.04)
0.13	0.21	0.27	(0.14)	0.15	0.17	(0.03)	(0.27)	0.09
0.19	0.14	0.20	(0.16)	(0.04)	0.18	0.25	(0.26)	0.12
0.16	0.21	0.33	(0.08)	0.00	0.18	0.03	(0.17)	0.03
0.16	(0.06)	(0.03)	(0.08)	(0.03)	(0.19)	0.34	(0.14)	0.67
0.00	0.03	(0.08)	(0.10)	0.44	0.02	(0.44)	(0.17)	0.17

特征向量共30列数据

根据Kaiser-Harris准则，可以选取特征值大于1的9个特征向量进行后续的数据降维处理

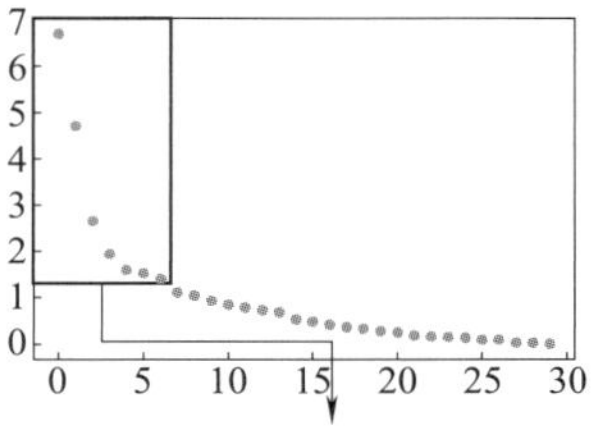

也可以将特征值排序后选取特征值较大、坡度较陡的前7个特征向量

图 12-24　Kaiser 值结果与碎石图结果对比

这里，我们采用 Kaiser—Harris 法，确定将数据降至九维。则选取特征值最大的前九个特征向量，拼成矩阵 df_reduced_vector，通过如图 12-25 所示的代码，将标准化后的数据矩阵和 df_reduced_vector 进行点乘就能得到降维后的新数据 new_data。

```
df_reduced_vector=np.array([vector[1] for vector in df_eigen[:9]])

new_data=np.dot(df_deformed,df_reduced_vector.T)
```

选取前9大特征值对应的特征向量，组合成新的矩阵df_reduced_vector

将标准化后的数据与df_reduced_vector点乘后即得到可用于后续分析的降维后的新数据

图 12-25　利用 np. dot 实现矩阵点乘，生成降维后的新数据

如图 12-26 所示，降维后的 new_data 是一个 224 × 9 维度的新矩阵，保留了原数据中每行和材料 2 行业中公司的一一对照关系，但新矩阵的每列是经过降维后的复合维度指标，虽然这 9 个维度本身并没有明确的含义，但其数据体现的信息和之前 30 个明确的财务指标数据体现的信息相同，这种数据量的删减，大大提升了后续数据分析的效率，而不会影响其分析结果的正确性。

1		维度1	维度2	维度3	维度4	维度5	维度6	维度7	维度8	维度9
2	安徽海螺水泥股份有限公司	0.6401751	6.5570378	−1.008142	−4.70141	−1.07712	−0.63877	−0.00557	0.818397	2.312259
3	安徽省司尔特肥业股份有限公司	3.8896359	0.3663979	−3.625695	−0.722822	−2.30037	−1.37186	0.964648	0.248062	0.121249
4	安徽皖维高新材料股份有限公司	1.1675227	−0.985427	0.0912409	−0.299582	0.457312	−0.99466	0.73168	−0.68096	0.747733
5	安泰科技股份有限公司	1.2624325	−1.057563	−0.545299	0.3171266	−0.74254	0.174119	1.107433	−0.9098	0.440843
6	鞍钢股份有限公司	−1.678703	1.1545632	−0.042904	−1.114058	0.319049	−1.72473	0.744791	−0.62829	0.871172
7	鞍钢集团有限公司	−1.675848	1.995181	−0.617795	0.857458	0.143383	−0.67702	1.704662	−0.53311	−0.46845
8	鞍山钢铁集团有限公司	−3.772447	0.7872556	−0.477898	−0.072692	1.098918	−0.1214	2.020604	−0.003778	0.075072
9	奥瑞金科技股份有限公司	2.0274143	−0.002056	−2.240695	−0.196484	0.954838	0.125102	−0.84824	0.108507	0.261068
10	宝鸡钛业股份有限公司	1.6535823	−1.360321	−1.0818	0.5317303	−0.13308	−1.14846	1.143867	−1.64278	0.8877
11	宝山钢铁股份有限公司	−6.068518	4.9510422	0.1031079	−0.216677	0.504991	−1.62836	1.044234	0.61137	0.309756
12	保利久联控股集团有限责任公司	1.215324	−0.733088	−0.041875	1.1836375	−1.498	0.903998	0.61536	0.098525	0.437107
13	北方铜业股份有限公司	−0.328625	−1.811151	2.1135386	−0.790077	−0.34698	0.246255	−0.99385	1.204002	−1.47617
14	北京金隅集团股份有限公司	−2.854749	2.021455	−0.789611	0.9409439	0.725077	0.510094	0.175203	−0.02515	0.652496
15	北京首钢股份有限公司	−1.595356	−0.080196	1.0213512	−0.38335	1.801007	−1.47861	0.073365	−1.57783	0.232407
16	北京颖泰嘉和生物科技股份有限公司	1.2664948	−0.329312	0.8053637	1.0394426	−0.21709	0.177207	0.323895	−0.41714	0.471184
17	本钢集团有限公司	−3.316382	−0.879619	0.1661401	−0.047798	1.576664	0.377864	0.864185	1.063966	−0.36412
18	本溪钢铁（集团）有限责任公司	−2.23548	−1.220808	1.4140517	0.0059617	1.103384	0.119522	0.290165	1.105899	−0.54957
19	郴州市金贵银业股份有限公司	0.5819227	−0.58651	1.3438368	0.297211	−2.50377	0.378478	−1.06466	0.883104	−0.58919
20	晨鸣控股有限公司	−0.29736	1.3594739	1.4492667	1.3517929	1.648972	1.849681	−0.12558	−0.92013	−1.25943
21	成都云图控股股份有限公司	0.8486603	−1.734255	1.2141162	0.0295374	1.400114	−0.34131	1.260938	−0.26267	−0.30872
22	诚志股份有限公司	2.3455742	2.0700243	0.3770308	0.3841203	−1.83967	0.584977	2.399116	1.357883	1.771442
	……									

224个发行主体

图 12-26　新数据矩阵展示

除了利用 PCA 进行信用债的财务数据降维外，也可以将这种方法用于对预测宏观利率变动的因子数据进行降维等分析工作。此外，还有很多机构（尤其是海外进行利率债、利率衍生品交易的机构）利用 PCA 对价格/收益率曲线的时间序列进行分析，将主要的变动因素从相关的、跟随的从动因素中分离出来，发现收益率曲线上最为关键的、最先变动的、体现信息量最大的期限收益率，从而确定不同品种债券的相对价值，及时发现相关价值的滞后和背离，以此开发债券的交易和投资策略。

12.3 线性回归的升级——Lasso 与 Ridge 回归

客观主义学者安兰德曾说，"一个人必须拥有三项至上而重要的价值标准：理性（Reason）、目的（Purpose）与自尊（Self－Esteem）。"数据分析这门学科虽然谈不上什么自尊，但一定是充满理性与目的性的，对目标值的预测往往被清晰地拆解为多个先行因子传导作用的共同结果，在大数定律下诠释着因果循环的自然规律。而线性回归，通过自变量和因变量变化的单调映射，成为体现数据分析科学的理性与目的性的最好，也是最广为人知的范例。

如图 12-27 所示，是一元一次线性回归的简单示意图。很多读者也许对线性回归法已经非常熟悉，下文对此只进行简单的介绍，随后将引出在金融数据分析和处理中实际效果要强很多的 Lasso 与 Ridge 回归，并以一个实例，展示 Lasso 在存单发行价格中的预测效果。

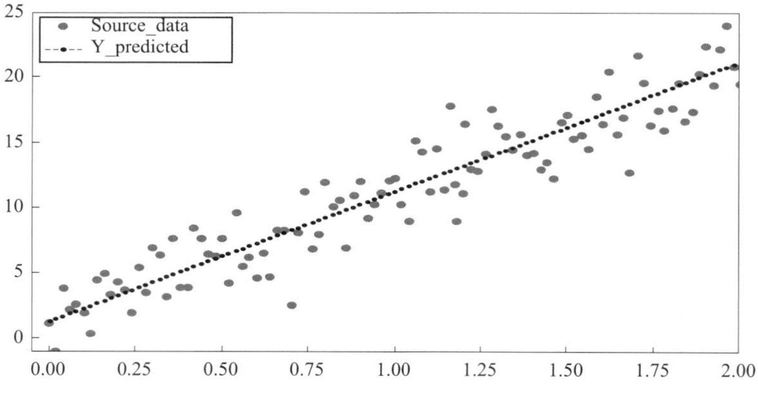

图 12-27　一元一次线性回归的简单示意图

12.3.1 线性回归

线性回归的基本逻辑是，通过假设自变量 X 对因变量 Y 的单调线性影响预测 Y。其中 X 是"因"，W 是各个"因"效果的权重（在二维平面中可以更直观地体现为斜率），而 Y 则是

“因”的变化受到权重影响而产生的“果”。当 W 的值为常数，且 Y 的变化仅受到 X 的一次函数的影响时，(X,Y) 组成的散点在坐标轴中的分布是一条直线 Line。

如图 12-28 所示，通过代数方法展示线性回归的各个成分。我们用代数方法表现 X 、Y 与 W 。X 可表现为一个 $m \times n$ 的矩阵，矩阵的每一行代表一个数据样本，共有 m 个样本，其中每一个数据样本中包含 n 个因子属性，这些因子属性，共同被称为自变量。每一个数据样本 i（也就是自变量矩阵中的 i 行）又同时对应一个因变量 y_i ，所以总共有 m 个 y_i ，这些 y_i 又形成了因变量矩阵 Y ，故自变量矩阵 X 的每一行与因变量 Y 的每一行是一一对应的关系。线性回归模型假设 y_i 的取值是所有 x_i 共同决定的，他们之间的映射关系通过斜率矩阵 W 体现：$y_i = (w_1 \times x_{i,1} + w_2 \times x_{i,2} + ... + w_n \times x_{i,n}) + b$ ，其中 b 为常数，等于当 x_i 的所有因子数据均等于 0 时，对应的 y_i 的取值。

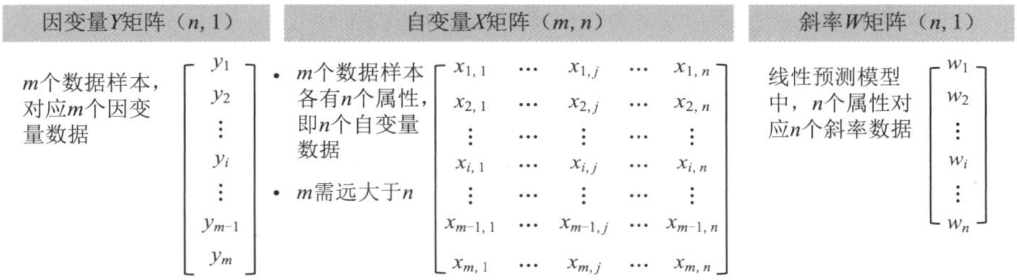

图 12-28　通过代数方法展示线性回归的各个成分

举一个简单的例子，y_i 可以是某个月的 CPI 增速，x_i 是对该月 CPI 有影响的诸多因素的取值：如居民消费的增速、货币的发行量、货币乘数、原材料价格的增长等，w_i 则是各个因子影响力的权重，当把每个 x_i 乘以对应的权重 w_i ，就可以计算出当月 CPI 增速的数值y_i。

当我们将单个样本的自变量和因变量的映射关系拓展到全部样本集（比如上例中，将某一个月 CPI 的因果数据映射在一个长时间段里的多个月的因果关系），这样的关系就可以写为线性代数中矩阵乘法的形式 $Y = WX + b$ ，其中 X 与 Y 是现实中我们可以观测到的数据，W 与 b 是我们目前还不知道，需要通过线性回归进行推测的模型参数，我们把预测的 W 与 b 记为 $\widehat{W}$ 与 $\widehat{b}$ 。但我们把预测出的 $\widehat{W}$ 与 $\widehat{b}$ 代入原方程，很可能会发现 Y 与 $\widehat{W}X + \widehat{b}$ 并不一定相等，它们之间的差额可以记为误差 ε 。如果我们构建的方程完美的解释了 Y 的所有驱动因素，误差 ε 应该是一个期望值为 0，且独立分布的随机变量。如图 12-29 所示，是线性回归的模型构建、目标函数与解析解。

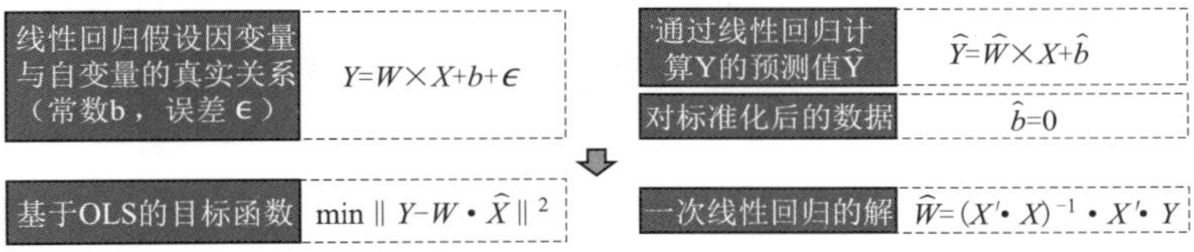

图 12-29　线性回归的模型构建、目标函数与解析解

在实际数据分析中，我们常常先将数据进行标准化后再放入回归模型进行分析。当 X 与 Y 经过标准正态分布化后，其均值都等于 0，则 $0=\hat{W}\times 0+\hat{b}$，$\hat{b}=0$。这样我们只需要估计斜率 $\hat{W}$ 这一个数值，大大地降低了分析的复杂度。

对于线性回归，在样本个数大于样本维度时存在解析解 $\hat{W}=(X'\cdot X)^{-1}X'\cdot Y$。我们可以运用如图 12-30 所示的 Python 代码很方便地对一次线性回归求解，也可以用 Excel 中的数据—分析—数据分析—回归功能实现类似的功能。

```python
import statsmodels.api as sm

model = sm.OLS(y,X)
results = model.fit()
print(results.summary())
```

```
                            OLS Regression Results
==============================================================================
Dep. Variable:                      y   R-squared:                       0.995
Model:                            OLS   Adj. R-squared:                  0.995
Method:                 Least Squares   F-statistic:                 9.730e+04
Date:                Sat, 08 Aug 2020   Prob (F-statistic):               0.00
Time:                        22:47:51   Log-Likelihood:                -1070.8
No. Observations:                 500   AIC:                             2146.
Df Residuals:                     498   BIC:                             2154.
Df Model:                           1
Covariance Type:            nonrobust
==============================================================================
                 coef    std err          t      P>|t|      [0.025      0.975]
------------------------------------------------------------------------------
const          1.2204      0.184      6.621      0.000       0.858       1.583
x1             9.9538      0.032    311.933      0.000       9.891      10.017
==============================================================================
Omnibus:                        0.817   Durbin-Watson:                   2.038
Prob(Omnibus):                  0.665   Jarque-Bera (JB):                0.920
Skew:                          -0.080   Prob(JB):                        0.631
Kurtosis:                       2.864   Cond. No.                         11.8
==============================================================================
```

图 12-30　利用 Python 实现线性回归

12.3.2　Lasso 与 Ridge

在普通线性回归中，分析者常常会遇到样本自变量数目过多，自变量之间存在相关性甚至共线性等问题。尤其是在金融数据的分析中，由于行业、板块、时间区间的细分导致样本的数量大幅减少，而可选择的因子往往却数量繁多，让人眼花缭乱。在无法仔细地对所有自变量和因变量的逻辑进行预先验证，贸然剔除可能降低模型解释能力的情况下，数据分析者倾向于将所有可能的自变量均放入模型中进行分析，而这些自变量因子大多来自财务报表、财务评价指标、历史的量价数据和量价比率指标。

这些指标本身很可能就是一些核心信息彼此加减乘除运算后的产物，具有明显的相关性，故经过线性回归后，测算出的权重存在稳定性不佳（比如，权重结果极度取决于样本，换个样本就会导致权重结果此起彼伏，本质上此类问题也是过拟合问题的一种），可靠度不高的问题。

Lasso 与 Ridge 回归是普通线性回归改进后的产物，如图 12-31 所示，Lasso 回归与 Ridge 回归与线性回归最大的区别在于其目标函数不同，除了线性回归中基础的 $\min\|Y-\widehat{W}X\|^2$ 的部分外，为了解决权重稳定性不佳的问题，另外分别增加了 $\lambda\|\widehat{W}\|$（Lasso）与 $\lambda\|\widehat{W}\|_2^2$（Ridge）这两个和 $\widehat{W}$ 大小相关的变量作为惩罚项，用来对目标函数中 $\widehat{W}$ 进行压缩。

Lasso回归	Ridge回归
$\min\|Y-\widehat{W}\cdot X\|^2+\lambda\|\widehat{W}\|$	$\min\|Y-\widehat{W}\cdot X\|^2+\lambda\|\widehat{W}\|_2^2$

图 12-31　Lasso 回归与 Ridge 回归的目标函数

在 Lasso 回归的目标函数中，惩罚项的存在导致 $\widehat{W}$ 的绝对值的大小和维度的数量均被压缩。如图 12-32 所示，展示了一个样本存在两个自变量的简化版回归模型。椭圆形代表目标函数中随着 λ 而变化的残差平方和的大小，当 λ 等于 0 时，Lasso 模型退化为线性回归，残差平方和最小，$\widehat{W}$ 即是椭圆形最中心的红点。λ 越大，残差平方和越大。坐标系的横轴与纵轴分别为这个简化模型中两个自变量权重的取值。图中心的方块代表在任意给定 λ 下，对两个自变量权重等效的惩罚项。λ 越大，惩罚项可能的取值越小，残差平方和越大，Lasso 的解距椭圆形的红色中心越远。

由于 $\|\widehat{W}\|$ 是两个自变量权重的绝对值的和①，当横坐标自变量的权重变化与纵坐标自变量的权重变化数值相等，方向相反时，惩罚项的大小不变，所以惩罚项的等效边界是一个和坐标轴互为 45 度关系的正方形。这个正方形与椭圆形的切点，也就是 Lasso 回归的解，更可能落在坐标轴上，即某一个方向上的自变量权重等于 0，所以 Lasso 在通过惩罚项限制 $\widehat{W}$ 大小的同时，也有将一些维度权重压缩到 0，起到降维的作用。

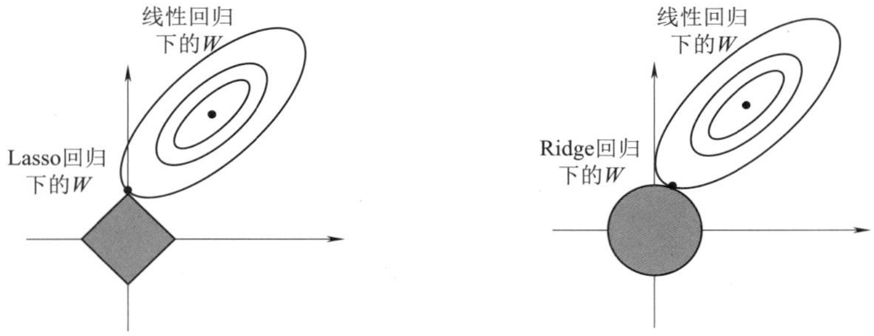

图 12-32　Lasso 回归与 Ridge 回归对 $\widehat{W}$ 取值的压缩效果

Ridge 回归也是通过惩罚项来压缩 $\widehat{W}$ 的取值，但不同点在于，Ridge 回归的惩罚项是 $\widehat{W}$

① $\|X\|$ 是 X 的范数符号，$\|X\|=\sum_{i=1}^{n}|x_i|$，$\|X\|_2=(\sum_{i=1}^{n}|x_i|^2)^{\frac{1}{2}}$。

的平方和，而非绝对值的和，所以我们看到图 12-32 中 Ridge 回归的图像，惩罚项的等效边界是一个圆心位于坐标轴原点的圆形，而不是正方形。对于圆形而言，其切点与椭圆形的切点更可能落在坐标轴的象限中，而不是坐标轴上。所以，Ridge 回归仅能通过惩罚项限制 $\widehat{W}$ 的大小，而没有降维的功能。

Ridge 回归的解析解是 $\widehat{W}(\lambda) = (X' \cdot X + \lambda \cdot I)^{-1} \cdot X' \cdot Y$，而 Lasso 回归的目标函数中由于需要计算绝对值，所以 Lasso 回归没有解析解。

在金融领域，Lasso 回归的应用要比 Ridge 广泛得多，金融数据的分析者可以将其用于替代线性回归，更多的情况下是将其用于数据的降维。用 Lasso 降维的优势在于可以克服因子数量大于样本数量的问题，可以保留因子原本的经济学意义（不像 PCA 的降维结果是没有清晰含义的复合因子），而且计算速度更快。但 Lasso 降维后得到的结果可能仍具有高度的相关性；作为对比，PCA 方法降维后的结果是彼此垂直的（互相独立）。

在运用 Lasso 之前也需要对数据进行处理，将因子数据分布进行标准化，使其大小处于同一量级，防止因子数据本身量级的大小影响对回归系数的选择结果。下文讲述使用 Python 语言向利用 Lasso 回归对银行存单进行发行价格预测的行业应用实例。

12.3.3 利用 Lasso 进行银行存单发行利率的预测（含 Python 代码）

对债券的发行价格进行预测是固定收益投资领域中一项非常重要的任务，一方面，合理的、量化的预测结果可以为投资经理的决策提供有效的参考，以方便其在现在买入和未来买入之间进行选择；另一方面，发行价格的客观预测提供了合理定价的依据，帮助投资经理发现市场中被高估或低估的债券，从而创造超额收益。

由于在强监管下，银行业的数据相对简单、干净、易得，所以我们以特殊的固定收益资产——银行同业存单为例，向大家展现如何利用 Python 构建 Lasso 回归，对存单的发行收益率进行有效的预测。

首先，我们需要准备 Lasso 回归的原材料：自变量和因变量数据。我们提取一个选定的时间区间内所有新发行的存单作为样本（为了避免期限利差的影响，同时减小资金价格的波动造成短端存单收益率波动过大的问题，在这个例子里我们只选取 1 年期的新发存单），则这些存单的发行收益率就是我们的因变量。同时我们广泛地收集了各种可能影响存单发行收益率的因子作为自变量，包括发行日之前的无风险收益率（1 年期国开债的收益率），当前资金利率（隔夜和 7 天回购收益率），以及能够体现存单发行银行的信用资质和市场认可度的主体评级因子和其他诸多财务指标。为了量化地体现主体评级的影响，我们将其转化为 5 个哑变量，从 AAA 级到 A+级，如果样本存单属于这一等级，则对应哑变量的值等于 1，其他 4 个哑变量的值等于 0。

如图 12-33 所示的示例中，我们采集到 570 个存单发行样本数据，每个样本有 27 个自变量，最后形成 570 × 27 的数据矩阵，作为训练集的自变量 X。相对应地，这 570 个存单的发行利差(发行收益率－发行日的无风险利率)就形成了训练集的因变量 Y(一个 570×1 的矩阵)。我们将用训练集数据训练 Lasso 模型。同时,选取另一个时间区间内所有新发行的存单作为测试集,来测试我们得到的Lasso模型的可靠性,以减小过拟合的问题①

训练集自变量X(570 ×27)
训练集因变量Y(570 ×1)
测试集自变量X(284 ×27)
测试集自变量Y(284 ×1)

图 12-33 存单预测的训练集数据和测试集数据

然后,如图 12-34、12-35 所示,我们通过 Python 程序来完成训练—测试的过程。和之前一样,我们继续使用 pandas 包进行数据的提取和处理,同时使用 sklearn. linear_model 中的 Lasso 功能进行回归运算。

```
import pandas as pd                                   导入pandas包，并将其引用名命名为pd

from sklearn.linear_model import Lasso                从Sklearn包的linear_model库中导入Lasso功能

from sklearn import preprocessing                     从Sklearn包中导入preprocessing功能
```

图 12-34 Lasso 回归代码所需功能的导入

```
excelfile="存单利差.xlsx"      找到程序将处理数据文件名“存单利差.xlsx”，将文件名赋值给excelfile

x_train=pd.DataFrame(pd.read_excel(excelfile,sheet_name="X (train)"))
              读取“存单利差”工作簿内的“X（train）”工作表，并保存为训练集的自变量数据x_train
x_train_standardized = (x_train-x_train.mean())/(x_train.std())
              对x_train进行标准化：每个因子数据减去训练集中该因子的平均数，再除以该因子的标准差
x_train_data=x_train_standardized.fillna(value=0)
        最后在对标准化后的数据中缺失的部份进行补充，空缺值以0替代，注意此时0也是该因子的均值
y_train_data=pd.DataFrame(pd.read_excel(excelfile,sheet_name="Y (train)"))
        用同样的办法读取因变量y_train_data，注意因变量作为预测对象，无需标准化或者填充缺失值
Lasso_model =Lasso(alpha=0.05).fit(x_train_data,y_train_data)
                              利用Lasso对训练集的数据进行回归，此时惩罚值λ =0.05
```

图 12-35 利用训练集数据训练 Lasso 模型

① 注意此处选取的训练集样本数接近测试集样本数的两倍。读者也可以使用本章介绍的 cross－validation 的方法完成训练—测试的过程。

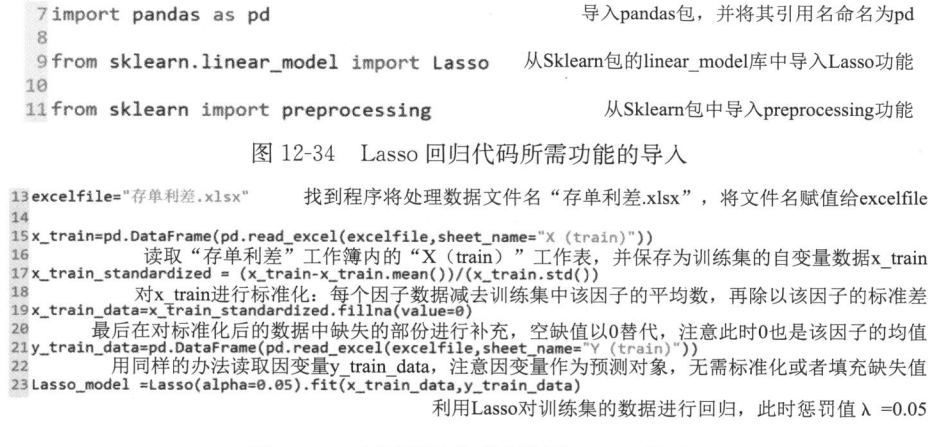

我们将所有数据储存在“存单利差.xlsx”文件中，该工作簿内部工作表的布局如图 12-33 所示。然后利用 pandas 读取该工作簿中的数据，并对自变量数据进行标准化，使得其符合标准正态分布，以减小不同指标量纲大小的影响。注意，这里我们不会对因变量 Y 进行标准化，因为我们需要预测的是发行收益率的绝对值，而不是对发行收益率进行资质排序。由于部分银行的财务指标缺失，我们需要在缺失处填入 0，由于 0 也是标准化后自变量数据的均值，所以将缺失值填 0 对训练结果的影响最小。

然后，我们利用 Lasso 读取自变量和因变量，开始对因子的权重进行训练，笔者经过多次测算经验，本次 Lasso 回归中惩罚项的系数 λ 设为 0.05，以获得令人满意的降维效果。

读者们可能注意到，图 12-34 中第 11 行代码，我们导入了 preprocessing 功能，但在图 12-35 的代码中并没有用到，其实 preprocessing 也是可以进行数据标准化处理的功能，替代图 12-35 的第 17 行。大家可以根据图 12-36 自行尝试。

```
x_train_standardized=preprocessing.scale(x_train,axis=0, with_mean=True, with_std=True, copy=True)
                                                              对训练集数据进行标准化
x_test_standardized=preprocessing.scale(x_test,axis=0, with_mean=True, with_std=True, copy=True)
                                                              对测试集数据进行标准化
```

图 12-36　利用 preprocessing 进行数据的标准化

最后，如图 12-37 所示，我们可以查看 Lasso 模型在训练集数据下生成的因子权重。

```
                                                   查看训练好的模型中各个因子的权重
print("Lasso回归各因子权重",Lasso_model.coef_)

Lasso回归各因子权重 [-0.34408979 -0.05400358 -0.07305707 -0.07194036 -0.          0.10019439
  0.          0.         -0.         -0.         -0.         -0.
  0.          0.         -0.0202959  -0.         -0.         -0.
 -0.         -0.00799565  0.          0.         -0.         -0.00444456
 -0.         -0.         -0.02426748]
```

在不同线性回归结果中，每个因子都有对应的权重，但是在Lasso模型中，随着惩罚项 λ 的增大，只有效果显著的因子才有对应的权重， λ 越大，非0的因子权重越少

图 12-37　查看 Lasso 的回归结果

我们看到，原有的 27 个自变量因子中，只有 9 个因子的权重不等于 0，说明其他 16 个因子因为对发行利率影响较弱，被惩罚项压缩了，体现了 Lasso 回归较好的降维效果。

在利用训练集数据得到 Lasso 回归模型后，还需要用测试集数据进行验证，以减小过拟合的影响。如图 12-38 所示，为读取本次要使用的测试集数据并进行标准化示意图。

```
x_test=pd.DataFrame(pd.read_excel(excelfile,sheet_name="X (test)"))
            读取“存单利差”工作簿内的“X（test）”工作表，并保存为测试集的自变量数据x_test
x_test_standardized=(x_test-x_test.mean())/(x_test.std())
            对测试集数据的自变量x_test进行标准化，并保存为x_test_standardized
x_test_data=x_test_standardized.fillna(value=0)
            将x_test_standardized中的空缺值填充为0，以生成最终的测试集自变量数据x_test_data
y_test_data=pd.DataFrame(pd.read_excel(excelfile,sheet_name="Y (test)"))
            读取“存单利差”工作簿内的“Y（test）”工作表，并保存为测试集的因变量数据y_test_data
```

图 12-38　读取本次要使用的测试集数据并进行标准化

和训练集一样，测试集的自变量同样也需要进行标准正态分布化处理，并填充缺失值。将测试集数据输入已有的 Lasso 模型中，通过比对预测出的因变量数据与实际的因变量数

据，计算出样本外数据的预测准确率R^2。如图 12-39 所示，在这个示例中，Lasso 模型生成的因子更稀疏的模型的样本外回归的 R^2 =0.87，效果总体较好。

```
print("Lasso模型预测准确率",Lasso_model.score(x_test_data,y_test_data))
```

通过Lasso模型的score功能，查看测试及数据的预测准确率R^2

```
Lasso模型预测准确率 0.8696195378914962
```

图 12-39 查看已得的 Lasso 模型在训练集中的表现

作为对比，我们利用相同数据生成了不对自变量进行降维的，普通的一次线性回归模型，如图 12-40 所示。

```
import statsmodels.api as sm

model = sm.OLS(y_train_data,x_train_data)

results = model.fit()

print(results.summary())
```

导入statsmodels.api包，并将其引用名分别命名为sm

利用OLS功能，基于训练集数据生成线性回归模型model

将model的训练结果保存至results中

查看线性回归模型的结果

图 12-40 利用 Python 进行线性回归运算①

如图 12-41 所示，普通线性回归中，预测的准确率（对因子数量调整后）Adjusted R^2 = 0.924，大于 Lasso 的结果。主要原因在于 Lasso 回归是对系数的有偏估计，最终回归的准确度效果一定会略次于普通的线性 OLS 回归（线性回归的 R^2 是 Lasso 与 Ridge 回归 R^2 的上限），但是 Lasso 的优势是测试出的因子系数更加稳定，而且突出了影响力大的重点因子。

```
                            OLS Regression Results
==============================================================================
Dep. Variable:                   信用利差   R-squared:                       0.928
Model:                            OLS   Adj. R-squared:                  0.924
Method:                 Least Squares   F-statistic:                     267.5
Date:                Sun, 09 Aug 2020   Prob (F-statistic):          1.12e-289
Time:                        17:07:09   Log-Likelihood:                 230.72
No. Observations:                 569   AIC:                            -407.4
Df Residuals:                     542   BIC:                            -290.1
Df Model:                          26
Covariance Type:            nonrobust
==============================================================================
                 coef    std err          t      P>|t|      [0.025      0.975]
------------------------------------------------------------------------------
无风险利率      -0.7401      0.052    -14.216      0.000      -0.842      -0.638
隔夜回购        -0.1821      0.031     -5.829      0.000      -0.243      -0.121
7D回购          -0.1136      0.070     -1.632      0.103      -0.250       0.023
AAA             2.8514      0.054     52.495      0.000       2.745       2.958
AA+             2.9881      0.052     57.646      0.000       2.886       3.090
AA              3.4488      0.047     74.016      0.000       3.357       3.540
AA-             3.2747      0.070     46.784      0.000       3.137       3.412
A+              3.2389      0.109     29.639      0.000       3.024       3.454
不良贷款比率      0.0550      0.015      3.683      0.000       0.026       0.084
```

图 12-41 普通线性回归的结果对比

① 严谨地说，在使用普通线性回归模型进行对比时，也应该使用样本外的 R^2 结果，这里被省略了。

12.4　样本的筛选与归类——支持向量机 SVM

对世间的万事万物进行归类是人脑核心的功能之一，也被认为是人类智力水平高低最明显的特征之一。从年幼时的从一堆积木中挑出三角形与正方形，从一堆西瓜中区分出生的西瓜与熟的西瓜，再到走入社会后，从很多人中区分出好人、坏人，可信的人与需要注意的人；从事交易行为，从一堆可供选择的交易中区分出赚钱的与不赚钱的标的等。这些分类问题，有些类别是能够简单地通过几个量化指标清晰说明，比如，可以按照由多少条直线构成这个指标，从一堆几何图形中分离出三角形，有一些类别则需要多个定性和定量的指标共同定义。比如，我们在挑选交易标的时，首先判断是否在可投库内（定性指标），然后再根据交易标的的收益率/收益金额（定量指标）判断这是否为一笔收益颇丰的交易等。

现在有了计算机这一强大的工具，我们希望能够找到一种替代人脑进行分类的算法，这一算法应该是客观的、高效的、直观的，并能够广泛应用到各种定量或定性的分类过程中。支持向量机 Support Vector Machine（SVM）就是这样一种非常强大的分类学习器，能够在充分学习过往类别结果的基础上，对由参数指标描述的样本进行有效的区分，甚至能够宽容之前分类结果中可能存在的误分与例外，是分类效果最好的机器学习算法之一。

支持向量机算法在金融和债券领域也有非常广泛的应用，尤其是基于信用主体的多个输入参数判断信用资质的分类问题，就是一个支持向量机最典型的适用场景。这里我们将过往的多个经典学术论文和业界操作实际结合起来，向大家介绍该算法的逻辑和应用实例。

12.4.1　支持向量机的构建逻辑

支持向量机属于有监督的机器学习归类算法，通过升维训练两种或多种类数据的区分模型。

怎么理解对数据的升维呢？如图 12-42 所示的左图，是一组通过 X 与 Y 两个参数描述的数据点，分布在一个二维的坐标系内。有的数据点是褐色的，有的是淡蓝色的，代表两种数据的种类。通过简单的观察不难看出，这两种数据点的分布错综复杂，你中有我，我中有你，用一个简单的判断规则（比如，X 参数大于多少的是棕色类，小于多少的是浅色类）无法实现有效分类的任务。这时就需要在原来的 X 与 Y 两个维度的基础上，利用函数计算出一个新的维度。并在这个新维度的数据上应用区分的标准或门槛，也就体现在图 12-42 的右图。支持向量机将原本在二维平面中无法分割的原数据通过高次函数新增具有区分度的维度数据，并发现在新的三维空间中能够区分两类数据的、距离边界不同数据点最远（对平面两侧不同类型数据的间隔最大）的分割平面，完成对数据的分类。这些距离分割平面最近的数据点，被称为支持向量，因为它们是发现分割方法的关键[①]。

---

① 由于支持向量机只使用了不同类别边缘的数据（支持向量）进行分类，数据总量相同的情况下，数据种类越多，每一个分割平面周围的支持向量越小，所以其分类效果随着数据类型的增加而减弱得较快，对于较多类别的数据分类，也可以尝试使用 Logistic Regression 这种考虑范围包涵所有数据的算法进行分类。

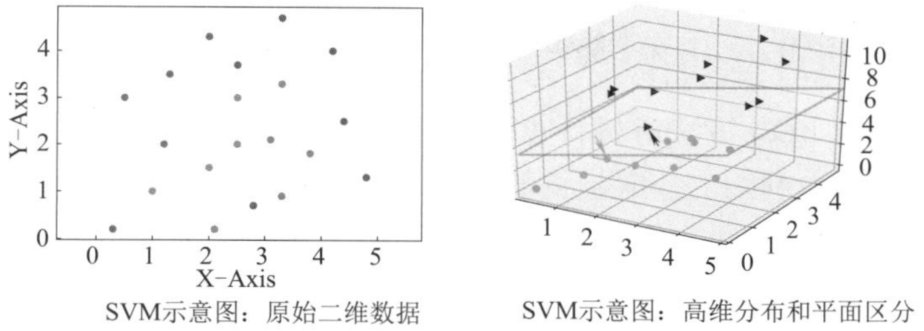

图 12-42　SVM 利用新增的函数将二维数据升至三维

根据原数据分布的复杂程度，用于生成新维度的函数可以是一次函数，也可能是多项式组成的高次函数，也可以是取值在 0～1 之间的 Sigmoid 函数或者计算向量平方距离的高斯径向基函数，后两者的数学表达极为复杂，这里不做延伸。如图 12-43 所示是 SVM 可选的多种升维函数。

分析者也可以根据自己的需求使用自定义的函数。但最根本的思路是尝试不同类型的函数，以及变换函数中的各个参数，最终训练出一个分类效果最好的函数。

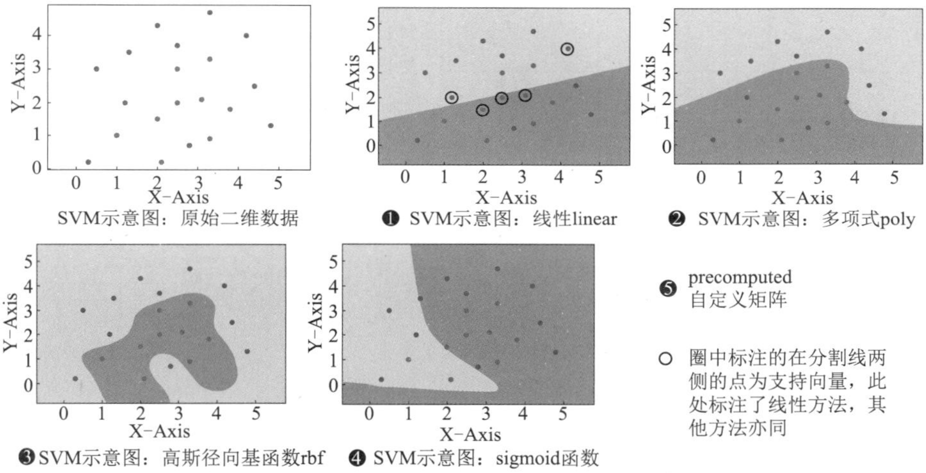

图 12-43　SVM 可选的多种升维函数

在选择函数进行分类测试的时候，难免会遇到数据过于交杂，难以通过单个函数完全区分的情况，SVM 方法还能引入一个铰链损失 Hinge Loss 函数①，来对被错误归类的数据点进行惩罚，并设置一个大于 0 的惩罚系数(通常用 C 表示)，来控制函数对错误分类的容忍程度。C 越大，在训练集中错分的比例越低，但越容易过拟合。

对于 rbf、poly 和 sigmoid 函数，还能选择 gamma 参数设定函数生成的高维参数的分布程度。gamma 越大，数据分布越广，结果区分度越高，但越容易过拟合。

① 使用 Hinge Loss 函数后，当数据被正确归类时，惩罚为 0，如果数据被错误的归类了，那么被错误归类的数据点距离越远，惩罚越大，其增速通过惩罚系数 C 进行调节。

12.4.2 支持向量机的应用案例

在上文中，我们用 PCA 方法对材料Ⅱ行业的 224 个发行主体的财务数据进行了降维，这里我们继续用此实例，利用支持向量机的方法，对降维后的数据进行训练，以实现将这么多主体根据信用资质的好坏进行分类的目的，最终可以应用到信用类债券投资时对诸多发行公司建立分级可投库、黑白名单的工作中。

如图 12-44 所示，之前降维后的数据被保存在"降维后数据. xlsx"文件的表 1 中，是用于训练支持向量机的数据自变量，表 2 是另外生成的对应发行主体的信用资质归类。为了便于演示，这里简单地将 AAA 与 AA+的划分为 1 类，AA 划分为 2 类，AA－及以下的划分为 3 类。实操中，也可以根据投资中不同分级信评库的需要（白名单、不可新增库、限期清仓库、黑名单等）分为四类或更多种类。由于国内评级标准并不总能准确地反映企业资质，为了保证训练出的模型能达到期望的分类效果，除了参考评级机构的信用评级结果外，还需要对一些明显不符合名义信用等级的主体进行调整①，实操中也可以使用反复检验后的内评结果作为训练数据。

1		维度1	维度2	维度3	维度4	维度5	维度6	维度7	维度8	维度9
2	安徽海螺水泥股份有限公司	0.6401751	6.5570378	−1.008142	−4.70141	−1.07712	−0.63877	−0.00557	0.818397	2.312259
3	安徽省司尔特肥业股份有限公司	3.8896359	0.3663979	−3.625695	−0.722822	−2.30037	−1.37186	0.964648	0.248062	0.121249
4	安徽皖维高新材料股份有限公司	1.1675227	−0.985427	0.0912409	−0.299582	0.457312	−0.99466	0.73168	−0.68096	0.747733
5	安泰科技股份有限公司	1.2624325	−1.057563	−0.545299	0.3171266	−0.74254	0.174119	1.107433	−0.9098	0.440843
6	鞍钢股份有限公司	−1.678703	1.1545632	−0.042904	−1.114058	0.319049	−1.72473	0.744791	−0.62829	0.871172
7	鞍钢集团有限公司	−1.675848	1.995181	−0.617795	0.857458	0.143383	−0.67702	1.704662	−0.53311	−0.46845
8	鞍山钢铁集团有限公司	−3.772447	0.7872556	−0.477898	−0.072692	1.098918	−0.1214	2.020604	−0.003778	0.075072
9	奥瑞金科技股份有限公司	2.0274143	−0.002056	−2.240695	−0.196484	0.954838	0.125102	−0.84824	0.108507	0.261068
10	宝鸡钛业股份有限公司	1.6535823	−1.360321	−1.0818	0.5317303	−0.13308	−1.14846	1.143867	−1.64278	0.8877
11	宝山钢铁股份有限公司	−6.068518	4.9510422	0.1031079	−0.216677	0.504991	−1.62836	1.044234	0.61137	0.309756
12	保利久联控股集团有限责任公司	1.215324	−0.733088	−0.041875	1.1836375	−1.498	0.903998	0.61536	0.098525	0.437107
13	北方铜业股份有限公司	−0.328625	−1.811151	2.1135386	−0.790077	−0.34698	0.246255	−0.99385	1.204002	−1.47617
14	北京金隅集团股份有限公司	−2.854749	2.021455	−0.789611	0.9409439	0.725077	0.510094	0.175203	−0.02515	0.652496
15	北京首钢股份有限公司	−1.595356	−0.080196	1.0213512	−0.38335	1.801007	−1.47861	0.073365	−1.57783	0.232407
16	北京颖泰嘉和生物科技股份有限公司	1.2664948	−0.329312	0.8053637	1.0394426	−0.21709	0.177207	0.323895	−0.41714	0.471184
17	本钢集团有限公司	−3.316382	−0.879619	0.1661401	−0.047798	1.576664	0.377864	0.864185	1.063966	−0.36412
18	本溪钢铁（集团）有限责任公司	−2.23548	−1.220808	1.4140517	0.0059617	1.103384	0.119522	0.290165	1.105899	−0.54957
19	郴州市金贵银业股份有限公司	0.5819227	−0.58651	1.3438368	0.297211	−2.50377	0.378478	−1.06466	0.883104	−0.58919
20	晨鸣控股有限公司	−0.29736	1.3594739	1.4492667	1.3517929	1.648972	1.849681	−0.12558	−0.92013	−1.25943
21	成都云图控股股份有限公司	0.8486603	−1.734255	1.2141162	0.0295374	1.400114	−0.34131	1.260938	−0.26267	−0.30872
22	诚志股份有限公司	2.3455742	2.0700243	0.3770308	0.3841203	−1.83967	0.584977	2.399116	1.357883	1.771442

······

共224行

降维后数据.xlsx，表1

	Y
安徽海螺水泥股份有限公司	1
安徽省司尔特肥业股份有限公司	2
安徽皖维高新材料股份有限公司	2
安泰科技股份有限公司	2
鞍钢股份有限公司	1
鞍钢集团有限公司	1
鞍山钢铁集团有限公司	1
奥瑞金科技股份有限公司	1
宝鸡钛业股份有限公司	2
宝山钢铁股份有限公司	1
保利久联控股集团有限责任公司	1
北方铜业股份有限公司	2
北京金隅集团股份有限公司	1
北京首钢股份有限公司	1
北京颖泰嘉和生物科技股份有限公司	2
本钢集团有限公司	1
本溪钢铁（集团）有限责任公司	1
郴州市金贵银业股份有限公司	2
晨鸣控股有限公司	2
成都云图控股股份有限公司	2
诚志股份有限公司	1

······

降维后数据.xlsx，表2

图 12-44　利用 PCA 对数据进行降维

如图 12-45 所示，通过 dataframe 读取数据输入的 Excel 文件后，就可以将表 1 的自变量转换为数据矩阵，将表 2 的信用分类结果转换为数组，准备输入模型。

```
import pandas as pd
from sklearn import svm

excelfile="降维后数据.xlsx"

x_df=pd.DataFrame(pd.read_excel(excelfile,sheet_name=0))

y_df=pd.DataFrame(pd.read_excel(excelfile,sheet_name=1))

x_matrix=x_df.values

y_array=y_df.values.ravel()
```

导入numpy包，将其引用名命名为np
导入sklearn包的svm模块
读取原数据（训练组）文件名称"降维后数据.xlsx"
读取原数据的表1内容，赋值给DataFrame型变量x_df
读取原数据的表2内容，赋值给DataFrame型变量y_df
将DataFrame型变量x_df转换为矩阵，赋值给x_matrix
将DataFrame型变量y_df转换为数组，赋值给y_array，并用ravel()函数将数组转置

图 12-45　利用 Python 实现 SVM 分类训练器

① 比如一些明明已经违约，却还顶着 AAA 等级的债券发行主体。

接下来我们使用已经导入的 SVM 功能构建一个惩罚系数 C=1，分散度 Gamma=1 的训练器，然后用自变量矩阵与因变量数组对其进行训练，最后查看样本内结果。如图 12-46 所示，训练模型并输出结果。

```
model = svm.SVC(kernel='rbf', C=1, gamma=1) 利用svm的SVC功能构建一个惩罚系数C=1，Gamma=1，核函数为rbf的SVM分类器

model.fit(x_matrix, y_array)                使用自变量x_matrix和因变量y_array对这个分类器model进行训练

result=model.score(x_matrix, y_array)   利用分类器model的score功能查看对训练组数据（x_matrix,y_array）的分类成功率result
```

图 12-46　训练模型并输出结果

通常在刚接触一个陌生的数据时，往往需要尝试多种支持向量机函数，然后寻找成功率最高的函数进行训练，即改变 svm 函数中参数 kernel 的取值，可选择“linear”“poly”“rbf”“sigmoid”与“precomputed”，分别对应图 12-43 的五种函数类型。但一般而言，rbf 是成功率最高的函数，而且选择 rbf 进行债券信用分类的途径已经在多个学术文献中得到验证，读者可以直接使用，此处不再一一演示。

这里我们得到的训练组成功率 result=1，即 100%成功。一般而言，训练组的样本内分类成功率需为 95%以上，否则即说明训练组样本的数据选取或者处理需要进一步优化。如果读者发现成功率位于 95%以内，可以考虑以下的改进方式。

(1)重新审视输入的自变量指标，选取的自变量指标应该全面、完整反映影响企业信用资质的因素，且数据缺失值较少。

(2)缺失的数据可利用该指标的平均值替代，以减小对训练结果的影响。

(3)对于 n 个样本的训练集，用于区分的类别数量不得超过 $\frac{n\times(n-1)}{2}$，实操中，应当显著地小于样本数。对于信用主体的分类问题，常分为 5 个以内的类别。

(4)训练集的因变量数据划分时，尽可能避免某一类数量明显大于其他种类的情况。

由于训练集的成功率为 100%，也可以适当缩小惩罚系数 C 和 Gamma 的取值以降低过拟合的可能性，这里选用了(1,1)，也有学术研究表明(4,2)是最优值[①]，需要根据数据和样本的特性决定，也可以使用 cross—validation 的方法进行调参后选取最优。

在完成训练组数据对分类模型的训练后，可以考虑利用样本外的测试组数据进行模型的验证，以确定模型有效性。之前的训练集采用了 2017 年数据，所以这里我们可以用 2018 年的数据进行验证。由于数据经过标准化后去掉了绝对幅度变化的影响，所以训练出的模型结果应该是具有普适性的，年与年之间行业在某个指标上的整体幅度变化不会影响分类器的准确性。

如图 12-47 所示，利用训练好的分类器的 predict 功能读取测试数据的自变量 x，并查看测试结果，也就是图 12-48 的右半部分，如真实结果 Y 与模型分类结果数值一致，则说明

① 可参考张伟军，彭娴. 基于支持向量机的信用评级模型研究，中国保险资产管理，2018。

测试成功。

```
excelfile_test="降维后数据-2018年.xlsx"

x_test_df=pd.DataFrame(pd.read_excel(excelfile_test,sheet_name=0))

x_test_matrix=x_test_df.values

test=model.predict(x_test_matrix)
```

利用相同的指标组，提取同行业主体不同年份的数据，标准化（过滤年度差异）并降维后形成测试组数据“降维后数据-2018.xlsx”

读取测试组数据的表1内容，赋值给DataFrame型变量x_test_df将DataFrame型变量x_test_df转换为矩阵，赋值给x_test_matrix

用已训练完的分类模型model的predict功能对测试组自变量数据进行分类，生成分类结果test

图 12-47　使用 2018 年的数据测试训练出的分类器

此处训练组 2017 年的数据中有 244 个主体，测试组 2018 年的数据中有 217 个主体，这是行业里主体公司的新设和关闭导致的，训练组样本数和测试组样本数可以不同。

	维度1	维度2	维度3	维度4	维度5	维度6	维度7	维度8	维度9
安徽海螺水泥股份有限公司	(1.32)	(8.51)	(2.76)	3.73	(2.21)	0.19	(1.27)	(1.80)	0.13
安徽省司尔特肥业股份有限公司	(3.06)	(0.56)	(0.73)	0.56	1.10	0.78	0.80	1.07	(0.31)
安徽皖维高新材料股份有限公司	(1.27)	1.87	(0.39)	0.52	0.76	(0.22)	1.35	1.11	0.08
安泰科技股份有限公司	(0.72)	1.81	(1.04)	(0.00)	0.71	1.13	0.40	0.36	(0.67)
鞍钢股份有限公司	1.40	(1.94)	(0.47)	0.77	0.35	(1.13)	0.53	0.82	(0.10)
鞍钢集团有限公司	6.70	(1.98)	(0.43)	(0.44)	0.83	0.81	0.75	0.44	1.73
鞍山钢铁集团有限公司	3.40	(1.36)	(0.14)	(0.40)	0.88	0.14	0.16	(0.05)	1.39
奥瑞金科技股份有限公司	(1.45)	0.69	(0.32)	(1.12)	(0.11)	(0.63)	(0.70)	0.45	0.37
宝鸡钛业股份有限公司	(1.58)	0.93	(0.55)	0.05	1.29	0.39	0.68	1.05	(0.25)
宝山钢铁股份有限公司	5.87	(4.90)	(1.66)	(0.05)	(0.24)	(0.35)	(0.95)	2.25	(0.18)
保利久联控股集团有限责任公司	(1.04)	1.75	0.16	(0.19)	0.95	1.19	0.58	(0.51)	0.20
北方铜业股份有限公司	0.20	2.44	0.47	0.80	(1.31)	(0.62)	(0.67)	(0.61)	0.52
北京金隅集团股份有限公司	3.14	(2.07)	0.86	(1.12)	0.41	0.51	0.84	0.26	0.42
北京首钢股份有限公司	1.40	0.03	0.37	0.04	0.51	(2.38)	0.53	0.33	1.43
北京颖泰嘉和生物科技股份有限公司	(1.28)	1.54	(0.96)	(1.33)	(0.14)	0.03	(0.04)	0.42	0.99
本钢集团有限公司	2.95	0.42	0.97	(0.45)	0.57	(0.50)	(0.53)	(0.05)	1.07
本溪钢铁（集团）有限责任公司	1.99	1.21	0.77	(0.13)	0.30	(0.60)	(0.39)	(0.34)	0.81
郴州市金贵银业股份有限公司	(0.28)	2.24	1.28	0.64	(1.22)	0.75	(0.28)	(1.28)	0.39
晨鸣控股有限公司	0.90	(1.76)	1.31	(0.55)	9.68	(0.31)	(5.71)	(2.92)	(2.37)
成都云图控股股份有限公司	(0.92)	2.02	0.30	(0.27)	0.36	0.01	0.42	0.30	0.93
诚志股份有限公司	(2.46)	(1.78)	(0.74)	(0.62)	(0.61)	1.61	0.67	(0.47)	(0.53)

……

共217行

降维后数据-2018年.xlsx，表1

	真实结果Y	模型分类结果
安徽海螺水泥股份有限公司	1	1.00
安徽省司尔特肥业股份有限公司	2	2.00
安徽皖维高新材料股份有限公司	2	2.00
安泰科技股份有限公司	2	2.00
鞍钢股份有限公司	1	1.00
鞍钢集团有限公司	1	1.00
鞍山钢铁集团有限公司	1	1.00
奥瑞金科技股份有限公司	1	1.00
宝鸡钛业股份有限公司	2	2.00
宝山钢铁股份有限公司	1	1.00
保利久联控股集团有限责任公司	1	1.00
北方铜业股份有限公司	2	2.00
北京金隅集团股份有限公司	1	1.00
北京首钢股份有限公司	1	1.00
北京颖泰嘉和生物科技股份有限公司	2	2.00
本钢集团有限公司	1	1.00
本溪钢铁（集团）有限责任公司	1	1.00
郴州市金贵银业股份有限公司	2	2.00
晨鸣控股有限公司	2	2.00
成都云图控股股份有限公司	2	2.00
诚志股份有限公司	1	1.00

…… 测试组数据：真实结果与模型分类结果对比

图 12-48　2018 年的测试数据的自变量以及因变量与 SVM 分类结果对比

将模型生成的分类结果与真实结果进行对比后发现，分类准确性成功率在 85%以上，说明训练出的该模型是较为成功的。分类差异主要出现在真实结果为类型 3 的主体中，尤其类型 2 与类型 3 之间的判断错误，有可能是类型 3 的主体财务可信度较差，表外信息较多以及训练集数据中类型 3 的总体数量较少，可辨别度不强导致的错分。

根据笔者的经验，利用计算机和机器学习算法进行的，以定量数据为主的信用分析，在中高等级债券的分辨上更为有效；分析资质较差、疑难杂症较多的低等级主体时更需要专业的人工干预，特别是一些主体其数据本身很可能是假的，再好的机器学习算法也无法基于虚假的数据做出正确的判断，这就是所谓的“Garbage in，garbage out”。在训练组分类时需要对“错杀”和“错放”两类错误进行权衡，提高机器的分类评判标准和严格程度，以高“错杀”概率的代价降低“错放”概率，保证机器放进来的都是没问题的主体，最后再由人工去逐个检查被“杀掉”的、可能有各种各样小问题的主体，这才是将电脑和人脑更完美结合，提高分析概率的方式。

12.5　从决策树(Decision Tree)到随机森林(Random Forest)

随机森林与神经网络是目前机器学习领域最热门的两大算法体系。在学术界，关于利用随机森林和神经网络(尤其是 BP 神经网络算法)解决债券行业的归类与预测问题也有相当多的优秀成果。由于 BP 神经网络的计算核心使用了 sigmoid 函数和 rbf 函数,与前文介绍的 SVM 有部分重合的内容,有兴趣的读者可自行拓展学习。此处重点介绍如何利用随机森林解决债券领域的数据分析问题。

随机森林是一种有监督的非线性集成算法,也就是说,它是对多个单一的机器学习算法的整合。随机森林的核心是,首先建立多个决策树模型,对数据样本进行随机的多维度分析,分别产生分析预测结果,然后让这些结果进行汇总投票,以得出整个随机森林模型的最终结论。这种集合多个决策树的分析过程类似“集木成林”的过程,随机森林因此得名。

虽然在利用程序语言进行数据分析的实操过程中,这种集成算法大多已经有完整的、现成的功能包可以直接使用,但本着“知其然,也知其所以然”的态度,我们在这里先对决策树的算法种类和逻辑进行系统的介绍。只有对使用的底层算法逻辑有了全面的了解,在进行数据分析和预测时,才能辨清算法的优劣,适用或不适用的范围,提高数据分析和预测的有效性。

12.5.1 决策树算法的构建逻辑

决策树是最贴近人类思维方式的有监督算法,模仿了人脑的“如果……就……”的单次思考过程,根据样本特性不断进行分类的迭代判断,适用于离散和连续参数的样本分类及回归计算。模型以分类前后样本总的不纯程度(如图 12-49所示中以基尼系数体现)能否显著减少为分叉判断的标准。如图 12-49 所示,在最上端的称为根节点,可继续分叉的称为决策节点,无法继续细分称为叶节点。在使用决策树时不需要提前对数据进行标准化处理,因为一个决策节点只会对单个特征进行判断,所以不同特征之间的量级和分布的差异不会对分析结果产生影响。为了约束特征层数,可以在输入决策树模型之前进行降维处理(PCA 或者 Lasso)。通过限制决策树层数、规定叶节点的确认方法以及剪去(Pruning)对结果影响较小的决策节点等方法提高模型在测试组中的分类成功率。

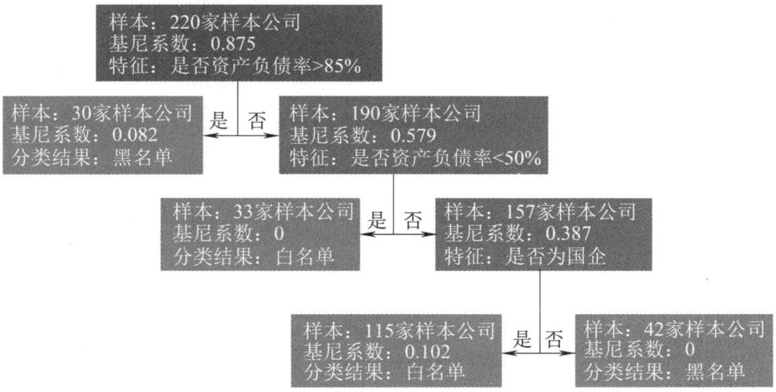

图 12-49 一个基于负债率和企业性质进行判断的极简易决策树模型

12.5.2 决策树的三种核心算法与对比

根据分叉方式以及用于衡量样本不纯程度的指标不同，决策树有三种常用子算法：ID3、C4.5/5.0 以及 CART①。

C4.5 与 C5.0 算法以及更早期的 ID3 算法均由数据科学家 John Ross Quinlan② 发明。C 代表初始版本的代码使用的是 C 语言编写，ID 则代表迭代二分器 Iterative Dichotomizer，而后面的数字则是 Quinlan 本人赋予的算法版本号。CART 由统计学家和计算机科学家 Leo Breiman（1928—2005）于 1984 年发表，Breiman 随后在决策树的基础上于 2007 年发表集成学习算法随机森林 Random Forest。

如图 12-50 所示是这三个主流决策树算法的对比，ID3 与 C4.5/5.0 算法的决策树在每个节点中可以有多个分叉，而 CART 算法只能进行二分叉，而 CART 算法的优点在于能够很好地处理异常值，同时既能够处理数据类型的分类问题（即因变量是离散型数据），也可以对数据进行回归预测（即因变量是连续的数值数据）。用 Python 实现时较多使用 C4.5 与 CART 方法。

决策树算法通过决策节点对数据样本进行分叉，而何时、按照什么标准进行分叉则取决于分叉后样本子集的纯度是否比分叉前样本的纯度高。所以，ID3、C4.5/5.0 与 CART 这三类算法最核心的区别在于，它们对分叉前后的样本纯度计算方法不同。

ID3	C4.5/C5.0	CART	
多分叉	多分叉	二分叉	
受异常值影响较大	受异常值影响较大	能处理异常值	
不能处理数值类参数和缺失值	能处理数值类参数和缺失值	能处理数值类参数和缺失值	
不剪枝	基于错误剪枝（Error-Based Pruning）	代价复杂度剪枝（Cost-Complexity Pruning）	
分类决策树	分类决策树	分类决策树	回归决策树
信息增益值（信息熵的减小值）	基于信息熵（Entropy）的信息增益比率	基尼多样性系数（Gini index of diversity）	均方误差（Mean Squared Error）或平均绝对误差（Mean Absolute Error）

图 12-50　三种最主流的决策树算法对比③

ID3 中纯度提升的判断方法是计算分叉前后各个节点样本的信息增益值，其计算公式如图 12-51 所示，i 是该节点所拥有的样本类型数量，P_i 是在该节点该类型的样本所占的比例，在图 12-51 左上这个例子里，最上方的根节点总共有两种类型的样本，类型 A 有 9 个，类型 B 有 3 个。根据公式，可计算出根节点的信息熵为 0.811 2。如果我们对根节点样本

① 还有其他使用频率较低的决策树算法：CHAID、MARS 和 Conditional Inference Trees 等。

② John Ross Quinlan（1943—　），澳大利亚计算机科学家，1986 年发布 ID3 版本决策树算法，1993 年发布在 ID3 基础上改良的 C4.5 算法，并于 2007 年发布用于商业化推广的、更快更准确的 C5.0 算法。

③ *Comparative Study Id3, Cart And C4.5 Decision Tree Algorithm: A Survey*, Sonia Singh and Manoj Giri, International Journal of Advanced Information Science and Technology, Vol. 3, No. 7, July 2014.

数据的某种参数设立门槛，将根节点的 12 个样本分为两类，分到子节点一中的样本有 6 个，即 6 个类型 A 样本，0 个类型 B 样本，分到子节点二中的样本也有 6 个，即 3 个类型 A 样本，3 个类型 B 样本。如何辨别按照此种分类是否达到了“提纯”的效果呢？我们分别计算子节点一与子节点二的信息熵，如图 12-51 所示，两个子节点的信息熵分别是 0 与 1，加权平均后等于0.5，小于 0.811 2，则证明在 ID3 算法中，这个决策节点起到了非常好的提纯效果。

C4.5/5.0 中纯度提升的判断方法略有不同，它是计算分叉前后各个节点样本的信息增益比率，即在按照相同方法计算信息熵以后，将信息熵的减小值与原节点信息熵相除，以比例而非绝对值的方法来决定决策节点的分叉标准是否有效。在图 12-51例子中，0.311 2÷0.811 2×100%≈38.36%，这也说明了此种分叉方法在C4.5/5.0算法中的有效性。

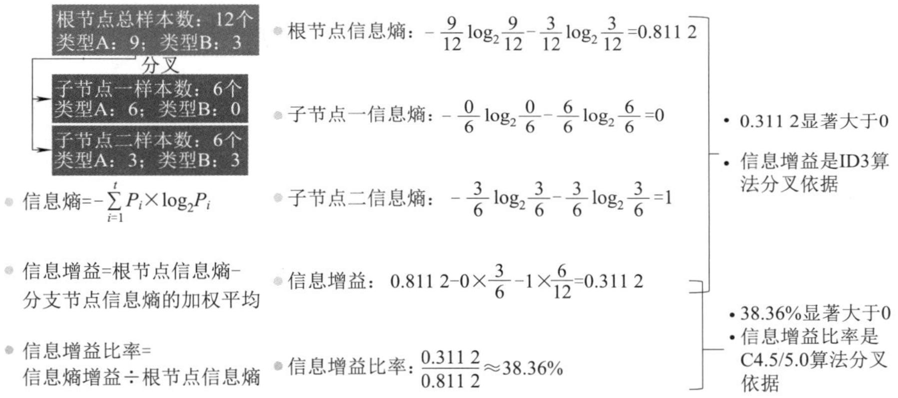

图 12-51 ID3 与 C4.5 分叉依据的计算与对比

相比 ID3 与 C4.5/5.0 的基于信息熵的分类方法，CART 算法在进行分类时，对纯度的衡量采用了基尼多样性系数①。计算公式与信息熵不同：信息熵的取值在 0 与 1(包含 1)之间，样本类型绝对纯净时等于 0，样本类型完全不同时等于 1；基尼系数的取值在 0 与 1(不包含 1)之间。如图 12-52 所示，当子节点一样本完全纯净时，基尼多样性系数等于 0，当子节点二中的 6 个样本被平均分为 2 类时，基尼多样性系数等于 0.5。随着节点中样本数量和样本类型的数量不断增多，基尼多样性系数会不断逼近 1。读者可以根据图中公式自行验证。

在图 12-52 的例子里，由于分叉后的基尼系数 0.125 远小于分叉前的基尼系数 0.375，所以可以认定这是一个有效的分叉。

当 CART 算法的决策树在用于对数据进行回归预测时，使用均方差而不是基尼系数来

① 此处用到的基尼系数是 Gini impurity，需要将其区别于 1912 年 Cerrado Gini 在洛伦兹曲线基础上开发的，用来在经济学中计算收入不平等程度的基尼系数 Gini coefficient。

衡量分叉的效果。如图 12-52 所示，如果我们将每个节点的预测值设定为节点内样本的平均数，则根节点的预测值 $9\div 12=0.75$，均方误差等于 $\frac{1}{12}[(0.75-1)^2\times 9+(0.75-0)^2\times 3]=0.1875$，而在分叉后，子节点一与子节点二的均方误差的加权平均 $0+0.25\times\frac{1}{2}=0.125$。由于分叉后的均方误差小于分叉前的均方误差，可以认定在 CART 的回归算法中，这是一个有效提高预测准确性的分叉结点。

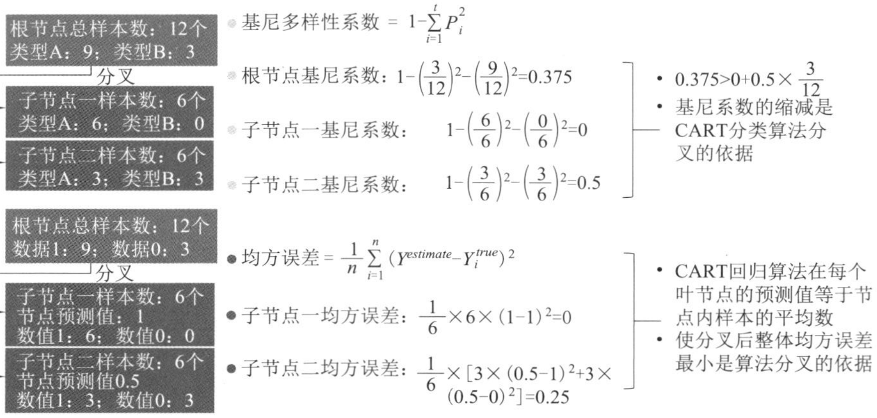

图 12-52　利用 CART 进行分类与回归时不同分叉标准的计算对比

图 12-51 与 12-52 的例子中，因篇幅原因并未标注分叉的具体判断标准，即根节点是根据何种参数，以什么数值为门槛被分为子节点一和子节点二的。在实操中，如果自变量是数值型数据，计算机能够很快地将所有样本的自变量排序，然后逐一测试在每个样本之后进行分叉的效果，或用穷举法进行种类分割，比如如果有 4 种类型，就有 8 种分类方法，测试每一次分叉后的子节点是否体现了更高的样本纯度、更小的误差。不同的决策树算法，只是用于计算纯度或误差的系数不同而已，其在“尝试分叉方法，测试分叉后的纯度效果，确定是否生成节点”的核心思想上有异曲同工之妙。

12.5.3　决策树的剪枝方法

上文向大家介绍了决策树算法是如何生成决策节点，进行有效分叉，提高分组中数据的纯度，从而有效对数据进行归类或回归的。与其他机器学习算法一样，决策树在对训练组数据进行分析时，也面临着过拟合的风险：如果需要尽可能提高模型在训练组数据中的解释能力，就需要对模型进行过分精致的量身定制，设定多余的分辨标准；而如果这些额外的分辨标准过多，则训练出的模型只会在训练组数据中有良好的预测表现，却无法很好地处理从未接触过的测试组数据。为了平衡决策树模型发生过拟合风险的可能性，就需要对其进行剪枝。

常用的剪枝方法分为预剪枝与后剪枝两种。预剪枝的概念相对简单，指通过设定决策树最大层数，设定子节点停止分类的标准等方法，帮助决策树终止分裂，防止决策树过于庞大，被训练集数据“调教”得过于精细化。预剪枝方法中最大层数，子节点最小个数等设定已经集成在大多数程序语言的决策树模块中，实现较为方便。预剪枝的主要方法如图 12-53 所示。

后剪枝的方法相对复杂一些，其基本逻辑是在判断是否要对某个节点或某个子树进行剪枝时，要计算剪去或不剪去所相差的预测误差率（基于错误剪枝），或预测误差与复杂度的比例（代价复杂度剪枝）。如图 12-54 所示是后剪枝的两个主要类型和计算方式。

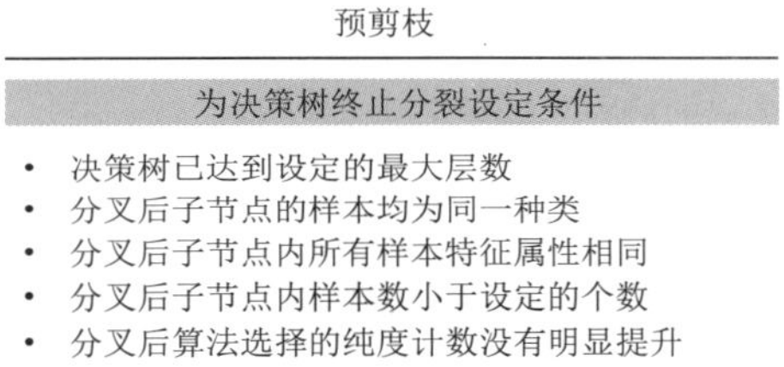
预剪枝
为决策树终止分裂设定条件
• 决策树已达到设定的最大层数
• 分叉后子节点的样本均为同一种类
• 分叉后子节点内所有样本特征属性相同
• 分叉后子节点内样本数小于设定的个数
• 分叉后算法选择的纯度计数没有明显提升

图 12-53　预剪枝的主要方法

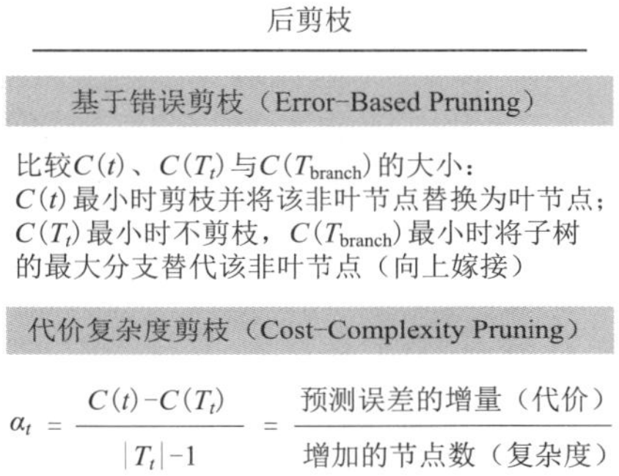
后剪枝
基于错误剪枝（Error-Based Pruning）
比较$C(t)$、$C(T_t)$与$C(T_{branch})$的大小：
$C(t)$最小时剪枝并将该非叶节点替换为叶节点；
$C(T_t)$最小时不剪枝，$C(T_{branch})$最小时将子树的最大分支替代该非叶节点（向上嫁接）
代价复杂度剪枝（Cost-Complexity Pruning）
$\alpha_t = \frac{C(t)-C(T_t)}{|T_t|-1} = \frac{预测误差的增量（代价）}{增加的节点数（复杂度）}$

图 12-54　后剪枝的两个主要类型和计算方式

决策树中的 C4.5 算法主要采用基于错误的后剪枝方式 Error－Based Pruning。设 $C(t)$ 为对应节点的预测误差：如果在该节点停止分叉，以该节点样本中最多的类型作为该节点预测结果，会产生的预测错误率。设 $C(T_t)$ 为该节点下子树的预测误差：保留该节点下完整的子树后，所有叶节点的预测错误率。$C(T_{branch})$ 为该非叶节点下子树的最大分支的预测误差概率。通过比较 $C(t)$、$C(T_t)$ 与 $C(T_{branch})$ 的大小，找到最合适的剪枝方式。以如图 12-55 所示的简易决策树模型为例，第二层的决策节点（右上角空心方块的箭头所指的深色色块）的 $C(t)=\frac{8}{16}=0.5$，$C(T_t)=\frac{0}{4}\times\frac{4}{16}+\frac{2}{8}\times\frac{8}{16}+\frac{1}{4}\times\frac{4}{16}=0.187\,5$，$C(T_{branch})=\frac{2}{8}\times\frac{8}{12}+\frac{1}{4}\times\frac{4}{12}=0.25$。因为 $C(T_t)$ 最小，所以根据基于错误剪枝的规则，不应该剪枝，应保留完整的子树[①]。

如图 12-55 所示，决策树中的 CART 算法采用了代价复杂度的剪枝判断标准，$|T_t|$ 是子树的节点个数，通过公式 $\alpha_t=\frac{C(t)-C(T_t)}{|T_t|-1}$ 计算剪枝前后误差与复杂度变化的比值，α_t 过小则说明子树增添的复杂度远大于其能够减小的误差率，保留该子树的性价比不高。假

① 此处的计算示例仅用于帮助大家理解算法逻辑，实操过程中，此种中间产物型数据已全部整合入 Python 对应的功能库中，不需要分析者单独计算。

如原始完整的决策树 T_0 有 m 个非叶节点（决策节点），就计算每个节点的代价复杂度比率 $\{\alpha_0, \alpha_1, \alpha_2 \cdots \alpha_m\}$，从下而上依次选择 α_t 最小的节点剪去，依次形成剪枝后的新决策树 $\{T_0, T_1, T_2 \cdots T_m\}$，最后使用 Cross－validation① 或者采用单独测试组数据的方法，确定其中简化后表现最优的决策树即可。

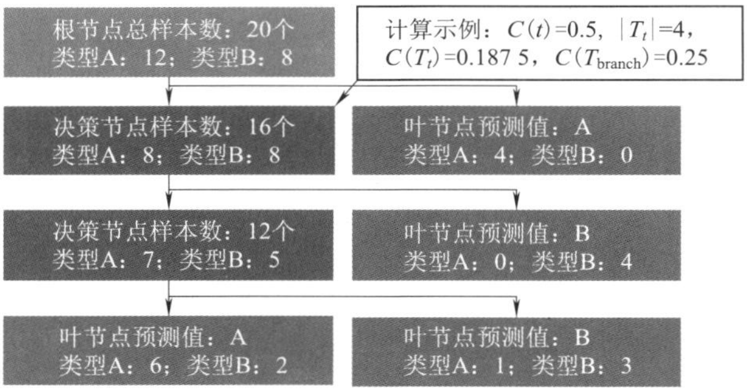

图 12-55　对一个简易决策树的剪枝判断样例

可以看出，此处介绍的后剪枝的两种方法的大体思路非常接近，只是代价复杂度剪枝方法增加了“尽可能减少节点数”这个目标，从追求“增大效果”转为追求“增加效率”。除此以外，还有最小错误剪枝（Minimum Error Pruning）、悲观错误剪枝（Pessimistic Error Pruning）、错误率降低剪枝（Reduce－Error Pruning）等剪枝方法，此处不一一介绍。

12.5.4　集树成林：从决策树到随机森林

在详细了解决策树的构建逻辑、核心算法、分叉与剪枝逻辑后，接下来介绍如何集合多个决策树之力，构建随机森林以提高算法的效果。

随机森林是使用套袋法（ Bagging ）提高效果的集成学习算法。所谓 Bagging，即 Bootstrap aggregating 的缩写，也就是对 Bootstrapping（自助法）进行集合分析。Bootstrapping 来源于 Bootstrap，即靴子后部缝制的方便穿靴时拔上鞋跟的靴襻，如图 12-56 所示。Bootstrapping 的最初含义是让某人拉住自己的靴襻把自己举起来。Bootstrapping 方法的根本逻辑是通过反复对样本进行抽取观察，获得比单次训练样本全集更好的训练效果，虽然和梯云纵一样，直觉上似乎显得违反了逻辑规律，但这个方法自 1979 年

图 12-56　Bootstrap 鞋襻示意图

① Cross－validation 是尽可能多地利用有限的样本进行训练和测试的方法。比如，将可得的样本划分为 10 份，依次选取每 1 份作为测试组，另外 9 份作为训练组，对模型进行训练和测试。这样，仅使用有限的数据组就可以进行 10 次测试结果，可以相对稳定地得到模型对样本外数据的预测成功概率，减小过拟合的可能性。

被提出以后受到了广泛的验证和认可。在 Bootstrap aggregating 中，分析者从原样本中进行多次有放回的抽样，形成多个各自独立的训练集样本，并对这些样本进行测试和分析，最后以少数服从多数的原则，从多个结果中总结出最终的结论。

如图 12-57 所示，当对决策树使用 Bagging 方法形成随机森林时，首先在原数据矩阵中进行有放回的反复取样，取样中既随机选择样本（从原数据矩阵中选取随机的行），也随机选择样本特征（从原数据矩阵中选取随机的列），多次重复随机选择的过程，但选出的样本个数和特征数量相同。对选出的样本分别建立决策树进行分析，并以其占多数的判断结果作为整个随机森林模型的最终产出结果。基于 Bootstrapping 方法的“多次抽样分析，好过单次全样本分析”的思路，不难看出建立多个分析随机抽样的决策树图投票分析的随机森林算法，一定会产生比单个树分析更好的结果①。国内债券市场，尤其是信用债市场，其发展时间短，能产生清洁数据的样本数量相对较少，特别适合使用基于小样本反复抽样的 Bootstrapping 方法进行分析。这也就是本书着重介绍随机森林算法的原因。

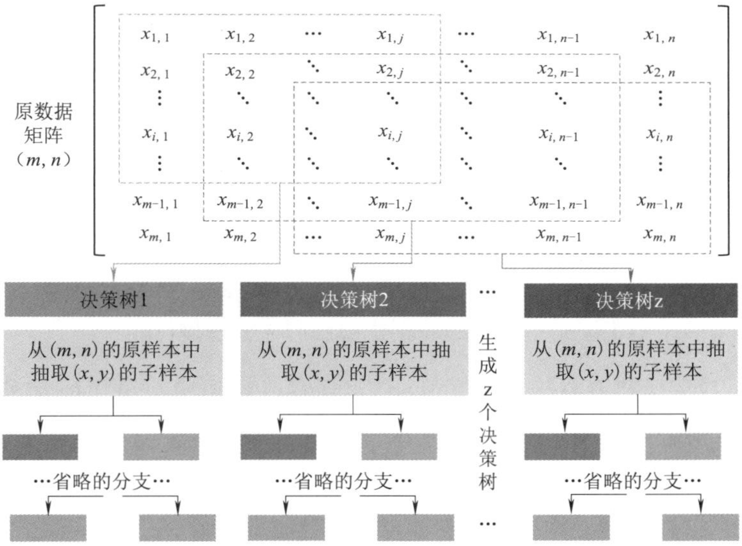

图 12-57　随机森林是使用套袋法对多个决策树进行集成的学习算法②

12.5.5 随机森林的 Python 实现：以信用债行业数据为例

以下将演示如何通过 sklearn 中的随机森林模块与 Cross Validation 模块，共同对材料

① 一般而言，随着抽样次数增多，建立决策树的个数增多，整体随机森林的分析预测结果将会持续提升，但根据样本数量的大小，当抽样次数增大到一定程度后，这种提升的效果将变得越发不明显，而计算时间将会直线增长，所以需要数据分析者根据经验对抽样次数进行调参。

② 此图仅为示意，并不严谨，在自助法（bootstrapping）下进行有放回的反复取样时，可能会产生同一样本多次被抽中的情况，即图中可能会有相同的数据行出现多次的情况。

2 行业债券发行人 2018 年的财务数据进行分析训练，并最终形成发行人信用资质的归类模型。

由于需求相同，我们使用了和之前 SVM 演示中相同的原始数据文件[①]。与之前的程序演示一样，一开始我们先导入需要用到的 pandas 包、sklearn 包中的多个相关模组。在随机森林模型中，主要使用 RandomForestClassifier 功能，而导入的 DecisionTreeClassifier 功能主要在后面进行结果验证时使用。如图 12-58 所示，在第 21 行中，我们设置该随机森林模型包含 200 个子决策树，同时每次会从原数据中选取 5 个参数，并在节点内样本数小于等于 15 时停止分叉。选取参数的个数取决于完整样本总共包含的参数总数；样本停止分叉的最小个数取决于整体样本个数以及想要形成类别的颗粒度，正如之前在预剪枝中所解释的，最小个数过小可能会增大过拟合风险。最后，我们利用 Cross Validation 功能对模型使用 cross_validation 进行 10 次训练和验证，然后查看 10 次训练后模型在测试组数据中的分类成功率。

```
 8 import pandas as pd                                          导入pandas包，并将其引用名命名为pd
 9 from sklearn.model_selection import cross_val_score         导入sklearn.model_selection包的cross_val_score模块
10 from sklearn.ensemble import RandomForestClassifier 导入sklearn.ensemble集成学习包的RandomForestClassifier随机森林模块
11 from sklearn.tree import DecisionTreeClassifier             导入sklearn.tree包的DecisionTreeClassifier决策树模块
13 excelfile="材料2-2018年数据.xlsx"                读取原数据（训练组）文件名称“材料2-2018年数据. xlsx”
14
15 x_df=pd.DataFrame(pd.read_excel(excelfile,sheet_name=0))    读取数据文件第1张表的内容，赋值给x_df
16
17 y_df=pd.DataFrame(pd.read_excel(excelfile,sheet_name=1))    读取数据文件第2张表的内容，赋值给y_df
18
19 y_array=y_df.values.ravel()      将DataFrame型变量y_df转换为数组，赋值给y_array，并用ravel()函数将数组转置
20
21 RF_test1 = RandomForestClassifier(n_estimators=200,max_features=5, min_samples_split=15)
22 生成一个拥有200棵决策树的随机森林分类器，每个决策树会从原数据中选取5个特征参数，并在节点内样本数<=15时停止继续分叉
23 score1 = cross_val_score(RF_test1, x_df, y_array,cv=10)  用cross_val_score对随机森林模型RF_test1进行cross_validation验证
24          此处的cross_validation中，原样本被分成10份，每次选9份作为训练组，剩下1份作为测试组，总共进行10次训练-验证
25 print(score1.mean())
                                                    查看随机森林模型经过cross_validation后的测试组成功率
```

图 12-58　利用 Python 实现随机森林的程序代码 1

笔者这里生成的随机森林模型在 Cross Validation 模型中测试组成功率为 74.16%[②]，较高的成功率说明随机森林模型能够较好地根据财务数据对企业信用资质进行分类，且财务指标以及模型训练参数的选取是较为成功的。在经过 Cross Validation 模型对参数和原始数据的检验后，就可以放心地利用随机森林.fit 功能训练最终版分类器。

```
29 RF_test1.fit(x_df,y_array)   故我们可以很放心的用随机森林模型RF_test1的fit功能训练可用的最终版分类器
```

图 12-59　利用 Python 实现随机森林的程序代码 2

最后，我们可以基于同样的原数据和模型参数建立一个普通的决策树模型用于对比，以检验随机森林的优越性。

如图 12-60 所示，我们选用了在节点样本数小于等于 15 时停止分叉的决策树模型，并

---

① 注意，此处基于决策树模型的分析不需要提前对原数据进行标准化。

② Cross_validation 和随机森林模型的运算过程中均用到了随机采样，故多次运行时可能会出现产出结果有略微差异的情况，可以通过设定 random_state 参数固定模型的随机过程，保证每次运算的结果相同。

使用相同额 Cross Validation 方法进行验证，结果显示其在测试组成功率为 66.45%，明显小于随机森林 74.16%的结果。这说明随机森林模型的集成效果优于单一分类器。

```
DT_test2 = DecisionTreeClassifier(min_samples_split=15)
                    生成一个在节点内样本数<=15时停止分叉的决策树分类器
score2 = cross_val_score(DT_test2, x_df, y_array,cv=10)
    用cross_val_score对决策树模型DT_test2进行cross_validation验证，并沿用相同的样本十等分设定
print(score2.mean())
                    查看决策树模型经过cross_validation后的测试组成功率
```

图 12-60　利用 Python 实现随机森林的程序代码 3

其实只要单次分类成功的概率高于 50%，在 Bootstrapping 彼此独立多次测试的基础上得出的最终结论一定能好于单次分析的结论。我们利用如图 12-61 所示的一个简单例子来说明，如左图所示，如果单一决策树分类成功率大于 50%，那么当决策树数量足够多时，总有大于半数的决策树对每个样本进行了成功的分类，则最后利用随机森林整合所有决策树的结果，进行少数服从多数的投票后，整体呈现的正确率就会随着决策树数量愈发逼近 100%。而当单一决策树归类正确率低于 50%时，随着决策树数量增多，总有超过半数的决策树会产生错误的归类结果，那么随机森林的归类整体正确率也会越来越差，最后随着决策树数量增多，正确率逼近 0%。所以，当随机森林模型产生的结果不尽如人意时，也可以生成单个决策树测试一下，是否陷入 12-61 右图所示的恶性怪圈。

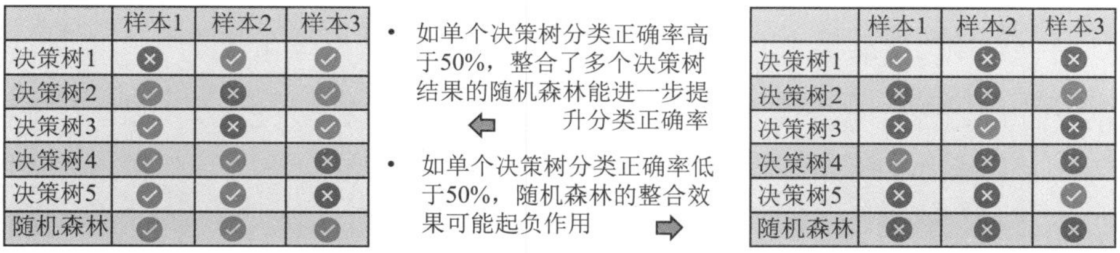

图 12-61　在正确率大于 50%与小于 50%时，集成学习的效果展示

随机森林是我们介绍的第二种分类算法，与第一种支持向量机 SVM 分类算法相比，随机森林需要调节的参数更少，实现比较简单，而且能兼顾分类和回归，同时在多类型的区分效果上表现比支持向量机更好。随机森林通过多次随机选取特征，避免了单个决策树可能因为样本数据维度过多而导致层数过大，容易过拟合的情况；缺点是，反复采用和重复测试，可能导致模型整体运算速度较慢。

本章小结

本章中，我们学习了 HP 滤波、主成分分析法、线性回归、Lasso 与 Ridge 回归、支持向量机 SVM、决策树和随机森林等量化方法。计算机领域算法还有很多，本书介绍的是具有新颖性或者更精确、常用的一些方法。感兴趣的读者可以自行寻找其他算法，解决金融领域的各种问题。见表 12-1 所示，列举了一些机器学习算法，仅供参考。

表 12-1 机器学习算法枚举

机器学习算法类别	算法逻辑	具体算法举例
有监督学习 (Supervised learning)	样本包括变量数据和对应的结果(样本是带有标签的)。算法通过输入大量样本数据，不断训练模型，提高模型接收数据后输出正确结果的概率	线性回归、Lasso 与 Ridge 回归、逻辑回归、决策树、随机森林、神经网络、支持向量机，贝叶斯分类算法等
无监督学习 (Unsupervised learning)	样本只包括变量数据(样本是不带标签的)。算法通过输入大量样本数据，不断训练模型，提升模型对数据分类(Cluster)、找规律(Pattern)和降维归纳的能力	主成分分析法、线性判别分析法、K 最近邻算法、聚类分析算法等
半监督学习 (Semi-supervised learning)	将有监督学习和无监督学习结合，同时使用无标签样本和有标签样本进行模型训练	半监督支持向量机、半监督聚类、自训练/联合训练方法等
强化学习 (Reinforced learning)	算法通过无监督的过往经历和所处环境不断试错，通过最大化延时的奖励这个目标来优化算法在未来状态中的行为	Q Learning、Policy Gradient、Model Based Value Estimation 等

利用计算机和机器学习对金融数据进行处理、分析和预测是有效进行投研工作最核心的技术内容，也是债券投研人员安身立命的硬技能。对这些硬技能的有效掌握，加上长期操作经验的辅助，一个成功投资经理的道路已经行了一大半了。但“行百里者半于九十”，下一章严格的风控纪律是护佑我们前行的不二法宝。

第 13 章 债券投资的风险控制与压力测试

对债券买方的从业人员而言，非凡的投资能力、精准的研究结论、娴熟的交易技巧或许能带来一份丰厚的年终奖，但严密的风控体系和决绝的风控决断是在市场生存和发展的根本保证和基石。

在市场波动性加剧、暴雷爆仓事件层出不穷的今天，每年都有不少的从业人员因为各类的生产事故，或调岗，或降薪，或被迫跳槽至较差的公司，甚至失业。尤其是投资经理，作为对组合业绩负责的第一责任人，更是承担了巨大的职业风险。

债券投资中的风险控制既有一定的艺术性，更有充分的科学性。即使是没有长期实操经验的人员，也能通过系统的学习，快速掌握其中的要点，并运用到日常的投研工作之中。

本章将系统地介绍债券投资、研究和交易过程中可能遇到的市场风险[①]、信用风险、流动性风险以及运营合规与操作风险。信用风险部分已在第7章进行讲解，此处不再赘述，其他三类风险均能在本章找到详细的应对处理方式和解决方案。如图13-1所示为债券投资中的风险类型与常发位置示意图。

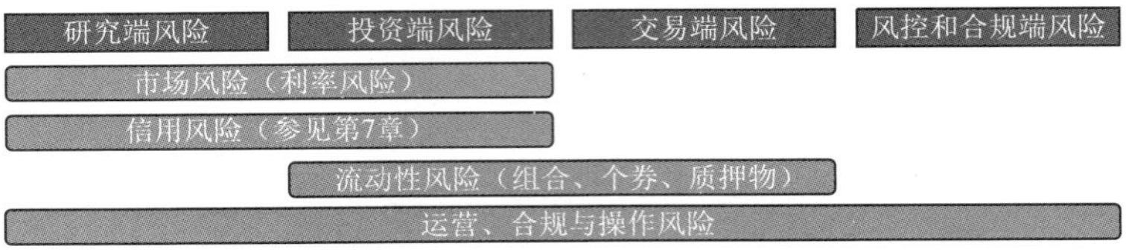

图13-1　债券投资中的风险类型与常发位置

最后，本章将基于实例，演示债券的压力测试与穿行测试的操作方式，为控制风险提供有效的参考范式。

13.1　大海的波动——市场风险的控制

"望远能知风浪小，凌空始觉海波平。"投资是一个需要精心准备和设计的大工程，在进行任何一笔实际交易之前，投资经理需要从产品设计的高度，想清楚这个产品需要承担多少市场风险，来换取什么样的收益回报。对于这个问题，一般会根据业务的性质将产品组合分为纯债票息型组合和基于波段获利的利率债组合。

13.1.1　纯债票息类债券组合的市场风险控制

对于纯债票息类组合而言，其主要的收益来源于债券的固定票息收益，而通过利率变化获取资本利得只能作为组合部分收益增厚的来源，处于次要地位，故利率的变化对于组合而言，主要代表了需要控制的风险。

1. 基于静态收益与资金价格变化的未来收益率测算（事前）

完成市场风险控制的任务，需要了解目标配置的大类债券的预期收益率，组合的预期财务杠杆比率，杠杆成本以及预测市场可能的波动对债券组合的影响。当把这些关键信息汇总以后，就能够形成组合收益率的测算表。由于展望的期限越长，市场利率距离当下可能偏离的幅度越大，从提高测算准确性的角度，一般测算区间为一年。收益测算表最中心的位置是假设当前债券收益和资金（回购）价格不变，组合在一年中可以收获的静态收益率。如图13-2所示的例子中，假设预期配置的资质的债券到期收益大约在4.6%附近，组

① 在债券投资中，市场风险基本等同于利率风险和资金价格风险。由于除了违约潮等部分时间段外，信用利差的每日变化并不显著，利率风险更多体现为无风险利率及短端回购利率的波动。

合久期在 2.15 年附近，维持杠杆率在 20%左右，且通过债券到期再投资不断将组合维持在该杠杆和久期水平。在未来的一年中，资金价格维持在 3%附近，则组合的年化静态收益＝4.6%×120%－20%×3%＝4.92%；如果资金价格从 3%下降到 2.5%，则组合的年化静态收益＝4.6%×120%－20%×2.5%＝5.02%，即图 13-2 中市场波动为 0，回购利率为 2.5 的单元格的数据。该行其他单元格数据也可以此类推。

未来一年静态收益率测算					
市场波动	回购利率(%)				
	4.00	3.50	3.00	2.50	2.00
-100 BP	7.30	7.40	7.50	7.60	7.70
-50 BP	6.01	6.11	6.21	6.31	6.41
-20 BP	5.24	5.34	5.44	5.54	5.64
0	4.72	4.82	4.92	5.02	5.12
+20 BP	4.20	4.30	4.40	4.50	4.60
+50 BP	3.43	3.53	3.63	3.73	3.83
+100 BP	2.14	2.24	2.34	2.44	2.54

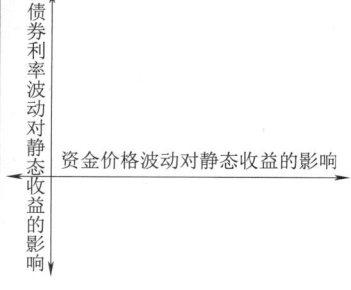

债券利率波动对静态收益的影响

资金价格波动对静态收益的影响

图 13-2　构建收益测算表来设计市场风险承受度和预期的收益

如果除了回购利率变化外，债券的到期收益率也发生了上下波动，则可以通过试算波动幅度并乘以组合久期的方式，测算出在不同波动幅度下组合的年化静态收益。如图 13-2 所示，在债券到期收益率为 4.6%，杠杆率为 20%，资金价格为 3%时，静态收益等于4.92%，如果在未来一年内债券到期收益率上升 20 BP，随着债券收益率上升，债券价格下降，资本利得为负，债券组合在未来一年内的静态收益率也会随之下行。如果债券到期收益率上行 20 BP，则组合的年化静态收益＝4.6%×120%－20%×2.5%－0.2%×2.15×1.2＝4.40%。

需特别注意，此处 20 BP 的利率上行变化对组合的影响需要乘组合久期，也需要乘杠杆放大倍数，但一般出于方便计算的目的，不用计入组合凸性对资本利得的影响。4.40%也是图 13-2 中市场波动为＋20 BP，回购利率为 2 的单元格的数据。该列其他单元格数据也可以此类推。

通过债券组合的静态收益测算，投资经理可以对不同杠杆率、不同久期的组合对市场风险的承受能力进行大致的估计。如果测算出当债券收益率上行，资金价格走高时，组合静态收益下降幅度过大，即图 13-2 左下半部分单元格数据过于难看，就需要通过降低杠杆率，降低久期，重新选择目标债券等方式对原组合进行调整，降低市场风险的暴露。

图 13-2 的测算表仅说明了，当债券组合受到债券收益率波动以及资金价格波动时，年化静态收益的可能变化，却没有体现对未来债券收益率以及资金价格更有可能发生什么方向、什么幅度变化的预测性信息。如果投资经理对未来市场的走势有比较强的观点和定量预测，也可以将此类预测信息结合到静态收益测算表中，形成用不同色块体现预测观点的测算表。如图 13-3 所示的样例中，投资经理认为最可能的市场变化方向是债券收益率上升 20 BP，且资金利率由 3%下降至 2.5%或 2%的水平，故其对应的 4.50 及 4.60 这两个单元

格色彩最深，周边单元格颜色依次变浅。

未来一年静态收益率测算					
市场波动	回购利率				
	4.00	3.50	3.00	2.50	2.00
-100 BP	7.30	7.40	7.50	7.60	7.70
-50 BP	6.01	6.11	6.21	6.31	6.41
-20 BP	5.24	5.34	5.44	5.54	5.64
0	4.72	4.82	4.92	5.02	5.12
+20 BP	4.20	4.30	4.40	4.50	4.60
+50 BP	3.43	3.53	3.63	3.73	3.83
+100 BP	2.14	2.24	2.34	2.44	2.54

图 13-3　在编制静态收益测算表时通过不同色块体现对未来市场走势的预期

2. 基于静态收益与资本利得的市场风险控制（事中）

债券作为风险相对较低的投资品种，其组合的投资者都或多或少对组合有着稳定的每日收益预期。如图 13-4 所示，在无法直接掌控回购利率、费用和基金份额的情况下，对债券票息收入与资本利得的把控成为投资经理控制每日组合单位净值波动的抓手；而债券票息与资本利得的把控也成为债券每日投资中对市场风险控制的核心内容。

（债券票息收入 + 收益率变动的资本利得 ± 回购利息 - 各类应付费用）÷ 基金份额 = 单位净值变动
投资经理需要着重控制的部分
投资经理较难控制的部分
投资经理对单位净值负责

图 13-4　投资经理控制组合收益波动的核心是控制债券票息和资本利得的变动

和股票以及其他在市场中集中交易的金融产品一样，债券的价格也时刻受到市场风险的影响。债券的市场风险既可能是无风险利率在宏观、微观因素冲击下波动导致的，也可能是市场对不同信用资质要求的风险溢价改变导致的。对投资经理而言，在投资管理的过程中时刻对无风险利率进行分析和预测显然不现实，单独感知市场信用风险偏好的变化也较为困难，故更可行的方案是，在每日的投资工作中，暂时越过这些对债券价格有深层次影响的因素，而去观察更简单和直观的表层因素，即最接近组合资质的债券收益率曲线以及其波动率，也就是通过控制整体组合静态收益与 Key Rate DV01① 的关系，来调整图 13-4 中债券票息收入与收益率变动的资本利得这两个成分，最终向投资者提供稳健的组合收益。

如图 13-5 所示，是一个信用债的模拟组合，通过计算其估值收益率的加权平均可以算出组合的静态收益率和每日静态收益金额，通过计算个券修正久期的加权平均可以算出组合久期，进而算出其 Key Rate DV01。

① Key Rate DV01 衡量该组合久期下收益率每变动 1 BP，组合的资本利得会发生的变化。

债券代码	债券简称	修正久期	票面金额	估值收益率	主体评级
101800845.IB	18上饶投资MTN001	2.49	5 000	4.066 4	AA+
012003554.IB	20吴江经开SCP003	0.41	4 000	3.505 3	AA+
127616.SH	G17发展1	1.70	3 000	3.674 8	AAA
101901518.IB	19广州金控MTN002	1.87	4 500	4.090 6	AAA
155337.SH	19舜通01	2.97	2 100	4.863 9	AA+
1680454.IB	16贵阳停车场债02	2.78	10 000	5.766 8	AA+
组合		2.15	28 600	4.603 8	

➡ 静态收益=4.603 8%
静态收益金额=28 600×4.603 8%÷365≈3.61万元

➡ Key Rate DV01=28 600×2.15÷10 000≈6.15万元

图 13-5 计算组合静态收益、组合加权久期与 Key Rate DV01

从投资的角度，计算静态收益金额对 Key Rate DV01 的覆盖能力，可以有效估算组合利率风险敞口的大小。在目前国内最常见的主观、定性的债券投资场景中，投资经理会通过不断盯盘[①]来大致预测其所管理的组合整体收益率的变化方向和变化数量(BP)，用其预估的变化 BP 数乘以 Key Rate DV01，就可以大致计算出单日组合预计会发生的资本利得，以及未来几日的资本利得情况。当市场利率上行过快时，而静态收益保护较薄时，则通过降低组合久期的方式降低Key Rate DV01，减小利率风险的敞口。

3. 基于 VAR 的市场风险控制(事前与事中)

基于投资经理对利率波动方向预估的风险控制方式非常依赖投资经理的个人经验，甚至是所谓的“盘感”，而非通过精确逻辑和数量计算。静态收益率对Key Rate DV01的覆盖率在什么区间算合适？盯盘时观察到的活跃债券品种的利率变化有几分会体现在当期组合日终的估值变化中？回答这些问题，只能基于投资人员的主观判断和解释。而对于“盘感”和主观预判能力不那么强的风控人员，或者更希望借助一个客观、定量、可复制的标准进行市场风险控制的人来说，利用 VAR 进行债券组合利率风险的控制是更优选择。

由于组合往往持有多个债券，单独计算每只债券的利率敏感度再进行加总的方法较为烦琐，一般可选用中债到期收益率曲线中与组合情况最相近的品种，来近似衡量组合资产收益率每日的变化情况。比如对图 13-5 所展示的模拟纯债组合(修正久期为 2.15 年，且大多数成分债券属于 AA+评级)，可以将 2 年期的 AA+信用债收益率用于对组合利率风险敏感度的计算。

与上文中基于投资经理对利率变化方向预判的方法不同[②]，此处需要假设市场利率的波动是符合正态分布的随机变化，并将其分布的预期值调整为 0 以消除趋势性变化的影响，只衡量无规律的波动对组合的影响。在利率波动符合正态分布的假设基础上，就可以计算

① 在交易时间持续跟踪 10/5/1 年等期限的国债、国开债，各期限的国债期货价格，活跃信用债品种的报价与成交信息以及各类新闻类文字信息，来感知市场各类利率的变化情况。

② 人为主观地预测利率波动的方向和大小，本质上和人为主观预测股价的变化并无二致。就笔者的观察而言，能做到长期、及时、准确预测的投资经理极少。从风险控制的角度，不做预测，直接假设利率波动符合正态分布，从某种角度来说，可能反而是更有效的办法。

组合的在险价值 Value At Risk（VAR），通常可以将 VAR 的置信区间设为 95%，即假设收益率波动符合正态分布，在最差的 5%概率下组合至少会发生的损失幅度。

公式 1：日 VAR＝日静态收益－NORM. INV(0.95，0，σ_{3M})×组合久期

NORM. INV(0.95，0，σ_{3M}) 是期望值为 0 和标准差为近 3 个月当前期限收益率波动性的正态累积分布函数的反函数值。此处需要注意波动率的选取区间，区间过长可能无法反映近期市场的波动情况，区间过短则可能导致结果波动性过大，无法得出稳定的结果。一般推荐选取 3 个月的区间。

年化 VAR 也是一个很好的指标，其与日 VAR 相比最大的优点是，可以更直接地与部门或者团队年度收益目标进行比较，缺点是，直接将近期的波动和收益数据外推至一整年的假设可能过于简单。下文只演示基于日 VAR 的风险计算，但年 VAR 与日 VAR 的运算原理是一样的。

公式 2：年化 VAR＝年静态收益－NORM. INV(0.95，0，$\sigma_{3M}\times\sqrt{252}$)×组合久期

如图 13-6 所示，上图是 AA+2 年期信用债到期收益率曲线，以及收益率日波动率的时间序列，可以根据公式 1 计算出 AA+信用债在历史任意时点日 VAR 的变化曲线，即下图。通过对比可知，当组合的静态收益下降且收益率变化的波动提升时，组合的 VAR 损失幅度加大。

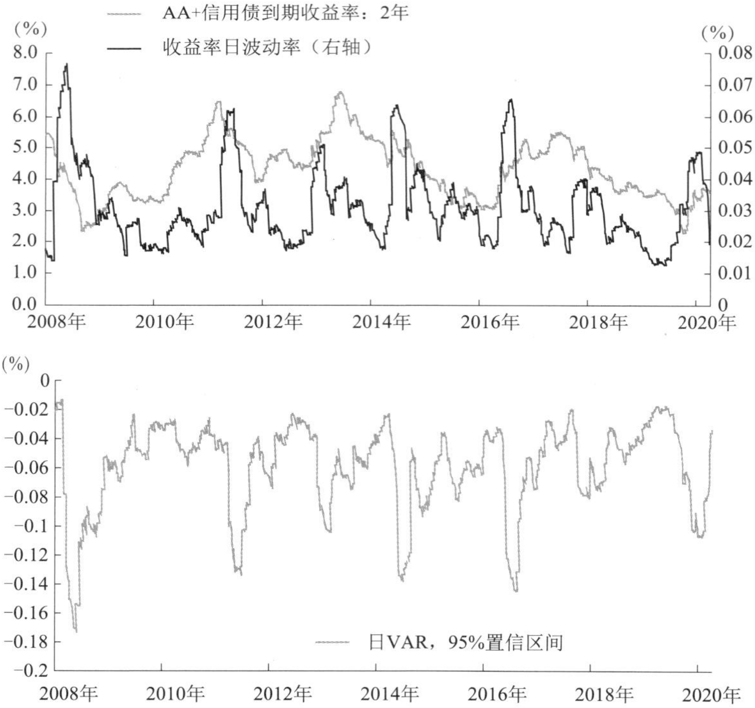

图 13-6 通过静态收益与波动率计算 VAR

数据来源：中债估值中心。

在计算图 13-5 中模拟组合当前的日 VAR 时，我们使用该组合实际静态收益率和 AA+收益率曲线的近期波动率，将其加入 VAR 计算，根据图 13-5 可知，组合静态收益率为 4.603 8%，故图 13-7中 VAR 图像的中点为 4.603 8%÷252= 0.018 3%。

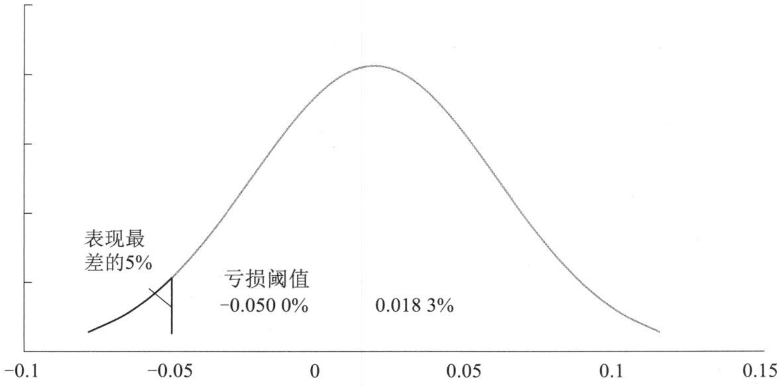

图 13-7 对模拟组合的 95% Confidence Interval VAR 测试结果

由于该收益率曲线近 3 个月的日波动率为 0.019 3[①]，假设收益率的无方向性波动符合正态分布，在最不利的方向下会上行 NORM.INV(0.95,0,0.019 3)=0.031 8%，考虑模拟组合当前加权修正久期 2.15 年后，组合整体亏损 0.018 3%−0.031 8%×2.15 ≈−0.050 0%。所以，通过以上测试可以得出结论，该纯债组合在当前收益和市场波动下，95%概率下的每日收益都不会低于−0.050 0%。

作为事前的市场风险控制手段，风控人员在 VAR 值的设置上，可以对全部纯债类产品采用相同的置信区间和回撤门槛，设定 95%的置信区间以及部门大多数组合的票息收益作为风控的量化控制标准。比如，假定当前部门的固收类产品大多采用持有到期策略，静态收益在 4%～5%之前，则可以设置年化 VAR 为 95%置信区间，且年化亏损阈值为−4.5%，即在 95%的概率下，组合的票息收益足够覆盖市场利率带来的净亏损，净值能够保持在“水面”以上。此外，风控人员也可以通过和市场、投资人员充分沟通，了解每个产品的定位和主要客户的风险偏好、风险容忍度，并以此为每个组合定制 VAR 值。比如，市场某个互联网平台就曾要求所有通过其平台力推销售的稳健收益型固收产品的日度回撤概率不得超过 5%，风控就可以据此设置日 VAR 为 95%置信区间，亏损阈值为 0%；对于部分委外类账户，由于大多需要每月汇报一次业绩，风控人员也可以根据该类型组合月度静态收益与月波动率进行 VAR 的参数设置。

由于证券市场普遍存在的肥尾效应(Fat tail)，在极端情况下，市场波动的幅度可能远超正态分布下的损失数字，所以实操中通常计算 90%或 95%的 VAR，而非更高置信区间的 VAR 或 Conditional VAR。

① 此处采用截至 2020 年 10 月底的数据。

4. 基于债券组合业绩指标的市场风险控制(事后)

通过跟踪收益率绝对水平和波动率，设定 VAR 指标来进行市场风险控制属于事中和事前的风控措施。除此以外，债券投资机构也需要进行事后的风控分析和业绩评估，来确定是否要对事前和事中风控方法的阈值进行调整。

对于净值法组合，常用的指标是近 3M/6M/1Y 的下半方标准差，单日、周、月最大回撤以及连续回撤的天数。对于摊余成本法组合，由于组合内债券的价值不受每日市场利率变化的影响，净值走势非常平稳，故较好的市场风险衡量指标只有组合的平均偏离度和最大负偏离度(对组合偏离度的指标，下文会有更详细的介绍)。

由于固收类产品的波动远小于权益类产品，摊余成本法的组合更是基本没有波动，所以大多数在权益型组合中常用的 Sharpe、Sortino、Treynor 比率在固收组合的时候风控回顾和业绩评价中并没有可比性；胜率和 Calmar 等指标在实操中也没有太多参考意义。但由于计算简单，资产配置管理系统的开发厂商多用这些指标填充他们的功能面板和页面。此处应特别注意：风控思路建立要排除干扰，不要被一些让人眼花缭乱的无关指标带偏。

13.1.2　利率债组合的市场风险控制

除了有明确资产负债端，主要通过票息收入实现较为稳健风险收益特征的信用纯债类产品的投资外，在债券市场中另外一大类主流的投资方式是通过利率债进行波段交易获取资本利得。

此类投资主要通过国债和政策性银行债实现，由于其票息一般比信用债低很多，在资金紧张的时点，大部分利率债的票息收益甚至低于以隔夜、7D 回购利率代表的资金成本①，所以其主要投资价值在于活跃品种的高流动性、对利率变动的高敏感性带来的波段性交易机会。即在收益率高点买入现券，当收益率降低时快速卖出现券，或在收益率低点融券卖出，当收益率升高时买回现券并还券，最终赚取资本利得。

利率债的波段交易就是对利率的变化和市场风险进行交易，所以其市场风险的控制，本质上是控制其风险敞口，防止超预期的利率波动对组合价值的冲击。为了实现这一目的，最常用的指标为基点价值 DV01，即假设收益率曲线每平行变动1 BP，组合整体价值变动的总金额：

DV01＝组合当前资产价值×组合资产加权修正久期÷10 000。

利用 DV01 进行市场风险控制的思路和利用修正久期进行风险控制是完全一样的，都是控制收益率曲线平行移动时组合价值变化的幅度。但 DV01 的优势在于只需要一个数字就可以体现风险的总值，而且在多个交易之间可以直接加减，计算非常方便。

例如：对于一个有 3 亿元头寸的利率债投资经理/自营交易员，假设团队设定其最大利率风

---

① 如果是活跃券的日内波段交易，则日终没有利率债持仓，票息收益甚至可能为 0。

险敞口为组合修正久期不超过 5 年，即最大 DV01＝3 亿×5÷10 000＝15 万元。如图 13-8 所示，假设其初始组合为 1 亿元、修正久期为 1 年的国开债＋1 亿元修正久期为 2 年的国开债，则其初始组合加权久期＝(1×1＋1×2)÷3＝1 年；其初始DV01＝1×1 亿÷10 000＋1 亿×2÷10 000＝3 万元，则可用 DV01＝15－3＝12 万元。

现在需要考虑，未来将闲置的 1 亿元购买修正久期为 10 年的国开债是否会超过风控上限。

如图 13-8 所示的目标组合一，如果采用加权久期法：新组合的加权久期＝(1×1＋1×2＋1×10)÷3＝4. 33＜5，说明新购买 1 亿元 10 年期债券的交易仍在风控限额内。

如图 13-9 所示，如果采用 DV01 法：新交易的增量 DV01＝1 亿×10÷10 000＝10 万元，由于 10 万元＜12 万元，所以计划的新交易没有超限，结论相同。

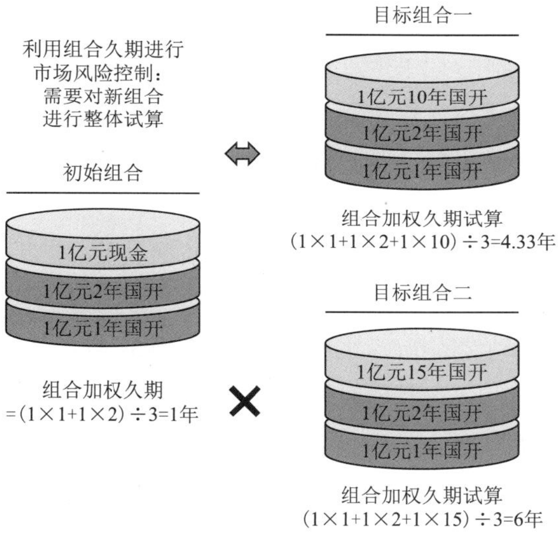

图 13-8　利用加权久期法进行利率债组合市场风险暴露计算

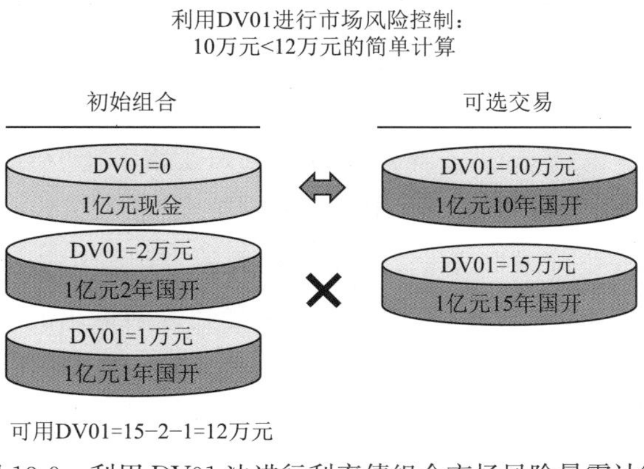

图 13-9　利用 DV01 法进行利率债组合市场风险暴露计算

不难看出，组合加权久期法需要将原组合持仓和新交易成交的影响合并计算，过程相对烦琐，DV01 只需要将新交易预计占用的 DV01 和可用 DV01 进行比较即可，计算相对简单，在利率债波段投资中使用频率更高。一般的利率债投资团队中，主管人员会对团队整体可用于利率债波段交易的 DV01 进行控制，并根据人员资历和能力对 DV01 进行预算分配。

13.2 大船与浅潭——流动性风险的控制

除了处于封闭期的定开债券基金、自营债券投资以及资金来源为长期保险产品的债券组合外，其他债券投资管理人员都或多或少面临债券组合投资人赎回导致的兑付问题。此类问题如果处理不当，很可能将组合陷入流动性危机中。

13.2.1 债券组合赎回导致的兑付危机

在一个相对有效的市场中，如果生息资产与投资资金的期限相同，流动性相近，则其资产回报率与负债成本（客户所投入资金要求的回报率）是非常接近的。所以，对于一个债券的投资经理而言，要想在扣除三费（管理费、托管费和销售服务费）之后，仍然能够做出超过投资人收益预期的组合回报率，归根结底有三种方法：

（1）资产和投资资金期限的错配，也就是利用不断滚动的、期望回报率较低的短期资金去购买回报率更高的长期资产；

（2）资产和投资资金流动性的错配，也就是利用申赎确定性更弱、对流动性要求更高、期望回报率更低的流动资金去购买不容易随时转换为现金，期望回报率更高的低流动性资产；

（3）利用正回购融资提升组合的财务杠杆，放大资产收益率与负债成本之间原本较薄的利差。

但不论是期限错配、流动性错配，还是增加杠杆，都会无可避免增加投资中的流动性风险，扩大债券组合面临赎回时无法兑付的可能性。

此处以一个较容易受到客户申赎影响的、中等流动性的开放式组合为例，展示兑付危机的发生原因。如图 13-10 所示，最左侧的圆柱体代表组合的资产，自上而下，颜色由浅到深，资产的变现能力逐步变弱，但收益率逐步提升。由于现金是收益率最低的资产，所以正常满仓的债券组合中的现金数量极少。由于逆回购的正常市场收益率往往低于债券收益率，也远低于客户预期的负债端收益率，建仓期后的债券组合中逆回购比例也很低。债券投资经理只能通过两种方式进行流动性准备，一是受到赎回请求时，通过正回购进行融资，支付赎回款；二是配置部分利率债和资质极好的 AAA 公募信用债[①]，承担起部分流动性管

① 在本书成书阶段（2021 年），发行人付费的第三方信用评级有效性受到市场广泛质疑，此处“资质极好”是指对国计民生有极重要支柱意义、信用资质极接近国家信用的大型国有企业和中央直属企业发行的债券，下同。

理的使命，预备在遇到大额赎回时卖出变现，获取资金用于支付客户赎回款。但监管对正回购融资比例有上限约束(货币基金为 20%，其他开放式债券基金为 40%，封闭式债券基金和私募基金为 100%)。如图 13-10 所示，当投资者赎回金额过大时，右侧代表“投资者权益”的圆柱体明显缩小，即使增大组合中正回购融资的比例，达到最大正回购的上限，也无法满足客户赎回的资金需求①，这个时候就需要通过减少左侧代表组合资产的圆柱体来获取资金。现金、到期的逆回购和利率债类资产是最先减小的，因为它们的变现能力最强，同时其他类资产也均会被投资经理挂出卖单准备变现，但变现速度往往不尽如人意。如果日终都无法完成足额的资产出售，组合资产大于组合负债与投资者权益的总和，就会造成债券组合的爆仓。

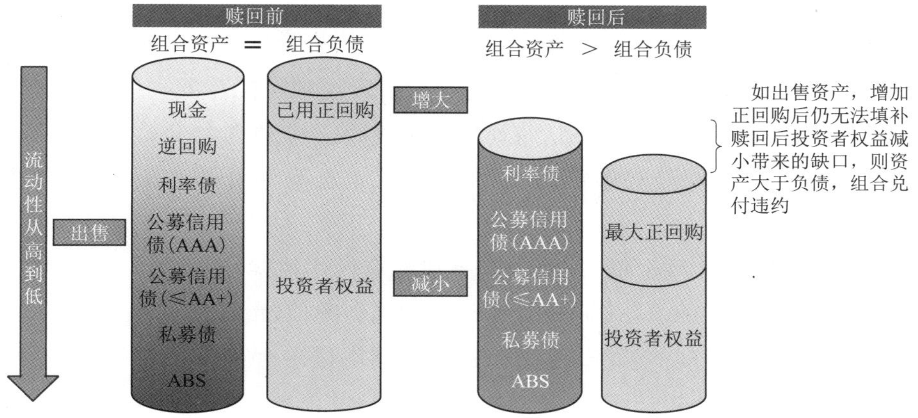

图 13-10　兑付危机是债券组合管理中最严重的生产事故之一

爆仓是债券组合管理中最严重的生产事故之一，不论是投资者正常行使赎回权利时无法按时按量支付赎回资金，还是在触发巨额赎回时②暂停客户赎回，甚至是被迫增加正回购融资导致杠杆率超过监管上限，均会在不同程度上对债券投资管理人的声誉造成恶劣影响，并可能导致后续更严重的挤兑现象。对于债券投资经理而言，一次组合的爆仓就足够终结其职业生涯(至少在当前投资机构)，所以进行极致精细化的流动性管理，防止任何兑付危机的发生是债券投资工作中的重中之重。

第 10 章第 2 节中介绍了从债券投资组合管理的角度，如何合理安排组合的资产，以满足客户申赎的需要，实现良好的流动性管理。除此之外，Know Your Customer(KYC)的工作也非常重要，不同的客户类型往往会对负债端资金的稳定性造成非常明显的影响。对开

---

① 在极少数的情况下，即使正回购占比尚未达到上限，也有可能因为市场流动性枯竭，或组合中用于质押的债券资质过低，或交易时间不够，而无法找到交易对手进行正回购融资。

② 《证券投资基金运作管理办法》规定，开放式基金单个开放日的基金净赎回申请超过基金总份额的 10%时，为巨额赎回。

放式基金组合而言，以机构为主的负债端资金在关键时点的不稳定性较大，在季末、年末以及市场资金价格紧张的时候，容易发生大额赎回。负债端以散户为主的资金在平时和日历表的关键时点赎回并没有特定规律，净申赎表现得较为平稳，但是在受到其他资产类型，特别是股市和房市的虹吸现象较为明显，在股票市场好的时候，房价剧烈上涨的时间点，散户会大量赎回低风险偏好的债基，去购买预期回报更高的产品。在市场资金价格紧张，股市红火的时候，债市往往表现不佳。在各类债券大幅折价也未必能卖出去的情况下，因为客户赎回的需要而不得不甩卖的重压会让投资经理如坐针毡，所以需要特别警惕流动性风险和市场风险共同引爆的肥尾风险。

13.2.2　因急于变现而承担的卖券折价风险

除了现金以外，其他任何类型的资产都需要通过出售变现，才能拥有支付的功能。上一节提到了在资金面紧张、债券市场情绪不佳时，投资经理可能需要大幅折价也未必能成功变现债券，但其实即使在债券市场情绪尚可的时期，债券变现时的交易成本也不容小觑。

如图 13-11 所示，不同资质和类型的债券交易成本也不尽相同。按照交易成本从小到大排列。

首先是利率债（国债、政金债）。因为利率债没有信用风险，在债券市场中从保守的银行、保险，到风险偏好高的私募、专户投资者都能购买利率债，市场接受程度最高，可用于配置、波段交易和流动性管理等功能，适用面最广。利率债中个别发行时间较近、发行量较大、期限较为合适（1 年、3 年、5 年、7 年、10 年等期限）的债券交易量最为活跃，市场有常驻的、价格较为公允的买卖单，投资者可以随时进行交易。这些债券被称为活跃券。综合来看，利率债尤其是活跃券，相对于其他债券品种，交易成本是最小的。

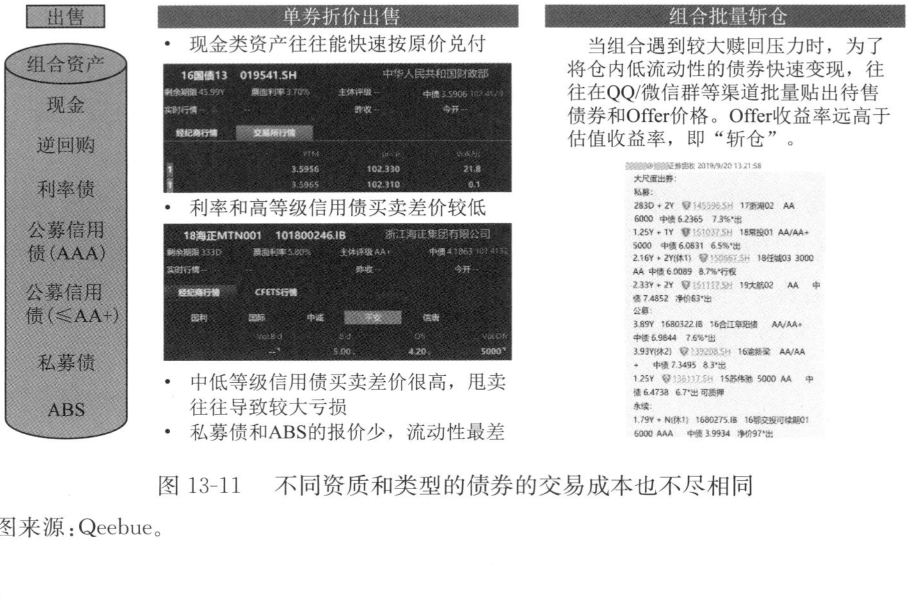

图 13-11　不同资质和类型的债券的交易成本也不尽相同

截图来源：Qeebue。

其次是资质极好的信用债。虽然信用债大多只用于配置和少量的资本利得策略（波段、骑乘等），但资质极好信用债的发行主体一般均在市场各类投资者的白名单之内，也在其投资范围之内，且由于成交较为活跃，债券的估值较为接近其公允的内在价值。所以这些债券的交易成本也很低，只是由于市场中并不总是存在买单和卖单，投资者的买卖意向单成交需要时间，按照公允价值变现的速度略逊于利率债。

中低等级信用债，由于发行主体很可能不在市场很多机构投资者的白名单、授信名单中，所以市场接受度更低，主要只用于票息收益策略进行配置而较难结合到其他策略中，适用面更窄。所以中低等级信用债的流动性更弱，变现需要的时间更长，快速变现的折价更大。有时，因为要快速变现而大幅的折价，不但卖不掉，甚至还会让市场误以为此券有突发的违约风险。所以在购买此类债券前要慎重考虑，不要在负债端不稳定的债券组合中进行配置，且配置后不到万不得已，不要轻易甩卖。

如果真到万不得已的时刻，为了避免爆仓，投资经理也不得不承担较大的交易成本对组合进行折价斩仓的操作。如 QQ 群或者中介报价中出现如图 13-11 右边所示的出售列表，列表中的债券可能新老不一，但是在行业和评级上具有一定相似性，且 Offer 价均高于估值，则很可能属于买方机构管理的组合斩仓的情况；相对的，如果均是近期上市的新券列表，则可能是销售方出售一级半市场新券的中间交易。不乏会有“趁火打劫”的买主，利用卖家急于变现的心态，在 Offer 收益率上再行加点成交，获取更多价值。

读者参考

急于变现时的买卖双方心理博弈

对于流动性和资质较弱的信用债券，由于市场没有常驻、公允的买单，卖方不得不在交易所竞价系统或者货币中介等渠道挂卖单表明出售意向。当出售的时限性不强，压力不大时，卖单中可能不会注明数量和价格，而是等待买家询价、出价，但对于急于变现的卖家而言，没有这种“稳坐钓鱼台”的心态与能力，会在卖单中标注出售金额以及明确的、收益率可能略高于估值的出售价格。此时一些资金宽裕，可以从容选券的买家并不急于联系卖家商谈交易，而是故意在中介处挂一个 bid 收益率比卖单还高的买单，向对手方传达一种“你爱卖不卖”的态度。而对于卖家而言，看到此类卖单后，如果时间允许，则可以略微调高己方的 Offer 收益率，但仍在对方 bid 收益率之下，体现己方的态度和诚意。但如果时间紧急，万不得已的情况下，卖方没有来回调整价格的余地，不得不以 bid 价格甩卖给买家（即 Given 型成交），最后成交的收益率高于估值收益率，则意味着其净价低于估值净价，估值净价－成交净价的差额即为卖家承担的流动性成本，即甩卖导致的折价亏损。对于按照中债估值计算净值的组合而言，此类交易的亏损会导致当日净值出现明显的异常下跌。

13.2.3 回购交易中的质押物流动性风险

如图 13-12 所示，债券的信用资质的高低、流动性的好坏不但影响其变现时的交易成本，也影响将其作为正回购质押物时的市场适用面、接受度、质押率以及正回购价格。

交易所质押式回购由于其 1 天、7 天和 14 天这三个主流品种成交量大，在竞价系统运行可以即时成交，故在此回购品种中使用的交易所质押券（一般包括在交易所交易的国债、政金债、地方债、公募信用债、可转债、部分 ETF 等）是使用最方便、流动性最好的质押物之一。但也需要关注交易所每日调整质押券的质押率的风险，如果质押率下调过多，发生欠库，又没有其他质押券补充，则可能被迫降低融资金额。

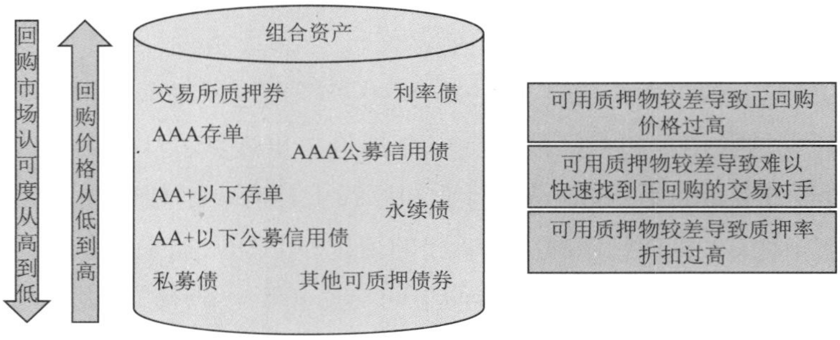

图 13-12　不同资质和类型的债券具有不同的质押物流动性风险特征①

而在银行间债券市场中，利率债是流动性最好的质押物。银行间市场最主要的资金融出方为大中型商业银行以及货币基金，这两者均能接受利率债作为质押品，而且利率债没有信用风险，其质押率往往等于中债估值净价，即使打折一般也不会低于 95 折。而对于其他信用类债券，由于其在质押时均面临发行主体需要进入资金融出方质押物白名单的问题，故信用资质越弱的主体，市场接受度越低，质押时折扣越高。对于一些资质弱的 AA 或以下的债券，质押中需要打 5 折以下的情况也不罕见。

此外，由于《公开募集开放式证券投资基金流动性风险管理规定》公布以后，公募基金融出资金时可接受质押物的资质要求应与基金合同约定的投资范围保持一致，而货币基金作为市场最大的非银类资金融出方，不可以投资剩余期限在 397 天以上的债券，也不可以投资永续债，故长期信用债在作为质押物时，其流动性更弱于短期债券，不但更难找到回购成本较低的资金融出方，同时也面临质押率在估值净价基础上打折更多的问题。

由于公募基金不可以投资私募信用债，银行间的私募 PPN、交易所私募公司债作为质押物只在私募类债券产品户之间的回购融资、交易所协议回购等少数渠道流动。私募类债券产品户之间的融资日成交量小，交易不活跃，很多时候需要交易员提前数日和关系好的

① 图中的“其他可质押债券”主要包括 ABS、中小企业私募债、中小企业集合债券/票据等。

对手方预约才能够完成，而且其成交价格一般远高于公募债券为质押物的同期限回购价格。

如图 13-13 所示，以上交所质押式回购（GC 系列）作为公募质押券的回购代表，协议式回购作为私募质押券的回购代表，在 7D 这一活跃期限中，上交所质押式回购的成交额远大于协议式回购。在成交价格的对比中，不难发现，上交所质押式回购的加权平均成交价均低于上交所协议式回购，但这两者在 2018 年中之前的价格差距较小。2018 年年中以后两者价格差距极大。这主要是《公开募集开放式证券投资基金流动性风险管理规定》公布以后，货币基金在通过逆回购融出资金时，不在接受正回购方以私募债券作为质押物导致的。

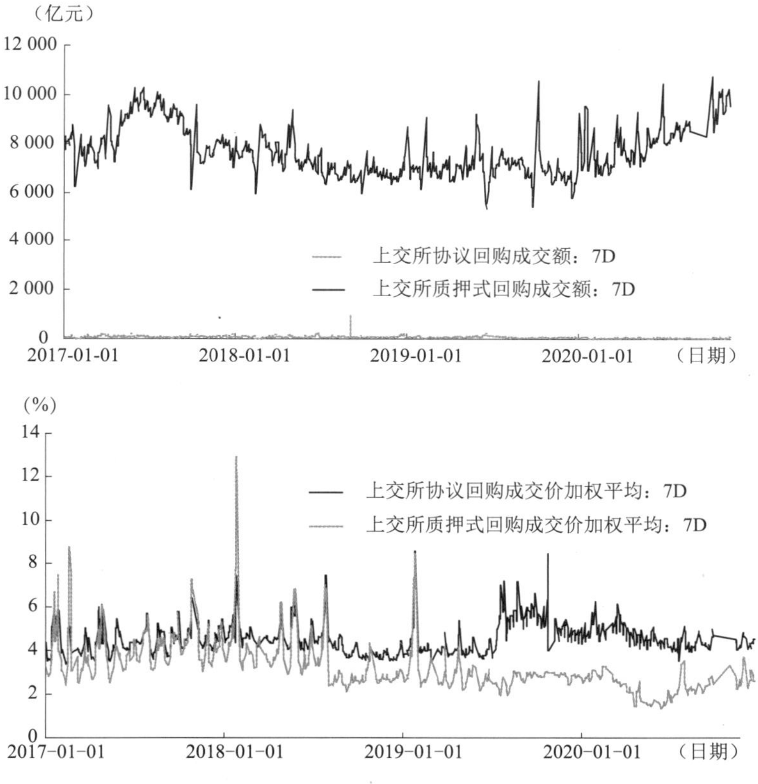

图 13-13 质押物为公募债券的回购品种成交量与价格均远好于私募质押物的回购

数据来源：WIND。

正是因为在作为回购质押物时，不同债券的市场接受度和回购成本有如此大的区别，而稳定的正回购续借又是含杠杆的债券组合能平稳运行的关键，流动性管理的重要内容之一就是对质押物进行有效管理：尽可能地提高组合中债券作为质押物时的市场接受度，在对方能够接受低资质质押物或市场较为宽松时优先将持仓中低资质的债券压出，防止在市场资金价格紧张时没有高等级质押物用于续借的问题。同时，因为目前仍有不少机构在进行回购交易时需要逐笔录入质押债券详情，所以正回购方在决定每笔回购需要提交哪些质押券时，需要避免将原来整量的债券拆散，防止进行正回购时提交的质押券笔数过多，对方不接受，或来不及成交的问题。最后，仓内最好能够常备一些利率债和高等级存单，用于日终时点可能发生的应急借款。应急借款的主要交易对手是给款快、闲置资金多的银行，以利率债和存单作质押物更可能匹配对方的要求。

13.2.4 流动性准备的日常监控

上文介绍了不同债券资质对组合兑付能力的影响，在债券变现时交易成本及在质押融资时的市场接受度等衡量流动性风险的考量内容。从债券投资组合管理的角度，也需要有一个从全局出发的流动性风险监控。

单日最大赎回比例就是一个很好的指标。这个指标通过对各类债券资产赋予流动性系数的方法，大致估算组合在任何一个单日可以承受赎回的比例。

$$\text{单日最大赎回比例}=\frac{\text{杠杆率上限}-\text{已用正回购比例}+\sum P\times I_p}{1+\text{杠杆率上限}}$$

公式中的 P 为各类资产当前配置占资产净值的比例，I_p 为各类资产 P 对应的单日预估可变现的比例(系数)。

如图 13-14 所示是笔者根据经验估算的、不同类别资产在单日内可售出的大致比例。在市场情绪较好、买单活跃的时候，实际比例可能比其略高，反之则略低。该系数本身仍具有不错的参考价值，读者根据市场情况和持仓中债券的具体资质可以进行微调。比如，如果利率债中新发行的债券较多，单日可变现率可能会高于 90%。而信用债主体中，总体来说来源于东北、西南和西北等经济暂时落后地区的城投的市场认可度一般会低于上海、浙江、广东等东南经济前期发展较为迅速的地区，过剩产能行业主体的市场认可度也会略低于其他行业，央企、国企的市场认可度又会略高于民企。但也不能一概而论，读者可以结合不同主体的近期市场新券发行情况以及市场的买卖单和成交情况再做进一步的细化调整。

利率债	90%
国股银行存单	75%
其他AAA存单	40%
AA+存单	15%
资质极好的AAA信用债	40%
AAA信用债	20%
AA+信用债	5%
逆回购	今日到期金额比例
其他（私募债、ABS、永续等）	0%

图 13-14　流动性系数 I_p 的赋值

在确定了各大类资产单日可出售的比例后，就可以按照公式计算整个债券组合在每个单日最大可赎回比例的指标。也可以据此设定关于组合整体流动性比例的风控指标，比如对于一般的开放式债券基金而言，设定单日可赎回比例不低于 10%（监管定义巨额赎回）可能是比较好的标准，而对于货币基金或者短债基金这些具有一定流动性管理性质的组合而言，考虑到连续赎回的情况，需要做单日可赎回比例不低于 25%的流动性准备才能够较好地应对监管的流动性管理预期（单日可赎回 10%以上，且连续 3 个交易日可累计赎回 20%以上，且连续 5 个交易日可累计赎回 30%以上[①]）。如图 13-15 所示是某个货币组合的流动性比例监控，在季末时点有明显的因赎回而导致流动性资产比例下降的实例。

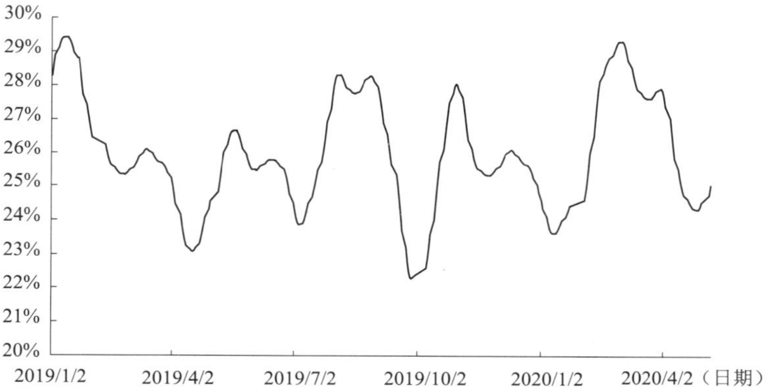

图 13-15　货币组合的流动性比例监控（示例）

除了依据监管条款来设定最低单日可赎回的阈值外，也可以根据债券基金的过往赎回记录设定该门槛。由于场外基金和非公开发行的债券基金不对外公布每日规模波动，可以参照场内纯债和货币 ETF 的规模变化，大致的预估开放式组合每日可能发生的申赎比例。

如图 13-16 所示，目前所有场内货币 ETF 共有 27 只，剔除规模在 5 亿元以下的 21 只微型基金，以其他 6 只货币基金为例，在过去三年中，绝大多数的单日赎回比例（单日规模变动）发生在 10%以内，绝大多数的三日连续赎回比例在 20%以内，最大值约有 35%。对于货币基金而言，大多数赎回发生在月末、季末和年末等日历关键时点。而对于纯债类组合而言，日历时点资金流出压力略小，但需要小心债券市场大幅下跌、股市大幅上涨时，客户趋同性卖出债券基金转而配置股票基金的现象。

① 参见《货币市场基金监督管理办法》(2016 年 2 月 1 日施行)。

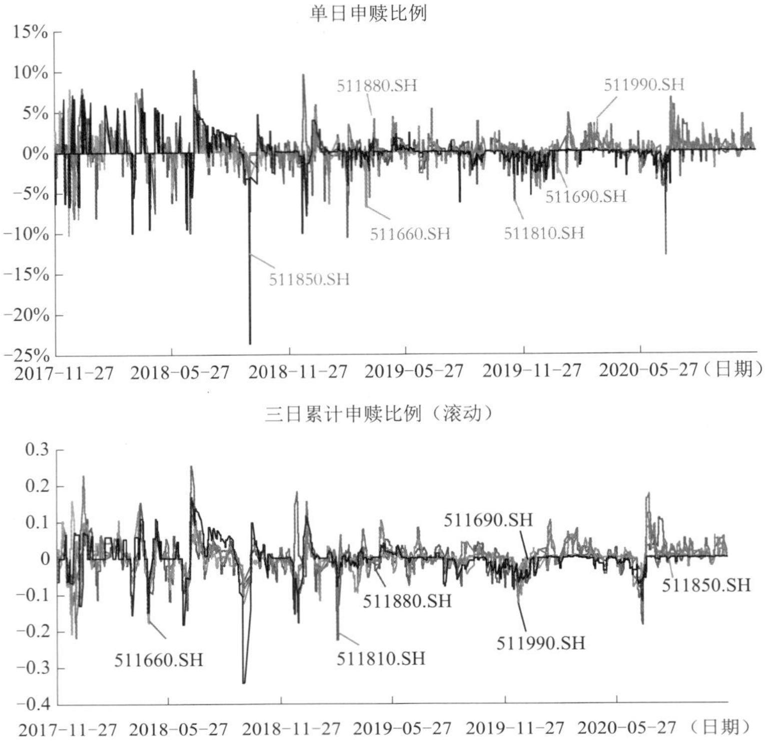

图 13-16　以规模最大的 6 只场内货币基金为例，过往三年中单日/三日申赎比例变化

数据来源：WIND。

13.3　细节中的魔鬼——交易对手风险与操作风险

市场风险、信用风险和流动性风险是债券投资中发生较多的业务性风险，对此类风险的控制需要娴熟的业务能力、丰富的市场经验和一定市场预测能力。除此之外，还有另外一类事务性的风险，可以通过严格的规范设置和流程优化进行避免。但此类风险在日常业务中仍然时常出现，当人员有懈怠、规则不清晰、制度有漏洞时猝然爆发，对业务造成巨大影响。这些事务性的风险包括交易对手风险、结算风险与操作风险。

13.3.1　交易对手风险

交易对手风险主要发生在交易端，是一对一进行交易的银行间市场与交易所固收平台市场的特有风险。该风险发生的根本原因在于一对一的债券交易（不论是现券交易，还是回购交易）没有中间对手方担保交收，交易条款都是双方协商的产物，从交易到最终的交收时间也具有不确定性，导致因为交易对手自身的原因而发生风险。

常见的交易对手风险有以下几类。

1. 主动毁约

此种情况常发生在与内部管理混乱、人员素质参差不齐、双方信息严重不对称的对手进行交易的场景中。债券市场中，充斥着形形色色的市场参与者，从支柱性大型国有股份制银行，到大大小小的券商、保险和公募基金公司，再到刚刚达到银行间市场准入规模的小型私募公司，最后甚至可能是自身不达市场准入条件，披着别家产品外衣进行投资交易的“非正规”机构。而由于市场各类债券的流动性有限，资金的供给时间分布也不均匀，债券市场的参与者，难免会在特定的时间，因为特定的债券品种，接触各种各样的交易对手。

本书的第 5 章阐述了债券交易中的三个步骤：通过电话/QQ 等工具谈成交易，通过银行间前台系统成交，后台完成资金的交收与现券的交割/冻结；如果是回购交易，则还需要第四步骤：到期日的回购资金的转回，现券的转回/解冻。在债券市场的交易中，最重要的是信誉。一般而言，完成第一个步骤，双方通过通信工具确认成交后，默认对方一定具有完成后续所有步骤的意愿和能力。但对于一些素质不高、可信度较弱的交易对手而言，可能会因为在成交后看到对其更有利的交易价格，或者参与了新的后续交易安排，使得当前交易不再可行等原因而主动毁约。比如，在电话/QQ 谈成交易后，对方反悔不在前台系统成交，或者发生在回购到期前，对方强行要求换账户续借，或者对到期的协议回购进行延期等。

主动毁约的最主要原因在于对手方没有足够的职业素养和工作信誉，当己方利益和遵守已达成交易的诚信原则发生冲突时，会将己方利益放在诚信原则之上。市场价格波动越大，或者交易从达成到最终交收/交割时间相隔越长时，交易双方的利益就越可能偏离交易达成初始时的分配比例，己方利益受市场影响，与交易中的诚信原则产生的冲突也就越大。这种利益冲突导致的交易对手方风险的最典型体现就是，在代持交易还未被明令禁止的 2016 年所发生的“国海萝卜章事件”。

近年，随着投资交易人员公示制度的推行、投资和交易部门在各类机构中的普遍分离、通过录音电话、企业 QQ、QTrade 进行留痕的交易制度的普及，以及参与交易人员的素质和专业性明显提高，主动毁约的数量已经大大减少，但因为各种各样客观或技术性因素而发生违约的情况仍层出不穷。

读者参考

国海萝卜章事件

国海萝卜章事件可能是我国债券市场中最为严重的风险事件之一，成为 2016 年底债市大跌的顶点。国海萝卜章事件的根本原因在于，投行和资管业务之间未建立有效隔离墙，直接原因在于市场交易对手之间通过内幕交易操纵市场，逃避内控和监管。当市场走势偏离原约定达一定程度，私人间的信用无法再承受巨额浮亏的压力时，交易对手风险以主动毁约的形式集中爆发出来。

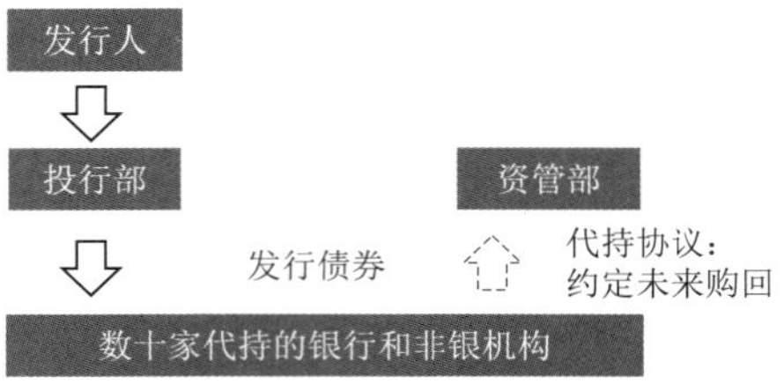

在出事之前，投行部为了帮助资质孱弱的发行人降低发债的利率，联合资管部，在市场上寻找风控宽松的代持金融机构，约定由这些金融机构以低于市场公允收益率的票面利率价格，从投行部购买弱发行人的债券，同时由资管部向这些机构出具代持协议，约定未来会将这些债券高价买回，以补偿这些代持机构的持有成本。

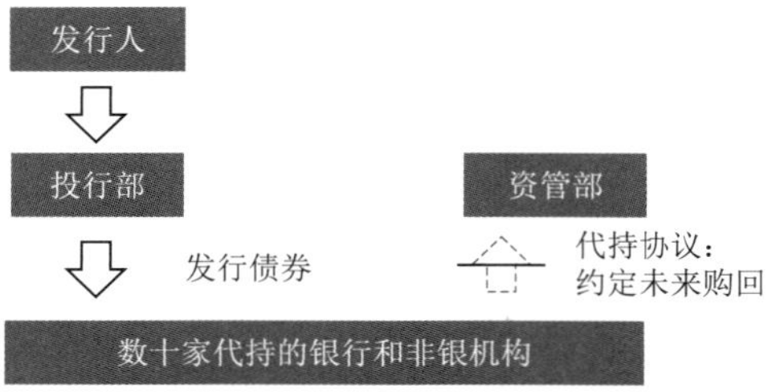

当时，代持是债券市场中较为普遍的现象，在很多金融机构之间，没有代持协议，仅凭口头约定就进行的代持交易并不少见，而国海事件中盖着“公章”，含有代持协议的约定交易，更不容易引起代持方的警惕。2016 年 11 月后，以 10 年期国债利率为代表的各类债券收益率快速上行，数十家机构所代持的债券价格大幅下跌，当代持机构要求国海证券将亏损债券买回时，国海证券以所用印章为伪造，原代持安排为涉案员工个人行为为由拒绝认账。涉及的债券总计约 165 亿元，既包括由国海证券投行发行的债券，也包括大量普通代持中涉及的利率债和其他信用债。

对于这些被拒绝的金融机构而言，他们遇到的就是典型的交易对手风险。即交易的对手方，无法（不论是合法或者非法理由，主观原因还是外界不可抗力）按照原来预期的合约履行交易。

2016 年底，在监管部门的协调下，按照利率债四六分账，信用债三七分账，国海证券占大头，其他机构占小头的模式买断涉及的券种和代持期间的资金成本。国海萝卜章事件得以化解。

2018 年 1 月 4 日，央行发布了《中国人民银行 银监会 证监会 保监会关于规范债券市场参与者债券交易业务的通知》（银发〔2017〕302 号），对不同业务的隔离进行了规定，明令禁止了债券交易中的利益输送、内部交易、操纵市场、规避内控和监管、未报备的线下债券交易和通过“抽屉协议”规避内控及监管要求等行为。在 302 号文发布后，线上的现券交易最多进行 T+1 交割，能约定在更远期进行交割的只剩下回购交易，而约定在更长的时间后按照约定的价格进行现券交割的代持类交易成为历史，大大减小了业务活动中因主观因素而发生交易对手风险的概率。

2. 被迫违约

此种情况多发于和市场中资质很弱的非法人产品账户进行回购交易中。此类违约事件并非交易对手“见利忘义”而有意为之，大多是自身条件对市场突发事件和价格波动抵御能力极弱的，导致后续融资链条断裂而产生。

这些资质很弱的账户共同特征往往是：组合内债券信用资质极弱，在市场正常交易中极难以接近公允估值的价格出售，同时组合的财务杠杆很高，需要不断向新的市场参与者进行新的正回购融资，来偿还已到期正回购的本金和利息。这种危险的滚动融资在下列两种情况下是难以为继的。

(1)当市场资金突然收紧时，原本通畅的“大银行—中小银行/非银—私募产品户”的资金流向链条被打破，这些资质很弱的债券账户原本的交易对手(与其进行回购交易的资金融出方)没有多余的资金可以向其续借，而这些账户因为债券质押物资质过低，或者不在市场大部分机构的交易对手白名单内等原因，无法从资金充沛的大银行、货币基金进行融资，故很容易发生所有资金来源全部断裂，无法续借的情况。

(2)当市场债券价格快速下跌时，此类高杠杆账户内的债券质押物的市值也快速缩水。相对应地，在使用这些债券作为质押物进行融资时，其质押率的折扣也会变高，组合中质押物储备能支持的杠杆率也随之降低，也可能导致当前到期正回购无法续借致使违约情况的发生。比如，一个实收资本为 10 亿元，风险偏好极高的私募债券组合，加了 80%的杠杆以赚取杠杆息差，即组合中共配置了 18 亿元的债券资产。在市场波动之前债券质押率为 90%左右，故每日只需将组合中市值为8.9亿元债券质押出去，融入 8 亿元的正回购来支撑组合当前杠杆率即可。但当债券市场快速下跌时，原来价值共 18 亿元的债券资产现在只值 15 亿元，且市场的质押率受情绪影响，下降至 70%。这样当原有的 8 亿元正回购到期后，需要续借 8 亿元偿还到期的借款，但组合中剩余可用的质押券市值仅为 $(18-8.9)\times(15\div18)=7.58$ 亿元，能够在市场中续借到的资金仅为 $7.58\times70\%=5.31$ 亿元左右[①]，无法偿还到期的正回购金额。

如果直到日终，既没有办法找到新的回购对手续借足量资金，也没有办法将组合仓内债券快速变现筹措资金，最后只能被迫违约，无法按期向当前到期的交易对手支付回购本金和利息。这也是交易对手风险爆发的另一大可能原因。所以在进行回购交易时，对逆回购方而言，一定要对正回购方进行充分尽调，避免和杠杆率过高、组合中债券变现能力较弱的交易对手进行交易。

3. 不可控因素

还有第三类因不可控因素导致交易对手无法按约定完成和己方的交易。比如，交易对

---

① 根据目前的交易规则，银行间市场中的到期正回购质押券需要在到期日后一天才会解质押，所以在到期当天进行正回购滚动续借时，需要使用另外一批不在质押状态的债券作为质押券使用。

手的上家给款给券时间慢，导致其无法及时将收到的款/券交付给己方；或交易对手方内部发生的操作风险导致其对己方违约。

4. 交易对手风险的解决方案

为了有效地控制交易对手风险，常用的办法是建立分级的交易对手库，将市场上的所有潜在的交易对手分为三类：一类交易对手，不限制累计净头寸暴露金额；二类交易对手，限制累计净头寸暴露金额；三类交易对手，不允许新增交易。

常见的归类标准是，把具有资金来源较为稳定，基本没有爆仓风险的大中型金融机构交易对手（比如中大型银行、证券公司、保险公司的自营类对手）归入第一类。对于此类交易对手，可以不设净头寸暴露限制。将资质较好，走完尽调流程的其他金融机构，及资产管理类非法人账户放入第二类交易对手，并参考规模、管理人资质等因素为其分配净头寸暴露金额上限。将其他资质比较弱、风险较高或者暂时还未尽调过的非法人产品账户，市场中其他机构（小型财务公司、小贷公司、租赁公司等）放入第三类，待完成尽调，证明资质达到要求后，再转入第二类。

归类标准一方面是和交易对手的公司规模、产品规模、人员的专业程度和内部流程的效率有关，在这点上，规模大、在市场中非常活跃的大中型银行和券商的实力会远好于私募产品类交易对手；另外一方面，归类标准也与交易对手在发生差错和事故时的补救能力有关。自营类机构补救能力较强，银行自营账上总有部分超额准备金可以支配，券商或者保险类自营一般也有闲置资金或者银行透支额度；而非法人产品户没有此条件，可用于补救的资金或者现券资源相对有限。大的公募基金或银行理财子公司账户多，在市场上能借用的资源也多，万一交易时出现问题，他们还能够找到别的账户和己方重新做一笔交易，或者在市场上找其他机构的资源进行补救。但对规模较小、市场认可度较低的机构而言，此类资源很少，需要额外防范结算风险。

在做好交易对手分类后，如果因为各种各样的原因，仍有风险事件发生，则在督促原交易对手解决问题的同时也可以做好两手准备，寻找新的交易对手开展应急的交易方案。哪怕当天多借一笔回购，多卖一笔债券，也比己方未能完成兑付，发生爆仓风险好得多。对于原对手交易失败的，如果仅是口头成交，没做前台，只要双方达成谅解，取消交易对双方也没有额外的损失。即使是已经在银行间前台系统中成交的交易，只要双方达成一致，也可以不做后台，填写《全国银行间同业拆借中心结算失败登记表》，双方公司盖章后提交协会报备即可。

读者参考

被迫违约中最典型、最极端的情况：结构化发行

自2016年开始，部分信用资质较弱、产能过剩行业、自我造血能力较弱的僵尸企业在债券市场的认可度逐渐下降，在正常、独立和互相对等的环境（Arm's Length Principle）下很难成功发行债券，或者发行债券的票面利率远高于发行人期望/可承受的范围。为了在这种情况下仍能保住通过债券市场融资的渠道,防止因再融资失败导致资金流断裂,这些企业常通过和资产管理公司建立定制化账户进行自融,辅助债券发行的方式实现融资的目的。

具体的做法有两种,第一种是俗称的结构化发行,也就是发行人和资产管理公司(比如基金公司或券商资管)通过业务勾兑,开设一个结构化分级基金产品,发行人借入一笔过桥资金来认购这个基金产品的劣后级,并以劣后级作为安全垫,设立一个预期收益率有一定吸引力的优先级,向外界的基金投资者开放申购,这样发行人就能够以较小的劣后级资金形成一个规模远大于此的债券基金产品,再让这个基金产品大量的买入该发行人新发行的债券,认购资金经过债券承销方最终回到发行人手上,偿还之前借的过桥资金后,剩余的则为发行人融到的资金,而其融资成本以优先级预期收益的方式给到投资人,利率要比正常发债低很多。

比如,一个发行人在市场中的正常发债票面利率为 8%,但如果它找了 3 亿过桥资金,认购了结构化基金产品(比如券商资管的分级集合产品、基金公司的分级基金)30%的劣后份额,这个基金产品以 6%的预期收益直接向投资者募资,投资人粗一看,这个基金产品有 30%的劣后安全垫,貌似风险不大,于是踊跃申购,最终这个基金产品规模可以达到 10 亿元,其中有 7 亿元是投资者的钱。然后发行人发行了一笔 10 亿元,票面利率为 6%的私募债券,被这个基金产品全额认购(此为简化情况,发行人实际可能通过控制多个结构化产品来完成这个操作),这样发行人收到 10 亿元后,可以将 3 亿元还给过桥资金,剩余 7 亿元可用于公司经营,且只要对这 7 亿元支付 6%的利率即可,相比正常发债,节约了年化 2%的收益率。

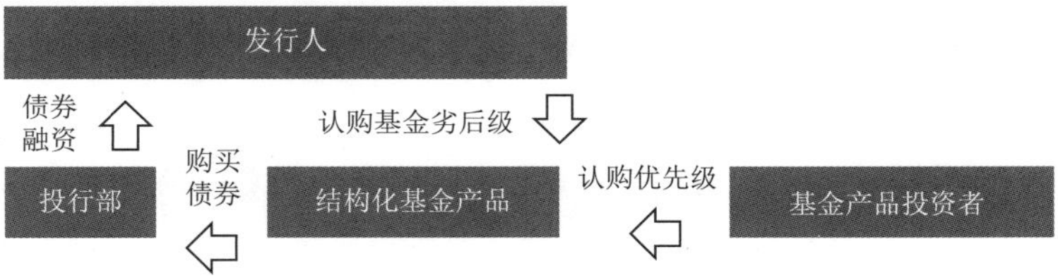

第一种结构化发行的方式和本章介绍的交易对手风险关系不大,最大的风险在于分级基金产品存在刚兑的预期,和监管净值化的改革思路相违背,且关联交易绕过了信用定价,如果发行人违约,则基金的劣后安全垫会被完全击穿,损害基金投资者的利益。

故在 2017 年 11 月 17 日,央行、银监会、证监会、保监会、外汇局联合发布《关于规范金融机构资产管理业务指导意见(意见征求稿)》,明确规定:公募产品、开放式私募产品等“不得进行份额分级”,同时“分级资产管理产品不得直接或者间接对优先级份额认购者提供保本保收益安排”,至此,第一种结构化发行方式成为历史。在第一种结构化发行方式被监管堵住后,第二种结构化的发行开始活跃,由于无法通过设立优先级份额的方式吸引基金投资者的资金,故在第二种运作方式中,发行人转而通过债券回购的方式向市场融资,这种方式最直接地体现了交易对手的风险,需要债券市场的投资者们警惕。

此处继续使用第一种结构化发行的例子，假如一个发行人在市场中的正常发债票面利率为8%，但如果它找了5亿过桥资金，认购了一个结构化基金（一般为基金专户/券商资管专户，非分级产品）100%的普通份额。由于是专户产品，按照监管规定的最大杠杆率为200%，故其可以先发行5亿元债券，让这个基金全额认购，钱经过承销商后回到发行人处，可以还上过桥借款。到此时，发行人并没有融到资金，但是控制一个基金组合，并在组合中持有5亿元自己的债券。

发行人可以指示基金管理人，将这5亿元债券作为质押物，向市场机构通过回购的方式进行融资。不考虑质押物打折的理想情况下，最多再融入5亿元，并利用这5亿元再申购自己发行的债券。这样，发行人只要支付市场的回购融资利率（往往低于其公允的8%的市场债券利率），就可以完成5亿元的融资。

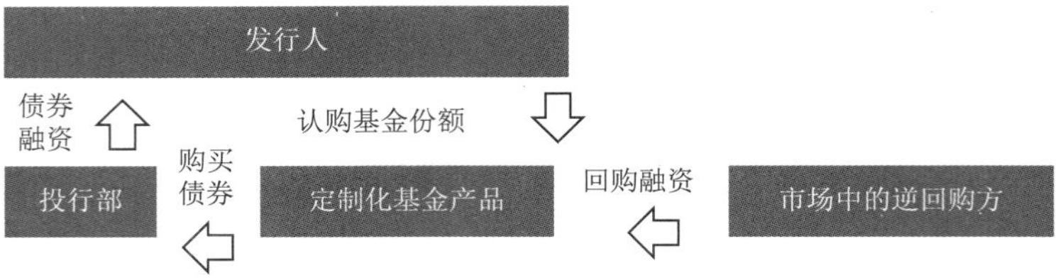

但是对于市场中逆回购的参与方而言，这种“结构化”专户作为对手方的回购交易充满了交易对手风险。正如前文提到的：

（1）当市场资金突然收紧时，这些资质很弱的债券账户找不到新的交易对手（与其进行回购交易的资金融出方）续借资金，故很容易发生资金来源全部断裂，无法偿还到期回购的情况；

（2）当市场债券价格快速下跌时，此类高杠杆账户内的债券质押物的市值也快速缩水，组合中质押物储备能支持的杠杆率也随之降低，也可能导致当前到期正回购无法续借致使违约情况的发生。

但由于目前基金专户并不需要披露全部持仓，且不少市场具有一定声誉的机构也会参与这种高风险的业务（近年因此被处罚的机构并不少见）。所以，在实际债券交易中，无法完全确定交易对手是否为参与结构化业务的基金，故债券投资和交易过程中，一定要做好完备的尽调工作，尽可能降低交易对手风险，减小其违约的概率。

所幸的是，2019年12月13日，上海证券交易所发布了《关于规范公司债券发行有关事项的通知》，2020年11月18日交易商协会发布了《关于进一步加强债务融资工具发行业务规范有关事项的通知》，这些规定均对发行人自持自家发行的债券进行了限制，相信随着漏洞逐步被填补上，这些风险极高的结构化业务也会慢慢销声匿迹。

13.3.2 操作风险

巴塞尔银行监管委员会对操作风险的正式定义为，由于不完善或有问题的内部操作过程、人员、系统或外部事件而导致的直接或间接损失的风险。在债券投资和交易过程中，当这些风险发生在交易对手侧，导致交易对手对己方的违约时，体现为一种交易对手风险，当这些风险发生在己方一侧时，又体现为己方对外技术性违约的风险、或己方内部投资收益降低，或运行成本增加的风险。

在债券投资交易过程中，常见的操作风险是人员操作失误造成的，典型的此类错误包括(按照交易流程顺序)如下内容：

(1)己方和对手方交易员在洽谈之前算错了当天的头寸；

(2)记错了所要进行交易的标的(债券品种或回购期限)。

操作风险也可能发生在投资经理端，包括：

(1)错误地下达了投资指令；

(2)让交易员卖出了被冻结的债券(俗称的卖空券)；

(3)买入本不应该买的债券。

因为交易执行时需要涉及投资管理系统(在国内一般是 O32)，银行间交易前台系统和交易所/银行间的后台系统，操作比较烦琐，故在洽谈结束后到后台交收/交割完成前，也会有各种操作失误，常会发生的错误包括：

(1)交易员在不同系统中录错了交易数据；

(2)发错了交易账户名称；

(3)投资经理错误质押了打算卖出的债券(俗称押错券)；

(4)甚至可能仅仅是因为交易过多，忘了及时发送交易指令，错过了可进行交易处理的时间。

这些都是最典型、低级的操作失误，但是在任何一个债券投资机构中，此类错误都在以不低的概率持续发生着。

第二类操作风险是操作失误和内部控制的结合，随着债券交易中内部控制制度的逐步严密，此类事故发生的概率也有所提高。典型的此类错误包括：

(1)因为内部流程的限制，谈成交易后发现对方不在己方的交易对手库中①，如果无法入库，或者入库手续过于烦琐，可能会导致交易的失败；

(2)对手方和己方的未了结交易金额已经达到最大额度限制，故无法与对手再新增交易；

(3)在回购交易时，发现质押券没有入库，需要走入库流程。如主体不在库内，可能需要通过信评发起入库流程，所需时间可能更长；

---

① 大多数此类错误都是双方在沟通时没有全面了解信息导致的，因为交易员需要同时沟通多个交易对手，在信息浏览中难免会有疏漏，比如将 QQ 名为“某证券”的交易对手误以为是某证券自营，直到在前台下单时才发现是某证券资管。

(4)质押券发行主体无法入库，或质押券发行主体集中度超限；

(5)如果和交易对手是关联方，可能关联交易额度达到上限而无法完成交易。[①]

近年债券的风控和合规限制逐步收紧，条款显著增多，各前、中、后台系统开发商的功能升级却常常滞后，导致很多新的风控合规限制只能通过交易员、合规人员手动审批进行，这大大增加了操作风险发生的可能性。

除此以外，还有第三类因不可抗因素导致的操作风险，比如，公司内部计算机系统的错误（根据笔者的所见所闻，老迈、迟钝、充满遗留问题、无效、难懂、反直觉、易让人误解、误操作的投资/交易/研究系统是困扰几乎所有投资机构的慢性疾病）；银行间前后台系统故障导致交易中断（在笔者工作中确至少遇到过两次这种情况）等。

但无论怎么防范，只要交易流程还在演化，人员还在接替，系统还需改进，流程还需要人力干预，操作风险就总会时不时地发生，惩罚员工并不是有效的解决方式，反而容易加大员工工作时的心理负担。笔者认为，此类微小又难免的事件理应得到原谅与理解，在绝大多数买方机构中最好的解决方案永远是在人力资源、交易资源、系统资源、时间规划中，保留充分的冗余，并对大多数常见的风险事件设置处理预案，并制作详细的部门内部业务流程图，定期向新员工进行培训，明确岗位分工，提高业务运行效率，最终减小操作风险的发生概率，降低操作风险发生后的可能损失。

13.4 规矩与方圆——合规风险

合规风险也是在债券的投资、交易、研究过程中常发生的风险形式之一。大多数金融机构都会在业务部门内部配置数名具有法学背景的合规人员，且公司内部也有合规部门进行整体的合规管理，但前台业务人员，仍是合规问题的第一道防线，特别是债券的投资、研究和交易人员[②]，更需要掌握从业务角度理解合规问题、具备控制合规风险的能力。

13.4.1 合规风险的定义

合规，顾名思义就是符合业务和监管的相关规定。对于资管类机构的投资经理而言，最重要的业务规定文件就是基金合同。这是一份由基金管理人、基金托管人和基金投资人共同签署的三方合同[③]。基金合同的内容中既包含了基金名称、类别、运作方式、份额和费

---

① 关联方并不仅仅局限于母公司、子/孙公司，还包括对外投资，占股份具有重要影响的其他公司、具有资金借贷关系的业务伙伴、公司高管的关联人控制的公司等，对于综合控股的大型金融集团而言，关联方列表可能非常长，且经常更新，在谈交易时如果没有注意该类信息，而在 O32 下单时才发现问题，需要重新修改交易细节条款，这也是常见的风险点。

② 在部分机构中，集中交易室被归为中后台部门，但这不影响本文的结论。

③ 私募基金产品可不选择托管，而是采用基金管理人另行选择存管人的运作方式，这时的基金合同为两方合同，但此类运作方式在债券投资领域较少。

用等基本情况，列举并细化了各类监管规定落实在基金投资业务上的相关内容，也包含了该基金特有投资范围和投资限制。对资管类的债券投资而言，基金合同的规定，是一切业务操作的基础和边界。债券基金的投资经理需要深刻地了解基金合同的每一部分，尤其是基金的投资范围、投资限制、基金的估值方法以及会在季度/半年度披露的信息。投资范围和投资限制决定了组合的构建思路和投资规划，并直接约束了投资经理每日的业务操作，而估值方法和披露信息的范围则影响了每日净值的波动形态以及投资经理和客户的沟通方式，这种信息的交互将通过客户申赎影响基金的负债端，最终体现在业绩表现之中。

13.4.2 需要掌握的监管法规

监管法规很多，居于最上位的涉及投资业务的法律法规是《中华人民共和国证券法》（以下简称《证券法》）与《中华人民共和国证券投资基金法》（以下简称《投资基金法》）。在成文法之下的是各类“指导意见”，对法律法规内容提出了执法路径。再之下的是管理办法和管理规定，起到为上位法规提供配套的实施细则的作用。如图 13-17所示的监管法规部分，除了起到提纲挈领作用的《证券法》和《投资基金法》外，还从买方投资经理的视角，列举了条文中出现对投资债券的品种、数量、各类比率进行精确、细致约束的法规。

不论是在公募、私募、券商、资管还是银行理财，债券的投资经理都应该仔细研究所对应的监管条例。有时不同的托管人、管理人或投资交易系统，对相同法规或者法规中的某一条文的解读会有差异。例如，ABN 是否属于非金融企业债务融资工具，杠杆后组合久期的详细计算公式，无公开评级的某些私募 ABS 的评级归类等内容就是新手投资经理和风控经常踩坑的问题。作为投资经理，不能总等着风控合规人员或者恒生 O32 系统告诉你答案，因为他们的答案并不总是正确的，常常会出现公司风控和托管人投资监督岗的解读不一致，投资交易系统的风控试算结果和最终估值表计算出的风控指标不一致的情况。所以，投资经理需要对债券投资工作中可能会涉及的各类监管规定、约束指标的计算都亲力亲为、踏踏实实地学习①，做到了然于胸，这样既能够在日常投资中主动避开合规中常出现的坑，甚至有时还能够指出风控、合规人员或计算机系统的错误，为自己争取到更大的操作空间。

以上是泛资产管理行业债券投资所涉及的含有具体投资限制的监管规定，对于债券市场中另一部分主要参与者：银行、券商和保险的自营资金的投资而言，情况略微复杂，监管更多的是对这些机构的主体进行监管，比如，《银行业的商业银行资本管理办法》《商业银行流动性风险管理办法》《证券公司风险控制指标管理办法》《保险资金投资债券暂行办法》等。这些法规结合银行和券商等金融机构在 MPA 和评级等监管考核中的结果，对机构整体能承受的各个定量或者比率指标进行了约定，然后一般由公司的司库/计划财务部（以下简称计财）/资产负债部（以下简称资负）等同类部门对监管约束下可用的流动性和资产限额的“资源”在各类业

① 比较好的学习渠道包括证券业协会、基金业协会从业人员学习平台，法询金融监管研究院、云极金融社区等。

务、各个部门之间进行分配。比如，银行的资负部门将可用的头寸和流动性限额在信贷、同业、金市等不同业务间分配，券商的计财将风险准备金额度和可用的资本在自营、经纪和投行等业务之间分配等。所以在实际操作中，对自营的投资经理而言，合规风险主要来源于计财/资负等部门分配的交易额度，流动性上限和资产质量规定，而非直接来源于监管。

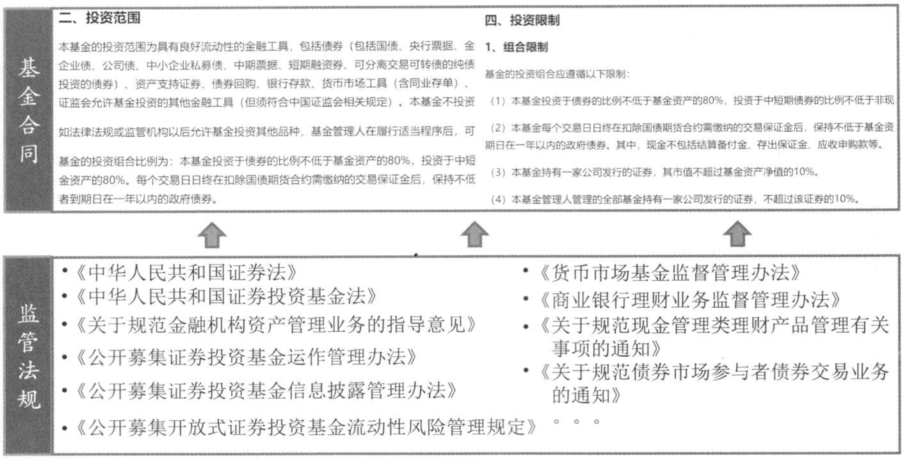

图 13-17　监管法规是基金合同的订立基础

还有一些其他监管法规的约束对象并非特定机构或者投资者，而是整个债券市场，比如《关于规范债券市场参与者债券交易业务的通知》等规定，这些规定的来源既包括央行这样的上级监管机构，也包括外汇交易中心和交易所等含有一线监管职能的机构，还有交易商协会这样的市场自律机构，需要债券投资者每日持续跟踪和关注。

13.5　疾风与劲草——组合压力测试理论与实战

前文介绍了债券投资过程中会遇到的各种风险，其中交易对手风险、操作风险和合规风险等较难定量地衡量和测算，需要通过内部流程制度的完善逐步减少；市场风险、信用风险和流动性风险可以定量地进行测算，并可以在考虑市场波动情况下进行合理控制。压力测试就是最简单常用的操作方式。

在压力测试中，测试者需要设置从轻微到极端的数个假设场景，测试投资组合在多个市场变量发生轻重不等的负面变化时，投资组合可能发生的亏损幅度以及波动率的变化，以确定组合在极端场景中仍能体现符合产品合同或投资者预期的风险收益特征，保持正常的运行，不发生爆仓、违约等严重的风险事件。

13.5.1　压力测试场景的构建

一般压力测试和一般的市场风险敏感度测试最大的区别在于，在压力测试中，不单单是市场利率这一个变量出现变化，而是测试多个变量同时变化的场景。对于债券投资而言，可以考虑施加压力的变量，包括无风险利率、不同等级信用债利率或利差、负债端的赎回率、违约率或违约损失率等。此外，也可以针对组合特点考虑一些更细的指标，比如，对于杠杆率高的组合，测试质押品打折幅度增加这一指标；对采用衍生品对冲部分市场利率风险的组合，可以考虑期现偏离度扩大对组合的影响等指标。

在选取指标进行场景构建时，既可以根据买方自身长期经验和内部风险模型测算的结果设置不同挡位的阈值，也可以参考证券业和基金业协会（以下简称协会）每年提供的场景压力测试表设置测试标准。最后重点考虑的测试版本可能是根据组合具体情况，形成协会版和内部版的综合。

比如，协会给出的版本中，不但测试了组合净赎回率，也会测试前十大持有人赎回的比例，但在很多情况下，组合的前几大持有人往往都是长期投资者，其资金稳定性较其他小客户反而可能更加稳定。另外，在协会的风控压力测试基础上，常会从投资端进行调整的指标是债券违约率与违约损失率这两个指标。由于债券违约的时点和概率分布并不均匀，较难量化预估，且债券价格几乎不会毫无征兆地突然发生暴跌，且从投资经理的角度，重仓主体暴雷对其组合和职业生涯的影响常是毁灭性的，是 0 与 1 的区别；至于违约后的损失率，取决于暴雷后通过法律程序追索或债务重组后的处置结果，也取决于相关政府或监管机构的态度，以及在债券发行过程中是否存在欺诈行为（决定了承销方的责任）。因其需要考虑的因素繁杂，处理时间漫长，利用定量方式纳入压力测试进行测算，对于投资管理人员而言意义不大。

如图 13-18 所示，压力测试对于债券投资人员而言，最有价值的部分在于可以很好地模拟，有申赎压力的基金经理最怕遇到："市场大幅下跌与客户大额赎回同时发生"的情况。但是这里没法考虑极端情况中常见的流动性枯竭的影响。现实投资中负债端大额赎回的流动性风险、利率波动的市场风险、资产端折价难卖的流动性风险常常同时发生，最差的结果可能比压力场景测试结果更糟糕。所以，在实际测算时，AA＋和 AA 等中低等级债券的假设价格变动幅度的测算并不完全基于历史数据（如过往中债收益率曲线）的变化，还要在其基础上再加以数十 BP 的折扣。

债券收益率上行幅度	轻度假设	中度假设	重度假设
无风险利率	50 BP	100 BP	150 BP
AAA	60 BP	120 BP	180 BP
AA+	80 BP	150 BP	200 BP
AA及其他	100 BP	200 BP	300 BP
净赎回率	30%	40%	60%
债券违约损失率	120 BP	270 BP	390 BP
债券违约率	2%	3.5%	4.5%

图 13-18　设定三个（轻度、中度和重度）或四个场景（轻微、轻度、中度和重度）是常见的压力测试模型

13.5.2 压力测试结果的衡量

在确定了压力测试的场景和数值后，就可以按照场景中各个变量的数值和组合的持仓，计算在各个场景中组合的表现。一般而言，久期长、杠杆高的承压后的实际损失会更大，但在不同的估值方式下，这种损失未必会直接体现在单位净值的变动中，所以对于净值法的债券组合与摊余成本法的债券组合，需要构建不同的组合表现测算表。

如图 13-19 所示，对于净值法估值的组合，需要计量其各类资产在不同假设下价值的变化。由于在压力测试中，利率变动通常为几十到几百 BP，可以简单地用该类资产久期乘以价格变化，更加精确地计算则需要考虑久期的变化率—凸性的影响。

资产类别	资产价值	修正久期	轻度假设	中度假设	重度假设
			估值损失	估值损失	估值损失
利率债					
AAA					
AA+					
AA					
合计					
原资产净值		新资产净值	=原资产净值-合计损失	~	~
原份额		新份额	=原份额×（1-净赎回率）	~	~
原单位净值		新单位净值	=新资产净值/新份额	~	~

图 13-19　净值法组合的压力场景表现测算

计算出各类资产价格变化的合计值后，再计算赎回对组合的影响。由于单位净值等于资产净值除以总份额，当分母变小时，财务杠杆率被动提高，资产净值的变化（亏损）幅度会被放大。这里需要注意，在净值法组合的压力测试中，隐含假设了资产估值的公允性，每一类资产都能够按照其净值自由地在市场中进行交易，故在该压力测试场景中，需要具体出售哪一类资产来应对大额赎回，对压力测试的结果并无影响。但在真实环境中，需要考虑极端环境下急剧提升的交易成本，这种成本在小幅赎回、将利率债和高等级信用债变现时并不明显，但一旦赎回比例过高，需要转让流动性弱的低资质债券时，会增大组合的损失。

如图 13-20 所示，如果债券组合中的部分资产采用了摊余成本法进行估值①，则在压力测试中无需计量市场波动对这部分资产的估值损失，而是将市场波动的影响计入影子估值的偏离度中。在计算压力场景下的最终单位净值的变化时，仅需考虑估值损失的影响，偏离度变化不影响单位净值。

当因市场收益率上行导致债券估值价格下跌时，下跌的部分体现为负偏离；相对的，如果债券估值价格上涨，上涨的部分体现为正偏离。组合整体的净偏离除以资产净值，则为组合的影

① 按照目前的会计准则，净值法估值的债券组合对于未上市的交易所 ABS 与私募债仍允许使用摊余成本法进行估值。

子估值偏离度。如果组合能将使用摊余成本法的债券持有到期，则在摊余成本法下，个券的正负偏离均会随着该债券到期而归于零；但如果需要提前卖出，则偏离的浮亏/浮盈会被兑现，作为组合的损失/收益体现于单位资产净值中。

<table>
<tr><th rowspan="2">资产类别</th><th rowspan="2">资产价值</th><th rowspan="2">修正久期</th><th rowspan="2">当前影子偏离</th><th colspan="2">轻度假设</th><th colspan="2">中度假设</th><th colspan="2">重度假设</th></tr>
<tr><th>估值损失</th><th>偏离度</th><th>估值损失</th><th>偏离度</th><th>估值损失</th><th>偏离度</th></tr>
<tr><td>利率债</td><td></td><td></td><td></td><td></td><td></td><td></td><td></td><td></td><td></td></tr>
<tr><td>AAA</td><td></td><td></td><td></td><td></td><td></td><td></td><td></td><td></td><td></td></tr>
<tr><td>AA+</td><td></td><td></td><td></td><td></td><td></td><td></td><td></td><td></td><td></td></tr>
<tr><td>AA</td><td></td><td></td><td></td><td></td><td></td><td></td><td></td><td></td><td></td></tr>
<tr><td>合计</td><td></td><td></td><td></td><td></td><td></td><td></td><td></td><td></td><td></td></tr>
<tr><td rowspan="2">轻度假设</td><td colspan="3">估值损失</td><td colspan="3">偏离度</td><td colspan="3">估值和偏离度损失总值</td></tr>
<tr><td colspan="3"></td><td colspan="3"></td><td colspan="3"></td></tr>
<tr><td rowspan="2">中度假设</td><td colspan="3">估值损失</td><td colspan="3">偏离度</td><td colspan="3">估值和偏离度损失总值</td></tr>
<tr><td colspan="3"></td><td colspan="3"></td><td colspan="3"></td></tr>
<tr><td rowspan="2">重度假设</td><td colspan="3">估值损失</td><td colspan="3">偏离度</td><td colspan="3">估值和偏离度损失总值</td></tr>
<tr><td colspan="3"></td><td colspan="3"></td><td colspan="3"></td></tr>
</table>

图 13-20 含成本法估值资产的组合压力场景表现测算

所以，对含摊余成本法估值的债券组合进行压力测试时，还需要额外关注组合的正负偏离对应债券的剩余期限，如果负偏离主要出现在短期债券中，则危害相对较小；如果负偏离主要在长期债券中，由于时间越长，出现不可控赎回事件的概率越高。这些负偏离债券被迫卖出，兑现浮亏的概率也越大，更需要引起投资经理与风控人员的警惕。

此外，还有完全采用摊余成本法估值的组合只有货币基金和摊余成本法债基。一般对这两种组合，无需通过压力测试分析市场波动对单位净值的影响，但仍需时刻关注组合偏离度受利率影响可能的变化，以免发生偏离度超限的问题，例如，货币基金偏离度的监管上下限为－0.25％～0.5％，如果超限须在规定日期内调整。

13.5.3 压力测试敏感度的监控

对于压力测试中最主要的赎回和市场利率变化这两个指标，除了按照压力测试数个场景中的门槛对债券组合进行检验外，还可以通过连续的曲线图来观测、监控随着利率、赎回幅度的变化，组合收益受到的影响的大小。由于在二维平面上展示三变量的立体曲线图效果并不好，可以将一个变量设为固定，以观察另外两个变量的相互关系。

如图 13-21 所示，左图中，假设市场利率发生了图 13-18 所设定的“轻度”、“中度”和“重度”三种变化，并在横坐标中由小到大调高净赎回的比例，可以观察到组合的估值损失/负偏离度，依次发生了显著增加，且在“重度”假设的档位中增加的幅度更大。这是因为在“重度”假设中，资产端亏损更多，计算估值损失比例时分子更大而导致的。右图中，假设净赎回的数值固定为图 13-18 所设定的“轻度”、“中度”和“重度”三种变化，并在横坐标中由小到大调高收益率曲线平行上移的幅度①，可以观察到组合的估值损失/负偏离度，依次发生了显著增加，且在“重度”假设的档位中增加的幅度更大。这是因为在“重度”假设中，组合赎回量更多，计算估值损失比例时，分母更小而导致的。

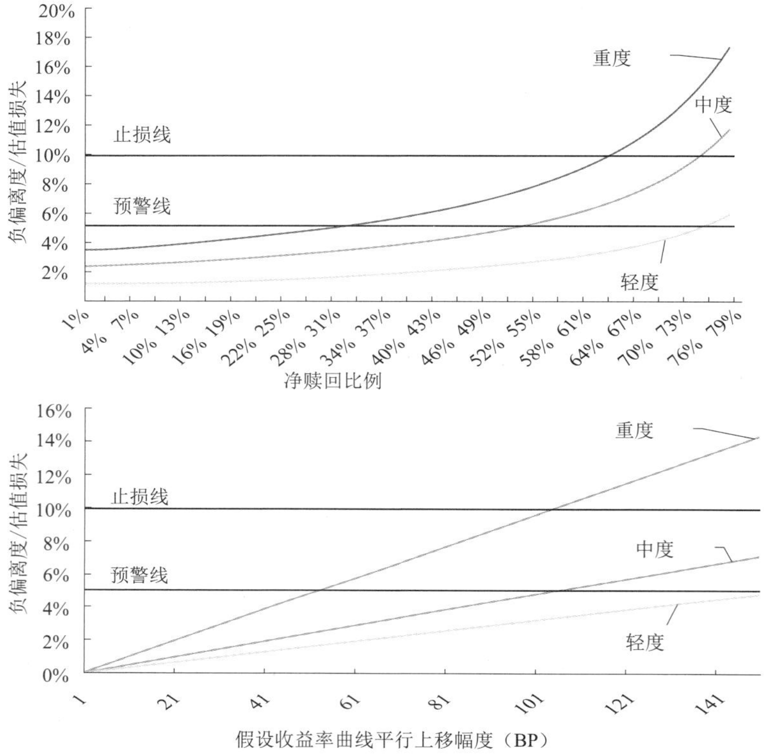

图 13-21　通过将市场利率变化/赎回分为三档固定，可以观察赎回/市场利率变化对组合亏损程度的影响

13.6　亲历沙场——历史场景穿行测试

跟其他大多数证券市场的波动一样，债券市场的波动也体现了较为明显的肥尾效应。大多数时候，每日的涨跌如同风平浪静时的大海，由近及远，直至天际，波澜摇曳有序；但当风暴袭来，只眨眼工夫，海上便会乌云大作，掀起惊涛骇浪。在风平浪静时测度的浪花波动模型，总是会低估极端情况下出现的风险量级，所以，除了基于分布统计结果的压力测试外，对投资组合进行历史场景模拟测试也是非常重要的。同时，一般压力测试只能测试各条收益率曲线平行移动时债券组合的亏损情况，而历史场景穿行测试的优点在于，不单单

① 为了方便显示，图 13-21 的右图中假设收益率曲线平行上移，而非按照图 13-18 的不同信用资质的债券发生不同上移幅度的设定。在计算估值损失时，出于计算简便的考虑，也只计入债券久期的影响；考虑凸性后，右图应该显示为三条向右倾斜，但斜率逐步变小的曲线。

可以体现无风险利率、各个信用等级收益率平行移动时的债券亏损，还可以测试不同期限的收益率变化对组合的影响。收益率曲线并不总是平行移动的，在某些特定历史场景中，因为特定的原因，收益率曲线还可能出现斜率和曲率的变化。只要有各个信用等级主要期限的历史收益率数据，就可以利用插值法计算出任意期限、任意等级的债券在历史场景中的收益率变化情况。这种精确到个券的模拟测试方式，其真实性较只能假设各个信用等级债券收益率平行变化的普通压力测试强很多。

历史场景测试，投资经理或风控人员既可以选用历史上著名的大跌场景测试（比如，2013 年 8 月、2016 年 12 月或者 2020 年 5 月的历史场景）对债券组合的影响，也可以根据对当前宏观经济的判断以及债券组合负债端的变化特点，选择最有可能发生的历史场景进行测试。比如，以机构客户为主的组合，就可以选用过往某一个资金紧张的季末场景作为测试；散户为主的组合，可以选取过往某一个股债跷跷板的场景作为测试。下文向大家展示 2016 年底与 2020 年中这两个较新的历史场景对债券组合的冲击。

演示时，出于方便计算的目的所有的“成本”数据采用债券全价，这样就不用单独计算净价和应收利息的变化。政策性银行债、一般公司债、一般中期票据和一般企业债使用中债估值进行净值法估值；可转债在交易所竞价系统活跃交易，采用收市价法进行估值；私募债与资产支持证券采用成本法进行估值。采用收市价和成本法进行估值的债券价值不受无风险利率波动的影响，故有效久期为 0。

13.6.1 2016 年年底的历史场景

如图 13-22 所示，在享受了 2014 开始接近 3 年的牛市后，2016 年年底的收益率快速上行让很多人措手不及。在 2 个月的时间里，10 年期国债收益率上行了约 70 BP，1 年期国债收益率上行了约 100 BP。此后收益率上行的幅度虽有所放缓，但市场的下跌却延续了一年左右，直到 2017 年年底才开始出现反转的苗头。

图 13-22 2016 年底收益率的快速上行被很多人称为“债灾”

数据来源：中债估值中心。

受到 2015 年“股灾”的影响，很多人将 2016 年年底的这波快速调整称为“债灾”，故此处选取这段时间，尤其是 2016 年 9 月末至 2017 年 1 月末，作为第一个历史场景测试对象。

如图 13-23 所示，是用于 2016 年年底历史场景测试的目标债券组合，为了便于读者观察和比对，组合中含有多类债券，且 2016 年年底场景和 2020 年年中场景的目标组合的资产配置比例、评级分布、久期和杠杆特征基本一致①。4 年出头的有效久期也与中债新综合财富总值指数的平均久期非常接近。

债券代码	债券简称	票面金额	成本	债券类型	外部评级	修正久期	有效久期
150203.IB	15国开03	8 200	105.177 8	政策银行债	无风险	3.05	3.05
122440.SH	15龙光01	20 000	105.109 0	一般公司债	AA+	3.49	3.49
122402.SH	15城建01	25 000	105.753 2	一般公司债	AAA	5.05	5.05
101661023.IB	16甘公投MTN002	20 000	103.681 0	一般中期票据	AAA	5.80	5.80
1480085.IB	14陕煤化债	15 000	107.638 3	一般企业债	AAA	3.65	3.65
128010.SZ	顺昌转债	500	134.79	可转债	AA	0.00	0.00
128012.SZ	辉丰转债	500	109.844	可转债	AA	0.00	0.00
125811.SH	15苏中能	7 000	108.429 1	私募债	AA	1.74	0.00
119202.SZ	陕交通05	3 800	100.362 3	资产支持证券	AAA	2.94	0.00
总资产		100 000	105 594			4.37	4.12
负债		5 000	5 000				
净资产		95 000	100 594				

图 13-23　2016 年底历史场景穿行测试目标模拟组合

数据来源：中债估值中心。

如图 13-24 所示，从 2016 年 11 月开始，以中债—新综合财富（总值）指数为代表的债券市场开始了明显的下跌，并从同年 12 月开始，下跌幅度明显加快；至最低点，全市场下跌幅度达到 3.3%左右，目标组合净值下跌 4.4%左右。如此大幅的债券价格下跌，一方面是无风险利率，尤其是 1～5 年期限收益率快速上行导致的。如图 13-25 所示，1 年、3 年、5 年无风险利率（以国开债收益率为例）分别上行170 BP、130 BP、100 BP 左右，对剩余期限 1 年、3 年、5 年的利率债而言，分别对应价格下跌 1.6%、3.5%、4.4%左右。

图 13-24　2016 年年底“债灾”场景中目标组合净值的变化

数据来源：WIND。

① 为了展示方便，更好体现净值变化的目的，此处构建的模拟组合久期为 4 年左右，略偏长。对有经验的投资经理而言，在收益率水平降至历史低位时，大多会提前缩短久期，以对外披露数据，且以投资经理代表市场较高水平的公募债券基金为例，久期在 2016 年年底、2017 年年中反转之前已压缩至 1 年以内的不在少数。

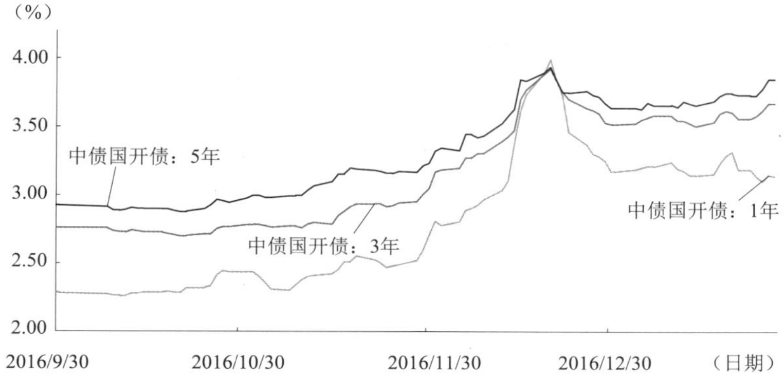

图 13-25　2016 年年底"债灾"中无风险利率的上行，收益率曲线变平

数据来源：中债估值中心。

另一方面，价格的快速下跌也是 1～5 年品种信用利差快速扩大导致的。如图 13-26所示，以 AA＋为代表的各期限信用利差均上行 40 BP 左右，对应 1 年、3 年、5 年品种信用债价格下跌 0.35％、1.1％、1.7％左右。

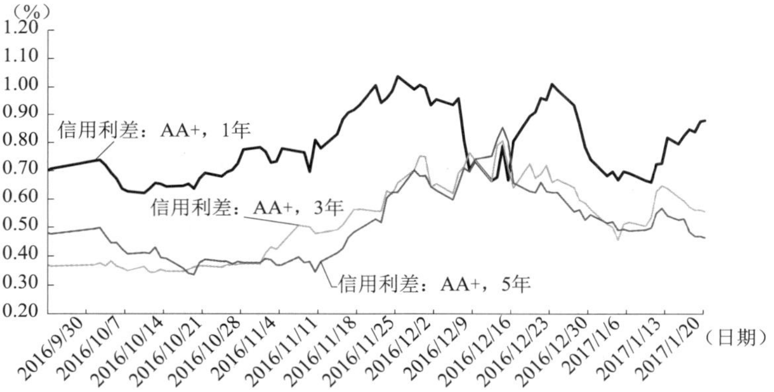

图 13-26　2016 年年底"债灾"中信用利差的上行

数据来源：中债估值中心。

以隔夜回购为代表的资金利率也有所上行，如图 13-27、图 13-28 所示。但对目标组合而言，由于杠杆率不高，资金利率上行的影响相对较小。

最后，可以精确拆解到个券，查看该资产在 2016 年年底历史场景中的价格变动的表现。如图 13-28 所示；价格基本没有波动的是用摊余成本法估值的私募债券和 ABS；价格变动最大的是两只可转债。一般而言，可交可转债的走势既受到债市影响，也受到股市影响，且受后者的影响更大。如 2015 年的"股灾"对可交可转债价格有极大的冲击；但在债灾的时间点，如 2016 年 12 月与 2020 年 7 月可交可转债，在整体上并未显著伴随债券市场连续大幅向下调整。在 2016 年的穿行测试中，两个转债的大幅下跌并不具有一般适用性，且由于占比较低，对模拟组合净值影响也较小。其他债券的价格变化和其久期关系较大，期限最短的 15 国开 03 的价格波动最小，期限最长的 15 城建 01 和 16 甘公投 MTN002 的价格变化最大。

图 13-27　2016 年年底“债灾”中资金价格的上行

数据来源：中国货币网。

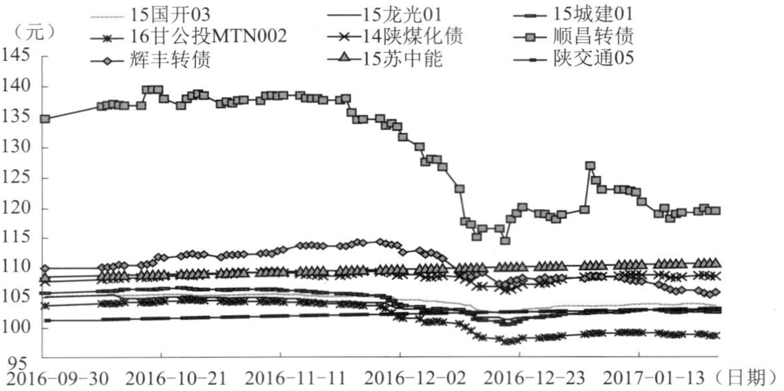

图 13-28　2016 年年底“债灾”中目标组合内债券的价格走势

数据来源：中债估值中心。

在历史场景测试中，另外一个经常能观测到的现象是，在流动性收紧时引发的大跌中，往往利率债（尤其是活跃券）和流动性较好的信用债领先于市场下跌，这是因为这些债券流动性好，能更快地变现应对赎回或降低杠杆，同时长期活跃利率债也常被用来作为组合久期快速调节的工具。故当市场转向时，较早被机构投资者抛售。

13.6.2　2020 年年中的历史场景

如果说 2016 年年底“债灾”是货币基金赎回和“国海萝卜章”等事件下，短端资金价格上行、流动性显著收紧导致的市场危机，那么，2020 年年中的调整则更多的是在经济基本面转好以及货币更宽松预期落空后的市场转向。所以，其幅度相对 2016 年年底的债灾而言小得多，如图 13-29 所示，且 1 年期和 10 年期无风险利率均出现了明显的上行，期限利差仍保持了 100 BP 左右的水平，而非如同 2016 年一般，出现期限利差极度缩小，收益率曲线极度平坦，甚至倒挂的情况。

图 13-29　2020 年年中的债市调整结束了自 2018 年年初以来的债券长期牛市

数据来源:中债估值中心。

如图 13-30 所示,是用于 2020 年年中历史场景穿行测试目标模拟组合,组合的加权平均久期、杠杆率以及债券评级分布均与图 13-23 中 2016 年年底的模拟组合保持一致,故可以据此对比两次历史场景对债券市场的影响程度。

债券代码	债券简称	票面金额	成本	债券类型	外部评级
180309.IB	18进出09	8 200	107.222 6	政策银行债	无风险
155337.SH	19舜通01	20 000	110.315 3	一般公司债	AA+
136234.SH	16保利04	25 000	105.802 8	一般公司债	AAA
101651055.IB	16京国资MTN002	20 000	99.518 8	一般中期票据	AAA
1880260.IB	18南京地铁债	15 000	103.128 2	一般企业债	AAA
113030.SH	东风转债	500	107.600 0	可转债	AA
128081.SZ	海亮转债	500	109.000 0	可转债	AA
145366.SH	17黔江01	7 000	107.075 4	私募债	AA
165498.SH	舜信01优	3 800	100.514 0	资产支持证券	AAA
总资产		100 000	105 077		
负债		5 000	5 000		
净资产		95 000	100 077		

修正久期	有效久期
3.04	3.04
3.50	3.50
5.08	5.08
5.86	5.86
2.69	2.69
0.00	0.00
0.00	0.00
1.75	0.00
2.64	0.00
4.23	4.00

图 13-30　2020 年年中历史场景穿行测试目标模拟组合

数据来源:中债估值中心。

如图 13-31 所示,在 2020 年年中的场景里,以中债新综合财富总值指数为代表的债券市场大盘距最高点下跌 2.5%左右,测试的目标模拟组合亦下跌 2.6%左右。

在两个历史场景中,类似组合的收益变动表现略有差异,2020 年年中组合超跌幅度明显小于 2016 年年底的组合,主要原因是,在 2020 年年中场景中部分债券变化方向的错位对冲了部分组合亏损导致的。

如图 13-32 所示,受到股市升温的影响①,前期价格下探较多的可转债(东风转债与海亮转债)在 2020 年 7 月后出现了明显的上行,部分对冲了此时信用债价格的持续下行。同时在

① 2016 年年底上证综指涨幅接近 9%,从 2020 年 2 季度开始至 2020 年 7 月月中,上证综指涨幅接近 25%。2020 年股市涨幅对可转债的提振更加明显。

2020年年中场景下，组合中的两只期限较长、超过5年的信用债(16保利04与16京国资MTN002)价格相对基准的下跌幅度均远好于2016年年底相同债券的水平，也提振了目标组合整体相对债市大盘的表现。其他信用债价格相对基准的下跌幅度与2016年年底对应债券类似。

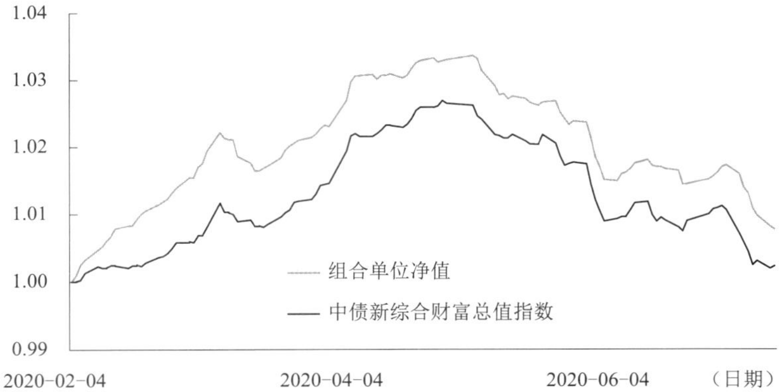

图13-31　2020年中市场调整时目标组合净值的变化

指数数据来源：WIND。

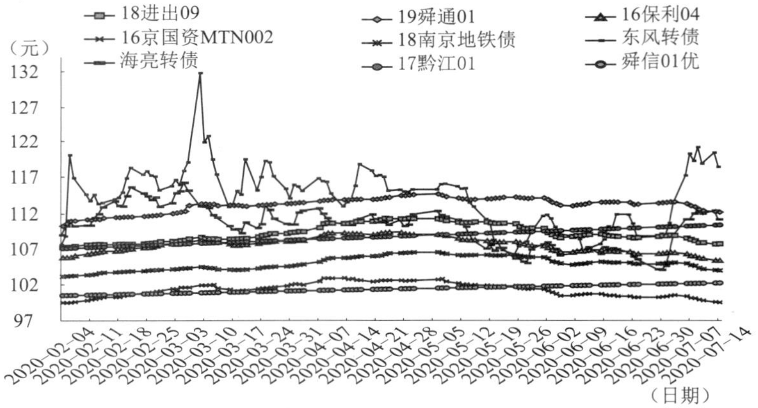

图13-32　2020年年中市场调整时目标组合内债券的价格走势

数据来源：中债估值中心。

如图13-33所示，如果对目标组合中债券的变化进行拆解就会发现，虽然在2020年年中的调整中，1年、3年、5年无风险利率分别上行140 BP、160 BP、130 BP，对于2016年年底的170 BP、130 BP、100 BP，3～5年无风险利率上行幅度更大。但是从信用利差来看，以AA＋品种为例，1～5年的信用利差在市场调整期间的走势均为震荡缩小，导致2020年年中的场景里3～5年信用债收益率的净变化小于2016年年底，如图13-34所示。

此外，和2016年年底一样，2020年年中的资金价格也发生了明显的上行，如图13-35所示。由于目标组合有小幅的财务杠杆，资金价格的上升也降低了组合杠杆息差策略的效果，拉长了组合的有效久期，增大了组合净值向下调整的幅度。

综合来看，2016年年底“债灾”和2020年年中市场调整的相同点在于，在这些区间内资金价格和无风险利率均发生明显上行，但不同点在于，2016年底“债灾”的收益率曲线明显变平，信用利差跟随无风险利率而增大，且可转债的价格也随之快速下行，如图13-36所示；而在 2020 年年中市场调整时收益率曲线维持了一定的期限利差，信用利差并未扩大而是震荡下行，可转债价格受到股市拉动，在调整后期有一定上升。

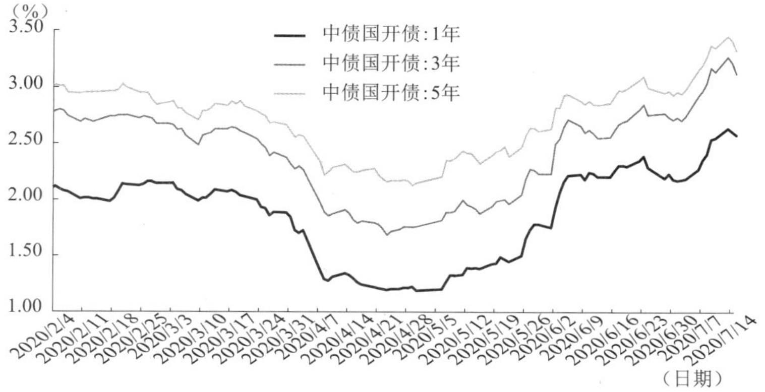

图 13-33　2020 年年中市场调整时无风险利率的上行，期限利差变化较小

数据来源：中债估值中心。

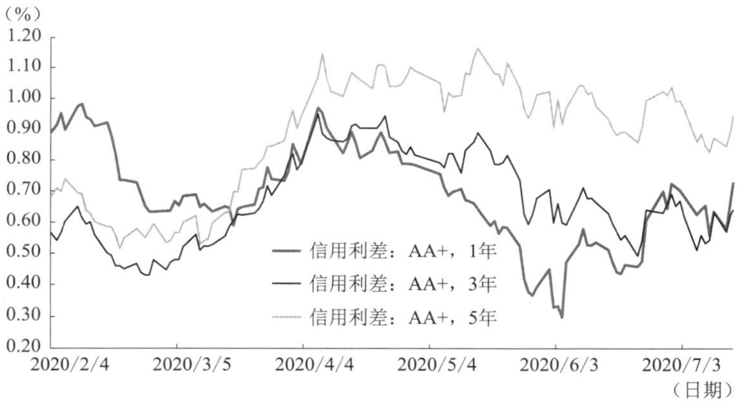

图 13-34　2020 年年中市场调整时信用利差震荡下行

数据来源：中债估值中心。

图 13-35　2020 年年中市场调整时资金价格的上行

数据来源：中国货币网。

图 13-36　转债和债券市场大盘指数在2016年年底和2020年年中的走势完全不同

数据来源：WIND。

这些市场变化的异同解释了两个极为相近的模拟组合在这两个历史场景中均出现大幅下跌，但下跌幅度和其成分表现略有不同的原因。如果能够精细化的预测各类型、期限、等级收益率可能的变化，就能够相应地调整组合的成分债券，形成迎接市场调整的最佳组合形态，从而降低市场风险，实现更好地组合风险收益特征。

本章小结

本章依次介绍了市场风险、流动性风险、交易对手风险、操作风险和合规风险，以及在日常的投资工作中该如何规避、处理这些风险。之后，本章向读者展示了对风险进行监控最常用的手段：组合的压力测试。最后以两个历史场景为例，向读者展示了组合的穿行测试和表现的跟踪与分析。

本书将风控部分内容安排在最后一章，无疑具有压轴的意味。学好风控，既是为之前章节介绍的所有"赚钱"技能套上镣铐，同时也戴上护身符和安全索。在大多数时候，风控的约束和投资对利润和效率的追求大多是会有矛盾的，业务人员和风控合规人员也常常是相互制约的"欢喜冤家"，但至少风控和投资"互相制约"要比风控和投资"共同违规"好得多。

对于投资人员而言，深入了解风控的理论和实践，在和风控人员"交锋"之前就完成自我内心的"天人交战"，则是更加优雅和体面的工作与生活方式。仅从这点出发，就不应放松在"风险控制"这棵技能之树上的持续修行。